貨幣経済と資本蓄積の理論 第2版

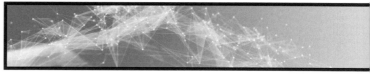

石倉雅男
Masao Ishikura

大月書店

はしがき

「社会的分業が商品生産の形でおこなわれること」は，現代経済を考察する際に避けて通れない問題である．技術革新を通じた生産性の上昇からの恩恵が，社会のあらゆる階層の人々に等しく行きわたるようにすることが，なぜ難しいのか．この種の問題を考える際にも，人々の生活に必要な財とサービスの多くが，商品の代金や料金の支払いを通じて提供される経済の仕組みを，詳しく考察しなければならない．

与えられた構造の社会的分業の中で様々な生産者によって生産された財が，それを必要とする消費者へ，貨幣を媒介として，円滑に配分されるかどうかが，問題の焦点であると考える向きがあるかもしれない．しかし，生産者によって生産された様々な財が，貨幣を媒介として，消費者へ配分される仕組みを記述するだけでは，「商品生産の形でおこなわれる社会的分業」の全貌を説明することはできない．実際の経済における社会的分業と商品生産に関して，私たちが直面すると思われる問題を，いくつか挙げておこう．

第一に，貨幣は，生産者から消費者への財の配分を媒介する「誰もが交換を拒まないもの」という「控えめな脇役」にとどまると言ってよいかどうか．

第二に，どんな種類の商品でも，貨幣を得るための手段になりうる．たとえば，1万円という額の貨幣を手に入れるために販売される商品は，人が食べるものでも，原材料として使われるものでも，その他の用途に使われるものでも，何でもよい．貨幣を手に入れるための商品の生産は，人々の生活に必要なものを調達するためにおこなわれる社会的分業と，うまく両立するかどうか．

第三に，「1単位の商品Aは，p円に値する」という意味の値札がおのおのの商品に付けられるが，「商品生産の形でおこなわれる社会的分業」の観点か

ら商品の価格を考察する場合には，おのおのの財を生産するための労働時間に比例した価格しか説明できないのかどうか．また，商品の値札として機能するのは，それ自体が労働の生産物である特定の商品（特に，「金」，「銀」などの貴金属）であると考えなければならないのかどうか．

　本書では「商品生産の形でおこなわれる社会的分業」を分析の出発点に置くが，貨幣経済の構造を最初から念頭に置いている．「どんな種類の商品でも，貨幣を得るための手段になりうる」ことは，本書で最初に注目する商品生産の基本的特徴である．他方で，「貨幣が存在しない状況において，社会的分業を通じて生産された各商品の（他のすべての諸商品との）交換能力が，商品所有者相互の欲望の不一致によって妨げられる」という主旨の議論は，本書ではおこなわれない．本書の観点では，資本の価値増殖も，資本蓄積も，貨幣経済の構造を前提に置いて説明されなければならない．このような考えから，本書のタイトルを，「貨幣経済と資本蓄積の理論」とした．

　本書では，資本主義経済の構造に関して，次の論点に注目する．

　第一に，商品（さしあたり，労働によって再生産可能な財だけを考える）は，価格が付けられて販売されることを目的とする財であり，「1単位の商品 A は p 円の貨幣に値する」のような価格形態を持つが，諸商品の価格形態に関して，抽象度の異なる複数の分析視角が存在するのはなぜか．

　第二に，生産過程における雇い主と労働者のあいだの支配・被支配の関係．雇い主は雇い入れた労働者から自分の望む働きぶりをどのように引き出すのか，また，雇われた労働者が雇い主の監督に従って働きぶりを発揮せざるをえないのはなぜか．

　第三に，商品の販売を通じて貨幣的利潤が実現するための条件は何か．具体的には，銀行組織の信用創造を可能にする発達した信用制度，および，追加生産財の生産を可能にする生産能力と労働力人口が存在する経済において，投資が実現利潤を決定する関係を，どのように説明すればよいのか．

　以上の観点から資本主義経済の構造を考察するために，本書は，第 I 部「貨幣経済の政治経済学」，第 II 部「資本・賃労働関係の政治経済学」，第 III 部「資本蓄積・利潤・負債の政治経済学」の3つの部から構成される．

本書の初版は 2012 年 9 月に刊行された．今回，第 2 版を刊行する機会を得て，初版の構成を維持しつつ，各章で若干の修正と拡充をおこなった．各部のねらいと各章の要点は，次の通りである．

第 I 部「貨幣経済の政治経済学」では，資本主義経済の構造分析にふさわしい貨幣経済観について検討したうえで，貨幣経済における諸商品の価格形態について，抽象度の異なる複数の分析視角から考察する．

第 1 章「政治経済学アプローチと貨幣」では，ケインズ（J.M. Keynes）によって『貨幣論』（1930 年）と『雇用，利子および貨幣の一般理論』（1936 年）のあいだに書かれた「生産の貨幣理論」と『雇用の一般理論』草稿の検討に基づいて，資本主義経済の構造を理解するために必要な貨幣経済観とは何かが検討される．資本主義経済は「貨幣が独自の役割を演じ，動機や意思決定に影響を及ぼすような経済」である．それゆえ，資本主義経済の構造を分析するための基礎になるのは，直接交換（物々交換，$C\text{-}C$）と間接交換（「実物的交換経済（real exchange economy）」，$C\text{-}M\text{-}C$）との区別に注目して貨幣を「交換の媒介物」と把握する分析視角ではなく，経済主体の欲望の充足を目的とする「実物的交換経済」（$C\text{-}M\text{-}C$）と，貨幣的利潤の実現を目的とする「企業者経済」（$M\text{-}C\text{-}M'$ 循環）との区別に注目する分析視角であることが明らかにされる．

第 2 章「貨幣経済への分析視角」では，「どの種類の商品も，貨幣を得るための手段になりうる」という貨幣経済の構造を考察するためには，「交換の媒介物」としての貨幣の機能ではなく，「商品の価格を表現する」貨幣の機能に注目すべきことが指摘される．そして，諸商品の価格形態に注目する貨幣経済の分析視角として，ケインズ『貨幣論』の冒頭における貨幣分類論を検討する．そこでは，「計算貨幣」が「貨幣理論の本源的概念」と把握され，計算貨幣で表示される価格契約と債務契約，および，これらの諸契約の履行のための貨幣の引き渡しと決済システムの関係が考察される．

第 3 章「貨幣経済と価格形態」では，マルクス（K. Marx）『資本論』第 1 部の商品論・価値形態論・交換過程論・貨幣論が検討される．第 2 版では，商品「価値」の概念が導き出される論理を中心に，記述を改訂した．商品論では，同じ大きさの交換価値を持つ諸商品の置き換え可能性・質的同等性に基づいて，

諸商品の使用価値が捨象され,「抽象的人間労働の凝固」としての商品「価値」の概念が導き出される.価値形態論で説明されるように,同じ交換価値を持つ多数の諸商品の置き換え可能性・質的同等性を表現できるのは,一般的価値形態であり,そこでは,どれか1つの種類の商品が一般的等価物として機能し,一般的等価物を除くすべての諸商品の相対的価値表現が成立する.続いて,交換過程論では,一般的等価物としての貨幣の機能が「貨幣の形式的使用価値」と把握され,商品所有者と貨幣所有者のあいだの交換は,諸商品の使用価値と貨幣の「形式的使用価値」に対する欲望にのみ左右され,商品の販売を通じて商品の「使用価値としての実現」と「価値としての実現」が同時に成立することが説明される.一般的等価物としての貨幣の機能が「貨幣の形式的使用価値」と把握されると,商品所有者の交換行為の観点から商品の価格形態を考察できるようになる.その場合,同じ交換価値を持つ諸商品の置き換え可能性・質的同等性を前提とせずに,(労働生産物の価格だけでなく,労働の価格(賃金),土地の価格なども含めた)様々な種類の価格が,それぞれの交換対象と貨幣との交換比率として考察される.

第4章「商品価値の生産価格への転化」は,第2版で新たに追加された章である.そこでは,商品所有者の交換行為の観点から商品の価格形態を考察する作業の一つとして,生産価格体系(すべての生産部門で均等な利潤率と両立する諸商品の相対価格)と価値価格体系(各商品1単位を生産するために直接・間接に支出される労働時間(労働価値)に比例する諸商品の相対価格)の関係が考察される.同じ交換価値を持つ諸商品の置き換え可能性・質的同等性が前提に置かれる『資本論』第1部の商品論と価値形態論では,社会的分業の構造(生産部門間での財の投入・産出,および,労働の部門間配分)が考察対象とされず,社会的分業の構造と実質賃金率に基づく諸商品の労働価値,生産価格,均等利潤率の計算も扱われなかった.しかし,より具体的な『資本論』第3部の論理次元では,社会的分業の構造と実質賃金率に基づいて諸商品の労働価値,生産価格,および,均等利潤率を計算しなければならない.『資本論』第3部では,「総計一致の2命題(総商品価値と総生産価格との均等,および,総剰余価値と総利潤との均等)」と両立する「商品価値から生産価格への転化」に関する数字例が挙げられるが,いわゆる「費用価格の生産価格化」を考慮に入れて生産価格と均等利潤率を計

算する解法は示されていない．本章では，「価値の生産価格への転化」に関する滝田和夫の研究における数字例を，本書の概念に従って連立方程式の形に再現したものを用いて，社会的分業の構造と実質賃金率から諸商品の労働価値，生産価格，均等利潤率を計算し，「総計一致の2命題」の理論的意味を検討する．その結果明らかになるように，諸商品の労働価値，生産価格，均等利潤率の計算結果を用いて「総計一致の2命題」の数字例を構成できるが，「総計一致の2命題」は，諸商品の価値価格，生産価格，均等利潤率を決定する論理ではない．

第II部「資本・賃労働関係の政治経済学」では，「労働者からの労働の抽出」（雇い主が雇い入れた労働者から自分たちの望む働きぶりを引き出そうとすること）の観点から，雇い主と労働者のあいだの支配・被支配の関係を考察する．

第5章「『労働者からの労働の抽出』と権力関係」では，雇い入れた労働者からの働きぶりと労働努力の抽出を目的として雇い主側が労働者側に行使する経済的権力とは何かをめぐって，政治経済学アプローチの諸学説によって提起された分析視角を検討する．

第6章「非正規雇用の増加と所得格差の拡大」では，1990年代以降の日本における所得格差について，総務省統計局『就業構造基本調査』の雇用形態別・所得階級別雇用者数の公表データを用いて，雇用形態の変化の観点から検証する．初版では1997年，2002年，2007年のデータを用いて雇用形態別の所得格差を検証したが，第2版では，2012年，2017年のデータを用いた分析を追加した．

第III部「資本蓄積・利潤・負債の政治経済学」では，銀行組織の信用創造を可能にする発達した信用制度を前提に置いて，資本蓄積と利潤，負債のあいだのマクロ経済的連関について考察する．

第7章「資本蓄積と所得分配」では，所得フローの使途に関わる貯蓄・消費の意思決定と，貸借対照表上の資産・負債構造の選択に関わる投資の意思決定との区別に留意して，資本蓄積と所得分配に関する分析枠組みについて考察される．最初に，貨幣経済における貯蓄決定と投資決定の相互独立性に関するマルクス，カレツキー（M. Kalecki）の分析視角が比較，検討される．そのうえ

で，利潤率と資本蓄積率のあいだの関係に注目したロビンソン（J. Robinson）の分析視角が検討される．さらに，賃金の二面性（賃金財の購入を通じた消費需要の源泉であると同時に，資本家にとっての生産費用であること）に注目して資本蓄積と所得分配の相互関係を論じたマーグリンとバドゥリ（S. Marglin and A. Bhaduri）の分析枠組みについても，比較静学分析の観点から検討される．

第2版では，資本蓄積と技術変化が，経済全体で雇われる労働者の人数に及ぼす影響を考察するために，第7章補論を新たに追加した．そこでは，ヒックス（J.R. Hicks）の移行過程（Traverse）論と，それを資本主義経済分析に応用したハレヴィ（J. Halevi）の所説が検討される．

第8章「投資，利潤と負債の動学的関係」では，歴史的時間軸（取り消しのきかない過去，現在，不確実な将来）上の投資，利潤と負債のあいだのマクロ経済的連関について，ミンスキー（H. Minsky）の視点から考察する．最初に，非金融部門の代表的企業の視点から，内部資金と負債による投資資金の調達と，実行される設備投資の水準との関係について検討される．初版では，投資と資金調達に関するミンスキー理論の検討に続いて，金融的要因を含むポストケインズ派の資本蓄積論の紹介と検討をおこなった．第2版では，それに代えて，ミンスキー理論の国際経済への応用に関する3つの節を置いた．最初に，ヘッジ金融から投機的金融，ポンツィ金融に至る非金融企業の財務状況の変化について，「安全性のゆとり幅」の概念を用いて考察される．続いて，投資，利潤と負債の関係をめぐるミンスキー理論を国際的な債権・債務関係に応用する試みとして，クレーゲル（J. Kregel）による国際的な金融不安定性の分析が検討される．さらに，債務の元利払いを新規の借入でまかなう「ポンツィ金融」の概念と，対外債務と国際収支に関するドーマー（E.D. Domar）の分析における「対外不均衡の持続性の条件」が，本質的に同じ構造を持つことが明らかにされる．

第9章「証券化と金融危機——2008年世界金融危機をめぐって」では，最初に，貸出債権の証券化を伴う「組成販売型」の金融仲介システムの構造について，証券化商品の生成・保有・流通の観点から考察する．2007年半ばに表面化したサブプライムローン危機とその後の世界金融危機の経緯をふまえて，証券化を通じた信用リスクの分散の理念と現実，および，レポ取引を通じた資金調

達経路における「取り付け」の可能性，「過剰な貨幣資本」概念，および，「影の銀行システム」への規制をめぐる最近の議論について検討する．第2版では，投資家の行動様式と「過剰な貨幣資本」の概念に関する記述を追加した．

　第2版の刊行にあたっても，「抽象度の高い概念でも，実際の経済と社会への分析視角として，どんな意義を持つか」を説明するように努めたが，筆者の理解不足により，適切な説明ができていないかもしれない．今後も，皆様からのご教示とご批判を仰いで，ありうべき誤りを正していかなければならないと考える．

目次

はしがき iii

第Ⅰ部 貨幣経済の政治経済学 1

第1章 政治経済学アプローチと貨幣 3
1.1 はじめに 3
1.2 ケインズ「生産の貨幣理論」における貨幣経済観 8
1.3 ケインズ『雇用の一般理論』草稿における資本主義経済観 10
1.4 むすび 16

第2章 貨幣経済への分析視角 25
2.1 はじめに 25
2.2 貨幣理論の基本概念 28
2.3 貨幣の分類と決済システム 32
2.4 むすび 38

第3章 貨幣経済と価格形態 43
3.1 はじめに 43
3.2 交換価値の概念についての再検討 44
3.3 価値形態論における交換価値の分析 54
3.4 交換過程と貨幣 71
3.5 商品所有者の観点からの価格形態 81

| 3.6 | 価格形態と実現問題 | 86 |
| 3.7 | むすび | 89 |

第4章 商品価値の生産価格への転化　　105
4.1	問題の所在	105
4.2	社会的分業と労働価値	111
4.3	労働価値の構成	116
4.4	生産価格と均等利潤率	119
4.5	生産価格の構成	122
4.6	剰余生産物の構成と労働価値総計・生産価格総額	122
4.7	剰余生産物の部門間配分	125
4.8	「総計一致の2命題」をめぐって	128

第II部　資本・賃労働関係の政治経済学　　143

第5章 「労働者からの労働の抽出」と権力関係　　145
5.1	はじめに	145
5.2	抗争交換モデルの「構成的」性格	150
5.3	労働者の行動様式の「構成的」性格	151
5.4	労働過程の「構成的」性格の解明に向けて	156
5.5	むすび	159
補註	マルクス「労働賃金」論の主要論点	161

第6章 非正規雇用の増加と所得格差の拡大　　175
6.1	はじめに	175
6.2	労働関連法規の規制緩和と雇用形態の変化	177
6.3	非正規雇用者による正規雇用者の置き換え	179
6.4	雇用形態別の所得分布に関する統計データ	183
6.5	雇用者の年間所得に関するジニ係数と要因分解	189

6.6	雇用者の年間所得に関するグループ内・グループ間格差要因の分析	193
6.7	むすび	196
補註1	ジニ係数の計算方法	197
補註2	ジニ係数の要因分解の方法	197

第III部　資本蓄積・利潤・負債の政治経済学　　207

第7章　資本蓄積と所得分配　　209

7.1	はじめに	209
7.2	貯蓄決定と投資決定の相互独立性	211
7.3	投資と実現利潤	220
7.4	資本蓄積と所得分配の基本モデル	230
7.5	むすび	240

第7章　補論　資本蓄積と雇用――移行過程の分析をめぐって　　253

1	はじめに	253
2	ヒックスの『資本と成長』における移行過程論	256
3	移行過程論から何を学ぶか――ハレヴィの所説をめぐって	260

第8章　投資，利潤と負債の動学的関係　　267

8.1	はじめに	267
8.2	投資と資金調達	270
8.3	資金調達構造と「安全性のゆとり幅」	278
8.4	ミンスキー理論の現代経済分析への応用	281
8.5	「ドーマー条件」と「ポンツィ金融」	284
8.6	むすび	291

第9章　証券化と金融危機――2008年世界金融危機をめぐって　　305

9.1	はじめに	305
9.2	「影の銀行システム」の構造	308

9.3	「影の銀行システム」によって信用リスクは分散されたか？	313
9.4	投資家の行動様式と「貨幣資本の過剰」の概念	316
9.5	レポ市場を通じた「影の銀行システムへの取り付け」	319
9.6	むすび	322

あとがき　333

索引　337

第Ⅰ部

貨幣経済の政治経済学

第 1 章

政治経済学アプローチと貨幣

1.1 はじめに

　パシネッティ（L.L. Pasinetti）による経済学説史の整理に従えば，19 世紀後半の限界主義経済学から新古典派経済学に至る「純粋交換モデル（pure exchange model）」[1] の系譜を引く経済理論では，与えられた資源の賦存としての富の概念に基づいて，価格機構を通じた稀少資源の最適配分の問題に焦点が置かれる．これに対して，古典派経済学とマルクス経済学に始まり 20 世紀のレオンチェフ（W. Leontief）とスラッファ（P. Sraffa）以降にいっそうの展開を見た「生産の理論（theories of production）」[2] の系譜では，「生産された富（*produced wealth*）」[3] の概念に基づいて，人間労働によって再生産可能な生産物の再生産が考察される[4]．政治経済学（political economy）アプローチが取り組まなければならない課題の一つは，歴史的時間軸と制度的進化の視点を欠いた「純粋交換モデル」の系譜を引く経済社会観を批判的に吟味すると同時に，「生産の理論」の系譜にある既存の理論枠組みを，歴史的時間軸と制度的進化の観点から再評価し拡充することにある．

　純粋交換モデルの系譜に対する一つのオルタナティブとして，異なる経済主体のあいだの支配と被支配の関係，経済制度の非可逆的な変化などの視点を組み込んだ政治経済学アプローチが提起されてきた．たとえば，ラディカル派政治経済学の教科書としてよく読まれているボウルズ（S. Bowles）らの共著『資

本主義を理解する——アメリカ経済における競争，支配および変化』では，政治経済学は，「競争」という「水平的次元」（経済的諸関係のうち自発的交換と選択が主要な役割を演じる側面），「支配」という「垂直的次元」（権力（power）が主要な役割を演じる側面），および「変化」という「時間の次元」（経済体制の歴史的変化）からなる「3次元経済学（three dimensional economics）」と特徴づけられ，新古典派経済学は水平的次元（競争）のみを持つアプローチとされる[5]．政治経済学アプローチの「垂直的次元」に属する問題の一つとして，雇い主が，自分の望む働きぶりを労働者から引き出すことを目的として，労働者に対して行使する経済的権力の存在が検討されてきた[6]．

しかし，雇い主による「労働者からの労働の抽出（extraction of work from workers）」[7]について考察される際には，実質賃金率と労働努力の水準との関係などの実物的な側面にのみ注意が向けられ，貨幣的利潤の実現は暗黙のうちに前提に置かれるにすぎない．純粋交換モデルの系譜を引く経済社会観に対するオルタナティブとして，政治経済学アプローチを構想する場合，伝統的な分析枠組みが暗黙に前提とする貨幣経済観も根本的な見直しを迫られる．本章では，貨幣経済観の根本的な相違に注目して，純粋交換モデルに対するオルタナティブとしての政治経済学アプローチの独自性を明らかにする．

伝統的な純粋交換モデルで描かれる世界が現実の資本主義経済からあまりにもかけ離れていることは，ミンスキー（H. Minsky）によって次のように指摘されている．

> 「標準的な経済理論——新古典派総合——の構成は，村の定期市（a village fair）でおこなわれるような物々交換を検討することから始まって，続いて生産と資本，資産，貨幣，金融資産を基本モデルに追加していく．そのような村の定期市パラダイムは，分権化された市場機構が整合性のある帰結をもたらしうることを示すが，整合性の周期的な決裂を内生的な現象として説明することができない．ケインズの見解では，整合性の決裂は金融慣行を原因とするもので，投資活動を通じて広がっていく．こうしたことが起きる経緯を説明するためには，村の定期市パラダイムと，単に取引を円滑にするものとしての貨幣の定義を放棄する必要が

1.1 はじめに

ある．

　『一般理論』においてケインズは，シティーあるいはウォールストリートのパラダイムを採用する．つまり，ウォールストリートの投資銀行の役員室から経済が観察される．複雑化された金融機関を持つ貨幣経済を仮定することが，理論化の出発点である．そのような経済では，貨幣は，取引がおこなわれるために欲望の二重の一致を不必要なものにする汎用の配給点数にとどまらない．貨幣は，資本資産の保有高に対する資金調達がおこなわれるときに現れる特殊なタイプの債券である．」
(Minsky (1986), p. 61，邦訳 98 ページ．訳文は一部修正．)

ミンスキーの貨幣観として次の点が確認される．第一に，「新古典派総合」の主流派経済学で扱われる貨幣とは，結局のところ，物々交換（村の定期市）の基本モデルの中に追加的に導入される貨幣であり，それは，交換当事者間の欲望の不一致に起因する交換の行き詰まりを解決する手段であると考えられている．第二に，資本主義経済における周期的恐慌を説明するうえで決定的に重要なのは，「金融慣行」の存在，および，「投資活動」に主導される不均衡の累積過程である．第三に，資本主義経済の不安定性を「内生的」に説明するためには，単なる交換手段としての貨幣しか登場しない「村の定期市」パラダイムを放棄して，発達した信用制度を持つ現実の貨幣経済——「ウォールストリート」パラダイム——を前提とする分析枠組みが必要とされる．このように，ミンスキーが「村の定期市」パラダイムから「ウォールストリート」パラダイムへの転換を主張したのは，純粋交換モデルの貨幣観に対する強い不満があったからにほかならない．

　そもそも，欲望の不一致による交換の行き詰まりを解決する手段としてのみ貨幣を捉えると，資本主義経済の特質を見誤るのはなぜだろうか．マルクス(K. Marx)の図式を使って結論を先取りすれば，純粋交換モデルの貨幣観に固執するかぎり，財に対する欲望の充足を目的とする「単純な商品流通」[8]C–M–C (C は商品，M は貨幣) の流通形式だけが考察対象とされ，貨幣的利潤の獲得を目的とする流通形式，すなわち，「資本としての貨幣の流通」[9]M–C–M' ($M' = M + \Delta M$, ΔM は剰余価値 (surplus value) または利潤 (profit) を指す)

を考察することができないからである．$M\text{--}C\text{--}M'$ (money-commodity-more money) の流通形式は，終点の貨幣が新たな価値増殖過程の起点になるので，「$M\text{--}C\text{--}M'$ 循環」と呼ぶにふさわしい．

よく知られているように，$M\text{--}C\text{--}M'$ 循環は，流通部面に現れるかぎりでの資本の運動を表す「資本の一般的定式」[10] である．1回限りの産業資本の運動は，P_m を生産手段 (means of production)，L_p を労働力 (labor power)，$...P...$ を生産過程 (production process)，C' を（剰余価値または利潤を含む）商品として，次のように書くことができる．

$$M\text{--}C(P_m, L_p)......P......C'\text{--}M'(= M + \Delta M)$$

最初に資本家は生産手段と労働力を買う（$M\text{--}C$）．次に資本家は，雇い入れた労働者に生産手段（原材料や道具・機械）を用いて商品を生産させる（$...P...$）．そして，生産された商品を市場で（資本家が要求する利潤を含む価格で）販売することに成功すれば，最初に投下した貨幣額を剰余価値（あるいは利潤）とともに回収できる（$C'\text{--}M'$）．

剰余価値を含む商品（C'）を生産するだけでなく，その商品の販売を通じて貨幣の形で剰余価値（または利潤）を獲得すること——剰余価値（または利潤）の実現 (realization of surplus value (or profits))——は，資本主義経済の必須条件である．このように，純粋交換モデルに対するオルタナティブとしての政治経済学アプローチを提唱するからには，貨幣的利潤の実現と $M\text{--}C\text{--}M'$ 循環を説明する貨幣経済観が必要とされる．$M\text{--}C\text{--}M'$ 循環を含む理論枠組みに関連して，後ほど詳しく論じるように，次の3つの論点が重要である．

第一に，$M\text{--}C\text{--}M'$ 循環を説明するうえで，直接交換（物々交換）と貨幣を媒介とする間接交換との区別は何の役にも立たない．ちょっと考えると，異なる商品（たとえば商品1（C_1）と商品2（C_2））間の直接交換（$C_1\text{--}C_2$）と，貨幣を媒介とする間接交換（$C_1\text{--}M\text{--}C_2$）との相違こそが，貨幣経済をめぐる問題の核心であるかのように見える．しかし，商品1の販売（$C_1\text{--}M$）を通じて商品1の最初の所有者が貨幣所有者になり，続いてその貨幣所有者が自分の望む商品2を購入する（$M\text{--}C_2$）という過程（$C_1\text{--}M\text{--}C_2$）は，財に対する欲望の充足を目的とする流通形式であって，貨幣的利潤の実現を目的とする $M\text{--}C\text{--}M'$ 循環と

は本質的に異なる．純粋交換モデルの貨幣観（欲望の不一致に起因する交換の行き詰まりを解決する「交換の媒介物」としての貨幣）に固執するかぎり，$M\text{--}C\text{--}M'$ 循環を説明することはできない．

第二に，$M\text{--}C\text{--}M'$ 循環を考察するためには，購買される様々な商品の使用価値だけでなく，貨幣の社会的機能（商品貨幣のみを考察対象とする場合には，一般的等価物としての機能）から生じる「貨幣の形式的使用価値」[11] も含む理論枠組みが必要である．購買される商品の使用価値だけでなく，貨幣の社会的機能から生じる貨幣の形式的使用価値も含む枠組みでは，商品の販売（$C_1\text{--}M$）に成功すれば，その商品がそれを欲する人の手に渡ると同時に，その商品の最初の所有者は貨幣を獲得するが，彼または彼女にとって貨幣は，一般的等価物としての社会的機能から生じる使用価値を持つ．言い換えれば，貨幣も，その一般的等価物としての機能ゆえに，一つの欲望対象なのである．$M\text{--}C\text{--}M'$ 循環が成立する世界では，一般的等価物としての社会的機能ゆえに貨幣が取引当事者にとって独特な使用価値を持つからこそ，より多くの貨幣を獲得するために貨幣を手放す流通形式が意味を持つ．

したがって，$M\text{--}C\text{--}M'$ 循環が成立する世界では，貨幣は取引当事者の動機や意思決定に対して重大な影響を及ぼすのである．これに対して，単純な商品流通（$C_1\text{--}M\text{--}C_2$）だけを含む純粋交換モデルの世界では，貨幣は欲望対象と引き換えに手放される交換の媒介物でしかないので，自分の商品の販売（$C_1\text{--}M$）に成功した人は，直ちに自分が欲する商品を購買（$M\text{--}C_2$）する．それゆえ，純粋交換モデルにおいて貨幣は，絶えず持ち手を変える交換の媒介物にすぎず，交換当事者の行動に対して何の影響も与えない．

第三に，経済全体としての貨幣的利潤の実現を説明するためには，発達した銀行組織を基礎とする信用貨幣を全面的に導入した理論枠組みが必要である．カレツキー（M. Kalecki）やケインズ（J.M. Keynes）を源流とするポストケインズ派の視座を入れて結論を先取りすれば，（個別資本家ではなくて）経済全体としての資本家階級は，発達した銀行組織による信用創造の仕組みと，遊休生産能力と失業労働者の存在を基礎として，貨幣的利潤の実現のために必要な貨幣を，実物投資の実行を通じて自ら投入する．商品貨幣（commodity money）のみを前提とする分析枠組みでは，経済全体としての貨幣的利潤の実現を説明

することはできない．

　本章では，純粋交換モデルに対するオルタナティブとしての政治経済学アプローチの独自性を貨幣経済の観点から明らかにするための基礎作業として，貨幣的利潤の実現と M–C–M' 循環に関する理論枠組みに要求される条件とは何かを，理論史的な視座から考察する．第 1.2 節では，『雇用，利子および貨幣の一般理論』（Keynes (1936)）に先立つケインズの論文「生産の貨幣理論（monetary theory of production）」（Keynes (1933)）を検討し，物々交換（C_1–C_2）と間接交換（C_1–M–C_2）の区別で前提に置かれるのは，交換の媒介物としての貨幣であり，それは交換当事者の行動に何の影響も与えないという意味で中立的貨幣であることを明らかにする．第 1.3 節では，ケインズ『雇用の一般理論』草稿（Keynes (1979)）に基づいて，単純な商品流通（C_1–M–C_2）に相当する「協同経済」と，M–C–M' 循環に相当する「企業者経済」との区別が，「生産の貨幣理論」の展開にとって重要であることを明らかにする．第 1.4 節では，「企業者経済」の観点から資本主義経済を分析するためには，商品に価格が付けられることの経済的意味，および，諸商品の交換過程の捉え方について考察する必要のあることを指摘する．

1.2　ケインズ「生産の貨幣理論」における貨幣経済観

　現実の経済に対する分析視角が違えば，貨幣観も当然に違ってくる．交換の媒介物あるいは交換手段としての貨幣の捉え方は，決して普遍的な公理ではない．本節では，『雇用，利子および貨幣の一般理論』に先立つケインズの論文に見られる経済システム類型論を手がかりとして，M–C–M' 循環を特徴とする「企業者経済」の分析的基礎としての貨幣論の構築こそがわれわれの課題であることを明らかにする．

　物々交換（C_1–C_2）と間接交換（C_1–M–C_2）との区別に基づく通俗的な貨幣観では，取引当事者の動機や意思決定に影響を与えない中立的貨幣しか扱うことができない．この論点をきわめて明確に述べたのが，シュピートホフ記念論文集に収められたケインズの論文「生産の貨幣理論」（Keynes (1933)）である．冒頭の文章——「私の意見では，恐慌の問題が未解明であるか，とにかくこの

1.2 ケインズ「生産の貨幣理論」における貨幣経済観　　9

理論がきわめて不満足である主要な理由は，生産の貨幣理論（*monetary theory of production*）と称してよいものが無いことである．」[12]——で「生産の貨幣理論」の必要性が指摘されたうえで，物々交換と間接交換との区別に基づく通俗的な貨幣観と「生産の貨幣理論」との根本的な相違について次のように説明される．

> 「物々交換経済と貨幣経済とのあいだに通常置かれる区別は，交換を達成するための便利な道具として——たいへん便利だが，その効果は一時的で中立的な道具として——の貨幣の使用を前提とする．貨幣は，衣服と小麦とを結びつけるものでしかなく，あるいは，丸木舟をつくるのに費やされたその日の労働と穀物の収穫に費やされたその日の労働を結びつけるものでしかないと見なされる．取引をおこなう人々の頭の中で貨幣が実体的な事物と事物のあいだに存在するということから貨幣が取引の本質的な性質に対して影響を及ぼしたり，あるいは，貨幣が取引当事者の動機や意思決定を修正したりすることはないと想定される．つまり，貨幣は，用いられるのだが，ある意味で中立的（*neutral*）であると扱われる．
>
> 　しかし，それは，生産の貨幣理論を欠いていると私が言うときに念頭にある区別ではない．貨幣を使うが，実体的な事物や実物資産の取引どうしの中立的な連結具としてのみ貨幣を使い，貨幣を動機や意思決定の中に入り込ませないような経済は——もっと良い名称がないので——実物的交換経済（*real-exchange economy*）と呼んでよいであろう．私がぜひ欲しいと考える理論ならば，これとは対照的に，次のような経済を扱うであろう．それは，貨幣が独自の役割を演じ，動機や意思決定に影響を及ぼすような経済であり，要するに，貨幣が状況に作用する要因の一つであるので，長期的であれ短期的であれ，最初の状態と最後の状態のあいだでの貨幣の動向を知らないと事態の推移について見通しを立てることのできない経済である．そして，われわれが貨幣経済（*monetary economy*）について語るときに言うべきものは，まさにこれである．」
>
> (Keynes (1933), pp. 408–9. 邦訳は引用者による．)

物々交換（衣服—小麦）と間接交換（衣服—貨幣—小麦）との区別に基づく貨幣観では，貨幣は「交換を達成するための便利な道具」であり，「取引当事者の動機や意思決定」に影響を及ぼさないという意味で貨幣は「中立的」と扱われる．物々交換では，財の所有者間の欲望の不一致に起因する交換の行き詰まりが避けられないが，誰もが交換を拒まない財が交換の媒介物として選択されることによって不便が解決されるという推論は，スミス（A. Smith）の貨幣発生論[13]から現代の経済学のテキストブックに至るまで，広くおこなわれている．

しかし，ケインズの観点からすれば，物々交換と間接交換との区別に基づく貨幣観や，以上のような「交換の行き詰まり」の観点からの貨幣発生論が採用されると，取引当事者の動機や意思決定に対して何の影響も与えない中立的貨幣を想定することになる．物々交換との対比で間接交換として特徴づけられた貨幣経済は，ケインズに言わせると，貨幣が取引当事者の動機や意思決定に対して何の影響も与えない「実物的交換経済」である．これに対して，ケインズの「生産の貨幣理論」が考察対象とするのは，間接交換と貨幣の中立性を特徴とする「実物的交換経済」ではなく，「貨幣が独自の役割を演じ，動機や意思決定に影響を及ぼすような経済」である．

1.3　ケインズ『雇用の一般理論』草稿における資本主義経済観

前節で見た「生産の貨幣理論」（Keynes (1933)）で強調されるように，貨幣が取引当事者の動機や意思決定に影響を及ぼす経路を考えるうえで決定的に重要なのは，物々交換と間接交換の区別ではなく，実物的交換経済と貨幣経済の区別である．そして，実物的交換経済と貨幣経済との区別という論点は，1933年12月の『雇用の一般理論』草稿（Keynes (1979)）の目次で「協同経済と企業者経済との区別」とのタイトルが付けられた章[14]において，古典派経済学の貨幣経済観とケインズが構想する「一般理論」における貨幣経済観との根本的な相違という形でいっそう詳細に論じられる[15]．「古典派経済学の公準はどんな条件のもとで満たされるのか」をめぐるケインズの議論を検討しよう．

最初に，生産要素の報酬と総産出物の分配に関する古典派経済学の前提が要

約される.

> 「古典派経済学の前提では，生産要素がその報酬として要求し受け取るものは，それらの生産要素が生産することのできるあらゆる種類の総産出物からの，あらかじめ決められた分け前にほかならず，おのおのの生産要素の需要も供給も，諸生産要素の報酬の期待額を産出物一般で表したものに左右される．諸生産要素が，産出量におけるそれらの分け前を，まず最初に現物で受け取らなければならないという必要はない．たとえ，それらの諸生産要素が貨幣での支払いを受ける場合でも，次のような場合には，状況は本質的に同じである．つまり，それらの諸生産要素のすべてが，貨幣を単に一時的な便利な手段として受け取るが，その貨幣の全額を，経常産出物のうち自分たちが好きな部分の購入に支出することを目的としている場合がそれである．」（Keynes (1979), pp. 76–77. 邦訳は引用者による.）

古典派経済学では，所与の生産要素によって生産可能な（実物表示の）「総産出物」からの「あらかじめ決められた分け前」として，生産要素の報酬が説明される．生産要素の報酬が貨幣で支払われても，次の条件付きで，現物払いの場合と状況は同じである．その条件とは，貨幣で支払われた生産要素の報酬の全額が直ちに経常産出物の購買のために支出され，それゆえ，貨幣はもっぱら交換の媒介物として用いられるということである．生産要素の報酬の全額が経常産出物の購買に支出されるこの場合は，「生産の貨幣理論」論文（Keynes (1933)）で扱われた「実物的交換経済」に相当する．

このように古典派経済学で前提に置かれる経済とは，物々交換の形では「生産要素の協同的な努力による実際の産出物を，合意済みの割合で分けることによって生産要素が報酬を受けるようなコミュニティ」[16]であり，あるいは，生産要素の報酬と経常産出物の売上高が集計的に常に等しいことを条件とする特殊な貨幣経済であると言える．言い換えれば，直接交換（物々交換）と間接交換との区別に基づく中立的貨幣観のもとでは，あらかじめ生産過程で決定された産出量を複数の経済主体が分け合う単純なゼロ・サムゲームとしての分配関係だけが考察対象とされ，生産と分配は互いに独立なものと見なされる．

しかし，現実の資本主義経済では，生産と分配は互いに独立ではありえず，生産の決定権を握る経済主体（具体的には資本家）が同時に，分配上の結果（利潤分配率）を自分の有利になる方向に誘導するという事態がしばしば見られる．後に第 II 部と第 III 部で見るように，労働努力の抽出をめぐる労働過程内部での雇い主と労働者の利害対立においても，マクロ経済レベルの実現利潤の決定機構においても，生産と分配の相互依存性こそが資本主義経済の現実である．以上の考察に基づいて，古典派経済学とケインズの「一般理論」との区別に関連して，次のような経済システムの類型が提示される．

　「第 1 のタイプの社会を実質賃金経済あるいは協同経済（*real-wage* or *co-operative economy*）と呼ぶ．第 2 のタイプの社会では，企業者によって生産要素が貨幣と引き換えに賃借されるが，何らかの種類のメカニズムが存在して，その生産要素の貨幣所得の交換価値が集計的には，経常産出物のうち協同経済であればその生産要素の分け前になったであろう割合と常に必ず等しくなる．こうした第 2 のタイプの社会を，中立的な企業者経済（*neutral entrepreneur economy*）あるいは，簡単に中立的経済（*neutral economy*）と呼ぶ．第 2 のタイプをその極端な場合とする第 3 のタイプの社会では，企業者は貨幣と引き換えに生産要素を賃借するが，以上のようなメカニズムは存在しない．この第 3 のタイプの社会を貨幣賃金経済，あるいは，企業者経済（*money-wage* or *entrepreneur economy*）と呼ぶ．

　これらの定義から明白なことだが，私たちが今日実際に生活しているのは，企業者経済である．」　（Ibid., pp. 77–78. 邦訳は引用者による.）

先に見た物々交換経済が第 1 類型の「実質賃金・協同経済」に相当し，生産要素の報酬の全額と経常産出物の売上高との恒等を条件とする特殊な貨幣経済が第 2 類型の「中立的な企業者経済」あるいは「中立的経済」に相当する．ここで新たに問題としなければならないのは，「中立的経済」の特殊な条件に依存しない第 3 類型の「貨幣賃金・企業者経済」の特質である．具体的には，「企業者経済」と特徴づけられる現実の経済において，企業者が生産過程を開始する誘因となるものは何かが問題の核心である．

1.3 ケインズ『雇用の一般理論』草稿における資本主義経済観

「企業者経済における生産の法則は次のように述べることができる．産出物の販売から期待される貨幣表示の売上高（money proceeds）が，生産過程を開始しなければ避けられる貨幣表示の費用（money costs）と少なくとも等しいということでなければ，生産過程は開始されない．」（Ibid., p. 78. 邦訳は引用者による．）

引用文に見られるように，「企業者経済」で生産過程が開始される要件は，産出物の販売による貨幣表示の期待売上高が貨幣表示の費用以上となること，すなわち，正の貨幣的利潤が期待されることである．さらに，企業者が雇用を増加させる誘因に関する「実質賃金・協同経済」と「企業者経済」の根本的な相違は次のようである．

「実質賃金・協同経済では，追加的1単位の労働が社会的生産物に追加するものが，追加的雇用の不効用（disutility）と釣り合いをとるに足る10ブッシェルの小麦に等しい交換価値を持つと期待される産出物であるならば，この追加的1単位労働の雇用を妨げるものは何もない．したがって，古典派理論の第2公準が満たされる．しかし，貨幣賃金経済あるいは企業者経済では，その基準は異なる．生産がおこなわれるのは，生産要素を賃借するときの100ポンドの支出が，少なくとも100ポンドで売れると期待される産出物を生み出す場合だけである．これらの条件のもとでは，中立的経済という極端な場合を除くと，第2公準は満たされない．」（Ibid. 邦訳は引用者による．）

古典派経済学が考察対象とする「実質賃金・協同経済」では，1単位の労働が追加されるための条件は，追加的労働の不効用を補償する産出物（10ブッシェルの小麦）と労働の限界生産物との均等にあり，これは「古典派理論の第2公準」[17]の成立を意味する．これに対して，「貨幣賃金・企業者経済」で生産過程が開始される要件は，産出物の期待売上高が生産要素の賃借のための費用を上回り，正の貨幣的利潤が期待されることである．このように，「実質賃金・協同経済」（および「中立的な企業者経済」）を考察する古典派経済学では労働者の効用最大化が労働の追加的雇用の要件であるのに対して，「貨幣賃金・企業

者経済」を考察するケインズの「一般理論」では，労働者の効用最大化とは無関係に，正の貨幣的利潤の発生が労働の追加的雇用の要件となるのである．

このように，「実質賃金・協同経済」と「中立的な企業者経済」で許容される産出量と雇用の拡大でも，「貨幣賃金・企業者経済」では——期待される貨幣的利潤が企業者にとって満足できる水準でないという理由で——許容されない可能性がある．そこでケインズは，「協同経済でならば生産されるであろう産出物が，企業者経済においては『利益をもたらさない（unprofitable）』かもしれないことについての説明は，略して有効需要の変動（*fluctuations of effective demand*）と呼べるものの中に見つかるはずである」[18] と述べて，貨幣的利潤の観点から「有効需要の変動」について次のように説明する．

> 「可変費用（何が可変費用に含まれるかは，考察対象とする期間の長さ次第である）に対する販売金額の超過分を参照することによって，有効需要を定義することができる．この超過分が変動すれば有効需要も変動する．可変費用に対する販売額の超過分が何らかの正常値（まだ定義されていないが）を下回ると有効需要は不足になり，その超過分が正常値を超えると有効需要は過剰になる．協同経済では，あるいは，中立的経済では，販売金額が可変費用を一定額だけ超過すれば，有効需要の変動はありえない．また，雇用量を決める要因を考察する場合には有効需要の変動を無視することができる．しかし，企業者経済では，有効需要の変動は雇用量を決定する支配的な要因であるかもしれない．したがって，本書〔『雇用の一般理論』〕での主な関心は，以上の意味に解釈される有効需要の変動の原因と結果を分析することにある．」（Ibid., p. 80. 邦訳は引用者による．〔　〕内は引用者による．）

引用文に見られるように，「可変費用……に対する販売金額の超過分」すなわち貨幣的利潤の観点から有効需要が定義され，貨幣的利潤（＝販売金額－可変費用）の「正常値」を基準として有効需要の「過剰」と「不足」が語られている．しかも，「企業者経済」では「有効需要の変動」が，雇用量の決定要因の一つに位置づけられる．この文章にはまだ明示的な説明はないが，『雇用の一般理論』の核心が次の論点にあることは明らかであろう．すなわち，「企業者経

1.3 ケインズ『雇用の一般理論』草稿における資本主義経済観 15

済」では，労働の雇用量の拡大は，企業者が要求する貨幣的利潤の「正常値」によって限界づけられており，同時に，貨幣的利潤の「正常値」が実現されるか否かは有効需要の大きさに左右されるという論点がそれである．非自発的失業を残したまま「企業者経済」が均衡状態に達することを説明するためには，産出量の拡大に画される限度を貨幣的利潤の観点から説明し，かつ，この限度が完全雇用をもたらす産出量の水準よりも低いことを論証しなければならないであろう[19]．

以上の詳論に基づいて，「実質賃金・協同経済」あるいは「中立的な企業者経済」と「貨幣賃金・企業者経済」との根本的な相違が，マルクスの「単純な商品流通」（C–M–C）と「資本としての貨幣の流通」（M–C–M'）の図式[20]を援用して，次のように要約される．

> 「協同経済 (co-operative economy) と企業者経済 (entrepreneur economy) との区別には，カール・マルクスによる示唆に富む見解と若干の関わりがある——ただし，この見解をマルクスはその後で使ったが，その使い方はきわめて非合理的だった．マルクスは，現実の世界での生産の性質が，経済学者たちがしばしば想定するように，C–M–C' のケース，すなわち，商品（あるいは努力）を他の商品（あるいは努力）を得るために貨幣と交換するケースではないと指摘した．これは，私的な消費者の立場であるかもしれない．しかし，それは実業界の態度ではない．この場合は，M–C–M' であり，貨幣を得るために，商品（あるいは努力）と引き換えに貨幣を手放すのである．このことは，以下の理由から重要である．
> 　古典派理論の想定では，企業者が生産過程を開始する用意があるかどうかは，生産物で測った価値のうち企業者が自分の取り分になると期待するものに依存するという．つまり，古典派理論の想定では，企業者がより多くの雇用を提供するように仕向けるのは，より多くの生産物が自分のものになるという期待だけである．しかし，企業者経済においては，これでは，事業計算の性質を誤って分析することになる．企業者は生産物の量ではなく，自分の取り分となる貨幣の額に関心を持つ．企業者はそうすることによって，自分の貨幣利潤 (money profit) を増やすと

期待するならば，たとえこの利潤が以前よりも少ない量の生産物を表すとしても，産出量を拡大しようとする.」（Ibid., pp. 81-82. 邦訳は引用者による.）

引用文の前半でケインズは，他の商品の購買を目的とする商品の販売「$C-M-C'$」[21]（単純な商品流通）ではなく（より多くの）貨幣を得るために貨幣を手放す「$M-C-M'$」循環（資本としての貨幣の流通）が「現実の世界での生産の性質」であるというマルクスの見解を紹介し，こうした流通形式の区別が「協同経済」と「企業者経済」の区別に「若干の関わり」があると言う．引用文の後半ではより詳細に，古典派理論における企業者像とケインズの『雇用の一般理論』で考察される「企業者経済」との根本的相違が示される．古典派理論では，企業者が生産過程を開始し雇用を増やす誘因になるのは，「生産物で測った価値」や「より多くの生産物」つまり実物的な生産物の増加である．これに対して「企業者経済」では，企業者が産出量を拡大する誘因になるのは，「生産物の量」ではなく，獲得される「貨幣の額」や期待される「貨幣利潤」の増加である．このように，「企業者経済」としてケインズが認識する資本主義経済では，産出量や雇用が拡大される誘因は，実物的な剰余生産物の量ではなく，期待される「貨幣利潤」（$M-C-M'$ 循環における M' と M の差額）であることが，あらためて確認される [22]．

1.4　むすび

前節で見たケインズの『雇用の一般理論』草稿（Keynes (1979)）における「協同経済」（あるいは「中立的な企業者経済」）と「企業者経済」との比較分析からうかがえるように，現実の経済に対する分析視角の違いが，貨幣観の対立のうえに色濃く反映する [23]．実物的な生産物の増加や財に対する取引当事者の欲望の充足を目的とする「協同経済」（C_1-M-C_2）にふさわしいのは，単なる交換の媒介物，すなわち，取引当事者の動機や意思決定に何の影響も及ぼさない中立的貨幣である．これに対して，貨幣的利潤の実現を目的とする「企業者経済」（$M-C-M'$ 循環）では，企業者たちが産出量や雇用量の拡大を決意するか否か

は，彼らが要求する水準の貨幣的収益性が期待されるか否かにかかっている．「企業者経済」において貨幣は，取引当事者の行動に対して中立的な「交換の媒介物」ではなく，未知の将来と取り消しのきかない過去とを結びつける環[24]として，投資や雇用などに関する企業者の意思決定とそれに左右される実現利潤の大きさだけでなく，労働者の境遇に対しても深刻な影響を及ぼす[25]．したがって，ケインズの経済システム類型論を学んだわれわれにとって重要な課題は，「協同経済」の視点（C_1–M–C_2）と「企業者経済」の視点（M–C–M' 循環）との根本的な違いをふまえて，貨幣的利潤の実現を目的とする「企業者経済」の分析にふさわしい貨幣理論を構築することである．

　産業資本の運動を反復した図式，すなわち，…P…C'–$M'\cdot M$–$C(P_m, L_p)$…P…C'–$M'\cdot M$–$C(P_m, L_p)$…P…C'–$M'\cdot M$–$C(P_m, L_p)$… を書くと，「産出物—貨幣—生産要素（生産手段と労働力）」（C'–$M'\cdot M$–$C(P_m, L_p)$）の流通形式が見出されるので，「企業者経済」が「協同経済」に還元することができるかに見える．しかし，「産出物—貨幣—生産要素」の観点から産業資本の反復的運動を見る場合，生産要素に対する需要総額は産出物（生産過程で生産された完成生産物）の供給総額と常に等しく，貨幣は産出物の持ち手変換を媒介する交換手段としてのみ機能すると想定しなければならない．ケインズによる経済システム類型論で言えば，「産出物—貨幣—生産要素」の観点から産業資本の反復的運動を考察することは，古典派経済学と同じように「実物的交換経済」あるいは「中立的経済」の角度から経済を見ることを意味する．

　「産出物—貨幣—生産要素」の観点に固執するかぎり，貨幣が企業者の動機や意思決定に及ぼす影響——たとえば，何らかの方法で調達した資金を実物資産の購入に支出するか，それとも現金や金融資産で保有するかの意思決定——を分析対象とすることができず，セー法則を想定した分析枠組みに安住しなければならなくなる．したがって，「企業者経済」から「協同経済」や「中立的経済」へと視点を移して，セー法則を想定した世界に逆戻りするのではなく，貨幣的利潤の実現を目的とする「企業者経済」の分析的基礎となる貨幣理論を構築することが，われわれの課題である．

　貨幣的利潤の実現を目的とする「企業者経済」の基本的特徴を説明するためには，ケインズの『雇用の一般理論』草稿では詳しく検討されなかった根本的

な問題として，社会的分業と商品生産の関係を考察しなければならない．

たとえば，「ボールペン」という労働生産物が商品として扱われる場合，「1本のボールペン」という商品に「100円」の値札が付けられ，「1本のボールペンは100円に値する」という「価格形態」[26]が成立する．さらに，商品所有者，または，貨幣所有者としてのみ認め合う人々の関係（諸商品の交換過程）が存在し，商品の販売を通じて貨幣的利潤が実現される．貨幣所有者から商品所有者へ商品と引き換えに貨幣が引き渡され，商品の値札に表示された価格が，様々な形態の貨幣として実現されるためには，中央銀行を頂点とする決済システムが存在しなければならない．また，以上の例では，与えられた社会的分業の構造の中で，原材料と労働を用いて「ボールペン」という財が，販売目的の商品として生産されている．社会的分業を構成する多種多様な労働の中には，「商品を生産する労働」に該当するものもあれば，そうでないものもある．これらの問題について，章を改めて検討しよう．

註

[1] Pasinetti (1977), p. 24. 邦訳 30 ページ．

[2] Ibid., p. 4. 邦訳 7 ページ．

[3] Ibid., p. 3. 邦訳 6 ページ．

[4] 本書では詳しく検討することはできないが，スラッファの価格体系と分配理論 (Sraffa (1960)) は，「生産の理論」の系譜を引く価値と分配の理論の基礎として，マルクス (K. Marx) の価値論とは区別される独自な意義を持つ．スラッファ体系の意義，および，産業連関論との関連についての専門的研究として，八木 (2011) を参照のこと．

[5] Bowles, Roosevelt, Edwards and Larudee (2017), p. 51. 「社会経済学（political economy）」と「エコノミックス（economics）」の分析視角の相違については，角田 (2011) の第 1 部で詳しく解説されている．

[6] 新古典派経済学の理論的性格と諸前提を吟味したうえで，新古典派経済学がネオリベラリズムのイデオロギーの基礎として使われるようになった経緯について詳しく説明した文献として，水岡 (2006)（特に，第 3 章「グローバルな覇権イデオロギーとしての市場原理主義とネオリベラリズム」）がある．

[7] Bowles, Roosevelt, Edwards and Larudee (2017), p. 294.

[8] Marx (1962), S. 163，邦訳，第 2 分冊，252 ページ．

[9] Ibid., S. 163，邦訳，同ページ．

[10] Ibid., S. 170，邦訳 265 ページ．

[11] Ibid., S. 104，邦訳，第 1 分冊，153 ページ．

[12] Keynes (1933), p. 408. 邦訳は引用者による．

[13] 「肉屋は彼の店に彼自身が消費しうる以上の肉をもち，酒屋とパン屋はどちらもその一部を購買したいと思っている．ところが，彼らはそれぞれの職業の異なる生産物以外には交換にさしだすべきものをもっておらず，肉屋のほうはすでに，彼がさしあたって必要とするパンとビールをすべてもちあわせている．このばあいには，彼らのあいだで交換が行われることはありえない．彼らが彼らの商人であることも，彼らが彼らの顧客であることもできず，こうして誰もがそれだけ，相互の役にたたないのである．このような情況の不便を回避するために，分業が最初に確立されて以後，社会のすべての時期のすべての慎慮ある人は，自然に次のようなしかたで，彼の問題を処理しようとつとめたにちがいない．それは，人びとが自分たちの勤労の生産物との交換を拒否することはほとんどないだろうと彼が想像する，何かある商品の一定量を，彼自身の勤労の特定の生産物のほかに，いつも手もとにおいておくということである」(Smith (1976), pp. 37–38，邦訳，第 1 分冊，51〜52 ページ)．

[14] モーグリッジ (D. Moggridge) によると，1933 年 12 月におけるケインズの『雇用の一般理論』のプランでの「第 1 部　古典派理論に対する経済学の一般理論の関係」の目次は，「第 1 章　古典派経済学の公準／第 2 章　協同経済と企業者経済との区別／第 3 章　企業者経済の特徴」であった (Keynes (1973), p. 421)．このうち第 2 章と第 3 章の草稿が『ケインズ全集』第 29 巻 (Keynes (1979), pp. 76–102) に公表された．『雇用の一般理論』の草稿についての詳細は，美濃口 (1980), Minoguchi (1981), および，平井 (2003), 387〜419 ページを参照．

[15] 「生産の貨幣理論」論文における「実物的交換経済」と「貨幣経済」との区別を出発点として，「実物の世界ないし相対価格の世界」と「貨幣数量説の世界ないし絶対価格の世界」とを分断する「古典派的二分法」からの脱却に至るケインズの理論展開については，美濃口 (1980) を参照．

[16] Keynes (1979), p. 77.

[17] ケインズ『雇用，利子および貨幣の一般理論』の第 2 章「古典派経済学の公準」では，「古典派の雇用理論」の「2 つの基本公準」は，「(I) 賃金は労働の限界生産物に等しい」こと，および，「(II) 一定の労働量が雇用されている場合，賃金の効用はその雇用量の

限界不効用（marginal disutility）に等しい」ことであると指摘されている（Keynes (1936), p. 5, 邦訳5〜6ページ）．

[18] Keynes (1979), p. 80.

[19] 有効需要原理と貨幣的利潤との不可分な関係についてロジャーズ（C. Rogers）は，「セー法則経済では，完全雇用点 N_f に至るまで利益をあげて産出量を拡大すること（*profitable* expansion of output）に対する障害は全くない」のに対して，「有効需要原理は，利益をあげて産出量を拡大することに対する限度がある……ことを前提として，セー法則に異議を唱える」と説明し，完全雇用点よりも低い可能性のある産出量の限界点では，「現在の富から将来の富へのあらゆる形の転換に対する収益性が均等化されているという意味で，貨幣的均衡（monetary equilibrium）」が成立すると主張する（Rogers (1989), p. 178, 邦訳210ページ）．

[20] ケインズはマルクスの著作からの参照箇所を示していないが，McCracken (1933), pp. 41–56におけるマルクス学説の紹介を参照したのではないかと推測されている．この点については，Keynes (1979), p. 81の編者註を参照のこと．

[21] 価値増殖を含まない単純な商品流通と，価値増殖を条件とする「M–C–M'」循環を区別するためには，「C–M–C'」ではなく，「C–M–C」あるいは（使用価値の違いを明示すれば）「C_1–M–C_2」と書くほうがよいであろう．

[22] ケインズの「生産の貨幣理論」（Keynes (1933)）と『雇用の一般理論』草稿（Keynes (1979)）の詳細な検討に基づいて，セー法則を批判する視角としてのケインズとマルクスの類似性について詳しく検討した研究として，Sardoni (1987) と Sardoni (1997) がある．ケインズの『雇用の一般理論』草稿における「企業者経済」の観点からのセー法則批判の仕方は，『雇用，利子および貨幣の一般理論』（1936年）では採用されなかったが，その理由について，Sardoni (1997) は次のように指摘する．「1933年の時点では，ケインズの一般的モデルは詳細な点まではまだ展開されていなかった．流動性に対する需要の分析は十分には仕上げられていなかったし，利子率の理論や資本の限界効率の考え方はまだ輪郭ができているにすぎなかった．このためケインズのセー法則批判は，予想される新古典派の反論に耐えるのに十分に強固なものでなかった．新古典派経済学の満足すべき批判を提供するという課題をなし遂げるにあたって，ケインズはマルクスから離れることとなったのである」（Sardoni (1997), pp. 279–80, 邦訳739ページ）．また，Aoki (2001) は，マルクスとケインズの政治経済学ヴィジョンの相違について，次のような注目すべき指摘をしている．「1933年草稿が証拠となるように，ケインズの一般理論との対比で古典派経済学の限界性を証明するうえで，マルクスの分析は特に有用であった．しかしながら，マルクスを問題発見のために使うやり方を著書の中に持ち込むことは，問題含みであった．というのも，論理的に言ってマルクスの分析からすれば，資本主義の制御不可能性を考慮に入れることになるからである」（Aoki

(2001), p. 948）.

[23] 言うまでもなく，ケインズの経済学の特徴を把握するためには，貨幣経済観に注目するだけでは不十分である．和田（2010）（特に，第9章）では，ムーア（G.E. Moore）の倫理学との比較分析の観点から，ケインズの「資本主義観」について詳しく検討されている．

[24] ケインズは貨幣経済を「本質的に，将来に対する予想の変化が雇用の方向だけでなく，その量をも左右することのできる経済」（Keynes (1936), p. xxii, 邦訳 xxvii ページ）と特徴づける．また，歴史的時間軸における貨幣の重要性について次のように言う．「貨幣はその重要な属性において，現在と将来とを結ぶ巧妙な手段であって，われわれは貨幣に基づく以外には（except in monetary terms），期待の変化が現在の活動に影響を及ぼすことを論じ始めることすらできない」（Ibid., p. 294, 邦訳 294 ページ）.

[25] 歴史的時間軸における貨幣の非中立性を現代経済分析に応用した代表例として，ミンスキーの金融不安定性仮説が挙げられる．その仮説の基礎となるのは，企業負債の「有効化（validation）」（Minsky (1986), p. 81, 邦訳 128 ページ）をめぐる構造連関である．具体的には，将来の実現利潤についての期待に左右される現在の投資の大きさが，現在の実現利潤の決定を介して，過去に約定された負債契約が履行されるか否かの鍵を握る，という関係である．こうした論点を組み込んだ資本蓄積と負債構造の分析枠組みについては，本書の第8章で扱う．

[26] 商品の「価格形態」は，マルクスの表現である．「すでに貨幣商品として機能している商品たとえば金による，一商品たとえばリンネルの簡単な相対的価値表現は，価格形態（Preisform）である」（Marx (1962), S. 84, 邦訳，第1分冊，120 ページ）.

参考文献

Aoki, Masato (2001), "To the Rescue or to the Abyss: Notes on the Marx in Keynes," *Journal of Economic Issues*, Vol. 35, No. 4, pp. 931–54.

Bowles, Samuel, Frank Roosevelt, Richard Edwards and Mehrene Larudee (2017), *Understanding Capitalism: Competition, Command, and Change*, Fourth Edition, New York: Oxford University Press.

平井俊顕（2003），『ケインズの理論——複合的視座からの研究』，東京大学出版会．

角田修一（2011），『概説　社会経済学』，文理閣．

Keynes, J.M. (1933), "A Monetary Theory of Production," in *Der Stand und die nächste Zukunft der Konjunkturforschung: Festschrift für Arthur Spiethoff*, reprinted in Keynes (1973), pp. 408–11.

——— (1936), *The General Theory of Employment, Interest and Money*, London: Macmillan, in *The Collected Writings of John Maynard Keynes*, Vol. 7, 1973.（塩野谷祐一訳『雇用，利子および貨幣の一般理論』，東洋経済新報社，1983 年.）

―― (1973), *The Collected Writings of John Maynard Keynes*, Vol. 13 (The General Theory and After: PART 1 Preparation), edited by D. Moggridge, London: Macmillan.

―― (1979), *The Collected Writings of John Maynard Keynes*, Vol. 29 (The General Theory and After: A Supplement), edited by D. Moggridge, London: Macmillan.

McCracken, H.L. (1933), *Value Theory and Business Cycles*, New York: Falcon Press.

Marx, Karl (1962), *Das Kapital*, Bd.1, Berlin: Dietz Verlag.（社会科学研究所監修・資本論翻訳委員会訳『資本論』，第 1～4 分冊，新日本出版社，1983 年.）

美濃口武雄（1980），「現代経済学への若干の疑問――ケインズ理解との関連で」『一橋論叢』第 84 巻第 5 号，91～108 ページ．

Minoguchi, Takeo (1981), "The Process of Writing the General Theory as 'A Monetary Theory of Production'," *Hitotsubashi Journal of Economics*, Vol. 22, No. 2, pp. 33–43.

Minsky, Hyman P. (1982), *Can "It" Happen Again?: Essays on Instability and Finance*, New York: M.E. Sharpe.（岩佐代市訳『投資と金融――資本主義経済の不安定性』，日本経済評論社，1988 年.）

―― (1986), *Stabilizing an Unstable Economy*, New Haven: Yale University Press.（吉野紀・浅田統一郎・内田和男訳『金融不安定性の経済学』，多賀出版，1989 年.）

水岡不二雄（2006），『グローバリズム』，八朔社．

Pasinetti, Luigi L. (1977), *Lectures on the Theory of Production*, New York: Columbia University Press.（菱山泉・山下博・山谷恵俊・瀬地山敏訳『生産理論』，東洋経済新報社，1979 年.）

Rogers, Colin (1989), *Money, Interest and Capital: A Study in the Foundations of Monetary Theory*, Cambridge: Cambridge University Press.（貨幣的経済理論研究会訳『貨幣，利子および資本――貨幣的経済理論の基礎』，日本経済評論社，2004 年.）

Sardoni, Claudio (1987), *Marx and Keynes on Economic Recession: The Theory of Unemployment and Effective Demand*, Brighton: Wheatsheaf Books.

―― (1997), "Keynes and Marx," in G. C. Harcourt and P. A. Riach, *A*

註

  'Second Edition' of the General Theory, Vol. 2, London: Routledge, pp. 261–383.（小山庄三訳『一般理論—第二版——もしケインズが今日生きていたら』，多賀出版，2005 年，第 36 章（721〜742 ページ），所収.）

Smith, Adam (1976), *An Inquiry into the Nature and Causes of the Wealth of Nations*, edited by R.H. Campbell and A.S. Skinner, volume 1 and 2, New York: Oxford University Press, 1976.（水田洋監訳・杉山忠平訳『国富論』，第 1〜4 分冊，岩波書店，2000 年.）

Sraffa, Piero (1960), *Production of Commodities by Means of Commodities: Prelude to a Critique of Economic Theory*, Cambridge University Press.（菱山泉・山下博訳『商品による商品の生産』，有斐閣，1978 年.）

八木尚志（2011），「物価水準と所得分配の理論」（渡辺和則編（2011），第 14 章，所収，283〜301 ページ.）

和田重司（2010），『資本主義観の経済思想史』，中央大学出版部.

渡辺和則編（2011），『金融と所得分配』，日本経済評論社.

第2章

貨幣経済への分析視角

2.1　はじめに

　現実の経済では，どの商品にも「1単位の商品Aは貨幣（p円）に値する」という意味の価格が付けられている．労働と生産手段を用いて再生産できる商品の価格だけではなく，労働賃金（労働の価格），金融資産の価格，土地の価格，著作権・特許権の使用料など，様々な種類の価格が存在する．さしあたり，労働によって再生産可能な財（労働生産物）を考えよう．「商品」とは，人々の何らかの欲望を満たす（効用を持つ）財であるだけでなく，価格が付けられ，販売される予定の財でもある．同じ種類の財（1本のボールペン）でも，価格が付けられた「商品」としての財（店舗に陳列されているボールペン）と，最終的な消費者に引き渡された（商品でない）財（家庭や職場で使われているボールペン）を区別するのが普通である．本書で貨幣経済の特質を考察する際に，最初に注目するのが，貨幣の様々な機能のうち，「商品の価格を表現する」機能である．

　「商品の価格を表現する」という貨幣の機能に注目すると，貨幣経済の特質に関して何がわかるのだろうか．この点を考えるために，商品と貨幣の性質に関わる身近な話を，もう少し続けよう．商品の売り手にとって，どの商品も，貨幣を得る手段として役立つ．たとえば，家電製品の販売で定評のある小売店でも，その時々の経済情勢に応じて，ある種の食品を仕入れ，販売することもありうる．家電製品の販売でも，食品の販売でも，売上と利益の向上に役立つ

からである．どの種類の商品の販売も，貨幣を得るための手段としては，無差別であり，同じ意義を持つ．

現代経済では，たくさんの種類の財が，商品として生産され，販売されている．さらに，かつては家庭でつくられるのが普通だったが，最近では小売店で商品として買われるようになった財も少なくない．一例を挙げると，以前は家庭で（買ってきた茶葉を使うが，自分で湯を沸かして）お茶をいれて，それを水筒などに入れて持ち運んだものだが，最近では，「緑茶飲料」などの商品を小売店で買う人が多い[1]．「商品」として生産される財の種類が増加するにつれて，社会的分業を構成する多数の具体的有用労働（財を生産する労働）の中で，「商品を生産する労働」に該当する活動が増加している．これらの出来事は，社会的分業が商品生産の形でおこなわれることに起因する．

どの種類の商品も，貨幣を得るための手段としては，同じ意義を持つことを思い起こそう．同じ額の貨幣，たとえば，1万円に値する様々な商品は，「1万円」という貨幣を得るための手段としては，互いに置き換え可能であり，質的同等性を持つと考えることができる．この場合，1万円に値する諸商品は，相異なる財から成るので，おのおのの財は，相異なる具体的有用労働の生産物（組立労働の生産物としてのボールペン，農耕労働の生産物としての小麦など）と把握される．これに対して，1万円に値する諸商品の持つ「質的同等性」は，区別のない人間労働（抽象的人間労働）の成果と把握される[2]．

以上の議論から推察されるように，社会的分業が商品生産の形でおこなわれることに起因する経済現象を考察するためには，「交換の媒介物」としての貨幣の機能から出発する分析枠組みではなく，「商品の価格を表現する」という貨幣の機能から出発する経済理論を組み立てる必要がある．しかし，貨幣経済の特質をめぐっては，従来から，「交換の媒介物」としての貨幣の機能から出発する議論が広くおこなわれている[3]．

財と財との直接交換（物々交換）と，「交換の媒介物」として貨幣を用いた間接交換との違いを説明すれば，貨幣経済の特質を把握できるのかどうか，簡単に検討しておこう．

物々交換では，一方の財Aを持つ取引主体Y氏と，他方の財Bを持つ取引主体Z氏とのあいだで欲望が一致しない場合（たとえば，Y氏は自分の財Aと引

2.1 はじめに

き換えに財 B を手に入れたいと思うが，Z 氏は自分の財 B と引き換えに別の財 C を手に入れたいと思う場合）には，交換がおこなわれない．これに対して，誰もが交換を拒まない「交換の媒介物」としての「貨幣」が存在し，おのおのの取引主体が自分の財をまず貨幣と交換してから，その貨幣を自分の欲しい財と交換する場合（Y 氏のもとでの間接交換「財 A—貨幣—財 B」）には，物々交換（Y 氏と Z 氏のあいだでの財 A と財 B との直接交換「財 A—財 B」）の場合に比べて，取引主体間で交換が成立する可能性は格段に高くなると考えられる．

間接交換（貨幣を媒介とする財と財との交換，たとえば「財 A—貨幣—財 B」）が円滑に進むためには，「交換の媒介物」としての「貨幣」が，一方の取引主体から他方の取引主体へ絶えず手渡されなければならない．たとえば，貨幣の最初の所有者が X 氏である場合，X 氏は財 A の所有者 Y 氏に貨幣を渡して財 A を受け取り，次に，Y 氏は財 B の所有者 Z 氏に貨幣を渡して財 B を受け取る，等々という関係である．このような間接交換が円滑に進むかぎり，おのおのの交換当事者は，自分の財を売って（財 A—貨幣），直ちに欲望対象の財を買う（貨幣—財 B）．間接交換では，どの当事者も，「交換の媒介物」としての貨幣を瞬間的にしか保有しない．したがって，間接交換の観点から貨幣経済が考察される場合には，おのおのの交換当事者が自分の財と引き換えに欲望対象の財を獲得できたかどうかが，重要な問題であると見なされる．

しかし，おのおのの交換当事者が自分の財を手放して欲望対象の財を手に入れるという素材的な交換は，貨幣が存在しない物々交換においても成立しうる．誰もが自分の財との交換を拒まない「交換の媒介物」が貨幣であると把握され，間接交換（貨幣を媒介とする財と財との交換）の観点から貨幣経済が考察される場合，貨幣的な契機（特に，価格が付けられた販売予定の商品の存在，貨幣の受け渡しを通じた諸商品の価格の実現）は本質的でない要因と見なされ，自分の財と欲望対象の財との交換という素材的な契機に議論の焦点が置かれ，貨幣は交換の素材的契機に対して中立的な媒介物と見なされる傾向が強い．

貨幣の存在が生産と雇用などの実体経済に対して本質的な影響を及ぼすことを説明するためには，「交換の媒介物」としての貨幣の機能に注目する分析視角ではなく，「商品の価格を表現する」という貨幣の機能，価格が付けられた販売予定の商品，「各商品 1 単位は，貨幣（p 円）に値する」という意味の商品

の価格形態，および，当事者間での貨幣の受け渡しを通じた諸商品の価格の実現に注目する分析視角を採用しなければならない．当事者間の貨幣の受け渡しは，発達した信用制度を伴う決済システムにおいておこなわれる．したがって，貨幣経済の基本的な特徴を把握するためには，「商品の価格を表現する材料」としての貨幣の機能を，貨幣の受け渡しがおこなわれる決済システムとの関連で検討しておくことが望ましい．

　貨幣理論の基礎となる「計算貨幣」の概念を，制度部門別の「貨幣の分類」との関連で詳しく検討した重要な文献は，ケインズ『貨幣論』（Keynes (1930a)）の第1部「貨幣の純粋理論」の冒頭章である．本章では，貨幣経済への分析視角について，次の順序で考察する．第2.2節では，「計算貨幣」としての貨幣の機能に注目するケインズ貨幣論の論理構造を検討する．第2.3節では，貨幣の分類と決済システムの関連についてのケインズの議論を検討する．第2.4節では，ケインズの分析で残された論点を確認して，むすびとする．

2.2　貨幣理論の基本概念——「計算貨幣」か「交換の媒介物」か

　様々な次元の商品の価格が実現されるためには，あるいは，より一般的に，様々な種類の契約が履行されるためには，取引主体間で貨幣の受け渡しがおこなわれなければならない．貨幣の受け渡しを通じた価格の実現，あるいは，契約の履行について考察する場合，決済手段として用いられるものが何であり，それぞれの決済手段が支払完了性（finality of payment）を持つか否かを検討しなければならない．支払完了性を持つ決済手段が中央銀行の債務であるのか，それとも，貴金属のような実物資産であるのかという問題は，「1単位の商品Aはp円に値する」という価格形態における「p円」に照応する貨幣の性格を考察するうえで，きわめて重要である．

　最初に，現代経済における決済システムについて概観しておこう．一般に，資金決済とは，経済活動の結果として生じた債権・債務を，取引主体間の貨幣的価値の移転によって解消することである．現金（中央銀行の負債項目の一つとしての中央銀行券）による決済の場合には，取引当事者のあいだでの現金の受け

2.2 貨幣理論の基本概念

渡しによって，決済が即座に完了する．これに対して，民間銀行の要求払預金の振替を通じた家計・企業の決済は，(1) 同じ民間銀行の中の口座振替，あるいは，異なる民間銀行間の預金口座の振替，および，(2) 中央銀行当座預金の振替を通じた民間銀行相互間の貸借の最終的決済，の 2 つの段階から成る．民間銀行の要求払預金は支払完了性を持たないので，異なる民間銀行間の決済尻は，支払完了性のある中央銀行当座預金の口座間振替を通じて，最終的に決済されなければならない．日本の場合，民間の資金決済システム（全国銀行内国為替制度（全国銀行資金決済ネットワーク），手形交換制度，外国為替円決済制度）における決済尻が，「日本銀行金融ネットワークシステム（日銀ネット）」を介した日本銀行当座預金の振替を通じて，最終的に決済されている[4]．現代経済では，現金（中央銀行券）と中央銀行当座預金が支払完了性を持ち，民間銀行の要求払預金の決済尻が中央銀行当座預金の振替によって最終的に決済されるという意味で，中央銀行を頂点とする決済システムの階層構造が形成されている[5]．

決済システムの階層構造の中で商品の価格形態の性質を考察するうえで，ケインズ『貨幣論』第 1 部第 1 章「貨幣の分類」（Keynes (1930a), p. 3, 邦訳 3 ページ）における貨幣理論の基本概念が参考になる．後ほど見るように，ケインズの「貨幣の分類」論には，現代経済で用いられている決済手段（中央銀行券，中央銀行当座預金，民間銀行の預金）だけでなく，金本位制のもとで存在した決済手段（商品貨幣，兌換銀行券）も含まれている．

ケインズ『貨幣論』の冒頭では，計算貨幣による債務契約と価格契約の表示，および，計算貨幣に照応する貨幣の引き渡しを通じた契約の履行という観点から，貨幣理論の基本概念について次のように説明される．

> 「計算貨幣（money of account），すなわちそれによって債務や価格や一般的購買力を表示するものは，貨幣理論の本源的概念である．
>
> 計算貨幣は，繰延べ支払の契約である債務および売買契約の付け値（offers of contracts for sale or purchase）である価格表とともに現れる．このような債務と価格表とは，それらが口頭で述べられようとも，または焼いた煉瓦や紙の書類に記帳することによって記録されようとも，計算貨幣によってしか表示されない．

貨幣それ自体（money itself）は，債務契約および価格契約（debt-contracts and price-contracts）がその引渡しによって履行され，貯蓄された一般的購買力がその形をとって保持されるものであって，その特質はその計算貨幣との関連に由来するのであるが，それは債務と価格とが，まず第一に，計算貨幣によって表示されていなくてはならないからである．ただ単に交換のその場での便宜的な媒介物（a convenient medium of exchange）として用いられるにすぎないものが，一般的購買力を保持する手段を表わしているというかぎりで，貨幣としての存在に近づくこともあるであろう．しかしもしそれだけにとどまるならば，われわれはほとんど物々交換（barter）の段階から脱してはいない．本来の貨幣（money-proper）は，この言葉の完全な意味内容からいって，ただ計算貨幣とのかかわりでしか存在することはできない.」（Keynes (1930a), p. 3, 邦訳 3〜4 ページ．）

　以上の引用文では，貨幣理論の基本概念に関して3つの論点が指摘されている．第一に，「債務」（すなわち，「繰延べ支払の契約」）と「価格」（すなわち，「売買契約の付け値である価格表」），および，「一般的購買力」を表示する「計算貨幣」が，「貨幣理論の本源的概念」である．第二に，計算貨幣によって表示される「債務契約および価格契約」は，「貨幣それ自体」の引き渡しを通じて履行される．第三に，「交換の便宜的な媒介物」として用いられるものが「一般的購買力を保持する手段」を代表することを指摘するだけでは，「物々交換の段階」に関する議論にとどまる．「本来の貨幣」は「計算貨幣とのかかわり」の中でのみ存在する．

　このように，ケインズ『貨幣論』における「貨幣の分類」の基礎にあるのは，「計算貨幣」による債務契約と価格契約の表示，および，計算貨幣に照応する「本来の貨幣」（あるいは，「貨幣それ自体」）の引き渡しを通じた諸契約の履行である．「貨幣理論の本源的概念」とされる「計算貨幣」に関連して，次の3点に注意しなければならない．(1) 債務契約や価格契約などの諸契約が「計算貨幣」によって表示されること，(2)「計算貨幣」に「貨幣」が照応すること，(3) その「貨幣」の引き渡しによって契約が履行されること．

2.2 貨幣理論の基本概念

「計算貨幣」と「貨幣」との照応について，ケインズは，「計算貨幣」は「記述あるいは称号」であり，「その記述に照応する物」が「貨幣」であると指摘する[6]．だが，計算貨幣による債務契約と価格契約の表示，および，計算貨幣と「貨幣」との照応を指摘するだけでは，貨幣経済の説明として不十分である．計算貨幣に照応する「貨幣」の当事者間での（債務者から債権者への，あるいは，買い手から売り手への）引き渡しをもって，契約が履行されたと定める制度が存在しなければならない．この点に関連して，ケインズは次のように指摘する．

> 「ところで，契約と付け値（contracts and offers）に言及することによって，既にわれわれはそれらを履行させることのできる法律あるいは慣習（Law or Custom, by which they are enforceable）を導入している．すなわちわれわれは，国家あるいは社会を導入しているのである．さらに貨幣契約の一つの特殊の性質は，国家または社会が，単に引渡しを強制するだけでなく，計算貨幣をもって締結されている契約の合法的あるいは慣習的な履行として引き渡されなければならないものは何かということをも決定する点にある．」（Keynes (1930a), p. 4, 邦訳 4 ページ．）

以上の引用文では，計算貨幣で表示される契約の履行に関して，次の点が指摘される．第一に，計算貨幣で表示される契約が強制力を持つためには，「法律あるいは慣習」とそれらの背後にある「国家あるいは社会」が存在しなければならない．第二に，計算貨幣で表示された「貨幣契約」では，契約の「合法的あるいは慣習的な履行」のために引き渡されなければならないものを「国家または社会」が決定する．

ここで注意しなければならないのは，様々な契約が計算貨幣で表示され，計算貨幣に「貨幣」が照応する場合，当事者間での「貨幣」の引き渡しをもって契約の履行と定める社会制度が存在することである[7]．たとえば，「1 単位の商品 A が p 円であれば買いたい（売りたい）」という売買契約の申し込みのような，計算貨幣による契約の表示に注目する貨幣理論では，契約の履行のために引き渡されるべき「貨幣」，より具体的には，支払完了性のある決済手段とは何かを定める社会制度について考察しなければならない．

これに対して，「交換の媒介物」としての貨幣の機能に注目し，間接交換（財

A―貨幣―財 B)の観点から貨幣経済を考察する議論では，すでに見たように，財と財との交換という素材的契機のみが注目され，計算貨幣による契約の表示，契約の履行のための決済手段などの貨幣的な契機は，本質的でない問題として扱われがちである．ケインズが「クナップ (Knapp) の表券主義 (chartalism)――貨幣はとくに国家の創造物であるという学説」[8]に注目するのは，「交換の媒介物」としての貨幣の機能という観点からではなく，計算貨幣による契約の表示という観点から出発して，貨幣理論の基本概念を構成しているからにほかならない[9]．ケインズの観点では，物々交換経済と貨幣経済を区別するものは，「交換の媒介物」としての貨幣の使用ではなく，「計算貨幣」としての貨幣の使用である[10]．

2.3 貨幣の分類と決済システム

次に，計算貨幣で表示された価格契約・債務契約を履行するために当事者間で受け渡される決済手段について，支払完了性を持つ決済手段と定められた「本来の貨幣」，および，「私的な債務の承認」としての「銀行貨幣」の観点から説明される．

> 「われわれは，計算貨幣の導入が2つの派生的範疇――この計算貨幣で表示される契約の付け値 (offers of contracts)，契約および債務の承認 (Contracts, Contracts and Acknowledgement of Debts) と，この計算貨幣に照応しその引渡しによって契約あるいは債務を履行する本来の貨幣 (Money-Proper) と――を発生させることを見てきた．このうち第1のものは，次の発展のための道を切り開くのであって，すなわち多くの目的のためには，債務の承認は取引の決済 (the settlement of transactions) においてそれ自身本来の貨幣に対する便利な代替物であるという発見がそれである．債務の承認がこのように利用されるとき，われわれはそれを銀行貨幣 (Bank-Money)――しかしそれが本来の貨幣でないことを忘れないようにして――と呼んでよいであろう．銀行貨幣は，単に計算貨幣で表示される私的な債務の承認 (an acknowledgement of a private

2.3 貨幣の分類と決済システム

debt）にすぎないのであって，それは人びとの手から手へと渡されることにより，取引の決済のために本来の貨幣と交互に並んで使用される．このようにして国家貨幣すなわち本来の貨幣と銀行貨幣すなわち債務の承認とは，相並んで存在する．」(Keynes (1930a), p. 5, 邦訳 5～6 ページ.）

以上の引用文では，契約の履行のために当事者間で受け渡される決済手段について，次の3点が指摘される．第一に，「契約の申し込み」[11] と「契約」，「債務の承認」が計算貨幣で表示され，契約や債務の履行のために当事者間で「本来の貨幣」が受け渡される．第二に，「取引の決済」のために当事者間で受け渡される決済手段として，「債務の承認」が用いられるようになると，その「債務の承認」は「銀行貨幣」と特徴づけられる．ただし，「銀行貨幣」は，計算貨幣で表示された「私的な債務の承認」であり，支払完了性を持つ決済手段と定められた「本来の貨幣」とは区別される．第三に，実際には，「取引の決済」の手段として，「国家貨幣すなわち本来の貨幣」と「銀行貨幣すなわち債務の承認」が同時に用いられる．

「銀行貨幣」と特徴づけられる「私的な債務の承認」は，銀行によって発行される自己宛債務（預金）と解釈することができる[12]．ケインズはさらに進んで，「国家」の「表券主義的特権」を通じて，「銀行貨幣」の一部に支払完了性が与えられると指摘する．

「銀行貨幣は，もはや前述の定義にあるように私的な債務を表すものではなく，国家の負う債務を表すものになり，そして次に国家はその表券主義的特権を行使して，この債務それ自身が負債を弁済するものとして受領されるべきこと（the debt itself is an acceptable discharge of a liability）を布告するであろう．このようにして，ある特定の種類の銀行貨幣が本来の貨幣——本来の貨幣の一種で，われわれが代表貨幣（Representative Money）と呼んで差し支えないもの——に転化させられる．しかしながら，単に債務であるにすぎなかったものが本来の貨幣になったときには，それはその性質を変えてしまっており，そしてもはや債務とは見なされるべきではないのであって，その理由は，それ自身以外の他の何かあるものをもって支払いを強制されるということが，債務

の基本的性質であるからである.」（Keynes (1930a), pp. 5-6, 邦訳 6〜7 ページ.）

以上の引用文では，特定の種類の「銀行貨幣」（すなわち，銀行の「債務の承認」）が，「国家」の「表券主義的特権」の行使を通じて，支払完了性を持つ「本来の貨幣」の一種としての「代表貨幣」に転化すると指摘される．「代表貨幣」の場合には「それ自身以外の他の何かあるものをもって支払いを強制される」ことはないので，当事者間での「代表貨幣」の受け渡しが最終的決済と見なされる.

「銀行貨幣」のうち「本来の貨幣」のカテゴリーの中に編入されて「代表貨幣」と定義される部分とは，「法貨」の性質を持つ中央銀行券であり，中央銀行券は「国家貨幣」の一部を構成する．ケインズの分類方法では，法貨と定められている貨幣に，法貨との交換が保証されている貨幣を合わせたものが「国家貨幣」と定義される．「国家貨幣」についての次の説明を見よう.

「一般に行われている用語法に完全には一致しないという犠牲を払っても，私は，それ自身強制的法貨（compulsory legal tender）である貨幣だけではなく，国家または中央銀行がそれ自身への支払いに対して受領すること，あるいは強制的法貨と交換することを保証している貨幣をも国家貨幣（State-Money）に含めることにする．したがって，今日のたいていの銀行券および中央銀行預金さえもが，ここでは国家貨幣として分類されるが，一方，銀行貨幣（すなわち法貨でない貨幣）は，今日では加盟銀行預金からなっている.」（Keynes (1930a), p. 6, 邦訳 7 ページ.）

ケインズの分類方法では，「強制的法貨」である貨幣に，「強制的法貨」との交換が保証されている貨幣を加えたものが「国家貨幣」と定義される．したがって，「強制的法貨」である中央銀行券（たとえば，日本銀行券）だけでなく，それとの交換が保証されている中央銀行当座預金（たとえば，日本銀行当座預金）も，「国家貨幣」と定義される．これに対して，「加盟銀行預金」（すなわち，民間銀行の預金）は，法貨との交換は保証されるが，支払完了性を持たないので，「国家貨幣」ではない．

2.3 貨幣の分類と決済システム

　ところで，ケインズの「国家貨幣」概念には，「銀行貨幣」から派生した中央銀行券・中央銀行当座預金だけでなく，金本位制のもとで存在した決済手段，すなわち，「商品貨幣（commodity money）」と兌換銀行券が含まれている．「国家貨幣」の「3 つの形態」として，「商品貨幣（commodity money）」と「法定不換紙幣（fiat money）」，管理貨幣（managed money）」が指摘される（Ibid., p. 6，邦訳 8 ページ）．

　「商品貨幣」については，「自由に獲得できる非独占的な特定の商品の現実の一定量で構成されており，その商品は貨幣の通常の諸目的のために偶然に選ばれてきたものであるが，しかしその供給は——他のすべての商品の供給と同様に——稀少性と生産費とによって左右されるものである」（Ibid., pp. 6–7，邦訳 8 ページ）と説明される．「商品貨幣」は，「金（gold）」のような実物資産によって構成され，各制度部門の貸借対照表の資産側に置かれる．「商品貨幣」の一つの形態として「その商品の現実に存在する一定量に対する倉庫証券（warehouse warrants）」が挙げられ，「アメリカの金証券（Gold Certificates）は商品貨幣と見るのが適切である」と指摘される（Ibid.）．

　これに対して，「法定不換紙幣」と「管理貨幣」（兌換銀行券）は「代表貨幣の亜種（sub-species of Representative Money）」（Ibid., p. 7，邦訳 8 ページ）であり，どちらも発行機関（中央銀行）の貸借対照表の負債側に置かれる．「法定不換紙幣」については「象徴的（あるいは記号）貨幣（すなわちその物的素材の固有の価値が，その貨幣的額面価値から分離しているあるもの）であって——今日では小額の額面の場合を除いて一般には紙でつくられている——，それは国家が創造し発行するものであるが，しかしそれ自身以外の何ものにも法律にもとづいて兌換されることはなく，またある客観的標準物で測って何らかの確定した価値をもっているものでもない」（Ibid., p. 7，邦訳 8 ページ）と説明される．「法定不換紙幣」の裏付け資産は，「金」などの「客観的標準物」（実物資産）ではなく，貸出債権や国債などの金融資産であると考えられる．

　「管理貨幣」については，「法定不換紙幣に類似しているが，しかし国家が，それにある客観的標準で測って確定した価値をもたせるように，兌換（convertibility）やその他の方法でその発行条件を管理することを引き受けている点でそれとは異なっている」（Ibid.）と説明される．「管理貨幣」は，「金」

などの「客観的標準物」（実物資産）を裏付け資産とし，「客観的標準物」との兌換が保証される．

なお，「管理貨幣はある意味では貨幣の最も一般化された形態であり——そしてそれは一方では，管理当局がそれに対して100パーセントの客観的標準物を保有し，したがってそれが事実上倉庫証券である場合には商品貨幣に退化し，そして他方それがその客観的標準物を失う場合には法定不換紙幣に退化すると考えてよいであろう」（Ibid., p. 7, 邦訳9ページ）と指摘されるように，「管理貨幣」は，その額面の100%が「客観的標準物」に裏付けられている場合には「商品貨幣」（あるいは「倉庫証券」）となり，「客観的標準物」による裏付けが無い場合には「法定不換紙幣」となる．

以上の貨幣概念は，「1つの太陽すなわち中央銀行（the Central Bank）と，惑星すなわちアメリカでの用語法にしたがって便宜的に加盟銀行（the Member Banks）と呼ぶことにするもの」から成る「典型的な近代的銀行組織」（Ibid., p. 8, 邦訳10ページ），すなわち，「中央銀行」を頂点とし，中央銀行当座預金を保有する「加盟銀行」，および，中央銀行券と「加盟銀行」の預金を保有する「公衆」から成る決済システムの中に位置づけられる[13]．

ケインズは，「樹枝状の系統図」（Ibid., p. 9, 邦訳11ページ）を用いて貨幣概念を説明しているが，貨幣概念が各制度部門の貸借対照表の資産側，負債側のどちらに置かれるかを示す必要がある．表2.1では，ケインズ『貨幣論』の貨幣概念が，「中央銀行（Central Bank）」・「加盟銀行（Member Banks）」・「公衆（public）」の3つの制度部門の貸借対照表の中に位置づけられている．

ケインズは，「公衆の手許にあるすべての種類の貨幣の総量」（すなわち，「公衆」によって保有される「国家貨幣」（＝法定不換紙幣＋管理貨幣＋商品貨幣）と「加盟銀行貨幣」（預金）の合計）を「流通貨幣（*Current Money*）」（Ibid., p. 8, 邦訳10ページ）と定義している．「加盟銀行」を中央銀行以外の民間銀行部門（預金取扱金融機関），「公衆」を非銀行民間部門（企業，家計など）と見なすと，この表は（「商品貨幣（金地金）」と「管理貨幣（兌換銀行券）」を別にすれば）現代経済の金融システムにも適用することができる．ケインズの「流通貨幣」は，「公衆」（非銀行民間部門）によって保有される現金と預金の合計（たとえば，日本銀行によって「マネーストック」として公表されるもの）に相当する．

2.3 貨幣の分類と決済システム

表 2.1　ケインズ『貨幣論』の貨幣分類に基づく制度部門別貸借対照表

中央銀行（CB）

商品貨幣（金地金）$G(\text{CB})$	法定不換紙幣 FM 管理貨幣（兌換銀行券）MM 中央銀行貨幣（中央銀行当座預金）R

加盟銀行（MB）

法定不換紙幣 $FM(\text{MB})$ 管理貨幣（兌換銀行券）$MM(\text{MB})$ 商品貨幣（金地金）$G(\text{MB})$ 中央銀行貨幣（中央銀行当座預金）R	加盟銀行貨幣（預金）D

公衆（P）

法定不換紙幣 $FM(\text{P})$ 管理貨幣（兌換銀行券）$MM(\text{P})$ 商品貨幣（金地金）$G(\text{P})$ 加盟銀行貨幣（預金）D	

（註）本表は，Keynes (1930a), p. 8，邦訳 9 ページ，および，p. 9，邦訳 11 ページにおける貨幣分類の系統図に基づいて，ケインズの貨幣概念を制度部門別貸借対照表（左は資産側，右は負債側を表す）に位置づけたものである．各記号は，ある時点での残高を表す．中央銀行の負債側にある「管理貨幣（MM）＋法定不換紙幣（FM）」は「代表貨幣（Representative Money）」（RM）と定義される．「商品貨幣（G）＋管理貨幣（MM）＋法定不換紙幣（FM）」の合計は「国家貨幣」（SM）と定義される．法定不換紙幣（FM）の総額＝加盟銀行保有分 $FM(\text{MB})$＋公衆保有分 $FM(\text{P})$．管理貨幣（MM）の総額＝加盟銀行保有分 $MM(\text{MB})$＋公衆保有分 $MM(\text{P})$．商品貨幣（G）の総額＝中央銀行保有分 $G(\text{CB})$＋加盟銀行保有分 $G(\text{MB})$＋公衆保有分 $G(\text{P})$．加盟銀行が保有する「国家貨幣」$SM(\text{MB})$ は「法定不換紙幣 $FM(\text{MB})$＋管理貨幣 $MM(\text{MB})$＋商品貨幣 $G(\text{MB})$」から成る．加盟銀行が保有する「国家貨幣 $SM(\text{MB})$」中央銀行貨幣（中央銀行当座預金）R」は「準備貨幣（Reserve Money）」と定義される．公衆が保有する「国家貨幣」$SM(\text{P})$ は「法定不換紙幣 $FM(\text{P})$＋管理貨幣 $MM(\text{P})$＋商品貨幣 $G(\text{P})$」から成る．公衆が保有する「国家貨幣 $SM(\text{P})$＋加盟銀行貨幣（預金）D」は「流通貨幣（Current Money）」と定義される．中央銀行によって保有される国家貨幣は，商品貨幣 $G(\text{CB})$ である．中央銀行が保有する商品貨幣 $G(\text{CB})$ は，中央銀行当座預金 R の準備金である．

「中央銀行」・「加盟銀行」・「公衆」から成る決済システムの中に貨幣の諸概念を以上のように位置づけると，「計算貨幣」に照応し，支払完了性を持つ「貨幣」は，「商品貨幣」としての実物資産（金地金）か，「代表貨幣」としての中央銀行の債務（「法定不換紙幣」と「管理貨幣」（兌換銀行券））のいずれかである．ケインズ『貨幣論』で考察される経済では，「1 単位の商品 A は貨幣（p 円）に値する」という価格形態に照応する貨幣は，「商品貨幣」としての実物資産（金地

金，またはその代理物）か，中央銀行の債務としての中央銀行券（法定不換紙幣，兌換銀行券）のいずれかである．現代の管理通貨制度のもとでは，上記の価格形態に照応する貨幣は，法貨の性格が与えられた中央銀行券（中央銀行の債務の一つ）であって，実物資産（金地金，またはその代理物）ではない．

　以上に見たように，ケインズ『貨幣論』の「貨幣の分類」論では，価格契約・債務契約を表示する「計算貨幣」が「貨幣理論の本源的概念」と把握されたうえで，計算貨幣に照応し，契約を履行する手段となる「貨幣」が，「中央銀行」・「加盟銀行」・「公衆」から成る決済システムの中に位置づけられている．貨幣を「交換の媒介物」として把握する議論では，財と財の交換という素材的な契機のみが注目され，「物々交換の段階から脱してはいない」(Keynes (1930a), p. 3, 邦訳3～4ページ) と言わざるをえない．これに対して，「計算貨幣」の概念から出発するケインズ『貨幣論』の観点では，計算貨幣で表示された価格契約・債務契約が「貨幣」の引き渡しを通じて履行される過程，すなわち，諸商品の価格が実現される過程に注目して，貨幣経済の構造を把握することができる．

2.4　むすび

　ケインズ『貨幣論』第1部の冒頭章における「貨幣の分類」論では，「計算貨幣」によって表示される諸商品の価格形態の意義，および，価格の実現のために取引主体間で引き渡される「貨幣」と決済システムとの関係について詳しく考察されている．

　しかし，ケインズの議論では，与えられた経済構造において，「計算貨幣」の機能が貨幣理論の本源的概念に選ばれるに至るまでの論理的な手続きが，明確に示されていない．そもそも，諸商品の価格形態の基礎となる「交換価値」の概念の検討から始めて，諸商品の「価値関係」を基礎とする諸商品の価値表現，貨幣の本源的機能（あらゆる商品の価値表現の材料としての「一般的等価物」），商品所有者と貨幣所有者のあいだの交換過程，および，商品所有者の交換行為の観点からの「価格形態」，等々についての考察を経て，「計算貨幣」の機能が導かれるまでの論理を，段階を追って検討しなければならない．この作業をおこなうために，次章では，マルクスの商品・貨幣論を検討する．

註

[1] 株式会社伊藤園の「2018 年 4 月期通期　決算説明会資料」(同社ウェブサイト https://www.itoen.co.jp/files/user/pdf/ir/material/201804.pdf, 2019 年 6 月 10 日閲覧) によると, 同社は 1990 年に「世界初のペットボトル入り緑茶飲料」を発売した (同, 16 ページ). 同資料によると,「緑茶飲料」の市場規模は, 1995 年に 852 億円であったが, 2000 年に 2171 億円, 2005 年に 4470 億円へ増加し, その後は 4000 億円台を推移し, 2017 年には 4400 億円であった (同, 1 ページ).

[2] 「具体的有用労働 (concrete useful labor)」,「抽象的人間労働 (abstract human labor)」をはじめとするマルクスの商品・貨幣論 (Marx (1867); Marx (1961); Marx (1962)) における諸概念については, 第 3 章で詳しく扱う.

[3] なお,「貨幣で商品を買うことはできるが, 商品で貨幣を買うことはできない」という意味での商品と貨幣の非対称性も, よく知られている. 同じ趣旨の表現として,「貨幣は財を購入するが, 財は貨幣を購入しない」(Money buys goods, and goods do not buy money.) (Patinkin (1965), p. xxiii, 邦訳 xxi ページ) がある. また, カルビー株式会社の「会社情報」によると, 1975 年に放映された「100 円でカルビーポテトチップスは買えますが, カルビーポテトチップスで 100 円は買えません. あしからず.」という同社製品のコマーシャル・メッセージが, 大好評であったそうである (同社ウェブサイト, https://www.calbee.co.jp/company/, 2019 年 6 月 1 日閲覧).

[4] 日本における決済システムの仕組み, 決済金額, 件数などの現況については, 日本銀行 (2019), 3〜14 ページを参照.

[5] いわゆる「電子マネー (electronic money)」も, 中央銀行を頂点とする決済システムの中で一つの派生的形態として把握しなければならない. 電子マネーと決済システムの進化についての筆者の見解は, インターネットが普及しはじめた頃の古いものであるが, 石倉 (1998) を参照.

[6] 「貨幣 (money) と計算貨幣 (money of account) との区別は, 計算貨幣は記述 (description) あるいは称号 (title) であり, 貨幣はその記述に照応する物 (thing) であるといえば, 恐らく明らかにしうるであろう」(Keynes (1930a), p. 4, 邦訳 4 ページ).

[7] 契約を履行する手段としての「貨幣」に関わる社会制度として, 具体的には, 法貨 (legal tender) に関する法律が挙げられる. 日本の場合,「日本銀行が発行する銀行券」が「法貨として無制限に通用する」(日本銀行法, 第 46 条第 2 項) と定められている. また, 貨幣 (硬貨) については,「貨幣の製造及び発行の権能は, 政府に属する」(通貨

の単位及び貨幣の発行等に関する法律，第 4 条第 1 項）とされ，その法貨性については「貨幣は，額面価格の二十倍までを限り，法貨として通用する」（同，第 7 条）と定められている．

[8] Keynes (1930a), p. 4，邦訳 4 ページ．クナップ（Georg Friedrich Knapp, 1842〜1926 年）の「貨幣国定学説」の原典は，Knapp (1905) である．

[9] 計算貨幣によって表示される契約の履行のための「貨幣」の引き渡しを「国家」が強制するだけでなく，計算貨幣に照応する「貨幣」とは何かについても「国家」が定めるという段階の貨幣経済では，「クナップ（Knapp）の表券主義（chartalism）——貨幣はとくに国家の創造物であるという学説——が完全に実現される」（Keynes (1930a), p. 4，邦訳 4〜5 ページ）と指摘される．

[10]「人びとが計算貨幣を採用した瞬間から，貨幣の時代が物々交換の時代の後を引き継ぐに至ったのである．そして表券主義的すなわち国家貨幣の時代 (the Age of Chartalist or State Money) は，国家が，一般に行われている計算貨幣 (the current money-of-account) に対して，いかなるものを貨幣としてこれに照応させるかを布告する権利を要求したときに——国家が辞典の使用を強制するだけでなく，辞典を作る権利をも要求したときに——達せられた．今日すべての文明社会の貨幣は，議論の余地なく表券主義的である」（Keynes (1930a), p. 4，邦訳 5 ページ）．

[11] "offers of contracts" は，邦訳書では契約の「付け値」と訳されているが，契約そのものとは区別される「申し込み」を意味すると解釈した．

[12]「貨幣は，それを発行する銀行による債務の自発的な承認にすぎない」(money is simply a spontaneous acknowledgement of debt of the bank that issues it)（Cencini, 2005, p. 120）と言われる場合にも，銀行貨幣が「債務の承認」と把握されている．

[13] 内藤敦之は，ケインズ『貨幣論』とホートリー（R.G. Hawtrey）『通貨と信用』における貨幣理論の構造について検討し，次の点を明らかにしている．第一に，契約を表示する「計算貨幣」が「貨幣理論の本源的概念」（ケインズ）と把握され，貨幣が「負債の支払手段」（ホートリー）と定義されること．第二に，計算貨幣に照応する「貨幣」とは何かを「国家」が定めるという意味での「表券主義」．第三に，信用貨幣論の前提としての中央銀行の機能（銀行間の決済手段の提供，「最後の貸し手」機能など）（内藤 (2011), 第 1 章）．

参考文献

Cencini, Alvaro (2005), *Macroeconomic Foundations of Macroeconomics*, London: Routledge.

石倉雅男 (1998), 「電子マネーと決済システム」(松石勝彦編著『情報ネットワーク経済論』, 青木書店, 所収, 215〜255 ページ).

Keynes, J.M. (1930a), *A Treatise on Money 1: The Pure Theory of Money*, The Collected Writings of John Maynard Keynes, Vol. V, London: Macmillan, 1971. (小泉明・長澤惟恭訳『貨幣論 I――貨幣の純粋理論』(ケインズ全集第 5 巻), 東洋経済新報社, 1979 年.)

―― (1930b), *A Treatise on Money 2: The Applied Theory of Money*, The Collected Writings of John Maynard Keynes, Vol. VI, London: Macmillan, 1971. (長澤惟恭訳 『貨幣論 II――貨幣の応用理論』(ケインズ全集第 6 巻), 東洋経済新報社, 1980 年.)

Knapp, Georg Friedrich (1905), *Staatliche Theorie des Geldes*, Leibzig: Duncker & Humblot. (宮田喜代藏訳『貨幣國定學説』, 有明書房, 1988 年.)

Marx, Karl (1867), *Das Kapital*, Erster Band, Erste Auflage, Hamburg: Otto Meissner (Erstes Kapitel und Angang zu Kapitel I, 1). (岡崎次郎訳『資本論第 1 巻初版――第 1 章および付録「価値形態」』, 大月書店, 1976 年.)

―― (1961), *Zur Kritik der Politischen Ökonomie*, Karl Marx, Friedrich Engels Werke, Berlin: Dietz Verlag, Band 13. (大内兵衛・細川嘉六監訳『マルクス=エンゲルス全集』第 13 巻, 大月書店, 1964 年.)

―― (1962), *Das Kapital*, Bd.1, Berlin: Dietz Verlag. (社会科学研究所監修・資本論翻訳委員会訳『資本論』, 第 1〜4 分冊, 新日本出版社, 1983 年.)

内藤敦之 (2011), 『内生的貨幣供給理論の再構築――ポスト・ケインズ派の貨幣・信用アプローチ』, 日本経済評論社.

日本銀行 (2019), 「決済システムレポート (2019 年 3 月)」(日本銀行ウェブサイト, 2011 年 3 月).

Patinkin, Don (1965), *Money, Interest, and Prices: An Integration of Monetary and Value Theory*, Second Edition, New York: Harper & Row Publishers. (貞木展生訳『貨幣・利子および価格――貨幣理論と価値理論の統合 (再版)』, 勁草書房, 1971 年.)

第 3 章

貨幣経済と価格形態

3.1 はじめに

　社会的分業が商品生産の形でおこなわれていることは，現代経済の諸問題を考察する際にも，避けて通れない事実である．現在，先進国経済においても，技術革新を通じた生産性上昇にもかかわらず，多くの人々の生活上のニーズが満たされないままである[1]．生産性上昇が人々の生活の改善につながらない根本的な理由を説明するためには，商品の購入と各種サービスへの料金の支払いを通じて人々の需要が満たされる経済の仕組みについて，詳しく考察しなければならない．

　一見すると，与えられた社会的分業の中で，私的生産者によって生産された様々な財が，交換の媒介物としての貨幣を用いて，消費者に配分される経緯を記述しさえすればよいように見える．しかし，生産者から消費者への財の配分にのみ注目する分析視角では，社会的分業が商品生産の形でおこなわれる経済に固有の問題，特に，「商品」という形態の経済的意味（人々の欲望を満たす財であるだけでなく，価格が付けられた販売目的の財[2]でもあること），および，「商品の価格を表現する」貨幣の機能について考察することができない．マルクスの『資本論』第 1 部（Marx (1867)；Marx (1962)）における商品・貨幣論は，社会的分業を構成する様々な労働の諸生産物が商品化され，それらに価格が付けられる過程の経済的意味について，独自の分析視角を提供する．マルクスの商

品・貨幣論で説明されるのは，後ほど見るように，様々な財が貨幣を媒介として消費者に配分される過程ではなく，諸商品が，それらの販売を通じて，使用価値としても価値としても実現される過程である．

本章では，マルクスの商品・貨幣論の分析視角を検討する．第 3.2 節では，諸商品の交換価値の概念について再検討する．第 3.3 節では，価値形態論の観点から，商品の価格形態の経済的意味について検討する．第 3.4 節では，交換過程論の観点から，一般的等価物としての貨幣の社会的機能について考察する．第 3.5 節では，商品所有者の交換行為の観点から，諸商品の価値形態について考察する．第 3.6 節では，諸商品の価格形態と実現問題との関わりについて検討する．第 3.7 節では，結論をまとめる．

3.2 交換価値の概念についての再検討

マルクス『資本論』第 1 部「資本の生産過程」の冒頭第 1 章「商品」の第 1 節「商品の 2 要因：使用価値と価値（価値の実体，価値の大きさ）」（以下では，「商品の 2 要因」論と呼ぶ）では，「資本主義的生産様式が支配する諸社会の富」としての「商品の巨大な集まり」に関する冒頭の文章[3]に続いて，商品の使用価値の概念について次のように指摘される．財または使用価値[4]は，どの社会形態でも「富の素材的内容」であるが，資本主義経済では「交換価値の素材的担い手」（すなわち，交換価値を持つもの，具体的には，価格が付けられたもの）でもある[5]．

商品の使用価値に関する以上の指摘に続いて，商品の交換価値（value in exchange, exchangeable value）の概念について，詳しく検討される[6]．マルクスの議論では，交換価値の概念について再検討された後で，「価値（value）」の概念が導入されることに注意しなければならない．

商品の交換価値（あるいは，価格）については，財と財の交換比率（あるいは，財と貨幣の交換比率）という量的な観点だけからではなく，質的な観点からも考察しなければならない[7]．財と財の交換比率に注目すること以外に，商品の交換価値を分析する方法はないのかどうかが，ここでの問題である[8]．

3.2 交換価値の概念についての再検討

「交換価値は，さしあたり，一つの種類の使用価値が他の種類の使用価値と交換される量的関係，すなわち比率として現れる．それは，時と所とともに絶えず変動する関係である．それゆえ，交換価値は，なにか偶然的なもの，純粋に相対的なもののように見え，したがって，商品に内的な，内在的な，交換価値（"固有価値"）というものは，一つの"形容矛盾"に見える．事態をもっと詳しく考察してみよう．」（Marx (1962), S. 51, 邦訳, 第 1 分冊, 61～62 ページ．)

「事態をもっと詳しく考察する」とは，商品の交換価値を，財と財の交換比率という量的な観点だけではなく，質的な観点からも考察することにほかならない．そこで，以下の 3 つの段階に従って，商品の交換価値の概念が質的な観点から考察される．

第 1 に，同じ商品の交換価値の様々な諸表現は，互いに置き換え可能であることが指摘される．この点が以下の引用文に語られている．

「ある特定の商品，たとえば 1 クォーターの小麦は，x 量の靴墨，y 量の絹，z 量の金などと，要するにきわめて様々な比率で他の諸商品と交換される．だから，小麦は，ただ一つの交換価値を持っているのではなく，いろいろな交換価値を持っている．しかし，x 量の靴墨も y 量の絹も z 量の金なども，どれも 1 クォーターの小麦の交換価値であるから，x 量の靴墨，y 量の絹，z 量の金などは，互いに置き換えうる，または互いに等しい大きさの，諸交換価値でなければならない．それゆえ，こういうことになる．第一に，同じ商品の妥当な諸交換価値は一つの同じものを表現する．しかし，第二に，交換価値は，一般にただ，それとは区別されうるある内実の表現様式，『現象形態』でしかありえない．」（Ibid., S. 51, 邦訳 62～63 ページ．)

同じ商品の交換価値が様々な種類の商品によって表現され，同じ「小麦」商品が「靴墨価値」，「絹価値」，「金価値」などを持つことは，マルクスよりも前に，一部の経済学者によって指摘された[9]．マルクスはさらに進んで，「1 クォーターの小麦」という同じ商品が様々な種類の交換価値を持つだけでな

く，それらの諸交換価値が，「同じもの」・「ある内実」の表現様式・「現象形態」であるかぎりでは，互いに置き換え可能と見なすことができると推論する．この場合，同じ商品の様々な諸交換価値が表現する「同じもの」・「ある内実」とは何であるかが説明されなければならない．

そこで，第2段階の議論として，同じ交換価値を持つ相異なる諸商品が，互いに置き換え可能であると指摘される．しばしば引用される以下の文章では，「1クォーターの小麦」と「aツェントナーの鉄」の交換比率が，これらの2商品のあいだの等式によって表現される．

>「さらに，2つの商品，たとえば小麦と鉄とをとってみよう．それらのものの交換比率がどうであろうとも，この両者は，つねに，ある与えられた分量の小麦がどれだけかの分量の鉄に等置される一つの等式，1クォーターの小麦＝aツェントナーの鉄　によって表されうる．この等式はなにを意味するか？　同じ大きさの共通物が，2つの異なった物のなかに，すなわち1クォーターの小麦のなかにもaツェントナーの鉄のなかにも，実存するということである．したがって，両者は，それ自体としては一方のものでもなければ他方のものでもないある第三のものに等しい．したがって，両者はどちらも，それが交換価値である限り，この第三のものに還元されうるものでなければならない．」（Ibid., S. 51, 邦訳63ページ．）

「小麦」と「鉄」の2つの商品が「等置される」関係，「1クォーターの小麦＝aツェントナーの鉄」において，「同じ大きさの共通物」が両者の中に「実存する」と指摘されている．ここで，「1クォーターの小麦」と「aツェントナーの鉄」の両者は，「それが交換価値である限り」（傍点は引用者による）という条件付きで，共通な「第三のもの」に「還元されうる」と言われていることに注意しなければならない．「小麦」商品の様々な諸交換価値（「靴墨，絹，金など」）に関する前掲引用文と同じように，ここでも，「小麦」以外のなんらかの財が「小麦」の交換価値として機能し，「鉄」以外のなんらかの財が「鉄」の交換価値として機能していることが前提に置かれている．「1クォーターの小麦」が交換価値を持ち，かつ，「aツェントナーの鉄」も交換価値を持つかぎりで，両

3.2 交換価値の概念についての再検討

者の商品の中に共通な性質が存在すると言われている[10].

以上の引用文に続いて,「直線形の面積」が「三角形」の面積に「還元される」のと同じように,「諸商品の諸交換価値もある共通物に還元されて,諸交換価値は,この共通物の多量または少量を表すことになる」(Ibid., S. 51, 邦訳 63 ページ) と指摘される. ここでは,「諸交換価値」を持つ「諸商品」が「ある共通物」に「還元される」と指摘されていることに注意しなければならない. 異なる種類の複数の財が,交換関係の外部で (つまり,「交換価値」を持たない状況で), なんらかの共通な性質を持つという話ではない.

交換価値を持つ多数の商品によって共有される性質について,さらに次のように指摘される.

> 「この共通なものは,商品の幾何学的,物理学的,化学的,またはその他の自然的属性ではありえない. そもそも商品の物体的諸属性が問題になるのは,ただ,それらが商品を有用なものにし,したがって使用価値にする限りでのことである. ところが,他方,諸商品の交換関係を明白に特徴づけるものは,まさに諸商品の使用価値の捨象である. この交換関係の内部では,一つの使用価値は——それが適当な比率で存在していさえすれば——他のどの使用価値ともまったく同じものとして通用する. あるいは,老バーボンが言うように,
>
> 『1 つの種類の商品は,その交換価値が同じ大きさならば,他の種類の商品と同じ大きさの交換価値をもつ諸物のあいだには,いかなる相違も区別も実存しない』.
>
> 使用価値としては,諸商品は,なによりもまず,相異なる質であるが,交換価値としては,相異なる量でしかありえず,したがって,一原子の使用価値も含まない.」 (Ibid., S. 51–52, 邦訳 64 ページ.)

交換価値を持つ多数の商品によって共有される性質は,「自然的属性」でないことが指摘される. ここで注意しなければならないのは,「諸商品の交換関係」を特徴づける「諸商品の使用価値の捨象」の意味である.「諸商品の使用価値の捨象」について,「交換関係の内部」において「一つの使用価値は——それが適当な比率で存在していさえすれば——他のどの使用価値ともまったく同

じものとして通用する」と最初に説明されるが，一方の財が他方の財と「適当な比率で存在する」とは，何を意味するかが問題である．

この点に関連してマルクスは，「一つの種類の商品は，その交換価値が同じ大きさならば，他の種類の商品と同じ大きさの交換価値をもつ諸物のあいだには，いかなる相違も区別も実存しない」というバーボン (N. Barbon) の文章を挙げている．そこでは，一方の商品 A と他方の商品 B が同じものとして通用するのは，両者の「交換価値が同じ大きさである」かぎりであると指摘されている．さらに，マルクスは「100 ポンド・スターリングの価値がある鉛または鉄は，100 ポンド・スターリングの価値がある銀および金と同じ大きさの価値をもつ」(Ibid., S. 52, 邦訳 64 ページの註 8. Barbon (1696), p. 53) というバーボンの文章も引用しているが，そこではより明確に，「100 ポンド・スターリング」という同じ大きさの交換価値を持つ「鉛または鉄」と「銀および金」が「同じ大きさの価値を持つ」と指摘される．

バーボンの例における「100 ポンド・スターリング」を「p 円」と置き換えて，一方の商品（X_1 クォーターの小麦）と他方の商品（X_2 ツェントナーの鉄）のあいだの等式の意味を考えよう．これらの 2 つの商品が同じ交換価値（p 円と呼ばれる G オンスの金）を持つ場合，これらの 2 つの商品のあいだの交換比率は 1 対 1 であり，どちらの商品も「p 円相当の商品」である．私たちは，2 つの商品のあいだの交換比率のみ注目し，「X_1 クォーターの小麦」も「X_2 ツェントナーの鉄」も，「p 円相当の商品」としては，互いに置き換え可能であり，質的に同等であると見なされるという，貨幣経済における事実を忘れがちである．マルクスは，「同じ交換価値」を持つ様々な諸商品の置き換え可能性・質的同等性に対する注意を喚起した．同じ交換価値を持つすべての商品は，それらの使用価値が違っていても，互いに置き換え可能であり，質的に同等であると見なされる．

図 3.1 では，一方の商品「X_1 クォーターの小麦」と他方の商品「X_2 ツェントナーの鉄」が同じ交換価値（p 円と呼ばれる G オンスの金）を持つことは，これらの 2 つの商品が，「G オンスの金」を得るための手段として役立つかぎりで，互いに置き換え可能であり，質的に同等であると見なされることを意味する．諸商品の交換関係を特徴づける「諸商品の使用価値の捨象」は，「どの種

3.2 交換価値の概念についての再検討　　　　　　　　　　　　　　　　49

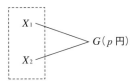

図 3.1　同じ交換価値を持つ 2 商品の置き換え可能性・質的同等性

(註) G (p 円) は，「p 円」という一定量の通貨で呼ばれる金 (gold) の量を表す．「X_i—G」は，第 i 商品 ($i=1,2$) が，「p 円と呼ばれる G オンスの金」に値することを意味する．点線で囲まれた X_1 と X_2 は，一方の商品「X_1 クォーターの小麦」と他方の商品「X_2 ツェントナーの鉄」が，同じ交換価値（p 円と呼ばれる G オンスの金）を持つかぎりで，置き換え可能であり，質的に同等と見なされることを意味する．

類の商品も，貨幣を得るための手段として役立つ」という貨幣経済における事実に基づいている．

さらに，第 3 段階の議論として，同じ交換価値を持つ諸商品のあいだの置き換え可能性，あるいは，質的同等性が，商品に表された労働の観点から考察される．よく知られた以下の文章を見よう．

「そこで，諸商品体の使用価値を度外視すれば，諸商品体にまだ残っているのは，一つの属性，すなわち労働生産物という属性だけである．しかし，労働生産物もまたすでにわれわれの手で変えられている．もしもわれわれが労働生産物の使用価値を捨象するならば，われわれは，労働生産物を使用価値にしている物体的諸成分と諸形態をも捨象しているのである．それはもはや，テーブル，家，糸，あるいはその他の有用物ではない．その感性的性状はすべて消し去られている．それはまた，もはや，指物労働，建築労働，紡績労働，あるいはその他の一定の生産的労働の生産物ではない．労働生産物の有用的性格とともに，労働生産物に表されている労働の有用的性格も消えうせ，したがってまた，これらの労働のさまざまな具体的形態も消えうせ，これらの労働は，もはや，互いに区別がなくなり，すべてことごとく，同じ人間的労働，すなわち抽象的人間的労働に還元されている．

そこで，これらの労働生産物に残っているものを考察しよう．それら

に残っているものは，同じまぼろしのような対象性以外のなにものでもなく，区別のない人間的労働の，すなわちその支出の形態にはかかわりのない人間的労働力の支出の，単なる凝固体以外のなにものでもない．それらの物が表しているのは，もはやただ，それらの生産に人間的労働力が支出されており，人間的労働が堆積されているということだけである．それらに共通な，この社会的実体の結晶として，これらの物は，価値——商品価値である．」（Marx (1962), S. 52, 邦訳 64〜65 ページ.）

「諸商品体の使用価値を度外視する」とは，すでに見たように，同じ交換価値を持つ多数の諸商品の置き換え可能性，あるいは，質的同等性に注目することを意味する．ここで考察される「諸商品体」は，労働生産物（「指物労働」の生産物としての「テーブル」，「建築労働」の生産物としての「家」，「紡績労働」の生産物としての「糸」）であり，これらの諸商品は同じ交換価値を持つことが前提に置かれている．量的な関係を入れて例示すれば，「1億円」という同じ大きさの交換価値（価格）を持つ多数の商品「x 単位のテーブル」・「y 単位の家」・「z 単位の糸」などは，相異なる財（すなわち，「指物労働」・「建築労働」・「紡績労働」などの相異なる具体的有用労働の生産物）であるが，いずれも「1億円」分の貨幣を得るための手段になりうる[11]．

同じ大きさの交換価値（価格）を持つ多数の諸商品の置き換え可能性，あるいは，質的同等性を，商品に表された労働の観点から把握するためには，「労働」の概念について，ある種の工夫をしなければならない．「指物労働」・「建築労働」・「紡績労働」などは，相異なる財を生産する異種の具体的有用労働であるが，いずれも「人間労働（human labor）」である．「指物労働」・「建築労働」・「紡績労働」等々が，「テーブル」をつくる労働であるか，「家」をつくる労働であるか，「糸」をつくる労働であるか等々に関わりなく，いずれも人間労働であることは，誰も否定できない事実である．だが，実際の経済では，「どの種類の財をつくる労働も『人間労働』である」という事実に注目されることは少ない．たとえば，テーブルをつくる産業の労働生産性，あるいは，1台のテーブルの生産に直接・間接に必要とされる労働時間を計測する場合には，1台のテーブルを生産するために必要な原材料（木材）と労働の量がわかってい

3.2 交換価値の概念についての再検討

なければならないが，この場合に注目されるのは，家具工場の中でテーブルをつくる労働であって，「どの種類の財をつくるかに関わりのない『人間労働』」ではない[12]．

それでは，同じ交換価値（価格）を持つ多数の商品の置き換え可能性・質的同等性（前掲図 3.1）を，「労働」の成果として把握するためには，どうすればよいのだろうか．相異なる具体的有用労働（指物労働・建築労働・紡績労働など）の成果（テーブル，家，糸など）を，これらの商品に共通な性質と見なすことはできない．同じ大きさの交換価値を持つ多数の商品によって共有される性質を，「労働」の成果として把握するためには，「どの種類の財をつくるかに関わりのない『人間労働』」に注目して，これらの商品によって共有される性質を，「区別のない人間的労働の，すなわち，その支出の形態には関わりのない人間労働力の支出」（抽象的人間労働）の「凝固体」として把握せざるをえない．「どの種類の財をつくるかに関わりのない『人間労働』」に注目する場合，諸商品に表された労働の「有用的性格」・「具体的形態」が捨象され，これらの労働が「同じ人間的労働，すなわち抽象的人間労働に還元される」ことになる．「抽象的人間労働」という「社会的実体」の「結晶」・「凝固」が「価値——商品価値」と把握される．

図 3.2 には，同じ交換価値を持つ 2 つの商品の置き換え可能性・質的同等性から導かれる「抽象的人間労働」の概念，および，抽象的人間労働によって形成される「価値」の概念が例示されている．

図 3.2 では，同じ交換価値（p 円と呼ばれる G オンスの金，G（p 円））を持つ 2 つの商品（X_1 トンの鉄と，X_2 クォーターの小麦）が互いに置き換え可能であり，質的に同等であると見なされる．2 商品（X_1 の鉄，X_2 の小麦）は，どちらも G（p 円）の金と実線で結ばれ，かつ，点線の矩形で囲まれているからである．ここまでは，前掲図 3.1 と同じである．しかし，図 3.2 では，さらに進んで，同じ交換価値を持つ 2 商品の置き換え可能性・質的同等性が，商品に表された労働の観点から把握される．2 商品（X_1 の鉄，X_2 の小麦）を囲む点線の矩形と「点線の左向き矢印」で結びつけられた $L(ah)$ 時間の労働は，相異なる財をつくる具体的有用労働（鉄をつくる製錬，小麦をつくる農耕）ではなく，同じ交換価値を持つ 2 商品の置き換え可能性・質的同等性から理論的に導かれる社会

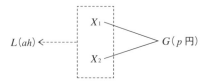

図 3.2 「同じ交換価値を持つ 2 商品」の置き換え可能性・質的同等性から推論される抽象的人間労働,および,抽象的人間労働によって形成される商品の「価値」

(註) 点線で囲まれた X_1 と X_2 は,X_1 トンの第 1 商品(鉄)と X_2 クォーターの第 2 商品(小麦)が,同じ交換価値(G (p 円),すなわち,p 円と呼ばれる G オンスの金)を持つ商品として,置き換え可能であり,質的に同等であると見なされることを意味する.X_1 と X_2 を囲む点線の矩形から $L(ah)$ への点線の左向き矢印は,$L(ah)$ 時間の労働が,相異なる財(X_1 トンの鉄,X_2 クォーターの小麦)をつくる具体的有用労働ではなく,同じ交換価値を持つ 2 商品の置き換え可能性・質的同等性から推論される社会的平均的労働(抽象的人間労働)であることを意味する.$L(ah)$(時間)の社会的平均労働の成果(抽象的人間労働の凝固)は,鉄でも小麦でもなく,同じ交換価値を持つ 2 商品の置き換え可能性・質的同等性(価値)である.

的平均労働(抽象的人間労働:abstract human labor)を表す.$L(ah)$ 時間の社会的平均労働の成果(抽象的人間労働の凝固)が,同じ交換価値 G (p 円)を持つ 2 商品の置き換え可能性・質的同等性としての「価値(value)」である.

図 3.2 に示されるように,同じ交換価値(p 円と呼ばれる G オンスの金,G (p 円))を持つ複数の諸商品の置き換え可能性・質的同等性に注目される場合,「p 円」で買える商品の一覧表(商品の種類と数量)が前提に置かれている.たとえば,「10 万円と呼ばれる金の数量(オンス)」と,「10 万円」で買える商品の一覧表(鉄 1 トン,または,小麦 5 トン,または,原油 16.7 バレル,等々のように,商品の種類と数量)が与えられれば,各商品 1 単位あたり価格(鉄 1 トンの価格が 100,000 円,小麦 1 トンの価格が 20,000 円,原油 1 バレルの価格が 6,000 円,等々)が判明するが,これらの諸商品の価格が,どのような種類の相対価格体系(各商品の投下労働量に比例した「価値価格」,均等利潤率と両立する「生産価格」,等々)に属するのかは,わからない.なぜなら,同じ交換価値を持つ相異なる諸商品の置き換え可能性・質的同等性に注目される場合,社会的平均労働(抽象的人間労働),および,その成果(凝固)としての「価値」のみが考察対象とされ,相異なる財を生産する具体的有用労働に関する情報(社会的分業の構造)は考察

3.2 交換価値の概念についての再検討

対象とされないからである.

商品価値の生産価格への転化について考察される次章では，社会的分業の構造（具体的には，生産部門間での財と財の投入・産出関係，および，各部門への総労働の配分）を考慮に入れて，「価値価格」および「生産価格」という相対価格体系の性質について考察する．しかし，様々なタイプの相対価格体系を分析するためには，諸商品の「価値関係 (value relationship)」，すなわち，各商品とその交換価値との関係（図 3.2 では，「X_1 トンの鉄」と「p 円と呼ばれる G オンスの金, G（p 円）」との関係，あるいは，「X_2 クォーターの小麦」と「p 円と呼ばれる G オンスの金, G（p 円）」との関係）について，さらに掘り下げた考察が必要とされる.

諸商品の「価値関係」についての考察は，「商品の 2 要因」論ではおこなわれず，「商品」章の第 3 節「価値形態または交換価値」（いわゆる「価値形態論」）でおこなわれる.

「商品の 2 要因」論の考察対象について，次のように指摘される.

> 「諸商品の交換関係そのものにおいては，それらの物の交換価値は，それらの物の諸使用価値とはまったくかかわりのないものとして，われわれの前に現われた．そこで，労働諸生産物の使用価値を現実に捨象すれば，いままさに規定されたとおりのそれらの価値が得られる．したがって，商品の交換関係または交換価値のうちにみずからを表している共通物とは，商品の価値である．研究の進行は，価値の必然的な表現様式または現象形態としての交換価値にわれわれをつれもどすであろうが，やはり，価値は，さしあたり，この形態から独立に考察されなければならない.」（Ibid., S. 53, 邦訳 65〜66 ページ.）

ここで，「労働諸生産物の使用価値を現実に捨象する」とは，すでに見たように，同じ大きさの交換価値（価格）を持つ多数の商品によって共有される「価値」性格に注目することを意味する．「商品の 2 要因」論では，価値の「表現様式」・「現象形態」から独立して，商品の「価値」性格について考察されるのである[13].

商品の「価値」は，量的に規定できる概念である．たとえば，「2 億円」の交換価値を持つ諸商品によって共有される「価値」の量は，「1 億円」の交換価値

を持つ諸商品によって共有される「価値」の量の2倍である．商品の「価値」は「抽象的人間労働」の成果（「凝固体」）として把握されるので，商品の「価値」の量は「抽象的人間労働」の量（継続時間）によって測られる．商品の「価値」を規定する要因について，次のように指摘される．

> 「したがって，ある使用価値または財が価値をもつのは，そのうちの抽象的人間労働が対象化または物質化されているからにほかならない．では，どのようにしてその価値の大きさは測られるのか？ それに含まれている『価値を形成する実体』，すなわち労働の，分量によってである．労働の量そのものは，その継続時間によって測られ，労働時間はまた，時間，日などのような一定の時間部分を度量基準としてもっている．」(Ibid., S. 53, 邦訳66ページ.)

ここで，商品の「価値」と「価値を形成する実体」（すなわち，抽象的人間労働）との区別に注意しなければならない．また，ある商品の「価値」の量を決めるのは，個別的な熟練度・強度・生産条件のもとでの個別的な労働時間ではなく，次のような意味での「社会的に必要な労働時間」である．

> 「社会的に必要な労働時間とは，現存の社会的・標準的な生産諸条件と，労働の熟練および強度の社会的平均度をもって，なんらかの使用価値を生産するのに必要な労働時間である．」 (Ibid., S. 53, 邦訳66ページ.)

商品の「価値」の量を決定する社会的必要労働時間の概念については，考察すべき論点が数多くある．しかし，本書では，「x 単位の商品 A は貨幣（p 円）に値する」のような商品の価値形態に関する考察に重点を置くので，「価値」の量を決定する要因についての詳しい検討はおこなわないことにする [14]．

3.3 価値形態論における交換価値の分析

「商品の2要因」論では，同じ大きさの交換価値（価格）を持つ多数の商品によって共有される「価値」性格について考察された．前掲の図3.1と図3.2に示されるように，「同じ大きさの交換価値」（p 円と呼ばれる G オンスの金）を持

3.3 価値形態論における交換価値の分析

つ「x 単位の商品 A」と「y 単位の商品 B」は,「価値」(抽象的人間労働の凝固) を共有している.

これに対して,価値形態論の観点では,各商品とその交換価値との関係(すなわち,諸商品の「価値関係(value relationship)」)に注目して,各商品の交換価値(価格)がその商品の「価値」性格の「現象形態」・「表現様式」として把握される[15]. 価値形態論では,「x 単位の商品 A」と「貨幣(p 円)」(あるいは,「y 単位の商品 B」と「貨幣(p 円)」)の質的等置関係について考察され,「x 単位の商品 A は貨幣(p 円)に値する」(あるいは,「y 単位の商品 B は貨幣(p 円)に値する」)という商品 A(あるいは,商品 B)の価格形態が,その商品の「価値」の「現象形態」・「表現様式」(すなわち,価値表現)として把握される.さらに,価値形態論では,後ほど詳しく見るように,あらゆる商品の「価値」を表現する材料となるもの(すなわち,「一般的等価物(general equivalent)」)が「貨幣」であると把握される.現実の経済では,様々な種類の財に価格が付けられ,それらの財は販売目的の「商品」として存在し,貨幣と交換されるのを待っている. もし,財と財の交換(すなわち,様々な財を生産する異種の具体的有用労働間の関係)の側面だけから経済が考察されるならば,「商品」としての財の性格が見失われる.「x 単位の商品 A は貨幣(p 円)に値する」のような商品の価格形態を「商品 A の価値の現象形態(表現様式)」と把握することによって,販売目的の財としての「商品」の生産と実現(貨幣との交換)を考察することができる.

個別商品 A の価値表現として,「x 単位の商品 A は y 単位の商品 B に値する」(x 単位の商品 A = y 単位の商品 B)を考えよう.左辺の「x 単位の商品 A」は,その価値を表現される側,すなわち「相対的価値形態(relative form of value)」の商品である.右辺の「y 単位の商品 B」は,相対的価値形態の商品の価値を表現する材料となる側,すなわち,「等価形態(equivalent form)」の商品である.「相対的価値形態」と「等価形態」は「価値表現の両極」(Ibid., S. 63, 邦訳 83 ページ)である.

価値形態論では,各商品とその交換価値の関係(すなわち,諸商品の「価値関係」)に注目して,商品の価値表現の構造について考察される.価値形態論の課題について,次のように指摘される.

「いまここでなしとげられなければならないことは，ブルジョア経済学によっては決して試みられることもなかったこと，すなわち貨幣形態の発生を立証すること，すなわち，諸商品の価値関係（Wertverhältnis）に含まれている価値表現の発展を，そのもっとも簡単なもっともめだたない姿態から目をくらませる貨幣形態にいたるまで追跡することである．それによって，貨幣の謎も消えうせる．」（Ibid., S. 62, 邦訳82ページ．）

あらゆる商品が共通な価値形態，すなわち，（「x 単位の商品 A は貨幣（p 円，q ドル，r ユーロ等々）に値する」のような）「貨幣形態」を持つことは自明な事実である．価値形態論では，各商品（「x 単位の商品 A」など）とその交換価値（「貨幣（p 円）」など）との質的等置関係について考察され，各商品の価格形態（貨幣形態）がその商品の「価値」性格の「現象形態」・「表現様式」として把握される．

以下ではマルクスの価値形態論の論理を検討するが，その際に，「x 単位の商品 A」の価値を表現する材料となる「貨幣（p 円）」は，「p 円」という名称の付いた貴金属（金）であり，他の商品と同様に「金（gold）」も労働生産物（「採掘」労働の生産物）であることを前提に置く．また，議論の最初の段階では，「x 単位の商品 A」の価値を表現する材料となるものは，「金」に特定せずに，商品 A 以外の任意の商品（たとえば，商品 B）であると仮定する．「x 単位の商品 A」の価値を表現する材料となる「貨幣」が労働生産物としての「金」であることを前提に置くのは，現実の経済において「金」が貨幣として機能していることを主張するためではなく，後ほど詳しく見るように，価値表現の両極（相対的価値形態と等価形態）の諸商品に表された諸労働のあいだの関係を考察するためである．

個別商品の「単純な価値形態」

商品の価値表現の構造を把握するためには，「A　簡単な，個別的な，または偶然的な価値形態」（Ibid., S. 63, 邦訳82ページ）の中の「相対的価値形態の内実」（Ibid., S. 64, 邦訳84ページ）項の検討を避けて通ることはできない．

個別商品 A の価値表現「x 単位の商品 A（20エレのリンネル）は y 単位の商品 B（1着の上着）に値する」（x 単位の商品 A ＝ y 単位の商品 B，商品 A は相対

3.3 価値形態論における交換価値の分析

的価値形態，商品 B は等価形態）を考えよう．「x 単位の商品 A」とその交換価値（y 単位の商品 B）のあいだの「価値関係」を，量的な交換比率としてではなく，これらの 2 商品が質的に等置される関係として考察せよというのが，「相対的価値形態の内実」項で提起される基本問題である．

> 「ある 1 つの商品の簡単な価値表現が 2 つの商品の価値関係のうちにどのように潜んでいるかを見つけ出すためには，この価値関係を，さしあたりその量的関係からまったく独立に，考察しなければならない．人は，たいてい，これと正反対のことを行っており，価値関係のうちに，2 種類の商品の一定分量どうしが等しいとされる割合だけを見ている．その場合，見落とされているのは，異なった物の大きさは，それらが同じ単位に還元されてはじめて，量的に比較されうるものとなるということである．それらは，同じ単位のもろもろの表現としてのみ，同名の，それゆえ同じ単位で計量されうる大きさなのである．」(Ibid., S. 64, 邦訳 84〜85 ページ.)

相対的価値形態の「20 エレのリンネル」と等価形態の「1 着の上着」が質的に等置される関係とは，いったい何かが問題となる．「20 エレのリンネルは 1 着の上着に値する」という価値表現において，「リンネル」と「上着」の量的比率に関わりなく，「リンネルと上着とは，価値の大きさとしては，同じ単位の諸表現であり，同じ性質の物である」（Ibid.）とも指摘されるが，価値表現の両極の 2 商品が「同じ単位の諸表現」であるとはどういう意味であろうか．一見すると，「リンネル」と「上着」の 2 商品が「価値」性格を共有することを意味するように思われるかもしれない．しかし，「リンネル」商品とその交換価値（「上着」商品）のあいだの「価値関係」では，事態はもう少し複雑である．「相対的価値形態の内実」項の第 3 パラグラフでは，価値表現の両極の 2 商品が質的に等置される関係について，次のように指摘される．

> 「しかし，質的に等置された 2 つの商品は同じ役割を演じるのではない．リンネルの価値だけが表現される．では，どのようにしてか？ リンネルが，その『等価物』としての，またはそれと『交換されうるもの』と

しての上着にたいしてもつ関連によって，である．この関係のなかでは，上着は，価値の実存形態（Existenzform von Wert）として，価値物（Wertding）として，通用する．なぜなら，ただそのようなものとしてのみ，上着はリンネルと同じものだからである．他方では，リンネルそれ自身の価値存在が現れてくる．すなわち，一つの自立的表現を受け取る．なぜなら，価値としてのみ，リンネルは，等価値のものとしての，またはそれと交換されうるものとしての上着と関連しているからである．」(Ibid., S. 64, 邦訳85～86ページ.)

ここでは，「リンネル」の価値表現において，相対的価値形態の「リンネル」がその交換価値（等価形態の「上着」）に対して「質的に等置される」関係について説明されている．価値表現の両極の2商品の質的等置とは何かが問題になる．「リンネル」と「上着」は異なる種類の財であるから，両者は，「量的に」等置されるのではなく，「質的に」等置されると言わざるをえない．前掲図3.1に見られるように，同じ大きさの交換価値（価格）を持つ2商品による「価値」性格の共有と，各商品とその交換価値との「価値関係」を区別しなければならない．以上の引用文で扱われているのは，相対的価値形態の「リンネル」商品とその交換価値（等価形態の「上着」商品）との関係であって，同じ大きさの交換価値を持つ「20エレのリンネル」と「1着の上着」によって共有される「価値」性格ではない．したがって，相対的価値形態の「リンネル」は，人々の欲望を満たす財としての「上着」に対してではなく，「価値の実存形態」・「価値物」（あるいは，「価値」の「現象形態」・「表現様式」）としてのみ通用する等価形態の「上着」に対して質的に等置される．

同じ大きさの交換価値を持つ2商品による「価値」性格の共有と，相対的価値形態の商品Aとその交換価値（等価形態の商品B）との「価値関係」とは，厳密に区別されなければならない．この点に関連して，「相対的価値形態の内実」項の第4パラグラフでは，次のように指摘される．

「われわれが，価値としては諸商品は人間的労働の単なる凝固体であると言えば，われわれは諸商品を価値抽象に還元するけれども，商品にその自然形態とは異なる価値形態を与えはしない．一商品の他の商品に

たいする価値関係のなかではそうではない．ここでは，その商品の価値性格が，他の商品にたいするその商品の関連によって，現れ出るのである．」（Ibid., S. 65, 邦訳 86 ページ．）

「商品の 2 要因」論では，前掲図 3.2 に示されるように，同じ大きさの交換価値を持つ多数の商品は「価値」性格を共有し，商品の「価値」は「抽象的人間労働の凝固体」（Ibid., S. 52, 邦訳 65 ページ）と把握されていた．「諸商品を価値抽象に還元する」とは，同じ大きさの交換価値を持つ諸商品によって共有される「価値」性格（すなわち，「抽象的人間労働の凝固体」）に注目することを意味する．これに対して，価値形態論では，相対的価値形態の商品 A とその交換価値（等価形態の商品 B）との「価値関係」が考察され，「『価値の現象形態』として通用する商品 B」に対する商品 A との「関連」を通じて，商品 A の「価値」性格が表現されることが説明される[16]．

議論のここまでの段階で，相対的価値形態の「x 単位の商品 A」とその交換価値（等価形態の「y 単位の商品 B」）のあいだの「価値関係」において，「価値の現象形態」としてのみ通用する商品 B に対して商品 A が質的に等置されることを通じて，商品 A の「価値」性格が表現されることがわかった．しかし，商品の価値表現をこのような形で定義づけるだけでは，商品 B を材料とする商品 A の価値表現の経済的意味を説明することはできない．価値表現の両極の 2 商品に表された諸労働（「リンネル」商品に表された「織布」労働，および，「上着」商品に表された「裁縫」労働）間の質的な等置について考察すると，商品の価値表現と，財と財の交換との根本的な違いが明らかになる．「相対的価値形態の内実」項の第 5 パラグラフでは，相対的価値形態の「リンネル」商品に表された労働（織布）と，等価形態の「上着」商品に表された労働（裁縫）との質的な等置について，次のように説明されている．

「(1) たとえば，上着が価値物（Wertding）として，リンネルに等置されることによって，上着に潜んでいる労働がリンネルに潜んでいる労働に等置される．(2) ところで，確かに，上着をつくる裁縫は，リンネルをつくる織布とは種類の異なる具体的労働である．(3) しかし，織布労働との等置は，裁縫労働を，両方の労働のなかの現実に等しいものに，

人間的労働という両方の労働に共通な性格に，実際に還元する．（4）この回り道を通ったうえで，織布労働も，それが価値を織り出す限りにおいては，裁縫労働から区別される特徴をもっていないこと，すなわち抽象的人間的労働であること，が語られるのである．（5）種類の異なる諸商品の等価表現だけが——種類の異なる諸商品に潜んでいる，種類の異なる，諸労働を，それらに共通なものに，人間的労働一般に，実際に還元することによって——価値を形成する労働の独自な性格を表すのである．」(Ibid., S. 65, 邦訳 86～87 ページ．番号（1）～（5）は引用者のもの.)

ここでは，相対的価値形態の「リンネル」商品とその交換価値（等価形態の「上着」商品）のあいだの「価値関係」，および，その「価値関係」に含まれる「リンネル」商品の価値表現について，価値表現の両極の 2 商品に表された労働どうしの質的等置の観点から説明されている．相対的価値形態の「リンネル」商品に表された労働（織布）と等価形態の「上着」商品に表された労働（裁縫）の質的等置の意味を考察する際にも，「商品の 2 要因」論で扱われる諸商品の「価値抽象への還元」（同じ大きさの交換価値を持つ諸商品によって共有される「価値」性格に注目すること）と，価値形態論で扱われる商品とその交換価値とのあいだの「価値関係」（商品の価値表現）との区別（「相対的価値形態の内実」の第 4 パラグラフ）に注意しなければならない．

第 1 文に見られるように，「価値の現象形態」・「価値物」としてのみ通用する「上着」に対して「リンネル」が質的に等置されるという条件のもとで，「上着」商品に表された労働（裁縫）と「リンネル」商品に表された労働（織布）の質的等置について考察されている．また，第 2 文で確認されるように，等価形態の「上着」商品に表された労働（裁縫）と，相対的価値形態の「リンネル」商品に表された労働（織布）は，異なる種類の具体的有用労働である．

しかし，第 3 文で指摘されるように，相対的価値形態の「リンネル」商品に表された労働（織布）と等価形態の「上着」商品に表された労働（裁縫）が質的に等置される場合，「上着」商品に表された労働（裁縫）が，両方の労働に共通な「人間的労働」という性質に「実際に還元される」．ここで，「裁縫」が「人間的労働」に「還元される」ことの意味に関して，若干の補足説明が必要であ

3.3 価値形態論における交換価値の分析

る.「リンネル」をつくる「織布」も,「上着」をつくる「裁縫」も,ともに「人間労働」であることは誰も否定できない事実であるが,「織布」・「裁縫」等々の様々な種類の労働と並んで,「人間労働」という種類の労働は存在しない.「リンネル」商品の価値表現において等価形態に立つ「上着」商品は,「寒さを防ぐ」とか「着飾る」などの効用を持つ財として意味を持つのではなく,「価値の表現様式」・「価値物」としての意味だけを持つ.この場合,「上着」をつくる労働(裁縫)は,商品の「価値」性格を形成する労働(抽象的人間労働)の表現様式としてのみ意味を持つ.したがって,「リンネル」商品の価値表現において等価形態の「上着」商品が「価値」(抽象的人間労働の凝固体)の現象形態・表現様式と見なされる場合,等価形態の「上着」商品に表された労働(裁縫)に関して,「人間労働は裁縫である」という「取りちがえ(Quidproquo)」が起こっている[17].

こうして,第4文に示唆されるように,等価形態の「上着」商品に表された労働(裁縫)に関する「人間労働は裁縫である」という「取りちがえ」を前提として,「リンネル」商品に表された労働(織布)が「上着」商品に表された労働(裁縫)に対して質的に等置されることを通じて,相対的価値形態の「リンネル」商品に表された労働(織布)の「価値形成性格」(抽象的人間労働であること)が表現される.

第5文で註記されるように,両極の2商品の「等価表現」(すなわち,相対的価値形態の「リンネル」と,「価値の現象形態」としてのみ通用する等価形態の「上着」との質的な等置)の結果として,等価形態の「上着」商品に表された労働(裁縫)に関して「人間労働は裁縫である」という「取りちがえ」が生じ,両極の2商品に表された諸労働の質的等置を通じて,相対的価値形態の「リンネル」商品に表された労働(織布)の「価値形成性格」が表現される[18].

以上のように,価値表現の両極の2商品に表された諸労働(相対的価値形態の「リンネル」商品に表された「織布」と,等価形態の「上着」商品に表された「裁縫」)間の質的な等置を詳しく検討すると,「20エレのリンネルは1着の上着に値する」という価値表現の経済的意味とは何かが明確になる.「リンネル」商品の価値表現は,「織布」と「裁縫」が社会的分業を構成していること(すなわち,「リンネル」と「上着」が双方の交換当事者にとって有用であること)を表現してい

るのではなく，「人間労働は裁縫である」という「取りちがえ」を前提として，「織布」が「裁縫」に対して質的に等置されることを通じて，（相対的価値形態の「リンネル」商品に表された）「織布」の「価値形成性格」を表現している．

したがって，「20 エレのリンネルは 1 着の上着に値する」という価値表現は，「リンネル」と「上着」が交換当事者にとって有用であることの表現様式ではなく，「リンネル」の「価値」性格（同じ交換価値を持つ他の諸商品との置き換え可能性・質的同等性）の表現様式である．

より具体的なタイプの価値形態（後ほど見るように，「拡大された価値形態」・「一般的価値形態」・「貨幣形態」），および，諸商品の交換過程（商品所有者と貨幣所有者のあいだの取引関係）に関する議論を理解するための鍵は，「20 エレのリンネルは 1 着の上着に値する」のような個別商品の単純な価値形態にあると言ってよい．そこで，「相対的価値形態の内実」に関する以上の議論の骨格を，簡単な図式と若干の補足を付けて，確認しておこう．

図 3.3 には，個別商品 A の単純な価値形態「x 単位の商品 A は z 単位の商品 G に値する」の構造が例示されている．本図では，相対的価値形態の「x 単位の商品 A」とその交換価値（等価形態の「z 単位の商品 G」）のあいだの「価値関係」が，[1] 価値表現の両極の 2 商品の質的な等置，および，[2] 両極の 2 商品に表された諸労働の質的な等置，の 2 つの段階に分けて図示されている．

「x 単位の商品 A」（相対的価値形態）を「x 台の自動車」，「z 単位の商品 G」（等価形態）を「z グラムの金（gold）」と考え，財 A（自動車）をつくる具体的有用労働を「A 労働」（組立），財 G（金）をつくる具体的有用労働を「G 労働」（採掘）と呼んでおく．

「x 単位の商品 A は z 単位の商品 G に値する」という価値表現においては，「z グラムの金」（等価形態）は，「金」の現物であるが，「価値の現象形態」としてのみ通用している（言い換えれば，「価値は『z 単位の商品 G（金）』である」と見える）．「価値の現象形態」として通用する「z グラムの金」（等価形態）に対して「x 台の自動車」（相対的価値形態）が質的に等置されることを通じて，「x 台の自動車」の「価値」性格が表現される．

商品 A の価値表現——「x 単位の商品 A は z 単位の商品 G に値する」——の経済的意味とは何かを考察するために，両極の 2 商品（相対的価値形態の商品

3.3 価値形態論における交換価値の分析

[1]商品 A(相対的価値形態)と商品 G(等価形態)の質的な等置

[2]商品 A(相対的価値形態)に表された「A労働(組立)」と,商品 G(等価形態)に表された「G労働(採掘)」の質的な等置

図 3.3　個別商品 A の「単純な価値形態」(形態 I)――「x 単位の商品 A は z 単位の商品 G に値する」――の構造

(註) 相対的価値形態の「x 単位の商品 A」と等価形態の「z 単位の商品 G」を結ぶ実線は,「質的な等置」を意味する.「x 単位の商品 A」と「価値」性格を結ぶ点線は,「x 単位の商品 A」が(同じ交換価値を持つ)他の諸商品と置き換え可能であり,質的に同等であると見なされることを意味する. 相対的価値形態の商品 A に表された「A 労働」と等価形態の商品 G に表された「G 労働」を結ぶ実線は,「質的な等置」を意味する.「A 労働」と「『価値形成労働』としての性格」を結ぶ点線は,(同じ交換価値を持つ)他の諸商品に表された諸労働と置き換え可能であり,質的に同等であると見なされることを意味する.

A と等価形態の商品 G)に表された労働間の関係に注目しよう.「x 台の自動車」(相対的価値形態)に表された「A 労働(組立)」も,「z グラムの金」(等価形態)に表された「G 労働」(採掘)も「人間労働」である. しかし,「A 労働(組立)」,「G 労働(採掘)」等々の様々な種類の労働と並んで,「人間労働」という種類の労働は存在しない(動物に喩えれば,ライオン,サル,パンダ等々はどれも「動物」であるが,「動物」という種類の動物は存在しない[19]).

ところが,「x 単位の商品 A は z 単位の商品 G に値する」という価値表現で

は，「z 単位の商品 G（金）」（等価形態）が「価値の現象形態」としてのみ通用している（つまり，「価値は『z 単位の商品 G（金）』である」と見える）ことと対応して，「z グラムの金」（等価形態）に表された G 労働（採掘）に関して，「（商品価値を形成する）人間労働は G 労働（採掘）である」という「取りちがえ」が起こっている（動物に喩えれば，「動物はパンダである」のような「取りちがえ」が起こっている）．

「価値の現象形態」として通用する「z 単位の商品 G（金）」（等価形態）に対して「x 単位の商品 A」（相対的価値形態）が質的に等置されることを通じて，「x 単位の商品 A」（相対的価値形態）に表された「A 労働（組立）」の「価値形成性格」（「同じ交換価値を持つ他商品」に表された労働との置き換え可能性・質的同等性）が表現される．詳しく言えば，「（商品価値を形成する）人間労働は G 労働（採掘）である」という「取りちがえ」を前提として，相対的価値形態の A 労働（組立）が等価形態の G 労働（採掘）に対して質的に等置されることを通じて，「A 労働（組立）」の「価値形成性格」が表現されている[20]．

したがって，商品 A の価値表現——「x 単位の商品 A は z 単位の商品 G に値する」は，A 労働（組立）と G 労働（採掘）が社会的分業を構成すること（すなわち，財 A の生産者にとって財 G が有用であり，かつ，財 G の生産者にとって財 A が有用であること）を表現しているのではなく，「人間労働は G 労働（採掘）である」という「取りちがえ」を前提として，A 労働（組立）が G 労働（採掘）に対して質的に等置されることを通じて，労働 A（組立）の「価値形成性格」を表現している．

相対的価値形態の「x 単位の商品 A」が，「価値の現象形態」としてのみ通用する等価形態の「z 単位の商品 G」に対して質的に等置される（図 3.3 の [1]）結果として，「人間労働は G 労働（採掘）である」という「取りちがえ」が生じ，A 労働（組立）と G 労働（採掘）の質的等置を通じて労働 A（組立）の「価値形成性格」が表現される（図 3.3 の [2]）[21]．

同じ大きさの交換価値（たとえば，p 円）を持つ 2 商品（たとえば，商品 A と商品 B）が「価値」性格を共有する関係（図 3.1）と，相対的価値形態の商品 A とその交換価値（等価形態の商品 G）のあいだの「価値関係」（図 3.3 の [1]）は厳密に区別されなければならない．この点に対応して，同じ交換価値を持つ 2

3.3 価値形態論における交換価値の分析

商品に表された労働間の抽象的人間労働としての置き換え可能性・質的同等性（図3.2）と，価値表現の両極の2商品に表された諸労働の質的等置関係（図3.3の［2］）とは，厳密に区別されなければならない．

個別商品の「拡大された価値形態」

前項では，個別商品Aとその交換価値（「価値の現象形態」として通用する等価形態の商品G）のあいだの「価値関係」に基づいて，個別商品Aの単純な価値形態「x 単位の商品Aは z 単位の商品Gに値する」（いわゆる「形態Ⅰ」）の構造について考察された．だが，個別商品Aとその交換価値のあいだの「価値関係」において，商品Aの交換価値として機能するのは，単独の商品Gであるとは限らず，多数の諸商品であってもよい．たとえば，経済に n 種類の商品が存在する場合，商品Aの相対的価値表現において，商品Aを除くすべての（$(n-1)$ 種類の）諸商品（商品B，商品C，等々）が等価形態に立ち，「価値の現象形態」として機能することも考えられる．そこで，個別商品Aとその交換価値として機能する多数の諸商品（商品A以外のすべての諸商品）とのあいだの「価値関係」，および，そのような「価値関係」に含まれる個別商品Aの「拡大された価値形態」（いわゆる「形態Ⅱ」，「全体的価値形態」とも言う），すなわち，「x 単位の商品Aは u 単位の商品B，または，v 単位の商品C，等々，に値する」の構造について検討しよう．

図3.4には，個別商品Aの「拡大された価値形態（形態Ⅱ）」の例として，「x 単位の商品Aは u 単位の商品B，または，v 単位の商品C，等々，に値する」の構造が示されている．n 種類の商品が存在し，任意の個別商品Aが相対的価値形態に立つ場合には，商品A以外のすべての諸商品（商品B，C，等々の $(n-1)$ 種類の諸商品）が「価値の現象形態」（特殊的等価物（specific equivalents）B，C，等々）として通用する．この場合，相対的価値形態の商品Aと，特殊的等価物B，C，等々との質的な等置を通じて，個別商品Aの「価値」性格が表現される．

個別商品Aの「拡大された価値形態」（形態Ⅱ）では，「価値の現象形態」として通用する多数の諸商品（商品Aを除くすべての諸商品（特殊的等価物））に対

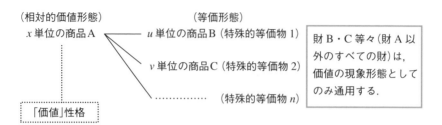

図 3.4 個別商品 A の「拡大された価値形態」(形態 II) ――「x 単位の商品 A は u 単位の商品 B, または, v 単位の商品 C, 等々, に値する」―― の構造

(注) 相対的価値形態の「x 単位の商品 A」と等価形態の「u 単位の商品 B」・「v 単位の商品 C」等々を結ぶ実線は,「質的な等置」を意味する.

して,商品 A (相対的価値形態) が質的に等置されることを通じて,商品 A に表された労働の「価値形成性格」が表現される.たとえば,財 B (使用価値 B) をつくる具体的有用労働を「B 労働」と呼ぶことにしよう.「拡大された価値形態」(形態 II) では,商品 A を除くすべての諸商品 (特殊的等価物 B, C, 等々) に表された諸労働について「人間労働は B 労働,C 労働,等々である」という「取りちがえ」が生じている.この「取りちがえ」を前提に,相対的価値形態の「A 労働」が等価形態の「B 労働,C 労働,等々」に対して質的に等置されることを通じて,A 労働の「価値形成性格」が表現されている.

「拡大された価値形態」(形態 II) では,その構造上,相対的価値形態に立つ商品は 1 つだけである.たとえば,経済に n 種類の商品が存在し,特定の商品 A 以外のすべての諸商品 ($(n-1)$ 種類の諸商品) が等価形態に立つ場合には,相対的価値形態に立つのは単独の商品 A だけである.したがって,「拡大された価値形態」(形態 II) は,個別商品の相対的価値表現にすぎず,多数の諸商品の「価値」性格を同時に表現することはできない.

多数の諸商品の「一般的価値形態」

多数の諸商品の「価値」性格が同時に表現されるのは,n 種類の商品が存在する経済において,いずれか 1 種類の商品,たとえば商品 A が等価形態に立

3.3 価値形態論における交換価値の分析

ち，それ以外のすべての諸商品（商品 A 以外の $(n-1)$ 種類の諸商品）が相対的価値形態に立つ場合だけである．

図 3.5 には，「一般的価値形態」（形態 III）の例として，「u 単位の商品 B，または，v 単位の商品 C，等々，は x 単位の商品 A に値する」の構造が示されている．n 種類の商品が存在する場合，多数の諸商品（商品 A を除くすべての諸商品，すなわち，商品 B，C，等々の $(n-1)$ 種類の諸商品）が相対的価値形態に立つ結果として，唯一の商品 A が等価形態に立ち，「価値の現象形態」として通用する．この場合，相対的価値形態の多数の諸商品（商品 A 以外のすべての諸商品）と，「一般的等価物（general equivalent）」として機能する商品 A との質的な等置を通じて，多数の諸商品の「価値」性格（同じ交換価値を持つ他の諸商品との置き換え可能性・質的同等性）を表現することができる．商品 A が一般的等価物として機能する場合，商品 A の自然形態が「商品世界の共通な価値姿態」(Ibid., S. 81，邦訳 114 ページ)，すなわち，全商品の価値の現象形態として通用する．多数の諸商品（商品 A 以外のすべての諸商品）の「価値」性格が同じ単独の商品 A を材料として表現される結果として，すなわち，多数の諸商品の相対的価値表現が同時に成立する結果として，「一般的価値形態」（形態 III）が成立する．一般的等価物の機能（多数の諸商品の「価値の現象形態」）に適した商品（たとえば，金（gold））の存在を根拠として，「一般的価値形態」（形態 III）の成

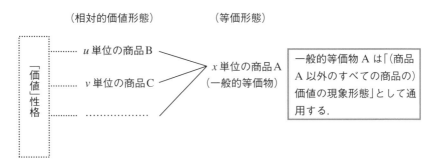

図 3.5　一般的価値形態（形態 III）――「u 単位の商品 B，または，v 単位の商品 C，等々，は x 単位の商品 A に値する」――の構造

(註) 相対的価値形態の「u 単位の商品 B」・「v 単位の商品 C」等々と等価形態の「x 単位の商品 A」を結ぶ実線は，「質的な等置」を意味する．

立が説明されているのではない[22].

「一般的価値形態」（形態 III）では，「価値の現象形態」として通用する唯一の商品 A（一般的等価物）に対して，相対的価値形態に立つ多数の諸商品（商品 A を除くすべての諸商品）が質的に等置されることを通じて，相対的価値形態の諸商品に表された諸労働の「価値形成性格」（「同じ交換価値を持つ他商品」に表された労働との置き換え可能性・質的同等性）が表現される．ここで，財 A（使用価値 A）をつくる具体的有用労働を「A 労働」と呼ぶことにしよう．「一般的価値形態」（形態 III）では，商品 A（一般的等価物）に表された労働について，「（商品価値を形成する）人間労働は A 労働である」という「取りちがえ」が生じている．一般的等価物の商品 A に表された労働に関する「取りちがえ」を前提として，相対的価値形態の諸労働（商品 A 以外のすべての諸商品に表された諸労働，B 労働，C 労働，等々）が一般的等価形態の A 労働に対して質的に等置されることを通じて，相対的価値形態の「B 労働，C 労働，等々」の「価値形成性格」が表現されている．

したがって，多数の諸商品の一般的価値表現——たとえば，図 3.5 の「u 単位の商品 B，または，v 単位の商品 C，等々，は x 単位の商品 A に値する」——は，B 労働と C 労働，等々，が社会的分業を構成すること（すなわち，財 B と財 C，等々が交換当事者にとって有用であること）を表現しているのではなく，「（商品価値を形成する）人間労働は A 労働である」という「取りちがえ」を前提に，相対的価値形態の「B 労働と C 労働，等々」が一般的等価形態の A 労働に対して質的に等置されることを通じて，「B 労働と C 労働，等々」の「価値形成性格」を表現している．

すでに見たように，「拡大された価値形態」（形態 II）——たとえば，図 3.4 の「x 単位の商品 A は u 単位の商品 B，または，v 単位の商品 C，等々，に値する」——は，個別商品 A の相対的価値表現にすぎず，多数の諸商品（商品 B，C，等々）によって共有される「価値」性格を表現することはできない．これに対して，「一般的価値形態」（形態 III）では，「価値の現象形態」として通用する一般的等価物 A に対して相対的価値形態の多数の諸商品（一般的等価物 A を除くすべての諸商品）が質的に等置されることを通じて，相対的価値形態の多数の諸商品の「価値」性格が表現されている．多数の諸商品の「価値」性格を同

3.3 価値形態論における交換価値の分析

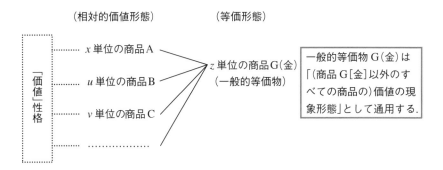

図 3.6　貨幣形態（形態 IV）——「x 単位の商品 A，u 単位の商品 B，v 単位の商品 C，等々，は z 単位の商品 G（金）に値する」——の構造

(註) 相対的価値形態の「x 単位の商品 A」・「u 単位の商品 B」・「v 単位の商品 C」等々と等価形態の「z 単位の商品 G」を結ぶ実線は，「質的な等置」を意味する．一般的価値形態（形態 III）において一般的等価物が特定の商品（たとえば，商品 G（金，gold））に固定化されると，貨幣形態（形態 IV）が成立する．

時に表現することができる価値形態のタイプは，「一般的価値形態」（形態 III）だけである．この意味で，「拡大された価値形態」（形態 II）から「一般的価値形態」（形態 III）への移行は，等価形態の観点（等価形態に立つものが多数の諸商品である（形態 II）か，単独の商品である（形態 III）か）からではなく，相対的価値形態の観点（個別商品の「価値」性格の相対的価値表現（形態 II）か，多数の諸商品の「価値」性格の同時的な相対的価値表現（形態 III）か）から説明されなければならない[23]．

なお，マルクスの価値形態論では，「一般的価値形態」（形態 III）に続いて「貨幣形態」（形態 IV）について論じられる．図 3.6 には，一般的等価物が特定種類の商品 G（金，gold）に固定化した場合の「貨幣形態」（形態 IV）が例示されている．形態 III に対して形態 IV が付け加える要因は，一般的等価物が特定種類の商品（金）に固定化することだけである．それゆえ，多数の諸商品の相対的価値表現の結果として成立する一般的価値形態（形態 III）が「諸商品の価値関係に含まれる価値表現の発展」（Ibid., S. 62, 邦訳 82 ページ）の実質的な到達点である．

以上のように，マルクスの価値形態論では，商品とその交換価値とのあいだ

の「価値関係」に含まれている商品の価値表現（前掲図 3.3 の「単純な価値形態」の場合には，商品 A（相対的価値形態）に対して，「価値の現象形態」として通用する商品 G（等価形態）が質的に等置されることを通じて，商品 A の「価値」性格が表現される関係）について考察され，多数の諸商品の「価値」性格が同時に表現される価値形態のタイプは一般的価値形態（形態 III）であり，一般的等価物が特定の貨幣商品（たとえば，金）に固定化したものが貨幣形態（形態 IV）であることが示された．価値形態論で導き出される貨幣は，すべての諸商品の「価値の現象形態」として機能する「一般的等価物」であり，それは「金（gold）」（「採掘」労働の生産物）などの商品貨幣（commodity money）である．

　価値形態論で商品貨幣（金）が一般的等価物として機能することが前提に置かれるのは，価値表現の両極の諸商品に表された諸労働のあいだの質的な等置に注目して，商品の価値表現の経済的意味を説明するためである．商品 A の価値形態——図 3.3 の「x 単位の商品 A（自動車）は z 単位の商品 G（金）に値する」——は，A 労働（組立）と G 労働（採掘）が社会的分業を構成すること（すなわち，財 A の生産者にとって財 G が有用であり，かつ，財 G の生産者にとって財 A が有用であること）を表現しているのではなく，「（商品価値を形成する）人間労働は G 労働（採掘）である」という「取りちがえ」を前提として，相対的価値形態の商品 A に表された労働の「価値形成性格」を表現している．このように，価値形態論では，使用価値に対する商品所有者の欲望を考慮に入れずに，価値表現の両極の諸商品，および，それらの諸商品に表された諸労働の観点から，商品とその交換価値のあいだの「価値関係」に含まれる商品の価値表現について考察されている[24]．

　だが，諸商品の「価値関係」とそこに含まれる商品の価値表現については，商品の観点から考察するだけでなく，次節で見るように，商品を生産する私的生産者の観点，および，商品と貨幣を所有する取引主体の観点からも考察しなければならない．

3.4 交換過程と貨幣

本節では，多数の商品所有者のあいだで様々な種類の諸商品が交換される過程，すなわち，諸商品の「交換過程 (process of exchange of commodities)」の観点から，様々な使用価値を持つ諸商品と，「一般的等価物」（他のすべての諸商品の「価値の現象形態」）として機能する貨幣との関係について考察する．この問題が扱われるのは，『資本論』第1部第1編「商品と貨幣」の第2章「交換過程」（以下では，「交換過程論」と呼ぶ）である．マルクスの貨幣論における価値形態論と交換過程論の論理的関係をめぐって，現在に至るまで長年にわたる論争がおこなわれている[25]．この論争の経緯を検証することも重要であるが，本節では，貨幣経済の特徴に関して交換過程論が提示する固有の論点とは何かについて，重点的に考察する．

「商品」の観点と「商品所有者」の観点

前節で見たように，価値形態論では，価値表現の両極（相対的価値形態と等価形態）の諸商品の質的な等置関係（および，両極の諸商品に表された諸労働のあいだの質的な等置関係）について，商品の生産者・所有者の観点からではなく，もっぱら「商品」の観点から考察された．これに対して，交換過程論では，「商品所有者」の観点から，多数の商品所有者のあいだで諸商品が交換される過程について考察される．「商品」の観点と「商品所有者」の観点は，どこが違うのであろうか．

商品生産社会における「私的生産者」の観点は，「商品所有者」の観点と似ていると思われるかもしれない．社会的分業を構成する私的生産者の観点から，諸商品の「価値関係」（各商品とその交換価値との関係）について考察してみよう．『資本論』第1部第1章第4節の「商品の物神的性格とその秘密」（いわゆる「物神性論」）で指摘されるように，「私的生産者たちの頭脳」（Marx (1962), S. 88, 邦訳，第1分冊，125ページ）では，私的生産者の私的諸労働の（具体的有用労働の側面での）社会的有用性は，労働生産物の社会的有用性という形で反映

され，異種の諸労働の同等性という社会的性格は，異種の諸商品によって共有される「価値」性格という形で反映される．この点を確認したうえで，社会的分業を構成する私的生産者，私的労働の生産物，これらの生産物の「価値」としての質的な等置に関する次の文章を検討しよう．

> 「したがって，人間が彼らの労働生産物を価値として互いに関連させるのは，これらの物が彼らにとって一様な人間的労働の単なる物的外皮（bloß sachliche Hülle gleichartig menschlicher Arbeit）として通用するからではない．逆である．彼らは，彼らの種類を異にする生産物を交換において価値として互いに等置し合うことによって，彼らのさまざまに異なる労働を人間的労働として等置するのである．彼らはそれを知ってはいないけれども，それを行う．」（Ibid., S. 88, 邦訳 126 ページ．）

私的生産者たちにとって彼らの私的労働の生産物が「一様な人間的労働の単なる物的外皮」として通用すること（すなわち，おのおのの私的労働が「価値形成性格」を持つこと）の結果として，彼らが自分たちの労働生産物を「価値として互いに等置し合う」のではない．その逆に，私的生産者たちが自分たちの労働生産物を「交換において価値として等置し合う」ことの結果として，自分たちの様々な種類の私的労働を「人間的労働として等置する」と指摘されている[26]．ここで，私的生産者にできることは何か，労働生産物を「価値として等置し合う」とは何かについて，第 3.3 節で見た価値形態論の諸論点に基づいて，若干の解釈を付け加えることにしたい．

図 3.7 は，社会的分業を構成する私的生産者（生産者 A，生産者 B，等々），これらの生産者の私的労働による生産物の生産，および，これらの私的生産者による「商品 G（一般的等価物）と引き換えに，自分の生産物を手放してもよい」という意思表示を例示したものである．

図 3.7 では，社会的分業を構成する各生産者（生産者 A，生産者 B，等々）が私的労働（私的労働 A，私的労働 B，等々）によって生産物（「x 単位の商品 A」，「u 単位の商品 B」，等々）を生産し，「z 単位の商品 G（一般的等価物）と引き換えに，自分の商品を手放してもよい」という意思表示をすることを例示している．ここで，本章第 3.3 節で見たように，多数の諸商品によって共有される「価値」

3.4 交換過程と貨幣

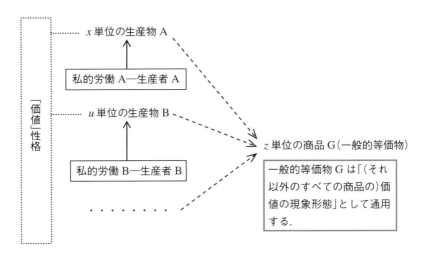

図 3.7 社会的分業を構成する私的生産者の観点からの生産物の生産，各自の生産物と一般的等価物との交換

(註) 矢印は各生産者の行為を表す.「私的労働 A—生産者 A」から「x 単位の生産物 A」への矢印（実線）は，生産者 A が私的労働 A を通じて生産物 A を生産することを意味する.「x 単位の生産物 A」から「z 単位の商品 G（一般的等価物）」への矢印（点線）は，「（他人が所有する）z 単位の商品 G（一般的等価物）と引き換えに（自己の所有する）x 単位の生産物 A を手放してもよい」という生産者 A の意思表示を意味する.

性格を表現する価値形態のタイプは，「一般的価値形態」（形態 III）だけであることに注意しなければならない.

　生産者 A は私的労働 A によって「x 単位の生産物 A」を生産し，生産者 B は私的労働 B によって「u 単位の生産物 B」を生産する（生産者 C 以下も同様）. さらに，生産者 A は「z 単位の商品 G（一般的等価物）と引き換えに，自分の商品（x 単位の生産物 A）を手放してもよい」という意思表示をし，生産者 B も「z 単位の商品 G（一般的等価物）と引き換えに，自分の商品（u 単位の生産物 B）を手放してもよい」という意思表示をする（生産者 C 以下も同様）. すべての私的生産者が同様の行為をとる結果として，商品 A，商品 B 等々とそれらの交換価値（一般的等価物 G）のあいだの「価値関係」が成立する. この場合，同じ交換価値（z 単位の商品 G）を持つ「x 単位の生産物 A」，「u 単位の生産物 B」，等々は「価値」性格を共有している. また，その結果として，生産者 A の私的

労働 A，生産者 B の私的労働 B，等々は「価値形成性格」（商品価値を形成する抽象的人間労働としての性格）を共有している．

　私的生産者ができることは，各自の私的労働によって生産物を生産し，「一般的等価物（商品 G）と引き換えに，自分の生産物を手放してもよい」という意思表示をすることだけである．私的生産者たちが，一般的等価物と引き換えに自分たちの労働生産物を手放してもよいという意思表示をする結果として，彼らの私的労働が「価値形成性格」として質的に等置されるのであって，その逆ではない．

　以上に見られるように，私的生産者の観点では，私的労働による生産物の生産，および，労働生産物と一般的等価物との質的な等置を通じて，私的労働の「価値形成性格」が実証される過程が考察対象となる[27]．

　これに対して，交換過程論では，「商品所有者」の観点から，多数の商品所有者のあいだで諸商品が交換される過程について考察される．商品所有者たちが互いに私的所有者として認め合う交換過程では，「自分の商品」と「他人の商品」が区別されなければならない[28]．たとえば，2 人の商品所有者のあいだの交換過程では，一方の所有者は他方の所有者の同意のもとに，自分の商品を譲渡し，他人の商品を受け取る．

　また，諸商品の交換過程では，自分が望まない商品と引き換えに自分の商品を手放す商品所有者はいない．価値形態論に見られるように，「商品」の観点では，ある商品 A とそれ以外の任意の商品（商品 B，商品 C，等々）との区別だけが考慮に入れられる．これに対して，「商品所有者」の観点では，使用価値に対する商品所有者の欲望が考察対象とされる[29]．交換過程論で考察対象とされる使用価値は，生活手段や生産手段として人々の欲求を満たす諸商品の使用価値だけでなく，価値形態論において諸商品の「価値関係」に基づいて説明された「等価物」商品（図 3.3 の「単純な価値形態」（形態 I）の等価形態に立つ商品（等価物）；図 3.4 の「拡大された価値形態」（形態 II）の等価形態に立つ多数の諸商品（特殊的等価物）；図 3.5 の「一般的価値形態」（形態 III）の等価形態に立つ単独の商品（一般的等価物）；図 3.6 の「貨幣形態」（形態 IV）の等価形態に立つ（一般的等価物としての）貨幣（金））の使用価値（「価値の現象形態」としての機能）も含む．

　以上をまとめると，交換過程論で考察対象とされる商品に関して，次の点に

3.4 交換過程と貨幣

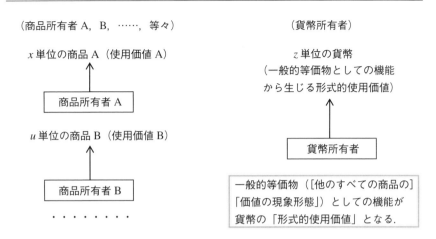

図 3.8　交換過程論における商品とその所有者，貨幣とその所有者

(註) 商品所有者の観点では，「自分の商品」と「他人の商品」の区別，および，使用価値に対する欲望が考察対象とされる．交換過程論で扱われる使用価値には，生活手段や生産手段として人々の欲望を満たす諸商品の使用価値だけでなく，諸商品の「価値関係」に基づいて説明される「等価物」商品（特殊的等価物と一般的等価物）の使用価値（「価値の現象形態」としての機能）も含まれる．「x 単位の商品 A（使用価値 A）」・「u 単位の商品 B（使用価値 B）」等々は，生活手段や生産手段として人々の欲望を満たす商品の使用価値である．貨幣所有者の観点では，自己の所有する「z 単位の貨幣」は，一般的等価物（すべての商品の「価値の現象形態」）の機能から生じる「形式的使用価値」を持つ．商品所有者 A から商品 A への矢印（実線），および，貨幣所有者から貨幣への矢印（実線）は，それぞれ，商品所有者 A が商品 A を所有すること，および，貨幣所有者が貨幣を所有することを意味する．

注意しなければならない．第一に，「自分の商品」と「他人の商品」が区別される．第二に，生活手段や生産手段として人々の欲望を満たす諸商品の使用価値が考察対象とされる．第三に，価値形態論において多数商品間の「価値関係」に基づいて説明された「等価物」商品（特殊的等価物と一般的等価物）の使用価値（「価値の現象形態」としての機能）も考察対象とされる[30]．

図 3.8 には，交換過程論で考察される商品（使用価値 A, 使用価値 B, 等々）とその所有者（商品所有者 A, 商品所有者 B, 等々），貨幣（「価値の現象形態」としての一般的等価物の機能から生じる「形式的使用価値」）とその所有者（貨幣所有者）が例示されている．

諸商品の「使用価値としての実現」と「価値としての実現」

　交換過程論で問われているのは，次の論点である．使用価値に対する欲望にのみ左右される商品所有者の交換行為の観点から，諸商品の交換過程が持つ両方の側面，すなわち，使用価値としての多数商品の関係，および，交換価値（価値の現象形態）としての多数商品の関係をどのように説明すればよいのか．この問いに対する答えとなるのは，結論を先取りすれば，一般的等価物（すべての商品の「価値の現象形態」）としての社会的機能から生じる貨幣の「形式的使用価値」（Ibid., S. 104, 邦訳 153 ページ）であって，交換の行き詰まりを解決する「交換の媒介物」としての貨幣ではない．

　交換過程論におけるマルクスの叙述を検討する前に，いくつかの概念を定義しておかなければならない．商品の「使用価値としての実現」とは，各商品所有者のもとで，自分の商品が自分の希望する商品と置き換わることであり，各商品の使用価値が他人の欲望対象であることが実証される過程である．これに対して，商品の「価値としての実現」とは，各商品所有者のもとで自分の商品が，その交換価値（「価値の現象形態」として機能する任意の他商品）と置き換わることである．

　交換過程論では商品所有者の交換行為を「使用価値としての実現」と「価値としての実現」の両面から把握しなければならない[31]．もし商品の交換過程をもっぱら「使用価値としての実現」の側面から考察するのであれば，交換の行き詰まりを解決する「交換の媒介物」として貨幣を説明すればよく，商品の「価値としての実現」というマルクスに固有な観点は不要である．

　交換過程論におけるマルクスのすべての叙述を検討することは紙幅の制約から断念するが，解釈の分かれる可能性のある次のパラグラフについては，若干の検討をしておきたい．

　　　「どの商品所有者も，自分の欲望を満足させる使用価値を持つ別の商品と引き換えにのみ自分の商品を譲渡しようとする．そのかぎりでは，交換は彼にとってもっぱら個人的過程である．他方では，彼は自分の商品を価値として実現しようとする，すなわち，彼自身の商品が他の商品の

3.4 交換過程と貨幣

所有者にとって使用価値を持つか持たないかにはかかわりなく，彼にとって任意の同じ価値を持つ他のどの商品ででも価値として実現しようとする．そのかぎりでは，交換は彼にとって一般的な社会的過程である．だが，同じ過程が，同時にすべての商品所有者にとって，もっぱら個人的であると同時にもっぱら一般的社会的ではありえない.」（Ibid., S. 101, 邦訳 147 ページ. 訳文は一部修正.）

諸商品の交換過程のうち「使用価値としての実現」の側面は，使用価値に対する商品所有者の欲望に左右されるので，「個人的過程」と特徴づけられる．諸商品の交換過程のうち「価値としての実現」の側面は，各商品所有者のもとで自分の商品がその交換価値（「価値の現象形態」として機能する任意の他商品）と置き換わる過程であり，それは「一般的な社会的過程」と特徴づけられる．なぜなら，商品 A とその交換価値（「価値の現象形態」として機能する任意の他商品（商品 A 以外のどの商品でもよい））との関係は，使用価値に対する商品所有者の欲望と無関係だからである．

商品の交換過程を「使用価値としての実現」と「価値としての実現」の両方の側面から考察するマルクスの観点では，交換過程をもっぱら「個人的過程」の側面から見ることも，もっぱら「一般的社会的過程」の側面から見ることもできない[32]．

もし諸商品の交換過程を，もっぱら「個人的過程」・諸商品の「使用価値としての実現」の側面から見るならば，交換の行き詰まりを解決する「交換の媒介物」としての貨幣を説明する議論に帰着するが，これはマルクスの貨幣観と相容れない．

また，多数商品の交換過程をもっぱら「社会的過程」・諸商品の「価値としての実現」の側面から見るならば，次の引用文で指摘されるような困難が生じる．

「もっと詳しく見れば，どの商品所有者にとっても，他人の商品はどれでも自分の商品の特殊的等価物として意義をもち，したがって，自分の商品は他のあらゆる商品の一般的等価物として意義をもつ．しかし，すべての商品所有者が同じことをするので，どの商品も一般的等価物ではなく，したがってまた諸商品は，それらがたがいに価値として等置され

価値量として比較されるための一般的な相対的価値形態を持たない．だから，諸商品はけっして商品として相対するのではなく，ただ諸生産物または諸使用価値として相対するだけである．」（Ibid., S. 101，邦訳 147〜148 ページ．）

　諸商品の交換過程をもっぱら「一般的な社会的過程」あるいは「価値としての実現」の側面から見るということは，「価値の現象形態」として機能する「等価物」商品（特殊的等価物・一般的等価物）間の関係という側面から，諸商品の交換過程を考察することを意味する．しかし，使用価値に対する商品所有者の欲望を捨象し，諸商品の交換過程のうち「価値としての実現」・「一般的な社会的過程」の側面だけを考察しようとすると，論理的困難に陥る．交換過程論の観点では，使用価値に対する商品所有者の欲望を捨象すると，「自分の商品」と「他人の商品」との区別，および，「特殊的等価物」と「一般的等価物」との区別だけが残る．その結果，「すべての商品所有者」にとって「他人の商品はどれでも自分の商品の特殊的等価物として意義を持つ」と同時に「自分の商品は他のあらゆる商品の一般的等価物として意義を持つ」ということになる．たとえば，商品所有者 A は，自分の商品 A を一般的等価物と見なし，商品 A 以外のすべての諸商品を自分の商品の特殊的等価物と見なす．商品所有者 B も，自分の商品 B を一般的等価物と見なし，商品 B 以外のすべての諸商品を自分の商品の特殊的等価物と見なす，等々．商品所有者 A，商品所有者 B，等々のすべての商品所有者が同様の行動をとるならば，商品所有者と同じ数だけの「一般的等価物」が同時に存在するという論理的困難が生じる．

交換過程論で導かれる貨幣——「一般的等価物」の機能から生じる貨幣の「形式的使用価値」

　以上の考察をふまえて，交換過程論で問われている論点——使用価値に対する欲望にのみ左右される商品所有者の交換行為の観点から，諸商品の交換過程が持つ両方の側面，すなわち，使用価値としての多数商品の関係，および，交換価値（価値の現象形態）としての多数商品の関係をどのように説明すればよいのか——に立ち返ろう．この問いに対する答えは，交換の行き詰まりを解決す

3.4 交換過程と貨幣

る手段として交換の媒介物を導入することではなく，一般的等価物（すべての商品の価値の現象形態）としての社会的機能が商品所有者の交換行為を通じて特定の商品に帰属することにある．この点に関わるのが，先のパラグラフに続く次の文章である．

> 「われわれの商品所有者たちは，当惑してファウストのように考えこむ．はじめに行為ありき．それゆえ，彼らは考えるまえにすでに行動していた．商品本性の諸法則は，商品所有者たちの自然本能のなかに確認された．彼らは，自分たちの商品を一般的等価物としての他のなんらかの商品に対立的に関係させることによってしか，自分たちの商品を価値として，商品としてたがいに関係させることができない．このことは，商品の分析が明らかにした．だが，もっぱら社会的行為だけが，特定の一商品を一般的等価物にすることができる．だから，他のあらゆる商品の社会的行動が特定の一商品を排除し，この排除された商品によって他のすべての商品はそれらの価値を全面的に表示する．これによって，この排除された商品の現物形態が社会的に通用する等価形態となる．一般的等価物であるということは，社会的過程によって，この排除された商品の独特な社会的な機能となる．こうして，この商品は――貨幣となる．」
> （Ibid., S. 101, 邦訳 148 ページ．傍点は引用者による．）

商品所有者のあいだの欲望不一致に起因する交換の行き詰まり[33]を以上の文章の中に読み込もうとするのは，あまりにも軽率である．「商品交換者たち」が「当惑してファウストのように考えこむ」のは，すぐ前のパラグラフで説明されたように，諸商品の交換過程を「一般的な社会的過程」・「価値としての実現」の側面にのみ注目する（すなわち，すべての商品所有者が自分の商品を一般的等価物と見なし，他人の商品を自分の商品の特殊的等価物と見なすと仮定する）ならば，商品所有者と同じ数だけの一般的等価物が同時に存在するという論理的困難が生じるからである．

これに対して，「商品の分析」（価値形態論）の観点では，第 3.3 節で見たように，一般的等価物を除く他のあらゆる商品の同時的な相対的価値表現（「他のあらゆる商品の社会的行動」）を根拠として，一般的価値形態（形態 III）の成立が

説明される．価値形態論の観点では，同じ時点にはいずれか1つの商品を一般的等価物とする一般的価値形態が成立するのであって，商品所有者と同じ数だけの一般的等価物が存在するという論理的困難は生じない．

したがって，交換過程論における上記の論理的困難を解決するためには，使用価値に対する商品所有者の欲望を考慮に入れて，交換価値（価値の現象形態）としての多数商品の関係，すなわち，「価値の現象形態」として機能する「等価物」商品（特殊的等価物・一般的等価物）間の関係を考察しなければならない．

すでに見たように，おのおのの商品所有者が自分の商品を一般的等価物と見なし，自分の商品以外のすべての諸商品を自分の商品の特殊的等価物と見なすと仮定するならば，商品所有者と同じ数だけの多数の一般的等価物が同時に存在するという論理的困難が生じる．しかし，すべての商品所有者のあいだで共通な1つの商品Gが一般的等価物（すべての商品の価値の現象形態）として承認されるならば，商品G以外のすべての諸商品の所有者が「商品」の所有者として通用し，商品G（一般的等価物）の所有者だけが「貨幣」の所有者として通用し，（一般的等価物Gを除く）多数商品の所有者と「貨幣」の所有者との同時存在を，論理的困難に陥らずに説明することができる．

上記の引用文では，商品所有者の「社会的行為」を通じて特定の商品が一般的等価物になること，あるいは，「社会的過程」を通じて一般的等価物としての機能が「独特な社会的機能」になることが指摘されている．交換過程論の観点では，使用価値に対する商品所有者の欲望を前提に置いて，一般的等価物（すべての商品の価値の現象形態）としての機能が特定商品に帰属することを示さなければならない．使用価値に対する欲望にのみ左右される商品所有者の交換行為を通じて，一般的等価物の機能が特定商品に帰属するためには，一般的等価物の機能がすべての商品所有者にとって識別可能な一つの使用価値として承認されなければならない．上記の引用文よりも少し後の箇所で，貨幣の機能が「商品価値の現象形態として，または商品の価値の大きさが社会的に表現される材料として，役立つという機能」に限定されたうえで，「貨幣商品」が「その独特な社会的機能から生ずる一つの形式的使用価値を受け取る」（Ibid., S. 104, 邦訳153ページ）と指摘され，一般的等価物（全商品の価値の現象形態）としての社会的機能から生じる貨幣の使用価値が導き出されている．したがって，

商品所有者の交換行為を通じて一般的等価物としての社会的機能が特定商品に帰属するとは，一般的等価物（すべての商品の価値の現象形態）という社会的機能から生じる貨幣の使用価値（貨幣の効用）が存在することを意味する．

一般的等価物（すべての商品の価値の現象形態）という社会的機能から生じる貨幣の使用価値は，多数商品の「価値関係」から派生する唯一の使用価値である．なぜなら，価値形態論の視点から示されたように，等価形態に立つ特定の商品が一般的等価物として機能する理由は，（一般的等価物を除く他のあらゆる）多数商品の相対的価値表現の同時成立にあるからである．交換過程論の観点では，一般的等価形態に立つ商品の自然形態によって担われる一般的等価物の機能は，商品所有者にとって識別可能な一つの使用価値と見なされている．一般的等価物としての社会的機能から生じる貨幣の使用価値は，使用価値としての多数商品の関係と，交換価値（価値の現象形態）としての多数商品の関係とを結びつける唯一の接点になる．

以上の議論からわかるように，交換過程論における問い——使用価値に対する欲望にのみ左右される商品所有者の交換行為の観点から，諸商品の交換過程が持つ両方の側面，すなわち，使用価値としての多数商品の関係，および，交換価値（価値の現象形態）としての多数商品の関係をどのように説明すればよいのか——に対する回答は，「交換の媒介物」としての貨幣の導入ではなく，一般的等価物（すべての商品の価値の現象形態）としての社会的機能から生じる貨幣の使用価値を含む分析枠組みである．

3.5 商品所有者の観点からの価格形態

交換過程論で一般的等価物（すべての商品の価値の現象形態）としての社会的機能が貨幣の「形式的使用価値」（貨幣の効用）と把握されると，「商品」の観点からではなく，商品所有者の交換行為の観点から商品の価格形態（たとえば，「x 単位の商品 A は p 円の貨幣に値する」という個別商品 A の価格形態）を考察することができる．

本章第 3.3 節で見たように，価値形態論の観点から商品の価格形態（たとえば，「x 単位の商品 A は p 円の貨幣に値する」）を説明するためには，諸商品の「価

図 3.9　商品所有者の観点からの価格形態

(註) 商品所有者 A は，自分の所有する商品（x 単位の商品 A（使用価値 A））に価格（z 単位の貨幣）を付ける．商品所有者 A から「x 単位の商品 A（使用価値 A）」への矢印（実線）は，商品所有者 A が商品 A を所有することを意味する．「x 単位の商品 A（使用価値 A）」から「z 単位の貨幣」への矢印（点線）は，「(他人が所有する) z 単位の貨幣と引き換えに，(自分の所有する) x 単位の商品 A を手放してもよい」という商品所有者 A の意思表示を意味する．

値関係」（(一般的等価物を除く ($n-1$) 種類の) 多数の諸商品とその交換価値（「価値の現象形態」として機能する一般的等価物）との質的な等置）を前提に置いて，多数の諸商品の相対的価値表現の同時成立を説明しなければならない．

しかし，商品所有者のあいだで一般的等価物（すべての商品の価値の現象形態）の機能が貨幣（金）の「形式的使用価値」として通用する場合には，おのおのの商品所有者は，多数の諸商品の相対的価値表現を再現する必要はなく，自分の商品に値札を付けて「(他人が所有する) p 円の貨幣と引き換えに，(自分の所有する) x 単位の商品 A を手放してもよい」（自分の商品 A が貨幣との交換可能性を持つ）という意思表示をするだけでよい．図 3.9 には，商品所有者の立場から見た個別商品の価格形態「x 単位の商品 A は z 単位の貨幣に値する」の構造が例示されている．商品所有者が自分の商品に価格を付ける場合，他人が所有する貨幣との交換可能性を表現するのであるから，その商品所有者にとって「貨幣」は「表象されただけの，または観念的な金」（Ibid., S. 111, 邦訳 162 ページ）であればよく，「金」の現物を保有している必要はない．

『資本論』第 1 部第 3 章「貨幣または商品流通」の第 1 節「価値の尺度」（以下では，「価値尺度論」と略記する）では，「金を貨幣商品として前提におく」（Ibid., S. 109, 邦訳 160 ページ）と註記されたうえで，個別商品の価値表現「x 単位の商品 A は y 単位の貨幣（金）に値する」について次のように指摘される．

「金による一商品の価値表現——x 量の商品 A ＝ y 量の貨幣商品——は，

3.5 商品所有者の観点からの価格形態

その商品の貨幣形態またはその商品の価格である．鉄の価値を社会的に通用する仕方で表わすためには，1 トンの鉄 = 2 オンスの金　というような単一の等式でいまや十分である．この等式は，他の諸商品の価値等式と隊伍を整えて行進する必要はもはやない．なぜなら，等価物商品である金がすでに貨幣の性格を帯びているからである．それゆえ，諸商品の一般的な相対的価値形態は，いまやふたたび，その最初の，簡単なまたは個別的な相対的価値形態の姿態をとる．」(Ibid., S. 110. 邦訳 161〜162 ページ．)

「等価物商品である金がすでに貨幣の性格を帯びている」とは，交換過程論において「一般的等価物」の機能が貨幣（金）の「形式的使用価値」と把握されていることを意味する．価値尺度論の観点では，貨幣商品（金）による商品の価値表現（x 量の商品 A = y 量の貨幣商品）を説明するためには，多数の諸商品の相対的価値表現の同時成立（すなわち，商品 A の「価値等式」が「他の諸商品の価値等式と隊伍を整えて行進する」こと）を前提に置く必要はなく，商品 A の貨幣商品（金）との交換可能性を，商品に値札を付けるなどの方法で表示しさえすればよい．

価値形態論では，多数商品の「価値関係」に含まれる商品の価値表現について考察され，多数商品の相対的価値表現の同時成立に基づいて一般的等価物（すべての商品の価値の現象形態）が導き出される．交換過程論では，使用価値に対する欲望にのみ左右される商品所有者の交換行為の観点から多数商品の「価値関係」が考察され，一般的等価物の機能から生じる貨幣の「形式的使用価値」が導き出される．価値尺度論では，商品所有者の観点から商品の価値形態が把握され，おのおのの商品所有者は，自分の商品と貨幣との交換可能性の表示（すなわち，「所定の額の貨幣と引き換えに，自分の商品を手放してもよい」という意思表示）を通じて，自分の商品の価値形態を表示することが説明される．

価値形態論で考察される価値形態は，諸商品の「価値」性格（抽象的人間労働の凝固）の現象形態として厳密に説明される価値形態に限定されている．これに対して，価値尺度論では，「価値の大きさの価格への転化」に伴って，商品の価値表現と「社会的労働時間」との「必然的な関係」が「一商品とその商

品の外部に実存する貨幣商品との交換比率として現れる」と指摘される（Ibid., S. 117, 邦訳 174 ページ）．価値尺度論では，一般的等価物（ここでは「金」と仮定されている）との交換可能性を持つものと商品所有者によって表示されたものは何でも，「価格形態」として扱われ，価値価格から乖離した現実の市場価格も表現しうる価格形態が考察対象となる．この点に関連するのが，価値尺度論における次の文章である．

> 「価格形態は，価値の大きさと価格との，すなわち価値の大きさとそれ自身の貨幣表現との量的不一致の可能性を許すばかりでなく，一つの質的な矛盾——貨幣は諸商品の価値形態にほかならないにもかかわらず，価格がそもそも価値表現であることをやめるに至るほどの矛盾——をも宿しうる．それ自体としては商品でない諸々の物，たとえば良心，名誉などがその所有者によって貨幣で売られる物となり，こうしてその価格を通して商品形態を受け取ることがありうる．だから，ある物は，価値を持つことなしに，形式的に価格を持つことがありうる．価格表現は，ここでは，数学上のある種の大きさと同じように想像的なものとなる．他方，想像的な価格形態，たとえば，何の人間的労働もそれに対象化されていないために何の価値も持たない未耕地の価格のようなものも，ある現実の価値関係，または，それから派生した関連を潜ませていることがありうる．」（Ibid., S. 117, 邦訳 174～175 ページ．）

諸商品の「価値関係」に含まれる価値表現を説明する価値形態論では，価値通りの価格だけが考察される．これに対して，商品所有者の交換行為の観点から価格形態を考察する価値尺度論では，価値通りの価格から乖離した様々な次元の価格が考察対象となる．しかも，価値尺度論の観点では，価値通りの価格から乖離した各種の商品価格（生産価格（prices of production），市場価格など）だけでなく，抽象的人間労働の凝固としての「価値」を根拠としない各種の「想像的な価格形態」も考察対象とすることができる．「想像的な価格形態」としては，「未耕地の価格」のような土地価格だけでなく，きわめて身近な価格カテゴリーとして「労働の価値」（労働賃金）を挙げることができる[34]．

マルクスの経済理論は，諸商品の「価値関係」に基づく価値形態論を出発点

3.5 商品所有者の観点からの価格形態

とするにもかかわらず，価値通りの価格から乖離した各種の価格だけでなく，土地価格や労働賃金などの「想像的な価格形態」も考察対象とすることができる．その理由の一つとして見落としてはならないのは，商品所有者の交換行為の観点では，一般的等価物との交換可能性を持つものは何でも「価格形態」として扱われるという事情である．もし，一般的等価物の機能を貨幣の「形式的使用価値」と把握するという理論的工夫がおこなわれなければ，マルクスの経済理論は，等労働量交換（各財の生産に直接・間接に必要な労働時間に比例した交換）と両立する価格形態しか扱うことができなくなるであろう．

さらに，マルクスの貨幣論でも，商品所有者の交換行為の観点から価格形態を考察する論理次元では，「計算貨幣（money of account）」の概念が登場する．『資本論』第 1 部第 3 章第 1 節「価値の尺度」では，「貨幣は，ある物を価値として，それゆえ貨幣形態で，固定する必要があるときにはいつでも，計算貨幣として役立つのである」（Ibid., S. 115, 邦訳 171 ページ）と指摘される．また，第 3 章第 3 節「貨幣」における記述であるが，「計算貨幣または価値尺度」（Ibid., S. 151, 邦訳 233 ページ）として「観念的に」機能する貨幣と，相殺されない債権・債務の決済のために登場しなければならない「社会的労働の個別的な化身，交換価値の自立的な定在，絶対的商品」（Ibid., S. 152, 邦訳 233 ページ）としての貨幣とを区別している．

『資本論』第 1 部の貨幣論では，「金を貨幣商品として前提におく」と註記されているとはいえ，第 3 章第 3 節「貨幣」では，各種の信用貨幣（credit money；銀行券，手形，小切手，等々）が計算貨幣と決済手段として用いられている現実の金融システムにも言及されている[35]．マルクス貨幣論の立場から分析をおこなう場合でも，おのおのの商品所有者が直面する価格形態には，各自の商品と商品貨幣（金）との交換可能性として表示された価格形態だけでなく，各自の商品と信用貨幣（特に，決済完了性を与えられた中央銀行券）との交換可能性として表示された価格形態も含まれると考えることができるかもしれない．私たちが小売店で見かける「1 本のボールペンは 100 円に値する」という値札について，「100 円」を「z ミリグラムの金」と換算して「1 本のボールペン」の「価値」性格が貨幣商品（金）を材料に表現されているという価値形態論の次元での説明をくり返すよりも，「小売店が所有する『1 本のボールペン』は『100

円の中央銀行券』との交換可能性を持つ」というように，商品所有者の交換行為の観点からの説明をしたほうが，現実の経済の説明として的確である．ただし，中央銀行券を含む決済システムを考察対象とするためには，『資本論』第1部の次元を超えた論理を展開する必要がある[36]．

3.6 価格形態と実現問題

　価値形態論と交換過程論の論理構造を以上のように理解するならば，マルクスの貨幣論は，商品貨幣の前提による制約を受けながらも，物々交換（C_1–C_2）と間接交換（C_1–M–C_2）との区別に基づく中立的貨幣観をくり返したものではなく，商品の実現（「使用価値としての実現」と「価値としての実現」の同時達成）の過程としての販売（C–M）と貨幣の使用価値の実現としての購買（M–C）との非対称性を把握し，「資本としての貨幣の流通」（あるいは，第1章で見たケインズの表現では「企業者経済」）の視点（M–C–M' 循環）にとって欠かせない商品価値の貨幣的実現（C–M）の重要性を明らかにしている．

　マルクスの貨幣論にはこうした評価がふさわしいことを示すために，購買される商品の使用価値だけでなく，一般的等価物としての社会的機能から生じる貨幣の使用価値も含む枠組みにおいて，販売（C–M）と購買（M–C）との非対称性を確認しておきたい．『資本論』第1部第3章「貨幣または流通手段」の第2節「流通手段」における次の文章を見よう．

> 「一方の商品所有者にとっては，金が彼の商品にとって代わり，他方の商品所有者にとっては商品が彼の金にとって代わる．一目瞭然な現象は，商品と金との，20エレのリンネルと2ポンド・スターリングとの，持ち手変換または場所変換，すなわちそれらの交換である．しかし，商品は何と交換されるのか？　それ自身の一般的価値姿態と，である．では，金は何と？　その使用価値の一つの特殊的姿態と，である．なぜ金はリンネルに貨幣として相対するのか？　なぜなら，2ポンド・スターリングというリンネルの価格またはリンネルの貨幣名が，すでにリンネルを貨幣としての金に関連させているからである．もともとの商品形態

3.6 価格形態と実現問題

> からの脱皮（Entäußerung）は，商品の譲渡（Veräußerung）によって，すなわち，商品の価格においてただ表象されているだけの金を，その商品の使用価値が現実に引き寄せる瞬間に，なしとげられる．それゆえ，商品価格の実現，あるいは商品のもっぱら観念的な価値形態の実現は，同時に，逆に，貨幣のもっぱら観念的な使用価値の実現であり，商品の貨幣への転化は，同時に貨幣の商品への転化である．」（Ibid., S. 122–123, 邦訳 184〜185 ページ．）

商品（C：リンネル）と貨幣（M：金）との持ち手変換は，商品所有者による販売（C-M）と貨幣所有者による購買（M-C）によって構成される．販売（C-M）とは商品とその「一般的価値姿態」との交換であり，これは「商品価格の実現」「商品のもっぱら観念的な価値姿態の実現」を意味する．購買（M-C）は貨幣と「その使用価値の一つの特殊的姿態」との交換であり，「貨幣のもっぱら観念的な使用価値の実現」を意味するとされる．

一般的等価物の機能から生じる貨幣の形式的使用価値を考慮に入れて解釈すると，商品所有者にとって販売（C-M）は，自分の商品が一般的等価物（すべての商品の価値の現象形態）としての貨幣に置き換わるので「価値としての実現」の過程である．しかし同時に，商品所有者にとって販売（C-M）は，他人のための使用価値としての自分の商品が自分のための使用価値（一般的等価物の機能から生じる貨幣の形式的使用価値）と置き換わることであるから，「使用価値としての実現」の過程でもある．他方で，貨幣所有者にとって購買（M-C）は，貨幣の使用価値の実現としてのみ意味を持つ．というのは，非貨幣商品の現物形態によって担われる貨幣の特殊的等価物としての機能は，非貨幣商品の「形式的使用価値」と認識されないからである．

購買される商品の使用価値だけでなく，一般的等価物としての機能から生じる貨幣の使用価値も考慮に入れて，商品交換の最小単位を図式化すると，図 3.10 のようになる．取引主体 X 氏のもとでの購買（M-C）を通じて，貨幣がその特殊的等価物の一つと置き換わると同時に，X 氏は貨幣と引き換えに希望の商品を獲得する．したがって，X 氏のもとでの購買（M-C）は，「貨幣の使用価値の実現」であり，かつ，X 氏の欲望充足を意味する．他方で取引主体 Y

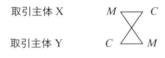

図 3.10　商品と貨幣の交換

(註) M は貨幣,C は商品.取引主体 X のもとでの「$M\text{-}C$」は,「貨幣の使用価値の実現」,かつ,取引主体 X の欲望充足を意味する.取引主体 Y のもとでの「$C\text{-}M$」は,商品の「使用価値としての実現」と「価値としての実現」,かつ,取引主体 Y の欲望充足(一般的等価物の機能から生じる「貨幣の形式的使用価値」による)を意味する.

氏のもとでの販売($C\text{-}M$)を通じて,商品はその一般的等価物である貨幣に置き換わり,その商品が X 氏の欲望対象であることも実証され,さらに,貨幣は一般的等価物の機能から生じる形式的使用価値を持つ.それゆえ,Y 氏のもとでの販売($C\text{-}M$)は,商品の「使用価値としての実現」と「価値としての実現」であると同時に,Y 氏の(貨幣の形式的使用価値に起因する)欲望充足を意味する.自分の商品の販売に成功した Y 氏は,「一般的等価物の機能から生じる貨幣の形式的使用価値」という欲望対象を手に入れたことに注意してほしい.

図 3.11 には,3 人の取引主体による商品交換の連鎖が示してある.取引主体 Y 氏のもとでの商品 1 の販売($C_1\text{-}M$)は,図 3.10 での Y 氏の販売と同じように,商品の「使用価値としての実現」と「価値としての実現」であると同時に,Y 氏の(一般的等価物の機能から生じる貨幣の形式的使用価値に起因する)欲望充足を意味する.Y 氏が商品 1 の販売($C_1\text{-}M$)の後で,商品 2 を買ったとしよう.この場合,Y 氏による商品 2 の購買($M\text{-}C_2$)は,「貨幣の使用価値の実現」であると同時に,Y 氏による(商品 2 の使用価値による)欲望充足を意味する.Y 氏による商品 2 の購買($M\text{-}C_2$)は,その時点で Y 氏はもはや商品 1 の所有者ではなく貨幣所有者であるから,「貨幣の使用価値の実現」である.図 3.11 でも,Y 氏による商品 1 の販売($C_1\text{-}M$)が同氏の(貨幣の使用価値に起因する)欲望充足である点に注意してほしい.もし,商品 2 の購買($M\text{-}C_2$)を商品 1 の「価値としての実現」と見なす見解があるとすれば,それは,一般的等価物(価値の現象形態)としての貨幣の社会的機能を無視している点で,貨幣を単なる交換の媒介物と見なす中立的貨幣観(ケインズの類型論では「実物的交換経済」)と呼ぶにふさわしい.

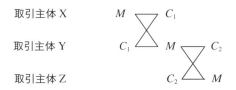

図 3.11　商品と貨幣の交換の連鎖（商品流通）

(註) M は貨幣，C_1 は商品 1，C_2 は商品 2．取引主体 Y のもとでの「$C_1\text{-}M$」は，商品 1 の「使用価値としての実現」と「価値としての実現」，かつ，取引主体 Y の欲望充足（一般的等価物の機能から生じる「貨幣の形式的使用価値」による）を意味する．取引主体 Y のもとでの「$M\text{-}C_2$」は，「貨幣の使用価値の実現」，かつ，取引主体 Y の欲望充足を意味する．

　以上に検討したように，『資本論』第 1 部でのマルクス貨幣論は，商品貨幣の前提に制約されながらも，貨幣を交換の媒介物としてしか見ない中立的貨幣観を克服して，一般的等価物としての社会的機能から生じる貨幣の形式的使用価値を含む枠組みに基づいて，商品の実現（「使用価値としての実現」と「価値としての実現」）としての販売（$C\text{-}M$）と「貨幣の使用価値の実現」としての購買（$M\text{-}C$）との非対称性を明らかにし，商品価値の貨幣的実現という独自の論点を提出した．この点で，マルクスの貨幣論は，第 1 章で見たケインズの経済システム類型論よりも数十年早い時期に，いくつかの問題を残しながらも，貨幣的生産経済の分析的基礎を提供したと評価できる [37]．

3.7　むすび

　マルクス貨幣論は，商品価値の貨幣的実現という独自な論点を提出することによって，古典派経済学の中立的貨幣観を克服する手がかりを与えている．しかし，「企業者経済」（$M\text{-}C\text{-}M'$ 循環）を分析するうえで最も重要な課題は，貨幣的利潤の実現を説明することである．$M\text{-}C\text{-}M'$ 循環の成立要件としての貨幣的利潤の実現を説明するためには，商品貨幣の経済にとどまることは許されず，発達した決済システムと銀行組織を基礎とする信用貨幣の経済を分析しなければならない [38]．資本家階級は，発達した銀行組織による信用創造の仕組みと，遊休資本設備と失業労働者の存在を基礎として，自己資金あるいは借入金

で資金を調達して実物投資を実行することによって，利潤の実現のために必要な貨幣を自ら投入する．信用貨幣の経済では，貨幣フローの創造と産出量の増加が決して独立ではありえない．この点は，多数商品の価値関係を前提として一般的等価物を導き出す商品貨幣の分析とは著しく異なる．そこで次の段階として，商品貨幣の経済と信用貨幣の経済との根本的な違いを明らかにしたうえで，貨幣的利潤の実現機構を説明しなければならない．資本蓄積と所得分配の連関を考察する第7章において，貨幣的利潤の実現機構について検討することにする．

註

[1] 現代のアメリカ経済において，技術革新を通じた生産性上昇の恩恵が国民生活の上昇につながらない理由，および，企業との雇用関係に依存しない普遍的所得保障の意義と課題を詳しく考察した最近の研究として，本田（2016）を挙げておく．

[2] 貨幣の概念が明示的に導入されていない段階の議論では，「販売目的のもの」という表現よりも，「（他商品との）交換を目的とするもの」という表現のほうが正確であるかもしれない．しかし，日本語で「交換」という用語は，財を手放して貨幣を得るという意味だけでなく，「不良品の交換」とか「商品の交換・返品」と言われるように，ある品物を新品ないし代替品に取り替えるという意味にも使われる．そこで，用語を単純にするために，「交換価値」の概念が導入されているが「貨幣」・「価格」の概念はまだ導入されていない段階の議論においても，「販売目的のもの」という性質という表現を使うことにする．「販売目的の財」は，"goods for sale"，あるいは，"goods for exchange or sale" と英訳できるであろう．なお，『資本論』第1部第3編「絶対的剰余価値の生産」の第5章「労働過程と価値増殖過程」には，「彼〔資本家〕は，交換価値をもつ使用価値，販売予定の物品（einen zum Verkauf bestimmten Artikel），商品を生産しようとする」(Marx (1962), S. 201, 邦訳，第2分冊，318ページ．〔 〕内は引用者による）という表現がある．

[3] 『資本論』第1部第1章冒頭の次の文章を参照のこと．「資本主義的生産様式が支配している諸社会の富は，『商品の巨大な集まり』として現われ，個々の商品はその富の要素形態として現われる．それゆえ，われわれの研究は，商品の分析から始まる」(Ibid., S. 49, 邦訳，第1分冊，59ページ)．

[4] 「鉄，小麦，ダイヤモンドなどのような商品体そのものが，使用価値または財である」

(Ibid., S. 50, 邦訳, 61 ページ) と指摘されるように, 「使用価値」は「財」と同義である.

[5] 「使用価値は富の社会的形態がどのようなものであろうと, 富の素材的内容をなしている. われわれが考察しようとしている社会形態においては, それは同時に交換価値の素材的担い手をなしている」(Ibid.).

[6] マルクスの『資本論』第1部が資本主義経済における富としての「商品の集まり」についての考察から始まるのとは異なり, スミスの『国富論』は, 分業とその結果としての労働生産力の増大についての章から始まる. 同書の第1章「分業について」は, 以下の文章から始まる. 「労働の生産力の最大の改良と, それがどこかにむけられたり, 適用されたりするさいの熟練, 腕前, 判断力の大部分は, 分業 (division of labour) の結果であったように思われる」(Smith (1976), p. 13, 邦訳, 第1分冊, 23 ページ).

[7] ある商品 A の交換価値 (価格)「1単位の商品 A は貨幣 (p 円) に値する」の経済的意味について考察される場合, 「商品 A」と「貨幣」との交換比率, および, 「貨幣」と任意の商品との交換比率 (貨幣の購買力) に注目されることが多い. 商品 A と貨幣との交換比率により 1 単位の商品 A の名目価格 p_A (1単位の財 A あたり p_A 円) が与えられ, 商品 B と貨幣との交換比率により商品 B の名目価格 p_B (1単位の財 B あたり p_B 円) が与えられる. この場合, (商品 B で表された) 商品 A の実質価格は p_A/p_B (1単位の財 A あたり (p_A/p_B) 単位の財 B) である. 商品 A の実質価格 (p_A/p_B) は, 最初に商品 A を市場に持ち込んだ取引主体が, 間接交換 (商品 A—貨幣—商品 B) を通じて, 1単位の商品 A と引き換えに (p_A/p_B) 単位の財 B を獲得することを意味する.

[8] 商品と貨幣との交換比率, 貨幣と任意の商品との交換比率に注目して商品の交換価値を把握する見解として, スミスの『国富論』第1編第5章における次の説明が挙げられる. 「しかし, 物々交換が終わって, 貨幣が商業の共通の用具になってしまうと, すべての個々の商品は, 他のどんな商品と交換されるよりも, 貨幣と交換されるほうが多い. 肉屋が自分の牛肉や羊肉を, パンやビールと交換するために, パン屋やビール工場にもっていくことはまずない. 彼は肉を市場にもっていき, そこでそれを貨幣と交換し, そのあとでその貨幣をパンやビールと交換するのである. 彼が肉とひきかえに手に入れる貨幣が, 彼があとで購買することのできるパンやビールの量をも左右する. だから, 彼が直接に肉と交換する商品である貨幣の量によって肉の価値を評価するほうが, 別の商品を介在させてはじめて肉と交換することのできるパンやビールの量によって評価するよりも, 自然で明白であり, 彼の肉は 3 ないし 4 ポンドのパンあるいは 3 ないし 4 クウォートの弱いビールに値するというよりも, 1 ポンドにつき 3 ないし 4 ペンスに値するというほうが自然で明白なのである. そこでこうなる. つまり, どんな商品でも, その交換価値は, それと交換に得られる労働の量か, あるいは他のなんらかの商品によって評価されるよりも, 貨幣の量によって評価されることが多いということにな

る」(Smith (1976), p. 49, 邦訳, 第 1 分冊, 66〜67 ページ). 以上の引用文では,「貨幣」が「商業の共通の用具」と把握されたうえで,「肉」商品の所有者の「肉屋」,「パン」商品の所有者の「パン屋」,「ビール」商品の所有者の「酒屋」の 3 者の取引主体のあいだでの商品流通が例示されている.「肉屋」のもとでは,「肉」が「貨幣」と交換された後に, この貨幣が「パン」・「ビール」と交換される. この場合,「商品」としての「肉」の「価値」(交換価値) は, 貨幣を媒介として「肉」と交換することのできる「パン」・「ビール」の量によって評価されるよりも,「商業の共通の用具」としての「貨幣」によって評価されるほうが「自然で明白である」と指摘されている.

9 商品の「価値」についてベイリー (S. Baily) は, 次のように言う.「どの商品の価値もその商品の交換関係を示すから, われわれはその価値を, その商品が比較される商品がどれであるかにおうじて, 貨幣価値 (money-value), 穀物価値 (corn-value), 布価値 (cloth-value) と呼ぶことができる. それゆえ, 無数の様々な種類の価値, 現存する諸商品と同じ数の種類の価値があり, しかもすべてが同じように実質的 (real) であり, 同じように名目的 (nominal) である」(Baily (1825), p. 39, 邦訳 54 ページ). ベイリーの言う商品の「価値 (value)」とは,「その商品の交換関係」を示す価値, すなわち, 交換価値のことである. どの商品も, それが比較される商品種類に応じて, 相異なる任意多数の諸交換価値を持つと把握されている. ベイリーの価値論については, 種瀬 (1986) の第 7 章が詳しい.

10 この引用文における「1 クォーターの小麦 = a ツェントナーの鉄」の等式を,「価値形態論」で論じられる価値表現の両極 (左辺の相対的価値形態, および, 右辺の等価形態) の 2 商品の質的等置関係と見なし,「1 クォーターの小麦は a ツェントナーの鉄に値する」という左辺の「小麦」商品の相対的価値表現と解釈することは, 適切ではない.「小麦」商品の価値が等価形態の「鉄」を材料として表現される理由は,「商品の 2 要因」論の考察対象でないからである.

11 ルービン (I.I. Rubin) の『マルクス貨幣論概説』(ルービン (2016)) におけるマルクス商品・貨幣論の論理構造に関する考察は, きわめて示唆に富む. マルクスの価値論が貨幣経済の特質に基づいていることが, 次のように指摘される.「マルクスの価値論の基礎には貨幣経済の諸前提が置かれているのである. さらに精確に言えば, マルクスは, すべての商品相互の全面的な同等化という事実を分析の出発点に採用しているが, この事実は貨幣経済を特徴づけるものであり貨幣の介在なしにはありえないものである」(同上, 4 ページ). ここでは,「すべての商品相互の全面的な同等化」という「事実」が「貨幣の介在なしにはありえない」と指摘されている. さらに,「小麦」と「鉄」という 2 商品の「使用価値の捨象」の意味に関連して, ルービンは次のように指摘する.「マルクスが彼の価値論においてたどった推論の道筋は通常次のようなものとされる. まず最初に, マルクスは二商品の交換という事実, すなわち, ことなる使用価値に

よって区別される二つの財貨の交換価値の同等化という事実をとりあげる．これらのものの同等性ないし通約可能性という事実から，これは両者を比較するために特定の尺度が必要であるという結論を下し，この尺度は労働であるとする．一見したところ，この推論は『資本論』の最初の数ページにおけるマルクスの思考の道筋を完全に正しく再現しているように見える．しかしながら，マルクスの言うところをより注意深く研究してみると，彼の価値論は(1)二商品の交換という事実の分析に帰着し，(2)この分析は二商品の比較の尺度の発見を目的としている，とする見解がまったくの間違いであることが明らかになる」（同上，4～5ページ）．この文章に見られるように，「小麦」商品と「鉄」商品の「同等性」あるいは「通約可能性」から，これらの2つの商品を比較するための「特定の尺度」としての「労働」を見出すことがマルクスの立論の目的ではないというのが，ルービンの解釈である．続いて，次のように指摘される．「マルクスが分析の出発点にとりあげているのは，一商品の他の商品との同等化ではなく，それぞれの商品の市場に存在する他のあらゆる商品との同等化，すなわち，あらゆる商品の相互の全面的な同等化である．商品は特定の個人のために注文によって生産されるのではなく，市場に向けて，不特定の広い範囲の購買者に向けて生産される．商品は何らかの他の特定の商品との交換のためではなく，販売のため，それと引き換えに他の任意の商品を買うことのできる貨幣との交換のために生産されるのである」（同上，5ページ）．「商品」が「何らかの他の特定の商品との交換のため」ではなく，「販売のため」・「貨幣との交換のため」に「生産される」と指摘される．「他の任意の商品を買うことのできる」点が「貨幣」の機能であると考えられている．ルービンの立論では，同じ交換価値を持つ多数の諸商品のあいだの置き換え可能性・質的同等性は指摘されず，同じ交換価値を持つ「金」と「銀」の質的同等性に関するバーボンの引用文にも言及されない．しかし，ルービンの文章では，「商品」が「販売のため」・「貨幣との交換」のために生産されると明言されている．したがって，どの種類の商品も貨幣を得るための手段であることは，ルービンの立論においても承認されていると考えられる．言うまでもなく，ルービンによるマルクス貨幣論の解釈については，「編訳者解説 イ・イ・ルービンの『マルクス貨幣論概説』」（竹永進）（同上，256～332ページ）を精読しなければならない．

[12] 1単位の財の生産に直接・間接に必要な労働の量がその財の「労働価値(labor value)」と定義される場合，たとえば，2種類の財を生産する経済において，各財1単位の「労働価値」は次のように計算される．1単位のj財の生産に必要なi財の量（投入係数）をa_{ij} $(i,j=1,2)$，1単位のj財の生産に必要な直接労働をl_j $(j=1,2)$，1単位のj財の生産に直接・間接に必要な労働の量（労働価値）をv_j $(j=1,2)$で表し，投入係数行列を$\mathbf{A} = \begin{pmatrix} a_{11} & a_{12} \\ a_{21} & a_{22} \end{pmatrix}$，直接労働ベクトルを$\mathbf{L}=(l_1 \ l_2)$，労働価値ベクトルを$\mathbf{v}=(v_1 \ v_2)$で表す．各財1単位の労働価値は，連立方程式$\mathbf{v} = \mathbf{v}\mathbf{A} + \mathbf{L}$の解，$\mathbf{v} = \mathbf{L}(\mathbf{I} - \mathbf{A})^{-1}$として計算される．各財1単位の生産に

直接・間接に必要な労働量（労働価値）は「垂直的に統合された労働係数（vertically integrated labor coefficients）」（Pasinetti (1977), p. 76, 邦訳 92 ページ）とも呼ばれる．$(\mathbf{I}-\mathbf{A})^{-1} = \dfrac{1}{\Delta}\begin{pmatrix} 1-a_{22} & a_{12} \\ a_{21} & 1-a_{11} \end{pmatrix}$（ただし，$\Delta = (1-a_{11})(1-a_{22}) - a_{12}a_{21}$）は，「レオンチェフ逆行列（Leontief inverse matrix）」と呼ばれる．各財 1 単位の労働価値 v_j は，$v_1 = [(1-a_{22})l_1 + a_{21}l_2]/\Delta$，$v_2 = [a_{12}l_1 + (1-a_{11})l_2]/\Delta$ と計算される．ただし，非負の労働価値 v_j が得られるためには，投入係数行列 $\mathbf{A}$ に関して，「$1-a_{11} > 0$，かつ，$(1-a_{11})(1-a_{22}) - a_{12}a_{21} > 0$」の条件（いわゆる「ホーキンス＝サイモン（Hawkins-Simon）の条件」）が成立しなければならない．各財 1 単位の労働価値 v_j の次元は「時間/j 財」である．労働価値 v_j が意味するのは，「j 財」という使用価値の生産のために直接・間接に必要な労働時間であって，それ自体としては，「j 財」を生産する具体的有用労働であって，どの種類の財を生産する労働であるかとは無関係な「抽象的人間労働」ではない．商品の「価値」が各財の生産のために直接・間接に必要な労働時間として定義されるならば，「価値」は様々な財の投入・産出関係のデータのみから計算され，このような意味での「価値」を価格の形態で表現する必要はない．商品の「価値」を各財の生産に直接・間接に必要な労働時間として定義する学説について，向井公敏は，「価値の実体規定は，価値の形態から分離され社会的生産の実物的連関のなかに求められることによって，商品交換の領域から完全に切り離される．いいかえれば価値の形態，とりわけ貨幣との関係を一切問われることなく，『本質的に生産の側から』，純粋に技術主義的に規定される」（向井 (2010), 50 ページ）と指摘する．

[13] アーサー（C.J. Arthur）は，マルクスの価値形態論を検討する論文の中で，最初に「価値とは何か」（What is value?）と問い，「価値（value）」と「交換価値（exchange value）」の概念について，次のように指摘する．「一見すると，価値は関係，すなわち，ある商品が他の商品，あるいは，金のような主要な基準商品と交換される関係として定義できるように思われるかもしれない．しかし，諸商品に内在するなんらかの特徴にまで遡って交換関係を調べる理論では，価値を，この内在的な特性のおかげで商品が交換において持つ，他の諸商品を引きつける力として定義しなければならない．前者の見解では，交換価値は価値と区別されない．しかし，後者の見解では，諸商品が持つ価値は，交換価値において表現され，そのうえで交換価値が価値の尺度として役立つ．なぜなら，力はその効果の中でしか，わからないからである．」（Arthur (2005), p. 111, 邦訳は引用者による）．以上の文章に続いて，「価値」の定義に関して次のように指摘される．「本稿では価値を『交換可能性の力（power of exchangeability）』と定義するが，この定義は，諸商品にこの力を与えるものは何か，あるいは，この力の大きさの決定要因に関するどの理論にも言及しないことに注意してほしい」（Ibid., p. 112, 邦訳は引用者による）．アーサーは，商品の「価値」を「他の諸商品を引きつける力」・「交換可

能性の力」と解釈し，「価値」が「交換価値において表現され」る理由について一定の説明を与えている．ただし，「価値」すなわち「交換可能性の力」の「決定要因に関するどの理論にも言及しない」というアーサーの分析視角は，(価値表現の両極の2商品に表された諸労働間の質的等置に注目する) 本書の立場とは異なる．

[14] マルクスの労働価値論をめぐる専門的論点を扱った最近の研究文献として，大石編著 (2000), 森田 (2008), 森田 (2009) を挙げておく．

[15] 「諸商品の価値関係に含まれている価値表現」(Marx (1962), S. 62, 邦訳，第1分冊，82ページ) と言われるように，諸商品の「価値関係」とは，商品の価値表現 (たとえば，「x 単位の商品 A は貨幣 (p 円) に値する」) を含む諸商品の関係，すなわち，その「価値」性格が表現される側の商品 A と，商品 A の交換価値として機能する商品 (商品 A 以外の任意の商品) との関係を意味する．前掲図3.1で言えば，諸商品の「価値関係」とは，同じ大きさの交換価値 (貨幣 (p 円)) を持ち「価値」性格を共有する「x 単位の商品 A」と「y 単位の商品 B」の関係ではなく，「x 単位の商品 A」とその交換価値 (貨幣 (p 円)) との関係，および，「y 単位の商品 B」とその交換価値 (貨幣 (p 円)) との関係を意味する．

[16] 「20エレのリンネル (相対的価値形態) は1着の上衣 (等価形態) に値する」の価値表現の構造について，武田信照は，「リンネルの価値を上衣で表現する場合には，両者は価値として等置されるのではなく，上衣だけが価値としてリンネルに等置される」(武田 (1982), 191ページ) と指摘する．「商品の2要因」論での諸商品の「価値抽象への還元」と，価値形態論で考察される商品 A とその交換価値とのあいだの「価値関係」を区別するうえでも，武田の指摘はきわめて重要である．なお，武田 (2006) 第2編の第2章と第3章では，価値形態論，とりわけ「相対的価値形態の内実」をめぐる論争点が詳しく検討されている．

[17] 「取りちがえ」という表現は，単純な価値形態における等価形態の特徴に関する次の文章に依拠している．「等価形態の考察にさいして目につく第一の独自性は，使用価値がその反対物の，価値の，現象形態になるということである．商品の自然形態が価値形態になるのである．だが，注意せよ．この"取りちがえ (Quidproquo)"が一商品 B (上衣，または小麦，または鉄など) にとって生じるのは，ただ，任意の他の一商品 A (リンネルなど) が商品 B と取り結ぶ価値関係の内部だけでのことであり，ただこの関連の内部だけでのことである」(Marx (1962), S. 71, 邦訳，第1分冊，97ページにおける「入れ替わり」を「取りちがえ」に変更した)．

[18] 飯田和人は，「相対的価値形態の内実」項の「第5段落」を詳しく検討し，「リンネル」 (相対的価値形態) を生産した「織布」の「価値形成性格」，および，「上衣」(等価形態) を生産する「裁縫」の関係について，「他者 (裁縫) に関係しながら自分 (抽象的人間的労働としての自分) に関係するという労働関連次元における自己関係が析出されてい

るわけである」(飯田 (2001), 207 ページ) と指摘している. 頭川博は,「相対的価値形態の内実」項の意義について,「『相対的価値形態の内実』(第 3 節 A2a 表題) とは, 織布と裁縫との関係のなかで, 後者が前者にたいして価値実体をあらわすという独自なかかわりをさす」(頭川 (2010), 36 ページ) と指摘する.

[19] (リンネル以外の) 他のすべての諸商品が相対的価値形態に立ち,「リンネル」商品だけが等価形態に立つ一般的価値形態 (いわゆる「形態 III」) の構造について, 初版『資本論』では,「動物」の喩え (「獅子」・「虎」・「兎」はどれも「動物」であるが,「動物」という種類の動物は存在しない) を用いて, 次のように説明している.「これに反して, 逆関係にされた第 2 の形態であり, したがってまた第 2 の形態において包括されているところの, 形態 III においては, リンネルはすべての他の商品にとっての等価物の類形態として現れる. それは, ちょうど, 群をなしている動物界のいろいろな類, 種, 亜種, 科, 等々を形成している獅子や虎や兎やその他のすべての現実の動物たちと相並んで, かつそれらのほかに, まだなお動物というもの, すなわち動物界全体の個体的化身が存在しているようなものである. このような同じ物のすべての現実に存在する種をそれ自身のうちに包括している個体は, 動物, 神, 等々のように, 一つの一般的なものである. それゆえ, リンネルが, 一つの他の商品が価値の現象形態としてのリンネルに関係したということによって, 個別的な等価物となったのと同じように, それは, すべての商品に共通な, 価値の現象形態としては, 一般的な等価物, 一般的な価値肉体, 抽象的な人間労働の一般的な物質化となるのである. それだから, リンネルにおいて物質化されている特殊な労働が, いまでは, 人間労働の一般的な実現形態として, 一般的な労働として, 認められるのである」(Marx (1867), S. 27, 邦訳 63〜64 ページ).

[20] 最近の英語圏の文献でも, 少数ながら, マルクスの貨幣論と労働価値論との関連を論じたものがある. マルクスの貨幣論の特徴と古典派経済学との相違について, モズリー (F. Moseley) は次のように指摘する.「手短に言えばマルクスの議論は次のようである. おのおのの商品が他のすべての商品と交換可能であるためには, おのおのの商品の価値は, なんらかの客観的で社会的に認識できる形態において他のあらゆる商品の価値と比較可能でなければならない. 諸商品の価値を決定するとマルクスが仮定した抽象的労働はそれ自体としては直接に観察あるいは認識できないので, この抽象的労働は, すべての商品の価値を観察可能で相互に比較可能なものにする客観的な『現象形態』を獲得しなければならない. 諸商品に含まれる抽象的労働が共通で統一された現象形態を必ずとらなければならないことから, 最終的な結論として, この現象形態は貨幣でなければならないということになる. マルクスは次の点を強調する. このように貨幣の必然性を労働価値論から導くことは, 古典派経済学に対する特筆すべき理論的前進である. 古典派経済学は, 貨幣を当然のものと考えてきたにすぎないか, あるいは, どんな価値理論との関連づけもなしに, 物々交換の持つ実際上の困難に基づいて, その場しのぎのや

り方で貨幣の存在を説明してきた」(Moseley (1995), pp. 107–8. 邦訳は引用者による). 前半に見られるように, マルクスの貨幣論では「抽象的労働」が「観察可能で相互に比較可能な」現象形態を必要とすることを根拠にして貨幣の必然性が論じられていると解釈される. さらに後半では,「貨幣の必然性を労働価値論から導くこと」は, 物々交換の困難から貨幣を説明する古典派経済学に対するマルクス貨幣論の「理論的前進」であると評価されている. また, 最近の論文でもモズリーは, 貨幣と抽象的人間労働との関係について,「諸商品に含まれる抽象的労働がこのように共通で統一的な現象形態をとるべき必然性があるので, この現象形態は貨幣でなければならないという結論へと最終的に到達する」(Moseley (2004), p. 148. 邦訳は引用者による) と指摘している. 他方, フリートウッド (S. Fleetwood) は, 商品に表された労働の二重性格とそれらが顕在化する形態に着目して, マルクスの商品貨幣論を解釈する.「社会的, 抽象的で普遍的な [social abstract and universal] (以下では SAU) 労働は, 個別的, 具体的で特殊的な [individual, concrete and particular] (以下では ICP) 労働がとる社会的形態である. SAU 労働は個々の生産者たちの労働を関連づけ, 彼らの労働活動の具体的特殊性を捨象するので, SAU 労働には, 通約不可能な存在を通約可能なものにするという能力がある. しかし, こうした能力が現実のものになるために, SAU 労働は適切な形態をとらなければならない」(Fleetwood (2000), p. 177. 邦訳は引用者による).「SAU 労働」がとるべき「適切な形態」とは何かが問題の核心である.「ICP 労働が SAU の形態をとるのと同じ瞬間に, SAU 労働はそれ自体として別の形態をとろうと努める」のであり, 結論としては「SAU 労働は, 諸商品の価値形態をとり, さらに諸商品の価格形態をとらなければならず, こうなるためには貨幣が必要となる」(Ibid., p. 178. 邦訳は引用者による) というのである. フリートウッドの議論は, 価値形態論と労働の二重性との関連を考察している点で, 注目に値する. ただし, フリートウッドの議論では,「等価物を生産する労働」が「抽象的人間労働の手でつかめる具現形態」になる (Marx (1962), S. 73, 邦訳, 第 1 分冊, 100 ページ) などの等価形態の特色を説明することに重点が置かれ, 商品の相対的価値表現の構造は説明されていない.

[21] クラウゼ (U. Krause) の「抽象的労働」論では, 所与の「生産構造」で生産された生産物を「種々の具体的労働の成果」(Krause (1979), S. 85, 邦訳 79 ページ) として表示すること, および「貨幣関係が具体的労働それ自体に対して『抽象的労働』と呼ばれる一定の関係を誘導する」(Ibid., S. 96, 邦訳 90 ページ) ことが数学的に定式化される. そこでは,「ある具体的労働の他の具体的労働に対する相対的比重を示す係数 α_{ij}」すなわち「還元係数」(Ibid., S. 105, 邦訳 98 ページ) が導入される. そのうえで, 第 i 種具体的労働が還元係数 α_{ij} によって第 j 種具体的労働に換算されたものが「抽象的労働」と呼ばれ, 各財 1 単位の生産に要する各種具体的労働の量が第 j 種具体的労働に換算されたものが,「タイプ j の労働で表現される商品 W_i の 1 単位の労働価値あるいは略して価値」(Ibid., S. 105, 邦訳 99 ページ) と定義される. ネオ・リカーディアン

の価値論についてクラウゼは,「還元係数 α_{ij}」をあらかじめ 1 と置くという「同質労働のドグマ」(Ibid., S. 121, 邦訳 114 ページ) に陥っている点を批判する.クラウゼの「抽象的労働」論における「貨幣関係が具体的労働それ自体に対して『抽象的労働』と呼ばれる一定の関係を誘導する」という論点は,価値形態の構造を理解するうえできわめて重要である.クラウゼ理論における数理的な分析方法と,マルクス『資本論』における記述的な分析方法との違いは十分に考慮に入れなければならないが,次のような問題点を指摘しておきたい.クラウゼ理論に従えば,各商品に表された各種具体的労働の量が,特定種類の具体的労働(たとえば,「金」を生産する「採掘」労働)のタームに換算されたものが,各商品の「価値」と定義されることになるが,これは,諸商品の価値表現の材料「金」を生産する具体的労働を,価値形成労働と同一視する考え方に帰着する.「金」を生産する「採掘」労働は,価値形成労働を代表するが,価値そのものではない.「ペティ」が「重金主義の表象にとらわれて,金銀を生産する特殊な種類の現実的労働を,交換価値を生みだす労働だと説明した」(Marx (1961), S. 39, 邦訳 36 ページ) のと同じ問題点が,クラウゼ理論にも見られると言わざるをえない.

[22]「一般的価値形態」(形態 III) の成立根拠が多数の諸商品の相対的価値表現の同時成立であることは,次の文章からも裏づけられる.「一商品が一般的価値表現を獲得するのは,同時に他のすべての商品がそれらの価値を同じ等価物で表現するからにほかならず,そして,新しく登場するどの商品種類もこれにならわなければならないのである」(Marx (1962), S. 80, 邦訳, 第 1 分冊, 113〜114 ページ).

[23] 等価形態の発展は相対的価値形態の発展の結果であって,その逆ではないことに注意しなければならない.「相対的価値形態の発展の程度には等価形態の発展の程度が対応する.しかし——しかもこれは十分注意すべきことであるが——等価形態の発展は相対的価値形態の発展の表現であり結果であるにすぎない」(Ibid., S. 81, 邦訳 115 ページ).

[24] 使用価値に対する商品所有者の欲望の観点から「逆の連関」の論理を否定する見解が従来からある.単純な価値形態について宇野弘蔵は「リンネル 10 ヤールは 5 ポンドの茶に値するという場合は,リンネルを商品として所有するものが,自分の欲する 5 ポンドの茶に対してならばリンネル 10 ヤールを交換してもよいという関係を表示するものであって,厳密にいえば茶はなおリンネルと交換に提供せられていなくてもよい」(宇野 (1977), 33 ページ) と説明する.富塚良三も「元来,20 ヤールの亜麻布 = 1 着の上衣という等式関係は,亜麻布商品の所有者が『上衣一着とならば亜麻布 20 ヤールを交換してもよい』といっていることを表現しているにすぎないのであって,それは全く亜麻布所有者にとっての私事にすぎず,亜麻布所有者がそういっているからといって,上衣の所有者がそれに応じなければならないという理由は全くない」(富塚 (1975), 244 ページ) と主張し,「亜麻布」商品の相対的価値表現を「亜麻布商品の所有者」からの一方的な意思表示として把握する.下平尾勲が「商品価値を商品所有者の欲望から独立

する商品体に客観的，即自的に付着する規定としてみとめるならば，リンネル所有者にとって上衣のリンネルに対する等置は私事であるかいなかにかかわりなく，商品価値の本性により等価形態の必然性をみとめねばならない」（下平尾（1974），54 ページ）と指摘するように，諸商品の価値関係に含まれる価値表現を考察するかぎりは，「商品所有者の欲望」を介在させることなく，厳密に「商品価値の本性」に基づいて各商品の相対的価値表現を説明しなければならない．花田功一が「価値形態論では商品の分析が行われている」ことに着目して指摘するように，価値形態論では「存在するのは商品のみであって，商品所有者は視野の外にある」（花田（1986），51 ページ）のである．より一般的には，松石勝彦が正しく指摘するように「価値表現・交換価値・価値形態とは交換における価値の必然的な現象様式・現象形態であり，交換をその内に含む概念であり，交換ぬきには成立しない」（松石（1993），195 ページ）のである．

[25] 価値形態論と交換過程論をめぐる論争については，多数の文献が存在するが，1980 年代以降のものとして，真田（1986），吉田（1988），福田（1992）（特に，第 1 章から第 4 章まで），松石（1993），宮沢（1993），武田（2006）（特に，第 2 編）を挙げておく．このほかにもマルクス貨幣論に関する重要な文献が数多くあるが，紙幅の制約で挙げることができない．

[26] 私的生産者たちが自分たちの労働生産物を「価値として等置し合う」ことの結果として，私的労働を「（商品価値を形成する）人間的労働として等置する」という論点は，価値表現の両極（相対的価値形態と等価形態）の諸商品に表された諸労働間の質的な等置（前掲図 3.3）に基づいている．ただし，価値形態論での議論は，商品の観点からの分析であり，私的生産者・商品所有者の観点からの分析ではないことに注意しなければならない．

[27] ルービンは，商品が「価値」として「貨幣」に等置されることを通じて私的労働が社会的労働に転化するという関係について，次のように説明している．「私的労働が社会的となるのは，それが具体的使用価値たとえば半長靴を生産する具体的労働であるかぎりでのことではなく，半長靴が価値として一定額の貨幣に（さらに，貨幣を介して，価値として他のすべての生産物に）等置され，このことによって，半長靴に体化されている労働が他のすべての種類の労働に等置され，したがって，自己の特定の具体的姿態から脱却して脱個性的な労働・同質の社会的労働の総量の小片に成るかぎりでのことである」（ルービン（1993），133 ページ）．この引用文では，商品が「価値」として「一定額の貨幣」に対して質的に等置される関係を通じて，私的労働の社会的労働への転化が説明されている．ルービンの「抽象的労働論」と貨幣との密接な関連がうかがえるが，ルービン自身は貨幣についての詳しい考察をおこなっていない．この事情について，訳者の竹永進は次のように説明している．「ルービンの『概説』では，貨幣は抽象的労働の生成の執行者として登場して大きな役割を与えられていはするものの，それ自体の

存立機制についての立ち入った論究，とりわけ『資本論』の商品論の背骨をなしている貨幣生成論（価値形態論と交換過程論）にかんする本格的な分析は行われておらず，貨幣論についてはさらにつっこんで論ずべき領域をかなり広く残していると言えよう」（ルービン（1993），「訳者解説」，545 ページ）．

[28] 『資本論』第 1 部第 2 章「交換過程」の冒頭では，「商品所有者」が分析対象とされることが明言される．「諸商品は，自分で市場におもむくこともできず，自分で自分たちを交換することもできない．したがってわれわれは，商品の保護者，すなわち商品所有者たち（Warenbesitzer）をさがさなければならない」（Marx (1962), S. 99, 邦訳，第 1 分冊，144 ページ）．「商品の保護者」または「商品所有者」相互間の関係については，次のように特徴づけられる．「一方は他方の同意のもとにのみ，したがってどちらも両者に共通な一つの意思行為を媒介としてのみ，自分の商品を譲渡することによって他人の商品を自分のものにする．だから，彼らは互いに私的所有者（Privateigentümer）として認め合わなければならない」（Ibid.）

[29] 「商品所有者をとくに商品から区別するものは，商品にとっては他のどの商品体もそれ自身の価値の現象形態としての意味しかもたないという事情である」（Ibid., S. 100, 邦訳 145 ページ）．「商品所有者は，こうした，商品には欠けている，商品体の具体性にたいする感覚を，彼自身の五感およびそれ以上の感覚でもって補う」（Ibid.）．

[30] 図 3.3 の「単純な価値形態」（形態 I）は 2 商品間の「価値関係」に含まれる個別商品の相対的価値表現であるが，形態 II を多数商品間の「価値関係」へ拡張すると，図 3.4 の「拡大された価値形態」（形態 II）に帰着する．図 3.5 の「一般的価値形態」（形態 III）における一般的等価物を特定の商品（金）に固定化すると，図 3.6 の「貨幣形態」（形態 IV）が得られる．したがって，多数商品間の「価値関係」に基づいて説明される「等価物」商品は，「拡大された価値形態」（形態 II）の「特殊的等価物」，および，「一般的価値形態」（形態 III）の「一般的等価物」であると考えることができる．

[31] 「諸商品は，使用価値として実現されうるまえに価値として実現されなければならない．他面では，諸商品は，みずからを価値として実現しうるまえに，みずからを使用価値として実証しなければならない」（Ibid., S. 100, 邦訳 146〜147 ページ）．

[32] 以上の引用文の最後の文章——「同じ過程が，同時にすべての商品所有者にとって，もっぱら個人的であると同時にもっぱら一般的社会的ではありえない」（Ibid., S. 101, 邦訳 147 ページ）——は，一方の商品所有者の「一般的社会的過程」（「価値としての実現」）が，他方の商品所有者の「個人的過程」（「使用価値としての実現」）によって妨げられる事態であると解釈できると思われるかもしれない．たとえば，商品所有者 A は自分の商品 A をそれ以外のどの商品とも引き換えに手放してもよいと考えるが，（商品所有者 A 以外の）他の商品所有者は商品 A を欲望対象としないので，交換が行き詰まると解釈されるかもしれない．しかし，以上の文章が含意するのは，(1) 諸商品の交換

過程が同時にすべての商品所有者にとって，もっぱら「個人的過程」・「使用価値としての実現」ではないこと，および，(2) 諸商品の交換過程が同時にすべての商品所有者にとって，もっぱら「一般的な社会的過程」・「価値としての実現」ではないこと，の2点である．

[33] スミスの『国富論』第1編第4章における次の文章を参照のこと．「分業がおこりはじめた当時は，この交換能力（power of exchange）はしばしばその作用をはなはだしく妨害され阻止され（clogged and embarrassed）たにちがいない」(Smith (1976), p. 37, 邦訳，第1分冊，51ページ).

[34] 『資本論』第1部第6編「労賃」では，「労働の価値」のカテゴリーについて次のように指摘される．「『労働の価値』という表現においては，価値概念が完全に消し去られているだけでなく，その反対物に変えられている．その表現は，たとえば土地の価値と同じように，一つの想像上の表現である．とはいえ，これらの想像上の表現は，生産諸関係そのものから発生する」(Marx (1962), S. 559, 邦訳，第4分冊，919ページ).

[35] 「ロンドン最大の商社の一つ（モリスン・ディロン商会）の1年間の貨幣収入と支払いに関する表」(Ibid., S. 154, 邦訳，第1分冊，51ページ）を参照のこと．

[36] 長島誠一は，「現代では，信用貨幣が流通手段と支払手段の機能を果たしている」という観点から，商品流通を「商品A―信用貨幣―商品B」と把握し，「〈商品A―信用貨幣〉への姿態変換は，商品の価値が信用貨幣の一定額に実現することであり，貨幣のほうからみれば，商品Aに含まれている投下労働を支配したことになる（支配労働）」と指摘する（長島 (2008), 52ページ).

[37] ミンスキーの金融不安定性仮説も視野に入れながら，現実の貨幣経済に内在する構造的な不安定性に関するマルクス貨幣論の分析視角を再構成する英語圏の文献として，Crotty (1985) が重要である．

[38] ビンスワンガー（M. Binswanger）は，信用貨幣と $M\text{–}C\text{–}M'$ 循環との不可分な関係を端的に指摘している．「内生的な貨幣創造がなければ，$M\text{–}C\text{–}M'$ 循環は集計レベルにおいて実現不可能であろう．貨幣創造がなければ，企業は，最初の支出額よりも多くを稼得することができない」(Binswanger (1996), p. 435, 邦訳は引用者による).

参考文献

Arthur, Christopher J. (2005), "Value and Money," in Fred Moseley (ed.), *Marx's Theory of Money: Modern Appraisals*, New York: Palgrave Macmillan, pp. 111–23.

Bailey, Samuel (1825), *A Critical Dissertation on the Nature, Measures, and*

Causes of Value: Chiefly in Reference to the Writing of Mr.Ricardo and His Followers, London: Printed for R. Hunter.（鈴木鴻一郎訳『リカアド価値論の批判』（世界古典文庫），日本評論社，1947 年.）

Barbon, Nicholas (1696), "A Discourse on Coining the New Money Lighter in Answer to Mr.Locke's Considerations etc.," London: Printed for Richard Chiswell.（『新貨幣をより軽く鋳造することに関する一論．ロック氏の諸考察に答えて』）

Binswanger, Mathias (1996), "Money Creation, Profits, and Growth: Monetary Aspects of Economic Evolution," in Ernst Helmstädter and Mark Perlman (eds.), *Behavioral Norms, Technological Progress and Economic Dynamics: Studies in Schumpeterian Economics*, Ann Arbor: The University of Michigan Press, pp. 413–437.

Crotty, James (1985), "The Centrality of Money, Credit, and Financial Intermediation in Marx's Crisis Theory: An Interpretation of Marx's Methodology," in Stephen Resnick and Richard Wolff (eds.), *Rethinking Marxism: Struggles in Marxist Theory*, New York: Autonomedia, pp. 45–81.

Fleetwood, Steve (2000), "A Marxist Theory of Commodity Money Revisited," in John Smithin (ed.), *What is Money?*, London: Routledge, pp. 174–93.

福田泰雄（1992），『現代市場経済とインフレーション』，同文舘出版．

花田功一（1986），「価値形態論」（種瀬茂編著『資本論の研究』，青木書店，第 3 章，39〜56 ページ，所収．）

本田浩邦（2016），『アメリカの資本蓄積と社会保障』，日本評論社．

飯田和人（2001），『市場経済と価値――価値論の新機軸』，ナカニシヤ出版．

Krause, Ulrich (1979), *Geld und abstrakte Arbeit: über die analytischen Grundlagen der politischen Ökonomie*, Frankfurt am Main: Campus Verlag.（高須賀義博監訳『貨幣と抽象的労働――政治経済学の分析的基礎』，三和書房，1985 年.）

Marx, Karl (1867), *Das Kapital*, Erster Band, Erste Auflage, Hamburg: Otto Meissner (Erstes Kapitel und Angang zu Kapitel I, 1).（岡崎次郎訳『資本論第 1 巻初版――第 1 章および付録「価値形態」』，大月書店，1976 年.）

――― (1961), *Zur Kritik der Politischen Ökonomie*, Karl Marx, Friedrich Engels Werke, Berlin: Dietz Verlag, Band 13.（大内兵衛・細川嘉六監訳『マルクス＝エンゲルス全集』第 13 巻，大月書店，1964 年.）

――― (1962), *Das Kapital*, Bd.1, Berlin: Dietz Verlag.（社会科学研究所監修・資本論翻訳委員会訳『資本論』，第 1〜4 分冊，新日本出版社，1983 年.）

松石勝彦（1993），『資本論の解明』，青木書店．

宮沢俊郎（1993），『価値と資本概念形成』，青木書店．

Moseley, Fred (1995), "Marx's Economic Theory: True or False? A Marxian Response to Blaug's Appraisal," in Fred Moseley (ed.), *Heterodox Economic Theories: True or False?*, Aldershot: Edward Elgar, pp. 88–118.

――― (2004), "Money and Totality: Marx's Logic in Volume I of Capital," in Riccardo Bellofiore and Nicola Taylor (eds.), *The Constitution of Capital: Essays on Volume I of Marx's Capital*, New York: Palgrave Macmillan, pp. 146–69.

向井公敏（2010），『貨幣と賃労働の再定義――異端派マルクス経済学の系譜』，ミネルヴァ書房．

森田成也（2008），『資本と剰余価値の理論――マルクス剰余価値論の再構成』，作品社．

――― (2009），『価値と剰余価値の理論――続・マルクス剰余価値論の再構成』，作品社．

長島誠一（2008），『現代マルクス経済学』，桜井書店．

大石雄爾編著（2000），『労働価値論の挑戦』，大月書店．

Pasinetti, Luigi L. (1977), *Lectures on the Theory of Production*, New York: Columbia University Press.（菱山泉・山下博・山谷恵俊・瀬地山敏訳『生産理論』，東洋経済新報社，1979 年．）

ルービン，イリーチ I.（Rubin, Isaak Illich）(1993），『マルクス価値論概説』（竹永進訳），法政大学出版局．

――― (2016），『マルクス貨幣論概説』（竹永進訳），法政大学出版局．

真田哲也（1986），「価値形態論と価値実体論――『回り道』をめぐって」（種瀬茂編著『資本論の研究』，青木書店，第 4 章，57〜77 ページ，所収．）

下平尾 勲（1974），『貨幣と信用』，新評論．

Smith, Adam (1976), *An Inquiry into the Nature and Causes of the Wealth of Nations*, edited by R.H. Campbell and A.S. Skinner, volume 1 and 2, New York: Oxford University Press, 1976.（水田洋監訳・杉山忠平訳『国富論』，第 1〜4 分冊，岩波書店，2000 年．）

武田信照（1982），『価値形態と貨幣』，梓出版社．

――― (2006），『経済学の古典と現代』，梓出版社．

種瀬 茂（1986），『経済思想』，青木書店．

富塚良三（1975），『増補 恐慌論研究』，未来社，1975 年．

宇野弘蔵（1977），『経済原論』（著作集第 1 巻），岩波書店．

吉田 紘（1988），『商品範疇と貨幣生成の論理』，梓出版社．

頭川 博（2010），『資本と貧困』，八朔社．

第4章

商品価値の生産価格への転化

4.1 問題の所在

　本章では，商品所有者の交換行為の観点から諸商品の価格形態を考察する作業の一つとして，マルクスの『資本論』第3部（資本主義的生産の総過程）における「商品価値の生産価格への転化」を考察する．

　前章で詳しく見たように，同じ交換価値を持つ諸商品の置き換え可能性・質的同等性に注目し，諸商品の質的同等性を「価値」（抽象的人間労働の凝固）として把握する論理次元では，社会的分業の構造は考察対象とされない．なぜなら，同じ交換価値を持つ諸商品の使用価値が捨象され，生産部門間での財と財との投入・産出も，各生産部門への労働の配分も扱うことができないからである．

　しかし，商品所有者の交換行為の観点では，「同じ交換価値を持つ諸商品の使用価値の捨象」という手続きに拘束されずに，様々な次元の価格形態を，相異なる諸商品と（一般的等価物としての機能から生じる形式的使用価値を持つ）貨幣との交換比率として考察することができるので，社会的分業の構造（生産部門間の財と財との投入・産出，および，労働の部門間配分）[1]を基礎に置いて，各財の生産に直接・間接に必要な労働時間を計算し，さらに，労働1時間あたりの実質賃金率の条件を追加して，すべての生産部門で均等な利潤率と両立する生産価格体系（生産価格の概念に従う諸商品の相対価格体系）を導き出すことができる．

表 4.1 マルクスによる商品価値と生産価格の計算（単位は円）

	(1) 不変資本 C_i	(2) 可変資本 V_i	(3) 剰余価値 S_i	(4) 商品価値 W_i	(5) 費用価格 $K_i(=C_i+V_i)$
部門 1	90	10	10	110	100
部門 2	80	20	20	120	100
部門 3	70	30	30	130	100
合計	240	60	60	360	300

(註) 本表は，『資本論』第 3 部第 2 編「利潤の平均利潤への転化」の第 9 章「一般的利潤率（平均字例（Marx (1964), S. 166, 邦訳, 第 9 分冊, 271〜272 ページ）を，3 部門に簡略化したもので示される（単位は円とするが，他の通貨でもよい）．下付文字 i は部門の番号を表す（$i=1,2,3$）．

資本主義的生産の総過程の観点から「費用価格と利潤」を基礎カテゴリーとして「商品価値の生産価格への転化」を考察する場合でも，「同じ交換価値を持つ諸商品の使用価値の捨象」という手続きに縛られずに，社会的分業の構造から計算される各財 1 単位の「労働価値」（各財 1 単位を生産するために直接・間接に支出される労働時間），および，社会的分業の構造と実質賃金率の条件から導き出される生産価格体系を考察対象としなければならない．

以上の点を確認したうえで，本章では，『資本論』第 3 部（資本主義的生産の総過程）第 2 編（利潤の平均利潤への転化）の第 9 章で扱われた「商品価値から生産価格への転化」をめぐる議論を再検討する[2]．

最初に，「商品価値から生産価格への転化」に関するマルクスの説明の要点を見ておこう．表 4.1 では，3 つの生産部門に投下された資本の金額と，それを用いて生産された諸商品の価値価格が第 1 列から第 4 列に，商品価値から導かれる費用価格と利潤，両者の和としての生産価格の総額が第 5 列から第 7 列に，生産価格と商品価値との乖離が第 8 列に示されている．

各部門で生産された商品の価値 W_i は，不変資本 C_i，可変資本 V_i，剰余価値 S_i から成る（$W_i=C_i+V_i+S_i$）．各部門の費用価格 K_i は，原材料費（量的には不変資本 C_i に等しい）と賃金（量的には可変資本 V_i に等しい）の和である．

4.1 問題の所在

(6)	(7)	(8)
利潤 Π_i	生産価格 P_i	生産価格と商品価値の乖離 $(P_i - W_i)$
20	120	10
20	120	0
20	120	−10
60	360	0

利潤率）の形成と商品価値の生産価格への転化」に示された「22%」の利潤率を伴う5部門の数ある．表中の数値と記載項目は，マルクスの数字例とは異なる．本表のすべての数値は，貨幣で表単純化のため，固定資本の存在と資本の回転に関わる諸問題を捨象する．

本表では，生産部門間での財の投入・産出関係（たとえば，第1部門で生産された第1財が，第2部門と第3部門で生産手段として使われる関係）は，いっさい考慮されていない．商品価値の構成部分（不変資本，可変資本，剰余価値）と生産価格の構成部分（費用価格と利潤）のすべてが貨幣（円）で表示され，合計されている．「商品価値」は，それぞれの商品に表された労働の量（各財を生産するために直接・間接に必要とされる労働の量，いわゆる「労働価値 (labor value)」）ではなく，「価値通りの価格」（各商品を生産する労働時間に比例した価格，すなわち，「価値価格」（単位は円））を意味する．また，本表では，各商品の数量（たとえば，x トンの鉄，y クォーターの小麦，z オンスの金）と価格（各財1単位あたりの価値価格（円）・生産価格（円））が分離されていない．

一般的利潤率 r は，3つの生産部門に投下された不変資本と可変資本の総額に対する剰余価値総額の割合，すなわち，$r = \sum_{i=1}^{3} S_i / \sum_{i=1}^{3}(C_i + V_i) = 60/(240 + 60) = 0.2$ と計算される．各部門における諸商品の生産価格は，$P_i = K_i(1+r) = (C_i + V_i)(1+r)$ と表される．

諸商品の生産価格（本表の第5列以降）では，すべての部門で生産された剰余価値総額が，費用価格の大きさに比例して，各部門へ再配分されていると解釈することができる．すべての部門の剰余価値率は1に等しい $(S_i/V_i = 1)$ と仮

定され，社会的総資本の有機的構成は $q = \sum_{i=1}^{3} C_i / \sum_{i=1}^{3} V_i = 4$ である．

部門 1 では，同部門の資本の有機的構成 ($C_1/V_1 = 9$) が社会的総資本の平均構成 q より高いので，第 3 列と第 6 列に見られるように，利潤（20）が剰余価値（10）よりも大きく，生産価格（120）が商品価値（110）より大きい．部門 2 では，同部門の資本構成 ($C_2/V_2 = 4$) が社会的総資本の平均構成 q と等しいので，利潤が剰余価値に等しく（$\Pi_2 = S_2 = 20$），生産価格が商品価値に等しい（$P_2 = W_2 = 120$）．部門 3 では，同部門の資本の有機的構成 ($C_3/V_3 = 7/3$) が q よりも低いので，利潤（20）が剰余価値（30）よりも小さく，生産価格（120）が商品価値（130）よりも小さい．

第 8 列に見られるように，利潤と剰余価値の乖離，ならびに，生産価格と商品価値の乖離は，すべての部門で相殺される．総利潤と総剰余価値が等しいこと（$\sum_{i=1}^{3} \Pi_i = \sum_{i=1}^{3} S_i = 60$），および，総生産価格と総商品価値が等しいこと（$\sum_{i=1}^{3} P_i = \sum_{i=1}^{3} W_i = 360$），すなわち，「総計一致の 2 命題」の成立が確かめられる．

各生産部門で生産された諸商品の価値価格（円）と生産価格（円）の数字例から，「総計一致の 2 命題」の成立が確認されれば，商品価値に基づいて生産価格の概念が説明されたことになると考える向きがあるかもしれない．しかし，価値価格（円）と生産価格（円）の諸成分を加減乗除するだけでは，「商品価値の生産価格への転化」に関わる以下の問題を考察することができない．第一に，「商品価値」の数字例（表 4.1 の第 1 列から第 4 列まで）が，「価値」の概念に基づく数値であると言えるかどうか．この点を説明するためには，社会的分業（生産部門間の財の投入と産出，労働の部門間配分）に基づいて，各財を生産するために直接・間接に必要とされる労働の量を計算し，投下労働量に比例した諸商品の価値価格が成立することを示さなければならない．第二に，生産価格体系（すべての生産部門で均等な利潤率と両立する諸商品の相対価格）と社会的分業は，どのような関係にあるのか．第三に，各部門で生産手段として用いられる諸商品も生産価格で評価されるという事情（いわゆる「費用価格の生産価格化」）を考慮に入れると，生産価格体系の分析方法をどのように拡充すべきなのか．第四に，商品価値と生産価格を結びつける決定的な要因は何か．

後ほど見るように，商品価値と生産価格を結びつける決定的な要因は，当該

4.1 問題の所在

経済における剰余生産物[3]と利潤，剰余価値のあいだの次の関係である．第一に，すべての部門の利潤総額が，剰余生産物の生産価格総額（剰余生産物を構成するすべての諸商品の生産価格総額）に等しいこと．第二に，「剰余生産物」の「労働価値」（剰余生産物を構成するすべての財を生産するために直接・間接に必要とされる労働の量）が，労働時間で表示された剰余価値総計に等しいこと．これらの関係を考察するためには，「同じ交換価値を持つ諸商品の使用価値の捨象」という手続きに拘束されずに，相異なる諸商品と貨幣のあいだの交換比率として諸商品の価格形態を把握し，社会的分業の構造と実質賃金率の条件から，諸商品の労働価値と生産価格を導き出さなければならない．

「商品価値の生産価格への転化」を考察するためには，社会的分業と商品生産の双方の条件を考慮に入れた分析枠組みが必要とされる．商品生産の基礎にある社会的分業の構造（生産部門間での財の投入・産出，および，労働の部門間配分）に基づいて，「商品価値の生産価格への転化」に関する主要な論点，特に「費用価格の生産価格化」と「総計一致の2命題」について考察した重要な先行研究が数多く存在する．

その中でも，本章では，滝田和夫の研究（滝田 (1986)）に注目したい．一般に，社会的分業の構造（たとえば，それぞれ1種類の財を生産する3つの生産部門のあいだでの財の投入・産出，労働の部門間配分）と実質賃金率（貨幣賃金率で買われる消費財の量）を前提とする分析枠組みを用いると，各部門で生産される各商品の労働価値（各財を生産するために直接・間接に必要とされる労働の量であり，単位は時間），および，諸商品の生産価格（単位は円[4]）を導き出すことができる．滝田 (1986) では，諸商品の労働価値（時間）が「労働時間次元」の「価値」に関する「体系A」，諸商品の生産価格（円）が「貨幣表示の価格次元」の「生産価格」に関する「体系B」と呼ばれ，さらに，「労働時間次元」の「生産価格により配分替えされた価値（転化価値）」に関する「体系C」が導かれる[5]．滝田の「体系C」は，言い換えれば，生産価格総額の各成分（原材料費，賃金，利潤）で買われる財の数量とそれらの労働価値を意味する[6]．

滝田は，「総計一致の2命題（総商品価値と総生産価格の均等，総剰余価値と総利潤の均等）」の論証に関連して，「〔体系〕Aの価値と比較されるべきは〔体系〕Bではなく，〔体系〕Bの価格によって配分替えされる転化価値の体系Cなので

ある」[7] と指摘したうえで，「総計一致の 2 命題」について次のように結論づける．「生産価格とは，最終的転化価値としては，価格次元での利潤率が均等化するように社会的総剰余価値を再配分したものにほかならず，したがって総計一致命題は完全に成立すること（ただし〔体系〕A と〔体系〕B のあいだではなく，〔体系〕A と〔体系〕C のあいだにおいて），それゆえ生産価格体系のもとでも，価値論・剰余価値論は総計において完全に妥当することがわかるのである．」[8]

後ほど見るように，「総計一致の 2 命題」に関する滝田の指摘は，利潤総額と剰余生産物の生産価格総額との均等，および，（労働時間で表示された）剰余価値総計と，剰余生産物を構成するすべての財の労働価値の総計との均等[9] に基づいている．これらの関係には，「資本主義的生産の総過程」の論理次元で把握される社会的分業と商品生産の条件が，集約されている．

労働価値と生産価格，均等利潤率が非負の値をとるように数字例を設定することは，決して容易ではない．そこで，本章では，滝田 (1986) の数字例の多くを利用させていただくことにする．ただし，記号や用語を適宜変更し，多くの箇所で説明を補足している．同論文では，行論の都合による措置であると思われるが，部門間での財の投入・産出，労働の部門間配分，および，実質賃金率の数値が与えられるよりも前に，各商品の労働価値が設定される[10]．本章では，部門間の財の投入・産出，労働の部門間配分，および，実質賃金率の数字例を設定した後で，労働価値と生産価格，均等利潤率を導くことにする．

本章の構成は次の通りである．第 4.2 節では，3 種類の商品が生産される社会的分業を前提として，各生産部門への財の投入量を表す投入係数行列と，各部門への労働投入量を表す労働投入ベクトルを用いて，各商品の労働価値を導く．第 4.3 節では，社会的分業の構造に加えて，実質賃金率（貨幣賃金で買われる消費財の量）の値を与えることにより，各財の労働価値を不変資本部分・可変資本部分・剰余価値部分に対応する 3 つの部分に分割する．第 4.4 節では，各部門に投入される財の投入量と実質賃金（労働投入量と実質賃金率の積）を成分とする生産要素行列を導入し，生産要素行列の最大固有値とそれに属する固有ベクトルを計算することにより，生産価格と均等利潤率を導き出す．第 4.5 節では，各財 1 単位あたり生産価格の諸成分（原材料費，賃金，利潤）と，各部門の生産価格総額（各部門の産出量と各財 1 単位あたり生産価格の積）の諸成分を例

示する．第 4.6 節では，各財の産出量ベクトルと生産要素行列から経済全体の剰余生産物（鉄，小麦，金の 3 種類の財から成る）の構成を導き出す．そのうえで，剰余生産物を構成する諸財の労働価値総計と（労働時間で表示された）剰余価値総計が等しいこと，および，剰余生産物を構成する諸商品の生産価格総額（円）と経済全体の利潤総額（円）が等しいことを証明する．第 4.7 節では，剰余生産物の部門間配分，具体的には，各生産部門の利潤総額で買われる剰余生産物の構成について考察する．第 4.8 節では，「総計一致の 2 命題」に関する滝田（1986）の議論を検討する．

4.2 社会的分業と労働価値

最初に，商品生産の基礎となる社会的分業の構造を例示しよう．

3 種類の財が生産される社会的分業を前提とし，第 1 財が鉄，第 2 財が小麦，第 3 財が金（gold）であると仮定する．鉄（単位はトン [t.]）を生産する第 1 部門，小麦（単位はクォーター [qr.]）を生産する第 2 部門，金（単位はオンス [oz.]）を生産する第 3 部門の 3 つの生産部門を前提とする．第 i 財の産出量を X_i，第 j 部門で原材料として使われる第 i 財の量（第 i 部門から第 j 部門への第 i 財の投入量）を X_{ij}，第 i 財に対する最終需要（投資や消費など）の量を F_i，第 j 部門で使われる労働の量（時間）を L_j で表す．結合生産はおこなわれず，第 j 部門では，第 j 財だけが生産されると仮定される．また，議論を単純にするため，生産手段は原材料のみから成ると仮定され，減価償却の対象となる固定設備は捨象される．

第 1 財（鉄）の産出量は，中間投入財（各部門へ原材料として投入される財），および，最終財（投資や消費などの最終需要を満たす財）として使われる．第 2 財（小麦）と第 3 財（金）は，もっぱら最終財として使われる．各部門で使われる労働の量の合計は，経済全体の総労働時間（N）に等しい．

以上の社会的分業は，次のような数量体系として表される．

$$X_{11} + X_{12} + X_{13} + F_1 = X_1 \tag{4.1}$$

$$F_2 = X_2 \tag{4.2}$$

$$F_3 = X_3 \tag{4.3}$$

$$L_1 + L_2 + L_3 = N \tag{4.4}$$

各部門で原材料として使われる財の数量を，中間投入行列 $\mathbf{V} = \begin{pmatrix} X_{11} & X_{12} & X_{13} \\ 0 & 0 & 0 \\ 0 & 0 & 0 \end{pmatrix}$ で表す．各財に対する最終需要を，最終需要ベクトル $\mathbf{F} = \begin{pmatrix} F_1 \\ F_2 \\ F_3 \end{pmatrix}$ で表す．各財の産出量を，産出量ベクトル $\mathbf{X} = \begin{pmatrix} X_1 \\ X_2 \\ X_3 \end{pmatrix}$ で表す．

以上の数量体系のうち (4.1)・(4.2)・(4.3) は，列ベクトル $\mathbf{u} = \begin{pmatrix} 1 \\ 1 \\ 1 \end{pmatrix}$ を用いて，次のように表される．

$$\mathbf{Vu} + \mathbf{F} = \mathbf{X} \tag{4.5}$$

各部門で使われる労働の量（時間）を，労働投入量ベクトル $\mathbf{H} = \begin{pmatrix} L_1 & L_2 & L_3 \end{pmatrix}$ で表す．各部門への労働の配分に関する (4.4) 式は，次のように表される．

$$\mathbf{Hu} = N \tag{4.6}$$

1 単位の第 j 財を生産するために第 j 部門へ原材料として投入される第 i 財の量を，第 j 部門への第 i 財の「原材料投入係数」と呼び，$a_{ij} = X_{ij}/X_j$ で表す．部門間での財の投入・産出は，原材料投入係数行列 $\mathbf{A} = \begin{pmatrix} a_{11} & a_{12} & a_{13} \\ 0 & 0 & 0 \\ 0 & 0 & 0 \end{pmatrix}$ で表される．ただし，$0 < a_{11} < 1$，$a_{12} > 0$，$a_{13} > 0$（第 1 部門で純生産が可能であり，第 1 財がすべての部門で原材料として使われること）が仮定される．言い換えれば，第 1 財（鉄）は，すべての部門で生産手段として使われる「基礎財

4.2 社会的分業と労働価値

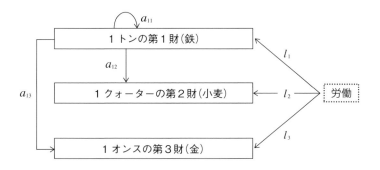

図 4.1 社会的分業の構造（生産部門間での財の投入と産出，労働の部門間配分）

(註)「第 1 財（鉄）」から「第 j 財」($j = 1, 2, 3$) への矢印は，1 単位の第 j 財を生産するために，a_{1j} 単位の第 1 財（鉄）が原材料として使われることを意味する．「労働」から「第 j 財」への矢印は，1 単位の第 j 財を生産するために，l_j 単位の労働が使われることを意味する．

(basic goods)」である．原材料投入係数行列 $\mathbf{A}$ の第 j 列は，第 j 部門で 1 単位の第 j 財を生産するために使われる第 1 財（鉄）の量を表す．投入係数行列に産出量ベクトルを右から乗じたものは，中間投入行列に等しい（$\mathbf{AX} = \mathbf{V}$）．

第 j 部門で 1 単位の第 j 財を生産するために投入される労働の量を，労働投入係数 $l_j = L_j / X_j$ を要素とする労働係数ベクトル $\mathbf{L} = \begin{pmatrix} l_1 & l_2 & l_3 \end{pmatrix}$ で表す．

第 1 財（鉄）がすべての部門で生産手段として使われる基礎財であり，第 2 財（小麦）と第 3 財（金）はどの部門でも生産手段として使われない「非基礎財 (non-basic goods)」である場合，社会的分業は図 4.1 のような構造を持つ[11]．

社会的分業の構造に関する図 4.1 では，生産部門間での財の投入・産出と労働の部門間配分だけが表示され，資本と賃労働に関わる数量（たとえば，賃金や労働強度）は記されていない．

1 単位の財を生産するために直接・間接に支出される労働の量（単位は時間）を，その財の「労働価値 (labor value)」[12] と呼び，記号 t_j ($j = 1, 2, 3$) で表す．第 j 部門への第 i 財の原材料投入係数 a_{ij}，および，第 j 部門への労働投入係数 l_j が与えられる場合，各財 1 単位の労働価値 t_1, t_2, t_3 は，以下の連

立方程式の解として計算される.

$$t_1 = a_{11}t_1 + l_1 \tag{4.7}$$
$$t_2 = a_{12}t_1 + l_2 \tag{4.8}$$
$$t_3 = a_{13}t_1 + l_3 \tag{4.9}$$

労働価値ベクトルを $\mathbf{\Lambda} = \begin{pmatrix} t_1 & t_2 & t_3 \end{pmatrix}$ と定義すると，連立方程式 (4.7)・(4.8)・(4.9) は，原材料投入係数行列 $\mathbf{A}$ と労働係数ベクトル $\mathbf{L}$ を用いて，次のように表される.

$$\mathbf{\Lambda} = \mathbf{\Lambda}\mathbf{A} + \mathbf{L} \tag{4.10}$$

連立方程式 (4.10) の解は，単位行列を $\mathbf{I} = \begin{pmatrix} 1 & 0 & 0 \\ 0 & 1 & 0 \\ 0 & 0 & 1 \end{pmatrix}$ として，次のように計算される.

$$\mathbf{\Lambda} = \mathbf{L}\left(\mathbf{I} - \mathbf{A}\right)^{-1} \tag{4.11}$$

ここで，3 行 3 列の行列 $\mathbf{I} - \mathbf{A} = \begin{pmatrix} 1-a_{11} & -a_{12} & -a_{13} \\ 0 & 1 & 0 \\ 0 & 0 & 1 \end{pmatrix}$ の逆行列 $\left(\mathbf{I} - \mathbf{A}\right)^{-1}$ の求め方を簡単に説明しておこう．前掲の仮定 $(0 < a_{11} < 1)$ により，行列 $\left(\mathbf{I} - \mathbf{A}\right)$ の行列式は正，すなわち，$\det(\mathbf{I} - \mathbf{A}) = 1 - a_{11} > 0$ である[13]．$\left(\mathbf{I} - \mathbf{A}\right)$ の余因子行列 (adjugate matrix) は，$\mathrm{adj}(\mathbf{I} - \mathbf{A}) = \begin{pmatrix} 1 & a_{12} & a_{13} \\ 0 & 1-a_{11} & 0 \\ 0 & 0 & 1-a_{11} \end{pmatrix}$ である[14]．$\left(\mathbf{I} - \mathbf{A}\right)$ にその余因子行列を右から，または，左から乗じたものが，行列式と単位行列の積に等しく，

$$\left(\mathbf{I} - \mathbf{A}\right)\left[\mathrm{adj}(\mathbf{I} - \mathbf{A})\right] = \left[\mathrm{adj}(\mathbf{I} - \mathbf{A})\right]\left(\mathbf{I} - \mathbf{A}\right) = \left[\det(\mathbf{I} - \mathbf{A})\right]\mathbf{I}$$

4.2 社会的分業と労働価値

が成立するので，$(\mathbf{I}-\mathbf{A})$ の逆行列は，次のように計算される．

$$(\mathbf{I}-\mathbf{A})^{-1} = \frac{1}{\det(\mathbf{I}-\mathbf{A})}\mathrm{adj}(\mathbf{I}-\mathbf{A})$$

$$= \frac{1}{1-a_{11}}\begin{pmatrix} 1 & a_{12} & a_{13} \\ 0 & 1-a_{11} & 0 \\ 0 & 0 & 1-a_{11} \end{pmatrix} \quad (4.12)$$

したがって，前掲 (4.11) 式は，

$$\mathbf{L}(\mathbf{I}-\mathbf{A})^{-1} = \frac{1}{1-a_{11}}\begin{pmatrix} l_1 & l_2 & l_3 \end{pmatrix}\begin{pmatrix} 1 & a_{12} & a_{13} \\ 0 & 1-a_{11} & 0 \\ 0 & 0 & 1-a_{11} \end{pmatrix}$$

と計算されるので，各財 1 単位の労働価値 t_j は次のようになる．

$$\mathbf{\Lambda} = \begin{pmatrix} t_1 & t_2 & t_3 \end{pmatrix} = \frac{1}{1-a_{11}}\begin{pmatrix} l_1 & a_{12}l_1 + (1-a_{11})l_2 & a_{13}l_1 + (1-a_{11})l_3 \end{pmatrix}$$
$$(4.13)$$

社会的分業の基礎となる数量体系 (4.1)・(4.2)・(4.3)・(4.4) の数字例として，以下の数値が仮定される [15]．

各財の産出量は，次の通りである．

$$X_1 = 240 \text{ トンの鉄}, \quad X_2 = 90 \text{ クォーターの小麦}, \quad X_3 = 330 \text{ オンスの金}$$
$$(4.14)$$

中間投入量（第 j 財（$j=1,2,3$）の生産に投入される第 1 財（鉄）の量 X_{1j}）は，次の通りである．

$$X_{11} = 120 \text{ トンの鉄}, \quad X_{12} = 60 \text{ トンの鉄}, \quad X_{13} = 20 \text{ トンの鉄} \quad (4.15)$$

各財に対する最終需要量は，次の通りである．

$$F_1 = 40 \text{ トンの鉄}, \quad F_2 = 90 \text{ クォーターの小麦}, \quad F_3 = 330 \text{ オンスの金}$$
$$(4.16)$$

労働投入量（第 j 財の生産に投入される労働）は，次の通りである．

$$L_1 = 60 \text{ 時間}, \quad L_2 = 60 \text{ 時間}, \quad L_3 = 80 \text{ 時間} \quad (4.17)$$

社会的分業の構造を定めた (4.14) から (4.17) までの数値に基づいて，各財の生産に関わる原材料投入係数と労働投入係数，および，各財 1 単位の労働価

値が計算される．各部門の原材料投入係数（第 j 財 1 単位を生産するために原材料として投入される第 1 財（鉄）の量）$a_{1j} = X_{1j}/X_j$ は，次のようになる．

$$a_{11} = \frac{1}{2}, \quad a_{12} = \frac{2}{3}, \quad a_{13} = \frac{2}{33} \tag{4.18}$$

また，各部門の労働投入係数 $l_j = L_j/X_j$ は，次のようになる．

$$l_1 = \frac{1}{4}, \quad l_2 = \frac{2}{3}, \quad l_3 = \frac{8}{33} \tag{4.19}$$

さらに，前掲 (4.13) により，各財 1 単位の労働価値（時間/トン，時間/クォーター，時間/オンス）は，次のように計算される [16]．

$$t_1 = \frac{1}{2}, \quad t_2 = 1, \quad t_3 = \frac{3}{11} \tag{4.20}$$

4.3 労働価値の構成

各財 1 単位の労働価値は，(4.13) 式により，次の通りである．

$$t_1 = \frac{l_1}{1 - a_{11}} \tag{4.21}$$

$$t_2 = \frac{a_{12}l_1}{1 - a_{11}} + l_2 \tag{4.22}$$

$$t_3 = \frac{a_{13}l_1}{1 - a_{11}} + l_3 \tag{4.23}$$

(4.21)・(4.22)・(4.23) はそれぞれ，1 トンの鉄，1 クォーターの小麦，1 オンスの金を生産するために直接・間接に支出される労働の量を表す．

ここで，第 j 財 1 単位の労働価値 t_j は，生産手段として使い切られた財を生産するために必要とされる労働時間 $a_{1j}t_1 = \frac{a_{1j}l_1}{1-a_{11}}$ と，第 j 財をつくる生産過程で支出される労働時間 l_j の和に等しい [17]．

前者の $a_{1j}t_1$ は，商品価値のうち不変資本 (constant capital) 部分（第 j 財の原材料として買われた商品の価値）に対応する．

後者の l_j は，商品価値のうち価値生産物 (value product)（第 j 財をつくる労働によって付け加えられる価値であり，可変資本 (variable capital) に相当する部分と，剰余価値 (surplus value) に相当する部分から成る）に対応する．

4.3 労働価値の構成

表 4.2 各財 1 単位あたり労働価値の構成（単位は時間）

	不変資本	可変資本	剰余価値	合 計
第 1 財（鉄）	$\frac{a_{11}l_1}{1-a_{11}} = \frac{1}{4}$	$bt_2l_1 = \frac{1}{10}$	$(1-bt_2)l_1 = \frac{3}{20}$	$t_1 = \frac{1}{2}$
第 2 財（小麦）	$\frac{a_{12}l_1}{1-a_{11}} = \frac{1}{3}$	$bt_2l_2 = \frac{4}{15}$	$(1-bt_2)l_2 = \frac{2}{5}$	$t_2 = 1$
第 3 財（金）	$\frac{a_{13}l_1}{1-a_{11}} = \frac{1}{33}$	$bt_2l_3 = \frac{16}{165}$	$(1-bt_2)l_3 = \frac{24}{165}$	$t_3 = \frac{3}{11}$

ここで，労働価値のうち商品価値の可変資本に対応する部分と，剰余価値に対応する部分を区別するために，実質賃金率の概念を導入する．労働者は，雇い主から受け取る 1 時間あたり貨幣賃金（円）を支出して，b クォーターの第 2 財（小麦）を買うこと，すなわち，1 時間あたり実質賃金率が b クォーターの小麦であると仮定される．1 クォーターの小麦を消費すれば，1 時間だけ機能する労働力の再生産が保証されると想定すると，各財 1 単位を生産するために直接に支出される労働の量 l_j は，商品価値の可変資本に対応する bt_2l_j 時間と，剰余価値部分に対応する $(1-bt_2)l_j$ 時間から成ると考えることができる．

本章では，実質賃金率 b（1 時間分の貨幣賃金で買われる第 2 財（小麦）の量）の数字例として，次の数値を用いる．

$$b = \frac{2}{5} \quad (\text{クォーター}/\text{時間}) \tag{4.24}$$

各財 1 単位の労働価値は，商品価値の 3 つの成分（不変資本，可変資本，剰余価値）に対応する部分に分けて，次のように表される．

$$t_1 = \frac{a_{11}l_1}{1-a_{11}} + bt_2l_1 + (1-bt_2)l_1 \tag{4.25}$$

$$t_2 = \frac{a_{12}l_1}{1-a_{11}} + bt_2l_2 + (1-bt_2)l_2 \tag{4.26}$$

$$t_3 = \frac{a_{13}l_1}{1-a_{11}} + bt_2l_3 + (1-bt_2)l_3 \tag{4.27}$$

(4.18) の原材料投入係数，(4.19) の労働投入係数，および (4.24) の実質賃金率の数字例を用いると，各財 1 単位あたりの労働価値の構成は，表 4.2 のようになる．

表 4.3　各財の労働価値総計の構成（単位は時間）

	不変資本	可変資本	剰余価値	合　計
第1財（鉄）	$X_1 a_{11} t_1$ =60	$X_1 b t_2 l_1$ =24	$X_1(1-bt_2)l_1$ =36	$X_1 t_1$ =120
第2財（小麦）	$X_2 a_{12} t_1$ =30	$X_2 b t_2 l_2$ =24	$X_2(1-bt_2)l_2$ =36	$X_2 t_2$ =90
第3財（金）	$X_3 a_{13} t_1$ =10	$X_3 b t_2 l_3$ =32	$X_3(1-bt_2)l_3$ =48	$X_3 t_3$ =90
合　計	100	80	120	300

（註）本表は，滝田（1986），270 ページの「表 15-1　価値」の内容を，本書の記号を用いて再掲したものである．

各財の労働価値総計（各財 1 単位の労働価値 t_j と産出量 X_j の積）の価値構成（不変資本，可変資本，剰余価値）は，労働時間を単位として，次のように表される．

$$X_1 t_1 = X_1 \frac{a_{11} l_1}{1 - a_{11}} + X_1 b t_2 l_1 + X_1 (1 - b t_2) l_1 \tag{4.28}$$

$$X_2 t_2 = X_2 \frac{a_{12} l_1}{1 - a_{11}} + X_2 b t_2 l_2 + X_2 (1 - b t_2) l_2 \tag{4.29}$$

$$X_3 t_3 = X_3 \frac{a_{13} l_1}{1 - a_{11}} + X_3 b t_2 l_3 + X_3 (1 - b t_2) l_3 \tag{4.30}$$

(4.14) の産出量（$X_1 = 240$ トン，$X_2 = 90$ クォーター，$X_3 = 330$ オンス），(4.18) の原材料投入係数，(4.19) の労働投入係数，および (4.24) の実質賃金率の数字例を用いると，各財の労働価値総計の構成が表 4.3 のように計算される．

表 4.3 の数値を金 1 オンスの労働価値（時間/オンス）で割り，第 3 財（金）を一般的等価物と見なして 1 オンスの金を「1 円」と呼ぶと，表 4.4 のように，各商品の価値価格総額とその成分が「円」を単位として表現される．

表 4.4（各財の価値価格総額）から，次のことがわかる．「240 トンの鉄」の労働価値と，「440 円」と呼ばれる「440 オンスの金」の労働価値は，ともに 120 時間である．この場合，「240 トンの鉄は，440 円に値する」という形で，「240 トンの鉄」の労働価値が，「440 円」と呼ばれる「440 オンスの金」を材料と

表 4.4 各商品の価値価格総額の構成（単位は円）

	不変資本	可変資本	剰余価値	合 計
第1財（鉄）	$\frac{X_1 a_{11} t_1}{t_3}$ =220	$\frac{X_1 b t_2 l_1}{t_3}$ =88	$\frac{X_1(1-bt_2)l_1}{t_3}$ =132	$\frac{X_1 t_1}{t_3}$ =440
第2財（小麦）	$\frac{X_2 a_{12} t_1}{t_3}$ =110	$\frac{X_2 b t_2 l_2}{t_3}$ =88	$\frac{X_2(1-bt_2)l_2}{t_3}$ =132	$\frac{X_2 t_2}{t_3}$ =330
第3財（金）	$\frac{X_3 a_{13} t_1}{t_3}$ =$36\frac{2}{3}$	$\frac{X_3 b t_2 l_3}{t_3}$ =$117\frac{1}{3}$	$\frac{X_3(1-bt_2)l_3}{t_3}$ =176	X_3 =330
合 計	$366\frac{2}{3}$	$293\frac{1}{3}$	440	1100

（註）表 4.3 の数値を金 1 オンスの労働価値 $t_3 = \frac{3}{11}$（時間/オンス）で割り，金 1 オンスを「1円」と呼ぶと，本表が得られる．

して表現される[18]．同様に，「90 クォーターの小麦」の労働価値と，「330 円」と呼ばれる「330 オンスの金」の労働価値は，ともに 90 時間であるから，「90クォーターの小麦は，330 円に値する」という形で，「90 クォーターの小麦」の労働価値が表現される．これらの労働価値の表現は，各財 1 単位の投下労働時間に比例した価値価格（円）の体系である．

4.4　生産価格と均等利潤率

次に，前節までと同じ社会的分業を前提に置いて，諸商品の生産価格（prices of production），すなわち，すべての部門で等しい利潤率（均等利潤率：uniform rate of profit）と両立する価格体系の導き方を見よう．

第1財（鉄），第2財（小麦），第3財（金）の 1 単位あたり価格を，それぞれ，P_1（円/トン），P_2（円/クォーター），P_3（円/オンス）と表す．各財 1 単位の生産費は，生産手段として使われる第 1 財（鉄）の数量と価格の積，および，労働の投入量と貨幣賃金率の積から成る．貨幣賃金で買われる消費財が第 2 財（小麦）であると仮定すると，貨幣賃金率（円/時間）は，実質賃金率 b（クォーター/時間）と小麦の価格 P_2（円/クォーター）の積に等しい．投入係数（第 j 財 1 単位の生産のために使われる鉄の量，および，労働の量）と実質賃金率（1 時間あたり b クォーターの小麦）を用いると，第 j 財 1 単位の生産費は，$a_{1j}P_1 + bl_jP_2$

と表される．各財 1 単位の価格 (P_1, P_2, P_3) と均等利潤率 R を未知数とする生産価格体系は，次のように表される．

$$(a_{11}P_1 + bl_1P_2)(1+R) = P_1 \tag{4.31}$$

$$(a_{12}P_1 + bl_2P_2)(1+R) = P_2 \tag{4.32}$$

$$(a_{13}P_1 + bl_3P_2)(1+R) = P_3 \tag{4.33}$$

ここでは，均等利潤率と各財 1 単位の生産価格の導き方を，行列の固有値問題の応用として説明する．各財 1 単位の生産費を構成する生産要素（生産手段を構成する鉄，および，実質賃金を構成する小麦）の量を，「生産要素行列」$\tilde{\mathbf{A}} = \begin{pmatrix} a_{11} & a_{12} & a_{13} \\ bl_1 & bl_2 & bl_3 \\ 0 & 0 & 0 \end{pmatrix}$ で表す．第 2 行の各列に記された b（実質賃金率）と l_j（第 j 財 1 単位の生産のために使われる労働の量）の積 bl_j は，第 j 財 1 単位あたりの実質賃金を構成する第 2 財（小麦）の量を意味する．生産要素行列 $\tilde{\mathbf{A}}$ の第 j 列 ($j = 1, 2, 3$) は，第 j 財 1 単位あたりの生産要素が a_{1j} トンの鉄と（実質賃金を構成する）bl_j クォーターの小麦から成ることを示す．また，各財 1 単位の価格を行ベクトル $\mathbf{P} = (P_1 \quad P_2 \quad P_3)$ で表し，均等利潤率を R で表す．

生産要素行列 $\tilde{\mathbf{A}}$ と価格ベクトル $\mathbf{P}$ を用いると，生産価格と均等利潤率に関する連立方程式 (4.31)・(4.32)・(4.33) は，次のように表される．

$$(1+R)\mathbf{P}\tilde{\mathbf{A}} = \mathbf{P} \tag{4.34}$$

(4.34) の両辺を $(1+R)$ で割り，$1/(1+R) = \lambda$ とおくと，次のようになる．

$$\mathbf{P}\tilde{\mathbf{A}} = \lambda \mathbf{P} \tag{4.35}$$

さらに，ゼロベクトル $\mathbf{0} = (0 \quad 0 \quad 0)$ を用いて，(4.35) を次のように変形する．

$$\mathbf{P}(\lambda \mathbf{I} - \tilde{\mathbf{A}}) = \mathbf{0} \tag{4.36}$$

同次連立方程式 (4.36) が非自明解 $\mathbf{P} \neq \mathbf{0}$ を持つための条件は，係数行列 $(\lambda \mathbf{I} - \tilde{\mathbf{A}})$ の行列式がゼロになることである．

$$\left| \lambda \mathbf{I} - \tilde{\mathbf{A}} \right| = 0 \tag{4.37}$$

4.4 生産価格と均等利潤率

λ に関する方程式 (4.37) が生産要素行列 $\tilde{\mathbf{A}}$ の固有方程式であり,その解が行列 $\tilde{\mathbf{A}}$ の固有値である.(4.37) の解を (4.36) に適用すると,固有値 λ に属する固有ベクトル $\mathbf{P}$ が得られる.

固有方程式 (4.37) の解 λ で最大のものは「最大固有値」と呼ばれる.行列の最大固有値に属する固有ベクトルは,非負の要素のみから成ることが知られている[19].生産要素行列 $\tilde{\mathbf{A}}$ の最大固有値 λ が判明すれば,$R = (1-\lambda)/\lambda$ により,均等利潤率 R が計算される.最大固有値に属する非負の固有ベクトル $\mathbf{P}$ が,各財1単位の生産価格である.このことは,数字例でも確かめられる.

投入係数が $a_{11} = \frac{1}{2}, a_{12} = \frac{2}{3}, a_{13} = \frac{2}{33}$,労働係数が $l_1 = \frac{1}{4}, l_2 = \frac{2}{3}, l_3 = \frac{8}{33}$,実質賃金率が $b = \frac{2}{5}$ である場合,生産要素行列は,$\tilde{\mathbf{A}} = \begin{pmatrix} a_{11} & a_{12} & a_{13} \\ bl_1 & bl_2 & bl_3 \\ 0 & 0 & 0 \end{pmatrix} = \begin{pmatrix} \frac{1}{2} & \frac{2}{3} & \frac{2}{33} \\ \frac{1}{10} & \frac{4}{15} & \frac{16}{165} \\ 0 & 0 & 0 \end{pmatrix}$ である.生産価格と均等利潤率に関する連立方程式 (4.28) は,次のようになる.

$$(P_1 \quad P_2 \quad P_3) \begin{pmatrix} \lambda - \frac{1}{2} & -\frac{2}{3} & -\frac{2}{33} \\ -\frac{1}{10} & \lambda - \frac{4}{15} & -\frac{16}{165} \\ 0 & 0 & \lambda \end{pmatrix} = (0 \quad 0 \quad 0) \tag{4.38}$$

固有方程式 (4.37) は,次の2次方程式に帰着する[20].

$$\left(\lambda - \frac{2}{3}\right)\left(\lambda - \frac{1}{10}\right) = 0 \tag{4.39}$$

(4.39) により,生産要素行列 $\tilde{\mathbf{A}}$ の固有値は $\lambda = \frac{1}{10}, \frac{2}{3}$ であり,最大固有値は $\lambda = \frac{2}{3}$ である.これに対応して,均等利潤率は $R = \frac{1-\lambda}{\lambda} = \frac{1}{2}$ と計算される.また,最大固有値 $\lambda = \frac{2}{3}$ に属する固有ベクトルは,$\mathbf{P} = (P_1 \quad P_2 \quad P_3) = (3P_3 \quad 5P_3 \quad P_3)$ と計算され,$P_3 = 1$ とおくと,$\mathbf{P} = (3 \quad 5 \quad 1)$ という非負ベクトルが得られる[21].

以上の計算により,均等利潤率 R と各財1単位あたり生産価格 P_j は,次のようになる.

$$R = \frac{1}{2}, \quad P_1 = 3, \quad P_2 = 5, \quad P_3 = 1 \tag{4.40}$$

表 4.5 各財 1 単位あたり生産価格の構成（単位は円）

	原材料費	賃金	利潤	合計
第 1 財（鉄）	$a_{11}P_1 = \frac{3}{2}$	$bl_1P_2 = \frac{1}{2}$	$(a_{11}P_1 + bl_1P_2)R = 1$	$P_1 = 3$
第 2 財（小麦）	$a_{12}P_1 = 2$	$bl_2P_2 = \frac{4}{3}$	$(a_{12}P_1 + bl_2P_2)R = \frac{5}{3}$	$P_2 = 5$
第 3 財（金）	$a_{13}P_1 = \frac{2}{11}$	$bl_3P_2 = \frac{16}{33}$	$(a_{13}P_1 + bl_3P_2)R = \frac{1}{3}$	$P_3 = 1$

これは，第 3 財（金）が価値尺度財として用いられ，通貨単位を「円」として，1 オンスの金が「1 円」と呼ばれる状況である．1 単位の鉄の価格が $P_1 = 3$（円/トン），1 単位の小麦の価格が $P_2 = 5$（円/クォーター）と表現され，1 単位の金は（価格を持たないが）$P_3 = 1$（円/オンス）と呼ばれる．

4.5 生産価格の構成

前節で計算された均等利潤率 $R = \frac{1}{2}$ と各財 1 単位の生産価格 $\mathbf{P} = (3\ 5\ 1)$ を，生産価格と均等利潤率に関する連立方程式 (4.26) の各行に適用すると，各財 1 単位の生産価格 P_j は，表 4.5 のように，原材料費 $a_{1j}P_1$，賃金 bl_jP_2，利潤 $(a_{1j}P_1 + bl_jP_2)R$ の和（$j = 1, 2, 3$）として表される（単位は円）．

前掲 (4.14) に例示された各財の産出量（$X_1 = 240$, $X_2 = 90$, $X_3 = 330$）を表 4.5 の各財の数値に乗じると，各部門の生産価格総額（各財 1 単位の生産価格 P_j と各部門の産出量 X_j の積）の費用構成（原材料費，賃金，利潤）が，次の表 4.6 のように計算される．

4.6 剰余生産物の構成と労働価値総計・生産価格総額

各部門の産出量から，投入物（生産手段として使われる財，および，賃金で買われる消費財）として使われた各財の量を差し引いた残りが，経済全体の剰余生産物を構成する[22]．生産要素行列 $\tilde{\mathbf{A}}$ に産出量ベクトル $\mathbf{X}$ を右から乗じると，

4.6 剰余生産物の構成と労働価値総計・生産価格総額

表 4.6 各財の生産価格総額の構成（単位は円）

	原材料費	賃　金	利　潤	合　計
第 1 財（鉄）	$X_1 a_{11} P_1$ $= 360$	$X_1 bl_1 P_2$ $= 120$	$X_1(a_{11}P_1 + bl_1 P_2)R$ $= 240$	$X_1 P_1$ $= 720$
第 2 財（小麦）	$X_2 a_{12} P_1$ $= 180$	$X_2 bl_2 P_2$ $= 120$	$X_2(a_{12}P_1 + bl_2 P_2)R$ $= 150$	$X_2 P_2$ $= 450$
第 3 財（金）	$X_3 a_{13} P_1$ $= 60$	$X_3 bl_3 P_2$ $= 160$	$X_3(a_{13}P_1 + bl_3 P_2)R$ $= 110$	$X_3 P_3$ $= 330$
合　計	600	400	500	1500

（註）本表は，滝田 (1986)，286 ページの「表 15-8　表 15-7〔生産部門間の「技術的数量的投入産出関係」――引用者〕に対応する生産価格」の内容を，本書の記号を用いて再掲したものである．

中間投入物として使われた各財の量が得られる．剰余生産物 $\mathbf{Y} = \begin{pmatrix} Y_1 \\ Y_2 \\ Y_3 \end{pmatrix}$ は，産出量 $\mathbf{X}$ から中間投入量 $\tilde{\mathbf{A}}\mathbf{X}$ を引いたものに等しく，次の関係が成立する．

$$\mathbf{Y} = \mathbf{X} - \tilde{\mathbf{A}}\mathbf{X} = (\mathbf{I} - \tilde{\mathbf{A}})\mathbf{X} \tag{4.41}$$

本章の数字例を代入すると，剰余生産物の構成が，次のように計算される．

$$\begin{pmatrix} Y_1 \\ Y_2 \\ Y_3 \end{pmatrix} = \begin{pmatrix} 1-a_{11} & -a_{12} & -a_{13} \\ -bl_1 & 1-bl_2 & -bl_3 \\ 0 & 0 & 1 \end{pmatrix} \begin{pmatrix} X_1 \\ X_2 \\ X_3 \end{pmatrix}$$
$$= \begin{pmatrix} \frac{1}{2} & -\frac{2}{3} & -\frac{2}{33} \\ -\frac{1}{10} & \frac{11}{15} & -\frac{16}{165} \\ 0 & 0 & 1 \end{pmatrix} \begin{pmatrix} 240 \\ 90 \\ 330 \end{pmatrix}$$
$$= \begin{pmatrix} 40 \\ 10 \\ 330 \end{pmatrix} \tag{4.42}$$

(4.42) により，剰余生産物は，40 トンの鉄，10 クォーターの小麦，および，330 オンスの金から成る．前掲 (4.13) に関連して見たように，本章の数字例では，各財 1 単位の労働価値が $\mathbf{\Lambda} = \begin{pmatrix} t_1 & t_2 & t_3 \end{pmatrix} = \begin{pmatrix} \frac{1}{2} & 1 & \frac{3}{11} \end{pmatrix}$ である．剰余生産物（40 トンの鉄，10 クォーターの小麦，および，330 オンスの金）の労働価値総計は，各財 1 単位の労働価値ベクトル (4.13) と剰余生産物ベクトル (4.42)

の積に等しく，$\mathbf{\Lambda Y} = t_1 Y_1 + t_2 Y_2 + t_3 Y_3 = \frac{1}{2} \times 40 + 1 \times 10 + \frac{3}{11} \times 330 = 120$（時間）と計算される．

剰余生産物の労働価値総計 $\mathbf{\Lambda Y}$ は，次のような形にも表される．

$$\mathbf{\Lambda Y} = \mathbf{L(I-A)}^{-1}(\mathbf{I} - \tilde{\mathbf{A}})\mathbf{X} = (1 - bt_2)(X_1 l_1 + X_2 l_2 + X_3 l_3) \quad (4.43)$$

(4.43) の最右辺は，すべての財の労働価値総計における剰余価値部分に等しい[23]．第 4.3 節の表 4.3 では，すべての財の労働価値総計（各財 1 単位の労働価値と各財の産出量の積）における剰余価値部分の大きさ（120 時間）が例示されたが，それは，剰余生産物の労働価値に等しい．剰余生産物の労働価値 $\mathbf{\Lambda Y}$ は，社会的分業に関する諸条件（生産部門間の財と財の投入と産出，労働の部門間配分）と実質賃金率から導かれる．剰余生産物の労働価値を計算するときに，均等利潤率と生産価格に関する情報は不要である．

次に，剰余生産物の生産価格総額が，利潤の総額に等しいことを確かめよう．前掲 (4.34) の右から産出量ベクトル $\mathbf{X}$ を乗じると，すべての財の生産価格総額が得られる．

$$(1+R)\mathbf{P\tilde{A}X} = \mathbf{PX} \quad (4.44)$$

(4.44) により，利潤総額は，$R\mathbf{P\tilde{A}X}$ と表される．

(4.41) の左から価格ベクトル $\mathbf{P} = (P_1 \quad P_2 \quad P_3)$ を乗じると，剰余生産物の生産価格総額が得られる．

$$\mathbf{PY} = \mathbf{P(I-\tilde{A})X} = \mathbf{PX} - \mathbf{P\tilde{A}X} = R\mathbf{P\tilde{A}X} \quad (4.45)$$

(4.45) により，剰余生産物の生産価格総額 $\mathbf{PY}$ は，すべての部門の利潤総額 $R\mathbf{P\tilde{A}X}$ に等しい．第 4.5 節の表 4.6 では，すべての財の生産価格総額（各財 1 単位の生産価格と各財の産出量の積）の中の利潤部分の総額（500 円）が例示されたが，それは，剰余生産物の生産価格総額に等しい．剰余生産物（40 トンの鉄，10 クォーターの小麦，330 オンスの金）の生産価格総額は，$\mathbf{PY} = P_1 Y_1 + P_2 Y_2 + P_3 Y_3 = 3 \times 40 + 5 \times 10 + 1 \times 330 = 500$（円）である．

(4.43) と (4.45) から確認されるように，すべての部門の利潤総額（500 円）から生産価格で買われるのが剰余生産物（40 トンの鉄，10 クォーターの小麦，330 オンスの金）であり，剰余生産物の労働価値総計（120 時間）が，すべての財の

労働価値総計のうち剰余価値部分に等しい．剰余生産物は，貨幣次元の総利潤（500円）と，労働時間次元の総剰余価値（120時間）の両方と関連する基軸的な経済変数である [24]．

4.7 剰余生産物の部門間配分

次に，前掲 (4.34) から得られる均等利潤率（$R = \frac{1}{2}$）と鉄，小麦，金の1単位あたり生産価格（$P_1 = 3$（円/トン），$P_2 = 5$（円/クォーター），$P_3 = 1$（円/オンス））に従って，剰余生産物（40トンの鉄，10クォーターの小麦，330オンスの金）の部門間配分，すなわち，各部門の利潤総額で買われる剰余生産物の構成について考察しよう [25]．

第4.5節の数字例に見られるように，各部門の利潤総額（円）は $X_j(a_{1j}P_1 + bl_jP_2)R$ と表される（第1部門（$j=1$）は鉄をつくる部門，第2部門（$j=2$）は小麦をつくる部門，第3部門（$j=3$）は金をつくる部門を表す）．第1部門の利潤総額は $X_1(a_{11}P_1 + bl_1P_2)R = 240$（円），第2部門の利潤総額は $X_2(a_{12}P_1 + bl_2P_2)R = 150$（円），第3部門の利潤総額は $X_3(a_{13}P_1 + bl_3P_2)R = 110$（円）である．

第 j 部門の利潤総額で買われる剰余生産物が Y_{1j} トンの鉄，Y_{2j} クォーターの小麦，Y_{3j} オンスの金から成ると仮定しよう．第 j 部門における剰余生産物の購入総額と利潤総額との均等は，次のように表される（$j = 1, 2, 3$）．

$$P_1 Y_{1j} + P_2 Y_{2j} + P_3 Y_{3j} = X_j(a_{1j}P_1 + bl_jP_2)R \tag{4.46}$$

各財の生産価格と各部門の利潤総額を (4.46) に代入すると，各部門の利潤総額からの剰余生産物の購入金額（円）を表す3本の方程式が得られる．

$$3Y_{11} + 5Y_{21} + Y_{31} = 240 \tag{4.47}$$
$$3Y_{12} + 5Y_{22} + Y_{32} = 150 \tag{4.48}$$
$$3Y_{13} + 5Y_{23} + Y_{33} = 110 \tag{4.49}$$

(4.47) は，第1部門の利潤総額（240円）で $3Y_{11}$ 円分の鉄，$5Y_{21}$ 円分の小麦，Y_{31} 円分の金が買われることを示す．同様に，(4.48) により，第2部門の利潤総額（150円）で $3Y_{12}$ 円分の鉄，$5Y_{22}$ 円分の小麦，Y_{32} 円分の金が買われ

る．(4.49) により，第 3 部門の利潤総額（110 円）で $3Y_{13}$ 円分の鉄，$5Y_{23}$ 円分の小麦，Y_{33} 円分の金が買われる．

各部門で買われる剰余生産物の合計は，前掲 (4.42) に示された経済全体の剰余生産物（40 トンの鉄，10 クォーターの小麦，および，330 オンスの金）に等しい．それゆえ，各部門への剰余生産物の配分が，次の 3 本の方程式に表される．

$$Y_{11} + Y_{12} + Y_{13} = 40 \qquad (4.50)$$
$$Y_{21} + Y_{22} + Y_{23} = 10 \qquad (4.51)$$
$$Y_{31} + Y_{32} + Y_{33} = 330 \qquad (4.52)$$

滝田（1986）の方法に従って，各部門の利潤総額で買われる鉄の金額と小麦の金額の割合が，当該部門の生産費における原材料費と賃金の割合に等しいと仮定しよう．第 4.5 節で見たように，各商品の生産価格における賃金に対する原材料費の割合は $\frac{a_{1j}P_1}{bl_jP_2}$ である．各部門で買われる剰余生産物のうち小麦の金額に対する鉄の金額の割合は $\frac{P_1Y_{1j}}{P_2Y_{2j}}$ である．両者が等しいのは，次の場合である．

$$\frac{a_{1j}}{bl_j} = \frac{Y_{1j}}{Y_{2j}} \quad (j = 1,\ 2,\ 3) \qquad (4.53)$$

各財 1 単位を生産するための鉄の量 a_{1j} と労働投入量 l_j，および，実質賃金率 b の数字例を (4.53) に代入すると，各部門の利潤総額で買われる第 1 財（鉄）Y_{1j} と第 2 財（小麦）Y_{2j} のあいだに以下の割合が成立する．第 1 部門では，$\frac{a_{11}}{bl_1} = 5$ により，$Y_{11} = 5Y_{21}$ である．第 2 部門では，$\frac{a_{12}}{bl_2} = \frac{5}{2}$ により，$Y_{12} = \frac{5}{2}Y_{22}$ である．第 3 部門では，$\frac{a_{13}}{bl_3} = \frac{5}{8}$ により，$Y_{13} = \frac{5}{8}Y_{23}$ である．これらの割合をそれぞれ，(4.47)・(4.48)・(4.49) に代入すると，各部門の利潤総額で買われる小麦と金の組み合わせに関する 3 本の方程式が得られる．

$$20Y_{21} + Y_{31} = 240 \qquad (4.54)$$
$$\frac{25}{2}Y_{22} + Y_{32} = 150 \qquad (4.55)$$
$$\frac{55}{8}Y_{23} + Y_{33} = 110 \qquad (4.56)$$

$Y_{11} = 5Y_{21}$，$Y_{12} = \frac{5}{2}Y_{22}$，$Y_{13} = \frac{5}{8}Y_{23}$ を (4.50) に代入して両辺を 8 倍すると，$40Y_{21} + 20Y_{22} + 5Y_{23} = 320$ となり，この式から，(4.51) の両辺を 5 倍し

4.7 剰余生産物の部門間配分

たものを差し引くと，Y_{23} が消去されて，次の関係が得られる．

$$35Y_{21} + 15Y_{22} = 270 \tag{4.57}$$

(4.54)・(4.55)・(4.56) を合計して，(4.52) を考慮すると，次の関係が得られる．

$$20Y_{21} + \frac{25}{2}Y_{22} + \frac{55}{8}Y_{23} = 170 \tag{4.58}$$

各部門で買われる剰余生産物のうち鉄と小麦の割合に関して (4.53) の仮定を置くことにより，(4.50) から (4.55) までの 6 本の方程式が，(4.57) と (4.58) の 2 本の方程式に集約されるが，その未知数は Y_{21}, Y_{22}, Y_{23} の 3 個である．滝田（1986）の数字例（後掲の表 4.9 を参照）では，Y_{23}（第 3 部門の利潤総額で買われる第 2 財（小麦）の量）に，$Y_{23} = 1$（クォーター）の値を与えて，各部門の利潤総額で買われる剰余生産物の構成が計算されていると考えられる．(4.58) に $Y_{23} = 1$ を代入すると，次のようになる．

$$20Y_{21} + \frac{25}{2}Y_{22} = \frac{1305}{8} \tag{4.59}$$

連立方程式 (4.57)・(4.59) の解は，$Y_{21} = \frac{27}{4}$, $Y_{22} = \frac{9}{4}$ である．これらの解を，前掲 (4.53) による $Y_{11} = 5Y_{21}$ と $Y_{12} = \frac{5}{2}Y_{22}$ へ代入すると，$Y_{11} = \frac{135}{4} = 33\frac{3}{4}$, $Y_{12} = \frac{45}{8} = 5\frac{5}{8}$ が得られる．また，$Y_{23} = 1$ を $Y_{13} = \frac{5}{8}Y_{23}$ に代入すると，$Y_{13} = \frac{5}{8}$ が得られる．$Y_{21} = \frac{27}{4}$ を (4.54) に代入すると，$Y_{31} = 105$ が得られる．$Y_{22} = \frac{9}{4}$ を (4.55) に代入すると，$Y_{32} = \frac{975}{8} = 121\frac{7}{8}$ が得られる．$Y_{23} = 1$ を (4.56) に代入すると，$Y_{33} = \frac{825}{8} = 103\frac{1}{8}$ が得られる．

以上の結果を，部門別にまとめると，次のようになる．

第 1 部門の利潤総額で買われる剰余生産物は，$Y_{11} = 33\frac{3}{4}$ トンの鉄，$Y_{21} = 6\frac{3}{4}$ クォーターの小麦，$Y_{31} = 105$ オンスの金から成る．

第 2 部門の利潤総額で買われる剰余生産物は，$Y_{12} = 5\frac{5}{8}$ トンの鉄，$Y_{22} = 2\frac{1}{4}$ クォーターの小麦，$Y_{32} = 121\frac{7}{8}$ オンスの金から成る．

第 3 部門の利潤総額で買われる剰余生産物は，$Y_{13} = \frac{5}{8}$ トンの鉄，$Y_{23} = 1$ クォーターの小麦，$Y_{33} = 103\frac{1}{8}$ オンスの金から成る．

各部門の利潤総額で買われる剰余生産物の構成割合に関する以上の数字例は，後掲の表 4.9 にも記されている．

前掲 (4.42) に例示された経済全体の剰余生産物（40 トンの鉄，10 クォーターの小麦，および，330 オンスの金）が変わらないかぎり，(4.43) に従って計算される剰余生産物の労働価値総計（120 時間）も，(4.45) に従って計算される剰余生産物の生産価格総額（500 円）も，剰余生産物が各生産部門へどのような割合が配分されるか（つまり，Y_{ij} の値がどのように決められるか）とは無関係である．

4.8 「総計一致の2命題」をめぐって

第 4.2 節から第 4.7 節までの議論では，社会的分業の構造（生産部門間の財の投入・産出，労働の部門間配分）と実質賃金率から諸商品の労働価値と生産価格を導き出し，剰余生産物と剰余価値・利潤の関係，および，剰余生産物の部門間配分について考察した．ここまでの議論を前提に置いて，「総計一致の2命題（総商品価値と総生産価格の均等，総剰余価値と総利潤の均等）」に関する滝田 (1986) の議論を検討しよう．

第 4.1 節で見たように，滝田によると，「総計一致の2命題」を論証するためには，「労働時間次元」の「価値」に関する「体系 A」（つまり，諸商品の「労働価値」）と，「〔「貨幣表示の価格次元」の〕生産価格により配分替えされた価値（転化価値）」に関する「体系 C」（つまり，諸商品の生産価格総額で買われる財の数量とその労働価値）を比較しなければならない．

「労働価値次元」の「価値」に相当するのは，第 4.3 節の前掲表 4.3（各財の労働価値総計の構成，単位は時間）である．表 4.3 には，第 1 財（鉄），第 2 財（小麦），第 3 財（金），それぞれの労働価値総額（1 単位あたり労働価値と産出量の積）の不変資本部分，可変資本部分，剰余価値部分が，時間を単位として表示される．(4.18) の原材料投入係数と (4.19) の労働投入係数から各財 1 単位あたり労働価値を計算し，(4.15) の産出量と (4.24) の実質賃金率を考慮に入れると，表 4.3 が得られる．

「貨幣表示の価格次元」の「生産価格」に相当するのは，第 4.5 節の前掲表 4.6（各財の生産価格総額の構成，単位は円）である．表 4.6 には第 1 財（鉄），第 2 財（小麦），第 3 財（金），それぞれの生産価格総額（1 単位あたり生産価格と産出量の積）の原材料費部分，賃金部分，利潤部分が，円を単位として表示さ

4.8 「総計一致の2命題」をめぐって

表 4.7 「第一次転化価値」

		原材料費	賃金	利潤	生産価格総額
第1部門	数量（鉄）	$X_1 a_{11}$	$\frac{X_1 bl_1 P_2}{P_1}$	$\frac{X_1(a_{11}P_1+bl_1P_2)R}{P_1}$	X_1
		120 (t.)	40 (t.)	80 (t.)	240 (t.)
	労働価値	$X_1 a_{11} t_1$	$\frac{X_1 bl_1 P_2}{P_1} t_2$	$\frac{X_1(a_{11}P_1+bl_1P_2)R}{P_1} t_1$	$X_1 t_1$
		60 (h.)	20 (h.)	40 (h.)	120 (h.)
第2部門	数量（小麦）	$\frac{X_2 a_{12} P_1}{P_2}$	$X_2 bl_2$	$\frac{X_2(a_{12}P_1+bl_2P_2)R}{P_2}$	X_2
		36 (qr.)	24 (qr.)	30 (qr.)	90 (qr.)
	労働価値	$\frac{X_2 a_{12} P_1}{P_2} t_2$	$X_2 bl_2 t_2$	$\frac{X_2(a_{12}P_1+bl_2P_2)R}{P_2} t_2$	$X_2 t_2$
		36 (h.)	24 (h.)	30 (h.)	90 (h.)
第3部門	数量（金）	$\frac{X_3 a_{13} P_1}{P_3}$	$\frac{X_3 bl_3 P_2}{P_3}$	$\frac{X_3(a_{13}P_1+bl_3P_2)R}{P_3}$	X_3
		60 (oz.)	160 (oz.)	110 (oz.)	330 (oz.)
	労働価値	$\frac{X_3 a_{13} P_1}{P_3} t_3$	$\frac{X_3 bl_3 P_2}{P_3} t_3$	$\frac{X_3(a_{13}P_1+bl_3P_2)R}{P_3} t_3$	$X_3 t_3$
		$16\frac{4}{11}$ (h.)	$43\frac{7}{11}$ (h.)	30 (h.)	90 (h.)
総計	労働価値の総計	$112\frac{4}{11}$ (h.)	$87\frac{7}{11}$ (h.)	100 (h.)	300 (h.)

（註）本表は，滝田（1986），287 ページの「表 15-9　第一次転化価値（表 15-8 の生産価格に対応する生産物とその価値）」の内容を，本章の記号を用いて再掲したものである．

れる．（原材料投入係数と労働投入係数，実質賃金率から成る）生産要素行列の最大固有値とそれに属する非負の固有ベクトルの計算により，均等利潤率と各財1単位あたり生産価格が計算され，(4.15) の産出量と (4.24) の実質賃金率を考慮に入れると，表 4.6 が得られる．

滝田によると，「生産価格により配分替えされた価値（転化価値）」（諸商品の生産価格総額の各成分によって買われる財の数量とその労働価値）には，以下の3つの段階がある[26]．

第1の段階は，表 4.7（「第一次転化価値」：表 4.6 の生産価格総額の構成（原材料費，賃金，利潤）（円）に対応する生産物の数量（トン，クォーター，オンス）と，それ

らの労働価値（時間））である．これは，表 4.6（各商品の生産価格総額の構成）で示された各商品の生産価格の諸成分（原材料費，賃金，利潤）を，当該商品の生産価格 P_j（円）で割り，労働価値 t_j（時間）を乗じたものである．

各財 1 単位の労働価値（$t_1 = \frac{1}{2}$ 時間, $t_2 = 1$ 時間, $t_3 = \frac{3}{11}$ 時間）（前掲 (4.20) 式）と生産価格（$P_1 = 3$ 円, $P_2 = 5$ 円, $P_3 = 1$ 円）（前掲 (4.40) 式），各財の労働価値総額（前掲表 4.3），および，各財の生産価格総額（前掲表 4.6）を前提として，表 4.7 の数値を検討しよう．

第 1 部門（鉄を生産する部門）について．原材料費（360 円）には 120 トンの鉄が対応し，その労働価値は 60 時間である．賃金（120 円）には 40 トンの鉄が対応し，その労働価値は 20 時間である．利潤（240 円）には 80 トンの鉄が対応し，その労働価値は 40 時間である．鉄部門の生産価格総額（720 円）には 240 トンの鉄が対応し，その労働価値は 120 時間である．

第 2 部門（小麦を生産する部門）について．原材料費（180 円）には 36 クォーターの小麦が対応し，その労働価値は 36 時間である．賃金（120 円）には 24 クォーターの小麦が対応し，その労働価値は 24 時間である．利潤（150 円）には 30 クォーターの小麦が対応し，その労働価値は 30 時間である．小麦部門の生産価格総額（450 円）には 90 トンの鉄が対応し，その労働価値は 90 時間である．

第 3 部門（金を生産する部門）について．原材料費（60 円）には 60 オンスの金が対応し，その労働価値は $16\frac{4}{11}$ 時間である．賃金（160 円）には 160 オンスの金が対応し，その労働価値は $43\frac{7}{11}$ 時間である．利潤（110 円）には 110 オンスの金が対応し，その労働価値は 30 時間である．金部門の生産価格総額（330 円）には 330 オンスの金が対応し，その労働価値は 90 時間である．

すべての部門の合計について．原材料費総額に対応する労働価値は $112\frac{4}{11}$ 時間であり，表 4.3 の「総不変資本価値（100 時間）」を上回る．賃金総額に対応する労働価値は $87\frac{7}{11}$ 時間であり，表 4.3 の「総可変資本価値（80 時間）」を上回る．表 4.6 の生産価格総額の一部としての利潤総額に対応する労働価値は 100 時間であり，表 4.3 の労働価値総計の一部としての「総剰余価値（120 時間）」を下回る．全部門の生産価格総額に対応する労働価値（「総転化価値」）は 300 時間であり，表 4.3 におけるすべての財の「総商品価値（300 時間）」と一

4.8 「総計一致の2命題」をめぐって

致する.

以上により，表 4.7 の「第一次転化価値」（表 4.6 の生産価格総額の構成に対応する生産物の数量とそれらの労働価値）では，「総商品価値と総生産価格との均等」は成立するが，「総剰余価値と総利潤との均等」は成立しない.

次に，第 2 の段階は，表 4.8（「第二次転化価値」：各部門の生産価格総額の各成分（原材料費，賃金，利潤）（円）によって買われる金量の労働価値（時間））である．これは，表 4.6（各商品の生産価格総額の構成）に示されたすべての商品の生産価格の諸成分（原材料費，賃金，利潤）を，金の生産価格 $P_3 = 1$（円）で割り，金 1 単位あたり労働価値 $t_3 = \frac{3}{11}$（時間）を乗じたものである．

表 4.8（「第二次転化価値」）では「行においても列においても，その構成比率が表 15-8〔表 4.6——引用者〕の生産価格比率に一致する」[27] と指摘されるように，表 4.8 の各要素は，表 4.6 の各要素に $\frac{t_3}{P_3} = \frac{3}{11}$（時間/円）を乗じたものに等しい．たとえば，表 4.8 の第 1 部門（鉄）の「原材料費」（第 1 行第 1 列の要素）では，販売額が $X_1 a_{11} P_1 = 360$（円）（表 4.6 の第 1 行第 1 列）であるが，これは $\frac{X_1 a_{11} P_1}{P_3} = 360$（オンス）の金に相当し，その労働価値は $\frac{X_1 a_{11} P_1}{P_3} t_3 = 360 \times \frac{3}{11} = 98 \frac{2}{11}$（時間）である（他の要素も，同様に計算される）.

表 4.8（「第二次転化価値」）の「販売額に相当する金量の労働価値（時間）」欄では，各要素が表 4.6（各商品の生産価格総額の構成，円表示）の定数（時間/円）倍であるから，表 4.3（各財の労働価値総計の構成，時間表示）と一致する要素は存在しない．したがって，表 4.8 では，「総商品価値と総生産価格との均等」も「総剰余価値と総利潤との均等」も成立しない．

さらに，第 3 の段階は，表 4.9（「最終的（第三次）転化価値」：生産価格総額の各成分（原材料費，賃金，利潤）によって買われる財の数量とそれらの労働価値（時間））である．これは，表 4.6（各商品の生産価格総額の構成）における各商品の原材料費で買われる鉄とその労働価値，各商品の賃金で買われる小麦とその労働価値，および，各部門の利潤総額で買われる剰余生産物（鉄，小麦，金）（その計算方法は，第 4.7 節を参照）とその労働価値から構成される．

表 4.9 の「原材料費で買われる鉄」の列には，第 j 財（$j=1$ は鉄，$j=2$ は小麦，$j=3$ は金）の生産価格総額の原材料費部分で買われる鉄の量 $X_j a_{1j}$（トン, t.），および，その労働価値 $X_j a_{1j} t_1$ が示されている．「賃金で買われる小麦」

表 4.8 「第二次転化価値」

		原材料費
第 1 部門 (鉄)	販売額（円）	$X_1 a_{11} P_1$
		360（円）
	販売額に相当する金量の労働価値（h.）	$\frac{X_1 a_{11} P_1}{P_3} t_3$
		$98\frac{2}{11}$ (h.)
第 2 部門 (小麦)	販売額（円）	$X_2 a_{12} P_1$
		180（円）
	販売額に相当する金量の労働価値（h.）	$\frac{X_2 a_{12} P_1}{P_3} t_3$
		$49\frac{1}{11}$ (h.)
第 3 部門 (金)	販売額（円）	$X_3 a_{13} P_1$
		60（円）
	販売額に相当する金量の労働価値（h.）	$\frac{X_3 a_{13} P_1}{P_3} t_3$
		$16\frac{4}{11}$ (h.)
総　計	販売額（円）	$\sum_{j=1}^{3} X_j a_{1j} P_1$
		600（円）
	販売額に相当する金量の労働価値（h.）	$\sum_{j=1}^{3} \frac{X_j a_{1j} P_1}{P_3} t_3$
		$163\frac{7}{11}$ (h.)

(註) 本表は，滝田 (1986)，287 ページの「表 15-10　第二次転化価値（表 15-9〔本節の表本書の記号を用いて再掲したものである．

の列には，第 j 財の生産価格総額の賃金部分で買われる小麦の量 $X_j bl_j$（クォーター，qr.），および，その労働価値 $X_j bl_j t_2$ が示されている．「利潤で買われる剰余生産物（鉄，小麦，金）」の列には，第 j 財の生産価格総額の利潤部分で買われる剰余生産物（Y_{1j} トンの鉄，Y_{2j} クォーターの小麦，Y_{3j} オンスの金），および，その労働価値（$Y_{1j} t_1 + Y_{2j} t_2 + Y_{3j} t_3$）が示されている．前掲 (4.20) に示された鉄 1 単位の労働価値（$t_1 = \frac{1}{2}$），小麦 1 単位の労働価値（$t_2 = 1$），金 1 単位の労働価値（$t_3 = \frac{3}{11}$）を用いると，原材料費で買われる鉄の労働価値，賃金で買わ

4.8 「総計一致の2命題」をめぐって

賃金	利潤	生産価格総額
$X_1 b l_1 P_2$	$X_1(a_{11}P_1 + bl_1 P_2)R$	$X_1 P_1$
120（円）	240（円）	720（円）
$\frac{X_1 bl_1 P_2}{P_3} t_3$	$\frac{X_1(a_{11}P_1 + bl_1 P_2)R}{P_3} t_3$	$\frac{X_1 P_1}{P_3} t_3$
$32\frac{8}{11}$ (h.)	$65\frac{5}{11}$ (h.)	$196\frac{4}{11}$ (h.)
$X_2 bl_2 P_2$	$X_2(a_{12}P_1 + bl_2 P_2)R$	$X_2 P_2$
120（円）	150（円）	450（円）
$\frac{X_2 bl_2 P_2}{P_3} t_3$	$\frac{X_2(a_{12}P_1 + bl_2 P_2)R}{P_3} t_3$	$\frac{X_2 P_2}{P_3} t_3$
$32\frac{8}{11}$ (h.)	$40\frac{10}{11}$ (h.)	$122\frac{8}{11}$ (h.)
$X_3 bl_3 P_2$	$X_3(a_{13}P_1 + bl_3 P_2)R$	$X_3 P_3$
160（円）	110（円）	330（円）
$\frac{X_3 bl_3 P_2}{P_3} t_3$	$\frac{X_3(a_{13}P_1 + bl_3 P_2)R}{P_3} t_3$	$X_3 t_3$
$43\frac{7}{11}$ (h.)	30 (h.)	90 (h.)
$\sum_{j=1}^{3} X_j bl_j P_2$	$\sum_{j=1}^{3} X_j(a_{1j}P_1 + bl_j P_2)R$	$\sum_{j=1}^{3} X_j P_j$
400（円）	500（円）	1500（円）
$\sum_{j=1}^{3} \frac{X_j bl_j P_2}{P_3} t_3$	$\sum_{j=1}^{3} \frac{X_j(a_{1j}P_1 + bl_j P_2)R}{P_3} t_3$	$\sum_{j=1}^{3} \frac{X_j P_j}{P_3} t_3$
$109\frac{1}{11}$ (h.)	$136\frac{4}{11}$ (h.)	$409\frac{1}{11}$ (h.)

4.7——引用者〕の生産物の生産価格での販売により取得される貨幣（金）とその価値）」の内容を，

れる小麦の労働価値，利潤で買われる剰余生産物の労働価値（時間，h.）が得られる．これらの労働価値の合計，$X_j a_{1j} t_1 + X_j bl_j t_2 + (Y_{1j} t_1 + Y_{2j} t_2 + Y_{3j} t_3)$ が，生産価格総額で購入される生産物の労働価値（最右列）である．

表 4.9 の「原材料費で買われる鉄」の列では，各部門の労働価値（第 1 部門（鉄）の 60 時間，第 2 部門（小麦）の 30 時間，第 3 部門（金）の 10 時間），および，労働価値の総計（100 時間）が，それぞれ，表 4.3（各財の労働価値総計の構成）の各財の不変資本部分の労働価値（鉄，小麦，金でそれぞれ 60 時間，30 時間，10 時

表 4.9 「最終的（第三次）転化価値」

		原材料費で買われる鉄	賃金で買われる小麦
第 1 部門（鉄）	数　量	$X_1 a_{11}$ 120（t.）	$X_1 b l_1$ 24(qr.)
	労働価値	$X_1 a_{11} t_1$ 60(h.)	$X_1 b l_1 t_2$ 24(h.)
第 2 部門（小麦）	数　量	$X_2 a_{12}$ 60(t.)	$X_2 b l_2$ 24(qr.)
	労働価値	$X_2 a_{12} t_1$ 30(h.)	$X_2 b l_2 t_2$ 24(h.)
第 3 部門（金）	数　量	$X_3 a_{13}$ 20（t.）	$X_3 b l_3$ 32(qr.)
	労働価値	$X_3 a_{13} t_1$ 10(h.)	$X_3 b l_3 t_2$ 32(h.)
総　　計	数　量	$\sum_{j=1}^{3} X_j a_{1j}$ 200(t.)	$\sum_{j=1}^{3} X_j b l_j$ 80(qr.)
	労働価値	$\sum_{j=1}^{3} X_j a_{1j} t_1$ 100(h.)	$\sum_{j=1}^{3} X_j b l_j t_2$ 80(h.)

（註）本表は，滝田（1986），288 ページの「表 15–11　最終的（第三次）転化価値（表 15–10〔本記号を用いて再掲したものである．各部門の利潤総額で買われる剰余生産物の構成の計算方法につ

4.8 「総計一致の 2 命題」をめぐって

利潤で買われる剰余生産物（鉄，小麦，金）			生産価格総額で買われる生産物の労働価値
Y_{11}	Y_{21}	Y_{31}	
$33\frac{3}{4}$ (t.)	$6\frac{3}{4}$ (qr.)	105 (oz.)	
$Y_{11}t_1$	$Y_{21}t_2$	$Y_{31}t_3$	5 項目の合計
$16\frac{7}{8}$ (h.)	$6\frac{3}{4}$ (h.)	$28\frac{7}{11}$ (h.)	$136\frac{23}{88}$ (h.)
小計 $52\frac{23}{88}$ (h.)			
Y_{12}	Y_{22}	Y_{32}	
$5\frac{5}{8}$ (t.)	$2\frac{1}{4}$ (qr.)	$121\frac{7}{8}$ (oz.)	
$Y_{12}t_1$	$Y_{22}t_2$	$Y_{32}t_3$	5 項目の合計
$2\frac{13}{16}$ (h.)	$2\frac{1}{4}$ (h.)	$33\frac{21}{88}$ (h.)	$92\frac{53}{176}$ (h.)
小計 $38\frac{53}{176}$ (h.)			
Y_{13}	Y_{23}	Y_{33}	
$\frac{5}{8}$ (t.)	1 (qr.)	$103\frac{1}{8}$ (oz.)	
$Y_{13}t_1$	$Y_{23}t_2$	$Y_{33}t_3$	5 項目の合計
$\frac{5}{16}$ (h.)	1 (h.)	$28\frac{1}{8}$ (h.)	$71\frac{7}{16}$ (h.)
小計 $29\frac{7}{16}$ (h.)			
$\sum_{j=1}^{3} Y_{1j} = Y_1$	$\sum_{j=1}^{3} Y_{2j} = Y_2$	$\sum_{j=1}^{3} Y_{3j} = Y_3$	
40 (t.)	10 (qr.)	330 (oz.)	
$Y_1 t_1$	$Y_2 t_2$	$Y_3 t_3$	5 項目の合計
20 (h.)	10 (h.)	90 (h.)	300 (h.)
小計 120 (h.)			

章の表 4.6——引用者〕の貨幣による生産価格で購買される生産物とその価値）」の内容を，本書のいては，本章第 4.7 節を参照のこと．

間),および,すべての財の不変資本部分の労働価値総計（100時間）に等しい.

表 4.9 の「賃金で買われる小麦」の列では,各部門の労働価値（第 1 部門（鉄）の 24 時間,第 2 部門（小麦）の 24 時間,第 3 部門（金）の 32 時間),および,労働価値の総計（80 時間）が,それぞれ,表 4.3（各財の労働価値総計の構成）の各財の可変資本部分の労働価値（鉄,小麦,金でそれぞれ 24 時間,24 時間,32 時間),および,すべての財の可変資本部分の労働価値総計（80 時間）に等しい.

また,表 4.9 の「利潤で買われる剰余生産物（鉄,小麦,金)」の列では,各部門の労働価値（第 1 部門（鉄）の $52\frac{23}{88}$ 時間,第 2 部門（小麦）の $38\frac{53}{176}$ 時間,第 3 部門（金）の $29\frac{7}{16}$ 時間）は,表 4.3（各財の労働価値総計の構成）における各財の剰余価値部分の労働価値（鉄,小麦,金でそれぞれ 36 時間,36 時間,48 時間）と一致しない.しかし,表 4.9 の「利潤で買われる剰余生産物（鉄,小麦,金)」の列で,すべての部門の総計（120 時間）は,表 4.3（各財の労働価値総計の構成）におけるすべての財の剰余価値部分の合計（120 時間）と一致する.

表 4.9 のいちばん右の「生産価格総額で買われる生産物の労働価値」の列では,各部門の労働価値は表 4.3（各財の労働価値総計の構成）と一致しないが,すべての部門の総計では 300 時間であり,これは,表 4.3 におけるすべての財の総労働価値（300 時間）と一致する.

以上により,表 4.9（「最終的（第三次）転化価値」：生産価格総額の各成分（原材料費,賃金,利潤）によって買われる財の数量とそれらの労働価値（時間))では,「総商品価値と総生産価格との均等」と「総剰余価値と総利潤との均等」の両方が成立し,「総計一致の 2 命題」が成立することが確かめられる.また,表 4.9 では,生産価格総額における「原材料費で買われる鉄の労働価値」と「賃金で買われる小麦の労働価値」が,おのおのの生産部門についても,すべての生産部門の合計についても,それぞれ,各財の労働価値総計（表 4.3）における不変資本部分と可変資本部分に等しいことも確かめられる.

言うまでもなく,表 4.9（「最終的（第三次）転化価値」）は,均等利潤率と諸商品の生産価格の決まり方を記述したものではない.第 4.4 節で見たように,前掲 (4.40) 式の均等利潤率と生産価格は,（原材料と労働の投入係数と実質賃金率から構成される）「生産要素行列」の最大固有値とそれに属する非負ベクトルに基づいて計算される.表 4.9 の「最終的（第三次）転化価値」の役割は,第 4.4

節で「生産要素行列」に基づいて決定された均等利潤率と生産価格を前提として，生産価格総額の各成分（原材料費，賃金，利潤）によって買われる生産物（鉄，小麦，金）の労働価値と，各財の労働価値総計の構成（表 4.3）との照応を根拠として，「総計一致の 2 命題」（総商品価値と総生産価格との均等，および，総剰余価値と総利潤との均等）の成立を示すことである．この場合，「総商品価値と総生産価格との均等」は，生産価格総額（円）によって買われる生産物の労働価値総計が，すべての財の労働価値総計（表 4.3）に等しいことを意味し，「総剰余価値と総利潤との均等」は，利潤総額によって買われる生産物（鉄，小麦，金）の労働価値が，労働時間で表示された剰余価値総計（表 4.3）に等しいことを意味する．

「総計一致の 2 命題」の証明と，「生産要素行列」を基礎とする均等利潤率と生産価格の決定は，厳密に区別されなければならない．「価値の生産価格への転化」を論じた滝田（1986）の意義の一つは，均等利潤率と生産価格を決定する理論的手続きと，「総計一致の 2 命題」の証明を明確に区別した点にある[28]．

註

[1] ただし，社会的分業のうち，商品生産の形でおこなわれる部分だけが前提に置かれる．

[2] 周知のように，スウィージー（P. Sweezy）の著書で「価値から価格への転形（the transformation of values into prices）」（Sweezy (1942), p. 109, 邦訳 133 ページ）として検討されて以来，「商品価値から生産価格への転化」の論理をめぐって，「転形問題（transformation problem）」論争が活発におこなわれ，多数の論点が提起された．本章では，「費用価格の生産価格化」，および，「総計一致の 2 命題」（総商品価値と総生産価格の均等，および，総剰余価値と総利潤の均等）を中心とする基本的な論点のみを扱う．「転形問題」に関する先行研究は多数に及ぶので，直接に言及した文献のみを章末に掲げることにした．この点，ご了承いただきたい．

[3] 経済全体の「剰余生産物（surplus product）」は，各生産部門の産出量から，投入物（すべての部門で生産手段として使われる財，および，貨幣賃金で買われる財）を差し引いた残りであるが，多くの場合，異なる種類の諸商品から構成される．この点について詳しくは，本章第 4.6 節を参照．

[4] 価値尺度財として選ばれた財の 1 単位を「1 円」と呼ぶと，各財 1 単位の価格が「円」

を単位として表される．この点について詳しくは，本章第 4.4 節を参照．

[5] 滝田 (1986)，291 ページの「図 15-1」を参照．

[6] 後掲の表 4.9 を参照．同表は，利潤総額で買われる剰余生産物の部門間配分に関わる．これについて詳しくは，本章第 4.7 節を参照．

[7] 滝田 (1986)，291 ページ．〔　〕内は引用者による．

[8] 同上．

[9] 与えられた社会的分業の構造から剰余生産物の構成を導き出す方法，および，剰余生産物の労働価値総計と生産価格総額については，本章第 4.6 節を参照．

[10] 「表 15-7」(滝田 (1986)，286 ページ) で生産部門間の「技術的数量的投入産出関係」の数字例が設定されるよりも前に，「表 15-1」(同，270 ページ) において，各生産部門で生産された商品の労働価値の数字例が示されている．

[11] 生産部門間の財の投入・産出，および，労働の部門間配分を示す図 4.1 では，これらの財が同じ資本家によって生産されるのか，別々の資本家によって生産されるのかは，問題とされない．たとえば，第 2 財 (小麦) の生産工程で原材料として使われる第 1 財 (鉄) が，鉄を製造する別の企業から買われるのか，それとも，小麦をつくる企業の内部で (最終生産物の小麦とともに) 生産されるのかを，同図から判断することはできない．

[12] 各財の「労働価値 (labor value)」，すなわち，「1 単位の財を生産するために直接・間接に支出される労働の量 (単位は時間)」は，生産部門間の諸財の投入・産出と労働の部門間配分に関する諸条件 (前掲図 4.1) から計算される．このような「労働価値」の概念には，「等しい交換価値を持つかぎりで，諸商品が互いに置き換え可能と見なされる」という商品生産に特有な事情が反映されないので，各財 1 単位の「投下労働時間 (labor time embodied)」と呼ぶほうがよいかもしれない．しかし，マルクス経済学の数学的表現を含む多くの文献では，「労働価値」の用語がよく使われるので，本書もこの用語法に従うことにする．

[13] 余因子展開による行列式の計算は，次の通りである．

$$\det(\mathbf{I}-\mathbf{A}) = (1-a_{11})(-1)^{1+1}\begin{vmatrix}1 & 0\\ 0 & 1\end{vmatrix} + (-a_{12})(-1)^{1+2}\begin{vmatrix}0 & 0\\ 0 & 1\end{vmatrix}$$
$$+ (-a_{13})(-1)^{1+3}\begin{vmatrix}0 & 1\\ 0 & 0\end{vmatrix} = 1-a_{11}$$

[14] $\mathbf{I}-\mathbf{A}=\mathbf{B}$ $(1-a_{11}=b_{11},\ -a_{12}=b_{12},\ -a_{13}=b_{13})$ とおいて，行列 $\mathbf{B}=\begin{pmatrix}b_{11} & b_{12} & b_{13}\\ 0 & 1 & 0\\ 0 & 0 & 1\end{pmatrix}$ の余因子行列 $\mathrm{adj}\mathbf{B}$ の求め方を説明する (以下の記述は，二階

堂（1961），57〜60 ページの説明に依拠している）．行列 $\mathbf{B}$ の (i,j) 要素 b_{ij} の余因子 $\tilde{b}_{ij}$ は，$\tilde{b}_{ij} = (-1)^{i+j}|B_{ij}|$（ただし，$|B_{ij}|$ は，行列 $\mathbf{B}$ からその第 i 行と第 j 列を削除して得られる行列の行列式である）と定義される．行列 B の $(1,1)$ 要素 b_{11} の余因子は $\tilde{b}_{11} = (-1)^{1+1}|B_{11}| = \begin{vmatrix} 1 & 0 \\ 0 & 1 \end{vmatrix} = 1$，$(1,2)$ 要素 b_{12} の余因子は $\tilde{b}_{12} = (-1)^{1+2}|B_{12}| = -\begin{vmatrix} 0 & 0 \\ 0 & 1 \end{vmatrix} = 0$ である．同様に，$\tilde{b}_{13} = 0$，$\tilde{b}_{21} = b_{12}$，$\tilde{b}_{22} = b_{11}$，$\tilde{b}_{23} = 0$，$\tilde{b}_{31} = -b_{13}$，$\tilde{b}_{32} = 0$，$\tilde{b}_{33} = b_{11}$ である．(i,j) 要素の余因子 $\tilde{b}_{ij}$ を成分とする行列を転置したものが，余因子行列 $\mathrm{adj}\mathbf{B} = \begin{pmatrix} \tilde{b}_{11} & \tilde{b}_{12} & \tilde{b}_{13} \\ \tilde{b}_{21} & \tilde{b}_{22} & \tilde{b}_{23} \\ \tilde{b}_{31} & \tilde{b}_{32} & \tilde{b}_{33} \end{pmatrix}^T = \begin{pmatrix} \tilde{b}_{11} & \tilde{b}_{21} & \tilde{b}_{31} \\ \tilde{b}_{12} & \tilde{b}_{22} & \tilde{b}_{32} \\ \tilde{b}_{13} & \tilde{b}_{23} & \tilde{b}_{33} \end{pmatrix} = \begin{pmatrix} 1 & -b_{12} & -b_{13} \\ 0 & b_{11} & 0 \\ 0 & 0 & b_{11} \end{pmatrix}$ である（上付き文字 T は行列の転置を表す）．行列 $\mathbf{B}$ の行列式は，$\det\mathbf{B} = b_{11}(-1)^{1+1}\begin{vmatrix} 1 & 0 \\ 0 & 1 \end{vmatrix} + b_{12}(-1)^{1+2}\begin{vmatrix} 0 & 0 \\ 0 & 1 \end{vmatrix} + b_{13}(-1)^{1+3}\begin{vmatrix} 0 & 1 \\ 0 & 0 \end{vmatrix} = b_{11}$ と計算される．以上により，$\mathbf{B}(\mathrm{adj}\mathbf{B}) = (\mathrm{adj}\mathbf{B})\mathbf{B} = \begin{pmatrix} b_{11} & 0 & 0 \\ 0 & b_{11} & 0 \\ 0 & 0 & b_{11} \end{pmatrix} = (\det\mathbf{B})\mathbf{I}$，すなわち，$\mathbf{B}\left(\frac{1}{\det\mathbf{B}}\mathrm{adj}\mathbf{B}\right) = \left(\frac{1}{\det\mathbf{B}}\mathrm{adj}\mathbf{B}\right)\mathbf{B} = \mathbf{I}$ の関係が確かめられる．行列 $\mathbf{B}$ とその逆行列 $\mathbf{B}^{-1}$ に関して，$\mathbf{B}\mathbf{B}^{-1} = \mathbf{B}^{-1}\mathbf{B} = \mathbf{I}$ が成立する．したがって，行列 $\mathbf{B}$ の逆行列は，行列 $\mathbf{B}$ の余因子行列の各要素を行列式 $\det\mathbf{B} = b_{11}$ で割ったものに等しく，$\mathbf{B}^{-1} = \frac{1}{\det\mathbf{B}}\mathrm{adj}\mathbf{B}$ が成立する．行列 $(\mathbf{I}-\mathbf{A})$ の要素で言い換えれば，前掲 (4.12) 式のように，$(\mathbf{I}-\mathbf{A})^{-1} = \frac{1}{1-a_{11}}\begin{pmatrix} 1 & a_{12} & a_{13} \\ 0 & 1-a_{11} & 0 \\ 0 & 0 & 1-a_{11} \end{pmatrix}$ が成立する．

[15] 以下の (4.14) から (4.18) までの数字例は，滝田（1986），286 ページの「表 15-7 表 15-1〔「価値」——引用者〕に対応する技術的数量的投入産出関係」における数値に対応する．

[16] 滝田（1986）では，「第 I・II・III 部門ではそれぞれ鉄・小麦・金が生産されるとし，それぞれの単位価値 t_i を，$t_1=1/2^h$，$t_2=1^h$，$t_3=3/11^h$（h は労働時間）と仮定しよう」（285 ページ）と各財 1 単位の労働価値が明示されるが，生産部門間の「技術的・数量的な投入・産出関係」から各財の労働価値を計算する手続きについての説明は，省略されている．

[17] 第 1 財（鉄）・第 2 財（小麦）・第 3 財（金）が別々の資本家のもとで生産されると仮

定される.

[18] ただし，ここで言う「労働価値の表現」は，第3章で見たマルクスの価値形態論における商品の価値表現とは異なる.

[19] 非負行列の最大固有値とそれに属する非負の固有ベクトルの存在は，「フロベニウス（Frobenius）の定理」として知られている．この定理について詳しくは，二階堂（1961）の72〜78ページを参照.

[20] 行列式 $|\lambda \mathbf{I} - \tilde{\mathbf{A}}|$ は，次のように計算される． $\begin{vmatrix} \lambda - \frac{1}{2} & -\frac{2}{3} & -\frac{2}{33} \\ -\frac{1}{10} & \lambda - \frac{4}{15} & -\frac{16}{165} \\ 0 & 0 & \lambda \end{vmatrix} = \lambda(\lambda - \frac{1}{2})(\lambda - \frac{4}{15}) - \frac{1}{10}\frac{2}{3}\lambda = \lambda(\lambda^2 - \frac{23}{30}\lambda + \frac{1}{15}) = \lambda(\lambda - \frac{2}{3})(\lambda - \frac{1}{10})$

[21] 小さいほうの固有値 $\lambda = \frac{1}{10}$ に属する固有ベクトルは， $\mathbf{P} = (P_1 \quad P_2 \quad P_3) = (-\frac{36}{11}P_3 \quad \frac{11}{9}P_3 \quad P_3)$ と計算されるが，P_3 にどんな値を入れても，非負ベクトルをつくることができない.

[22] 滝田（1986），279〜280ページでは，「各 i 財の生産財としての総投入量」と「賃金財としての総投入量」の両者を各財の産出量から差し引いて得られる「剰余生産物」F_i に注目して，「総剰余価値 $\sum m_i =$ 剰余生産物の価値総計 $\sum (F_i t_i)$」と「総利潤 $\sum M_i =$ 剰余生産物の価格総計 $\sum (F_i P_i)$」（t_i は第 i 財の労働価値（単位は時間），P_i は第 i 財の価格（単位は円）——引用者）の関係が導かれる．本節の以下の説明は，剰余生産物の労働価値総計と生産価格総額に関する滝田の議論を，本書の枠組みを用いて再構成したものである.

[23] (4.13) と (4.41) により，剰余生産物の労働価値は，次のように計算される．

$$\mathbf{\Lambda Y} = \frac{1}{1 - a_{11}} \begin{pmatrix} l_1 & a_{12}l_1 + (1 - a_{11})l_2 & a_{13}l_1 + (1 - a_{11})l_3 \end{pmatrix} \times$$
$$\begin{pmatrix} 1 - a_{11} & -a_{12} & -a_{13} \\ -bl_1 & 1 - bl_2 & -bl_3 \\ 0 & 0 & 1 \end{pmatrix} \begin{pmatrix} X_1 \\ X_2 \\ X_3 \end{pmatrix}$$
$$= X_1 l_1 + X_2 l_2 + X_3 l_3 - \left(\frac{a_{12}l_1}{1 - a_{11}} + l_2\right) b(X_1 l_1 + X_2 l_2 + X_3 l_3)$$

第2財1単位の労働価値が $t_2 = \frac{a_{12}l_1}{1-a_{11}} + l_2$ であることに注意すると，(4.43) が得られる.

[24] 剰余生産物の労働価値の総計と剰余労働の総計の均等，および，剰余生産物の生産価格総額と利潤総額との均等については，置塩（1978），71〜72ページに厳密な証明が与えられている．「ある期間における剰余生産物の価値総計はその期に行われた剰余労働の総計に等しい．また剰余生産物の価額総計は，利潤総計に等しい」（同，71ページ）.

[25] 滝田は，各部門の利潤総額で買われる剰余生産物（鉄，小麦，金）の構成割合の数字例を示す際に，次のような前提を置いている．「各部門の利潤によって取得される生産物とその価値は，各部門資本家の利潤の支出構成に依存するが，ここでは一応，資本構成不変のもとで需給一致が生ずる支出構成（蓄積率）とした」（滝田（1986），290 ページ）．本節の以下の説明は，利潤総額で買われる剰余生産物の構成に関する滝田の説明を，本章の枠組みを用いて再構成したものである．

[26] 滝田（1986），284 ページで言及されたように，置塩（1977）の第 4 章「生産価格への転化」では，「価格ではない生産価格は，労働時間単位で測られ，価値のディメンション（dimension）をもつ．この生産価格は，生産『価格』というまぎらわしい呼び名ではなく，たとえば転化価値，あるいは生産価格価値とでも名づけたほうがよいであろう」（同，218 ページ）と指摘される．置塩自身の「転化価値」概念を，「生産価格総額の各成分によって買われる生産物，および，その労働価値」を意味すると解釈するためには，何らかの補足説明が必要であると思われる．

[27] 滝田（1986），286 ページ．

[28] 表 4.9（「最終的（第三次）転化価値」）に関連して，滝田は次のように指摘する．

「第一に，表 15-1〔表 4.3（各財の労働価値総計の構成，単位は時間）——引用者〕のように生産された価値は，表 15-8〔表 4.6（各財の生産価格総額の構成，単位は円）〕の生産価格の成立により，第一次から第三次にわたる価値の配分替えを受け，第一次—第三次転化価値に転化するが，第三次の最終的転化価値における費用価格（価値）部分は，必然的に各部門において表 15-1〔表 4.3〕と一致する．第三次転化価値において最終的に価値の配分替えを受けるのは剰余価値部分のみである．もちろん総剰余価値のかかる再配分は，価値次元においてではなく，価格次元において，利潤率が均等化するようになされる．したがって生産価格とは，価格次元における利潤率均等化をもたらすように，社会的総剰余価値を再配分したものにほかならない」（滝田（1986），287〜288 ページ，〔 〕内は引用者による）．滝田は，「表 15-8〔本章の表 4.6（各財の生産価格総額の構成，単位は円）〕」における「生産価格の成立」を前提として，「第一次から第三次にわたる価値の配分替え」（本章の表 4.7・表 4.8・表 4.9）を指摘している．均等利潤率と諸商品の生産価格は，生産部門間の「技術的数量的投入産出関係」（滝田（1986），286 ページの「表 15-7」の表題）に基づいて決定済みである（本章の第 4.4 節を参照）．「価値の配分替え」と言われているものは，生産価格総額に対応する生産物（表 4.7 では各部門の生産物，表 4.8 では貨幣（金），表 4.9 では原材料費で買われる鉄，賃金で買われる小麦，利潤総額で買われる「鉄・小麦・金」の組み合わせ）とその労働価値に関わる問題である．

参考文献

二階堂副包 (1961),『経済のための線型数学』,培風館.

置塩信雄 (1977),『マルクス経済学――価値と価格の理論』,筑摩書房.

―――― (1978),『資本制経済の基礎理論(増補版)』,創文社.

Marx, Karl (1964), *Das Kapital*, Bd. 3, Berlin: Dietz Verlag.(社会科学研究所監修・資本論翻訳委員会訳『資本論』,第 8〜13 分冊,新日本出版社,1986〜89 年.)

Sweezy, Paul M. (1942), *The Theory of Capitalist Development*, New York: Monthly Review Press.(都留重人訳『資本主義発展の理論』新評論, 1967 年.)

滝田和夫 (1986),「価値の生産価格への転化問題」(種瀬茂編著『資本論の研究』,青木書店,1986 年,268〜292 ページ).

第Ⅱ部

資本・賃労働関係の政治経済学

第 5 章

「労働者からの労働の抽出」と権力関係

5.1 はじめに

　現実の経済を，単純な商品流通（C-M-C，欲望充足を目的とする純粋交換）の視点からではなく，「資本としての貨幣の流通」・「M-C-$M'(= M + \Delta M)$ 循環」（money-commodity-more money circuit，貨幣的利潤の実現を目的とする循環）の視点から捉えると，（販売を目的とする新たな種類の商品が生産される）生産過程（$...P...$）も考察対象としなければならない．貨幣的利潤の実現は商品の販売（商品形態から貨幣形態への価値の形態変換）を条件とするからである．したがって，M-C-M' 循環の視点から経済を捉えるならば，資本家が特定の労働契約のもとに労働者たちを雇い入れ，彼らに所定の生産手段を使って商品を生産させる過程についても考察しなければならない．

　資本の価値増殖に関するマルクスの説明に従えば，労働能力の発揮（すなわち，一定時間にわたる労働）を通じて新しく形成される付加価値 Y（＝労働時間 $[T$（時間）$] \times 1$ 労働時間あたり付加価値[1] $[\alpha$（円/時間）$]$）が労働力の価値 V（円）

（労働力の再生産のために直接・間接に必要な消費財の価値によって決まる）を上回ること $(Y > V)$ が，剰余価値 S (surplus value) の発生にとって不可欠な条件である．労働力価値に対する新しく形成される付加価値の超過分が剰余価値である $(Y - V = S)$ [2]．

しかし，労働の価値形成性格に基づいて「資本の価値増殖」の概念を厳密に組み立てるだけでは，雇い主と労働者のあいだの支配・被支配の「垂直的」関係は明らかにならない．雇い入れた労働者から，自分の望む仕事や働きぶりをどうやって引き出すかが，雇い主にとって最大の問題となる．また，雇われた労働者が，雇い主の監督に従って働きぶりを発揮するのはなぜかということも，決して自明な問題ではない．確かに，雇い主としての資本家は，労働者から一定期間を限って労働力を買う．だが，この場合，資本家は潜在的な労働サービス (*potential* labor services) に対する権利，あるいは，労働者の時間に対する支配権を買ったにすぎない [3]．資本家が生産過程への投入物 (inputs) として原材料や機械を購入する場合には，生産過程におけるこれらの投入物の性質や性能について（購入時点での不正行為がないかぎりは）資本家は特に心配する必要はない．しかし，原材料の性質や機械の性能自体は人間から独立であるのに対して，労働サービスは生身の人間から離れては存在しない．

ある人をたとえば1日8時間の「労働時間」のあいだ職場の中に拘束する場合，雇い主にとって重要なのは，その8時間の拘束時間の中で「実際におこなわれた仕事」（あるいは，「労働努力 (labor effort)」や「働きぶり」）の大きさである．他方で，雇われる立場の労働者は，ロビンソン・クルーソー物語の主人公のように自己都合だけで働きぶりを選ぶことはできず，雇い主の設定する賃金や勤務時間・労働条件の制約に従って，労働努力や働きぶりの発揮態度を決めなければならない．労働努力を発揮する主体は労働者自身であるとはいえ，労働努力の発揮態度は，職場における労働者に対する雇い主の管理に対して従属せざるをえない点に注意してほしい．労働努力や働きぶりの高さは，自発的な側面と強制される側面の両方を併せ持つ．

したがって，職場で労働者の発揮する労働努力や働きぶりをめぐって，当の労働者と雇い主とのあいだで一種の「取り合い」状況になる．雇い主が自分の望む労働努力を労働者から引き出すことができるかどうか，また，労働努力

5.1 はじめに

を引き出すための方法は，職場の内外における雇い主と労働者との権力関係（power relationship）に大きく左右される．

生産過程で働きぶりを発揮しようとする労働者の動機（motivation）を考察する場合には，（雇用関係の外部でも観察される）労働者個人の資質や行動様式を調べるだけでは不十分である．雇い主は，雇い入れた労働者から自分の望む水準の働きぶりを引き出すことを目的に，賃金や労働条件の設定だけでなく生産工程の組織についても，様々な工夫を凝らす．雇い主は，彼が望む水準の働きぶりを発揮する方向へと，労働者の行動を誘導しようと考えている．また，労働者が雇い主の監督のもとに働きぶりを発揮せざるをえないのは，この労働者が雇い主の監督のもとに仕事をして賃金所得を得なければ，生活することができないからである[4]．

もし，労働者が，雇い主 A によって雇われなくても，他の方法で（他の雇い主のもとで雇われるか，あるいは，自分で事業を起こすかなどして）生計を立てることができるのであれば，この労働者は雇い主 A の監督に従って仕事をしようとしないであろう．したがって，自分が望む働きぶりを労働者から引き出すために雇い主が用いる方法，および，労働者が雇い主の監督に従って働きぶりを発揮せざるをえない理由を説明するうえで，労働能力のある人々を雇うか否かの決定権を雇い主側が握っているという事実を無視することはできない．

さらに言えば，雇い主（employer）と，雇われる側の人々（those employed），および，就労者と同等の能力がありながら就労機会に恵まれずに失業している人々（those unemployed）のあいだの立場の相違を忘れることはできない．雇い主との取引に成功した人々（就業者）だけでなく，雇い主との取引に失敗した人々（失業者）の存在も考慮に入れて初めて，職場での労働努力の発揮水準をめぐる雇い主と労働者との対立（conflict）や，雇い主と労働者のあいだの権力関係が明らかになる場合もある[5]．

以上のように，M–C–M' 循環を支える資本の生産過程を考察するためには，労働の価値形成性格（1 労働時間あたり付加価値（円/時間））に基づく「資本の価値増殖」の論理だけでなく，労働者からどうやって仕事や働きぶりを抽出する（引き出す）のか（how to extract work from workers[6]）という問題に直面して，雇い主が労働者に対して行使する権力関係についても分析しなければなら

ない.

マルクスの『資本論』第 1 部でも,「資本の価値増殖」を解明する剰余価値論（第 3〜5 編）の後に「労働賃金」論（第 6 編）が置かれているように,資本の価値増殖の仕組みを説明する問題領域と,労働者からの労働努力の抽出をめぐる資本家（雇い主）と労働者のあいだの権力関係を扱う問題領域とを区別することが重要である[7]．雇い主と労働者のあいだの権力関係への強い問題関心こそが,現代政治経済学の持つ「支配（command）」の次元・「垂直的次元（vertical dimension）」である．

政治経済学アプローチの特徴の中で最もユニークであると同時に議論を招くのが,「垂直的次元」（支配と被支配の関係,権力の行使）である．「垂直的次元」に関わる典型的な論点として,雇い主が自分の望む働きぶりや労働努力（labor effort）を労働者からどうやって引き出すのかという問題が挙げられる．雇い主による「労働者からの労働の抽出」[8] に関わる権力関係を説明するために提案されたのが,ボウルズ＝ギンタス（S. Bowles and H. Gintis）の「抗争交換（contested exchange）」モデルである．このモデルについては,日本でも紹介と検討がおこなわれてきた[9]．確かに,抗争交換モデルには理論枠組みとしての限界がいくつかある．それは,スティグリッツ（J. Stiglitz）らの効率賃金理論[10] と似た形式を持つ非対称情報のミクロ経済理論であって,経済全体の雇用規模を決定するマクロ経済要因については何も語らない[11]．また,雇い主が設定する労働条件に対して反応する労働者の行動様式に関する仮定には,制度的・実証的な事実による裏づけが必要とされる．しかし,ボウルズ＝ギンタスの抗争交換モデルは,ワルラス的な市場清算モデルにも新制度学派の理論やエージェンシー理論にもない独自な論点を提供する．後ほど詳しく見るように,雇い主の利益拡大という目的に制約された労働者の行動様式,監視と制裁（雇用契約の非更新）の仕組みを通じた労働者に対する雇い主の経済的権力の行使,および,労働市場に参加する主体の構成（就業者と失業者の比率）の決定権が雇い主に握られていることなどの論点がそれである．より一般的に言えば,抗争交換モデルでは,労働者の行動様式（労働努力の発揮態度）は,雇い主が利益拡大を目的に設定するルールに左右されるものであって,雇用関係の外部で定義される主観的な行動様式ではない．この論点を含むので,後に見るように,

5.1 はじめに

ボウルズ＝ギンタスの抗争交換モデルは「構成的 (constitutive)」性格を持つ.

労働過程分析にはすでに多数の先行研究が存在するが[12],最近では,労働の規律づけに失業が果たす役割に関する効率賃金理論とラディカル派政治経済学のアプローチを批判的に吟味する研究が現れている.特に,スペンサー (D. Spencer) の最近の論文[13]では,ボウルズ＝ギンタスの抗争交換モデルが詳細に検討され,「高い失業率がなければ仕事の規律づけは不可能である」という「努力抽出モデル」の結論は「労働者は常に労働努力を回避しようと努めるであろうという誤った前提から出発している」と評価し,「資本主義的生産の目的を達成するために雇い主が労働者の同意 (consent) を当てにしているかぎり,労働を引き出すために解雇の脅しを利用できる度合いには限界があろう」と結論づける[14].また,労働者から労働努力を抽出する仕組みについてビュラヴォイとライト (M. Burawoy and E. Wright) は,「ボウルズとギンタスによって精緻化された監視と脅しのメカニズムは,資本主義的な労働契約の中で労働努力を生み出すための多様なメカニズムの一つにすぎない」と指摘し,「経営者と専門家による効率的な業績を生み出す場合には,監視と脅しのメカニズムに頼りすぎると,実際には労働の効率的な遂行が損なわれることもありうる」と主張する[15].

労働者から労働努力を抽出する仕組みが必ずしも監視と解雇の脅しを条件としないのではないかというこれらの疑問に答えるためには,労働者の働きぶりをめぐる「抗争交換」をエージェンシー問題の一類型に還元するのではなく,労働者の行動様式を雇い主の戦略に従属させる「抗争交換」の「構成的」性格とは何かを考察しなければならない.本章では,労働者の働きぶりをめぐる「抗争交換」の「構成的」性格の観点から,雇い主と労働者のあいだの権力関係を考察する.

第 5.2 節では,ボウルズ＝ギンタスの抗争交換モデルでは,契約に定められない交換対象の属性に関する「内生的な要求執行」が特定主体 (雇い主) の利益拡大を目的とすることを確認する.第 5.3 節では,抗争交換モデルにおける労働者の行動様式の「構成的」性格とは何かを明らかにしたうえで,抗争交換モデルに対するスペンサーの批判を吟味する.第 5.4 節では,「労働者からの労働の抽出」メカニズムについてのビュラヴォイとライトの類型分けを検討し,

労働者の行動様式（従順か応責性か）の「構成的」性格を規範原理（行動ノルムと評価ノルム）の観点から考察する．

5.2 抗争交換モデルの「構成的」性格

最初に，ボウルズ＝ギンタスの抗争交換モデルのねらいを簡単にふり返っておきたい．労働努力の発揮をめぐる雇い主と労働者の利害対立が起きる一つの背景として，賃金や勤務時間の長さなどは事前に契約することができるが，職場で実際に発揮される労働努力の水準を契約書に定めることは不可能であるか費用がかかりすぎるという事情がある．交換対象の属性の中に契約に定められないものがあり，しかも，そうした属性の提供を強制する第三者が存在しない場合には，「エージェンシー問題」が存在し，「要求の執行（enforcement of claims）」が「内生的（endogenous）」[16]であると特徴づけられる．

しかし，エージェンシー問題の確認だけがボウルズ＝ギンタスの議論のねらいなのではない．契約に定められない属性（労働努力）に関する「内生的な要求執行」は，特定主体（雇い主）の利益を高めることを目的にするのか，それとも，どの主体の利益からも中立的なのかが問題の焦点である．職場で発揮される働きぶりに関する労働者の行動様式は，自分の望む努力水準を労働者から引き出そうとする雇い主の戦略によって条件づけられたものであり，雇い主の利益に対して中立的な行動様式ではない，というのがボウルズ＝ギンタスの主張である．抗争交換モデルでは，雇い主Aは，労働者Bに対して監視と制裁の仕組みを突きつけることによって，自分が望む水準の労働努力を発揮させる方向に労働者Bの行動を誘導するとされている．ここで，監視と制裁の仕組みとは，主体Aが主体Bに提示する「条件つき更新（contingent renewal）」であり，その内容は「実績が満足できるものであれば，将来の期間における契約を更新し，実績が満足できるものでなければ契約を打ち切ると約束することによって，AはBから実績を引き出す」[17]というものである．雇い主Aは，自分の望む努力水準を労働者Bから引き出すことを目的として，雇用契約の非更新という制裁を用いて労働者Bの行動に影響を及ぼす．

特定主体の利益拡大を目的とする「内生的な要求執行」と不可分なのが，次

のような「経済的権力（economic power）」の概念であり，「Bに対して制裁を科すか，あるいは制裁を科すぞと威嚇することによって，Aは，Aの利益を高める方向にBの行動に影響を及ぼすことができるが，BはAに関してこうした能力を欠く」[18] 場合に，主体Aは主体Bに対する権力（power）を持つと定義される．このように，ボウルズ＝ギンタスの抗争交換モデルが扱うのは，契約に定められない属性に関する「内生的な要求執行」が特定主体の利益拡大を目的とする場合であり，それは「構成的な抗争交換（constitutive contested exchange）」[19] と特徴づけられる．

これに対して，「内生的な要求執行」がどの主体の利益に対しても中立的である場合は，「道具的な抗争交換（instrumental contested exchange）」[20] と呼ばれる．コース（R. Coase）やウィリアムソン（O. Williamson）らの新制度学派の理論やエージェンシー理論に対するボウルズ＝ギンタス説の独自性を理解するうえで，抗争交換モデルの「構成的（constitutive）」性格が決定的に重要である．「構成的抗争交換」モデルで扱われる労働者の行動様式は，雇い主が設定する報酬・制裁・監視の仕組みに左右されるもので，人間性一般に起因する主観的な行動様式ではない[21]．

5.3　労働者の行動様式の「構成的」性格

雇い主が設定する報酬・制裁・監視の仕組みに反応して，労働者はどのような労働努力の発揮態度を示すのか．この問題についての抗争交換モデルのシナリオを検討しよう[22]．そこでは，雇い主Aが設定する賃金率と解雇条件に反応して，労働者Bは労働努力の発揮態度を決めると想定される．

雇い主Aが設定する条件は賃金率（$w = w_e$）と解雇確率 f であり，f は労働努力 e の減少関数（$f = f(e)$, $f_e(= df/de) < 0$）であると想定される．労働者の効用関数は賃金率の増加関数であり，かつ，労働努力の減少関数，すなわち $u = u(w, e)$, $u_w(= \partial u/\partial w) > 0$, $u_e(= \partial u/\partial e) < 0$ であると想定される[23]．雇い主Aが設定する賃金率（$w = w_c$）と解雇確率 f を制約条件として，労働者Bは「雇用の価値」[24]（雇用されている状態の経済的価値）$v = [u(w, e) + f(e) \cdot z]/[\rho + f(e)]$（$z$ は失業状態の経済的価値（失業給付の額），

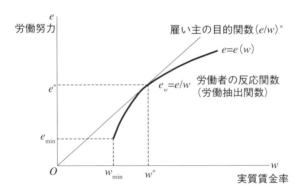

図 5.1　賃金率と労働努力の最適水準

ρ は時間割引率）を最大化するように労働努力の水準 e を選択するとされる．

「雇用の価値」と失業状態の経済的価値との差 $v(w) - z$ が「雇用レントまたは失業コスト」と呼ばれ，失業コストが正の場合（差 $v(w) - z > 0$）にのみ，解雇の制裁は有効になる．

こうして，雇い主 A が設定する賃金率に応じて，労働者 B は，努力水準の引き上げによる効用の低下と，解雇確率の低下による雇用レントの増加とがちょうど釣り合うところに労働努力の発揮水準を決めることになる[25]．ここで，雇い主 A は，自分が設定する賃金率と解雇条件によって制約される労働者 B による労働努力の発揮態度を知っていると仮定される．

雇い主 A が設定する賃金率と，それに応じて労働者 B が決定する努力水準との関係を描いたのが，「労働抽出関数（labor extraction function）」$e = e(w)$ であって，その形状は $e_w (= de/dw) > 0$, $e_{ww} (= d^2e/dw^2) < 0$ であると想定される．雇い主 A による賃金率の設定は，賃金費用 1 単位あたりの努力水準 $e(w)/w$ の最大化（その条件は $e_w = e/w$）を目的としている[26]．

以上のように抗争交換モデルでは，雇い主によって設定される賃金と解雇条件に反応する労働者による努力水準の発揮態度は，賃金と労働努力に対する労働者の選好のみで決定されるのではなく，究極的には，雇い主にとっての利潤最大化（賃金費用 1 単位あたりの労働努力の最大化）を目的として決定される．労働者にとっての「雇用の価値」v が労働者自身の選好だけでなく，雇い主が設

5.3 労働者の行動様式の「構成的」性格

定する賃金や解雇条件からも構成されていることに注意しなければならない．

確かに，抗争交換モデルには，新古典派経済学でよく見かける労働者の効用関数 $u = u(w, e)$ が含まれている．しかし，雇い主と労働者とのあいだの権力関係の内実として，労働者の行動様式が雇い主の戦略に左右される関係を浮かび上がらせた点で，「構成的抗争交換」モデルの問題提起を真摯に受けとめなければならない [27]．

以上の論点との関連で，ボウルズ＝ギンタス説に対するスペンサーの批判を検討する必要がある．スペンサーは，ボウルズ＝ギンタスの抗争交換モデルとシャピロ＝スティグリッツ（C. Shapiro and J. Stiglitz）の効率賃金仮説（「仕事の忌避（shirking）モデル」[28]）についての問題点として，「生産の時点での対立と抵抗の様子」「仕事へのモチベーション」についての理解が不十分であり，「労働契約の執行における対立の重要性を強調しすぎる」ことを指摘し [29]，次のように主張する．

> 「労働者は仕事場の中に最初に足を踏み入れたまさにその時から労働努力に抵抗する，というのが重要な前提である．シャピロとスティグリッツのモデルでは，この前提は説明されずに断言される．仕事の忌避（shirking）は一見すると人類一般の原始からの特徴であるかのようである．ボウルズとギンタスは，反対の主張をしているにもかかわらず，この立場から抜けきれていない．両氏の形式的な枠組みでは，解雇の脅威が不在であれば，『口笛吹いて仕事をしよう』という程度の水準の労働強度が依然としてすべての労働者にとって好ましい選択肢である．シャピロとスティグリッツのモデルと同様に，労働者は，仕事を忌避しようとする出来合いの誘因を持って仕事場に来る．生産が始まる前に，努力水準の決定という問題が解決される．」（Spencer (2002), pp. 320–21，邦訳は引用者による．）

確かに，スペンサーが指摘するように，抗争交換モデルでは，労働者の効用を賃金の増加関数，労働努力の減少関数と見なす効用関数 $u = u(w, e)$ が先験的に想定されている．実際の職場における労働者の行動様式を「労働者は怠けるものだという普遍的な予想」[30] で記述することができないのは当然である．

しかし，すでに見たように，抗争交換モデルの眼目は，職場における労働者の努力水準の発揮態度は，賃金と労働努力に対する労働者の主観的な選好のみで決まるのではなく，雇い主が設定する賃金や解雇条件からの制約を受け，究極的には雇い主の利潤最大化行動に左右されるという点にある．「労働者は労働努力を下げることによって効用を最大化するという仮定が，理論づけられるのではなく，むしろ強要される傾向にある」[31]というスペンサーの批判は，抗争交換モデルには当てはまらない．すでに見たように，労働努力の発揮水準を決定する「雇用の価値」vの条件つき最大化は，労働者の効用関数$u(w,e)$の最大化とは異なるからである．抗争交換モデルのねらいについて，ボウルズとギンタスも次のように言う．

> 「実際に私たちは，労働を不効用一般として描くのではなく，資本主義経済に特徴的な労働強度の水準と労働組織と言えるぎりぎりのところで労働を描くために大いに骨を折った．
> 　私たちのモデルでは，雇い主によって設定された報酬と制裁，および監視のシステムに反応して，労働者が努力水準を選択する．労働者たちは，努力水準を下げる戦略の後に発覚する可能性，発覚した時に解雇される可能性，そして他の所得源泉が使えるかどうかはもちろん，所得や仕事と失業に関する自分たちの評価も基礎として，こうした意思決定をおこなう．」（Bowles and Gintis (1990b), p. 294. 邦訳は引用者による．）

このように，抗争交換モデルのねらいは，労働者による努力水準の発揮態度を，雇い主によって設定された報酬・制裁・監視システムに対する労働者の反応として捉えることにある[32]．ただし，スペンサーも指摘するように，抗争交換モデルにおいて，雇い主によって設定される賃金・解雇条件の制約下での労働努力の最適水準の条件（註25を参照）には，努力水準を高めると労働者の効用が下がるという先験的な仮定（$u_e < 0$）が含まれている．この仮定を置かないで，雇い主の戦略に従属する労働者の行動様式を論理的に導くことができるか否かは，さらに検討しなければならない問題である．

次に，労働者の規律づけに失業や解雇の脅しが必ずしも有効でないという，すでに見たスペンサーの主張を検討しよう．スペンサーは，「ゲームとしての

5.3 労働者の行動様式の「構成的」性格

労働過程」に関するビュラヴォイ[33]の視点に依拠して，職場で労働者に労働努力を発揮させるうえで重要なのは，失業や解雇の脅しではなく，労働者の「同意」[34]であると主張する．「重要なことは，雇い主は労働者を管理しようと（したがって，規律づけようとも）するかもしれないが，雇い主は依然として労働者の同意（consent）を，さらに良くすれば協働（cooperation）を頼りにして生産を進めるのである．労働者は仕事を嫌がり，したがって『抵抗（resistance）』は常に雇い主にとって厄介なものだと——シャピロとスティグリッツやボウルズとギンタスがおこなうように——・先・験・的・に言い切るのは，こうした背景に照らして明らかに不適切である．」[35] このようにスペンサーは，雇い主による労働者の規律づけ機能を認めつつも，労働者の「同意」や雇い主と労働者との「協働」を強調する．けれども，スペンサーの議論の中には，「労働者による同意は在職期間の継続という形で利益を供与するかもしれない」[36] と述べて，「同意」という労働者の行動様式を雇い主との雇用関係の中に位置づけている箇所もある．また，「非自発的失業にまつわる不安定性や不確実性が労働者のモラルに対して逆効果を及ぼす」可能性についてスペンサーは，「将来の雇用に関する見通しに対する不安の高まりが原因で労働者が同意（consent）を取り消すならば，失業率の上昇によって実際には労働生産性が下がるかもしれない」とか，「労働者は失業の脅威に対する防衛的な反応として，自分たちの仕事の速度をわざと下げるかもしれない」と指摘する[37]．

しかしながら，雇用不安に直面した現職の労働者が雇い主との「同意」の撤回や作業速度の意図的な引き下げをおこなうか否かは，解雇されたときの代わりの仕事が見つかる可能性に左右されると考えるのが自然である．現職の労働者が作業速度の意図的な引き下げをおこなおうとする場合でも，問題の労働者と同等あるいはそれ以上の作業能力を持つ別の労働者がその職場への就職を希望しているならば，雇い主は躊躇なく新しい労働者を迎え入れるかもしれない．現職の労働者がそうした行動をとるかどうかの問題は，労働市場における雇い主・求職者・失業者の構成や雇い主の雇用態度と無関係ではありえない．このように，職場における雇い主と労働者のあいだの「対立（と同意）」の関係を解雇の脅しから切り離そうとするスペンサーの議論は，必ずしも一貫しておらず，説得性を欠くと言わざるをえない．こうして，スペンサーのように仕事

へのモチベーションをより具体的に考察する場合にも，雇い主の戦略に左右される労働者の行動様式（職場における「同意」や「対立」も含む）の「構成的」性格を解剖することがどうしても必要である．

5.4 労働過程の「構成的」性格の解明に向けて

ボウルズ＝ギンタスの抗争交換モデルが政治経済学アプローチに対して提起するのは，雇い主の戦略に左右される労働者の行動様式が持つ「構成的」性格をどのように把握するかという難問である．しかし，労働者の選好に関する先験的な仮定をはじめとして抗争交換モデルの枠組みには多くの問題が残されており，「内生的な要求執行」の「構成的」性格をより具体的に解明するうえで課題は多い．対案を提出することは筆者の能力を超えるが，政治経済学の「垂直的次元」に属する「労働者からの労働の抽出」の問題をより広い観点から考察しておきたい．

その手がかりとなるのが，ビュラヴォイとライトによる「労働力からの労働努力の抽出メカニズム」の2つの次元からの把握である．第一の次元は「行動上の応諾（behavioral compliance）」を説明する基礎となる「認知メカニズム（cognitive mechanisms）」であり，これは「戦略的合理性（strategic rationality）」と2種類の「非戦略的ノルム（nonstrategic norms）」——行動ノルム（behavioral norms）と評価ノルム（evaluative norm）——から成る[38]．「戦略的合理性」は，「代替的な選択対象から起こりうる結果についての個人による費用／便益評価」に基づく「認知過程」であって，ボウルズ＝ギンタスの抗争交換モデルにおける労働努力の最適水準の条件（努力水準の引き上げによる効用の低下と，解雇確率の低下による雇用レントの増加との均等）がこれに該当する．これに対して，「行動上の応諾」が「非戦略的ノルム」に基づく場合には，雇い主の指図への服従・非服従に伴う「費用と便益の合理的計算」の結果としてではなく，「努力を発揮するのが当然だと感じる」ことを理由として労働努力の発揮態度が決まるという．「行動ノルム」の場合には「問題の規範原理は自分自身の行動に対して直接向けられる」のに対して，「評価ノルム」の場合には「規範的判断は他人の行動に向けられる」という．「評価ノルム」の一例として，命令を出した権

5.4 労働過程の「構成的」性格の解明に向けて

表 5.1 「労働力からの労働努力の抽出」メカニズムの類型

		行動上の応諾に関する直接の関係的基礎	
		支　配 (Domination)	非対称的互酬 (Asymmetrical Reciprocity)
行動上の応諾を説明する基礎となる認知メカニズム	戦略的合理性	監視／強制モデル (ボウルズ＝ギンタス 「抗争交換」モデル)	ヘゲモニー／同意モデル
	行動ノルム	従　順 (obedience) (ボウルズ＝ギンタス『アメリカ資本主義と学校教育』) (註)	応責性 (responsibility)
	評価ノルム	正当性 (legitimacy)	公　正 (fairness)

(出所) Burawoy and Wright (1990), p. 254, Table 1 により作成.
(註) Bowles and Gintis (1976).

威の正当性を信じて人々がその命令に従うならば，その権威は「正当性」を満たすと言われる．

「労働力からの労働努力の抽出」メカニズムに関する第二の次元は，行動上の応諾に関する「直接の関係的基礎 (immediate relational basis)」であり，これは「支配 (domination)」と「非対称的互酬 (asymmetrical reciprocity)」から成る．「直接の関係的基礎」とは，「生産自体の内部での社会関係の性質のうち，労働者とボスの慣行に対して直接に影響を及ぼすもの」を指す．「支配」の場合には，抗争交換モデルのように，労働努力が発揮される理由は，「怠けているのがばれると個人が直面するボスからの様々な脅しが存在しつづけている」ことにある．これに対して，「非対称的互酬」の場合には，労働努力は「同意 (consent)」，すなわち，「そうした労働努力の発揮からの——仮に不平等だとしても——相互的な利益をめぐる関係当事者の一人ひとりによる肯定的な合意」に基づくものとされる[39]．

以上の2つの次元は表 5.1 のようにまとめられる．行動上の応諾の「関係的基礎」が「支配」と「非対称的互酬」のどちらになるかについて，ビュラヴォ

イとライトの見解は次のようである.「戦略的合理性の文脈を規定する監視と強制が,従順という強い行動ノルムと,権威の正当性に対する信認によって補完される」場合には,行動上の応諾の関係的基礎として「支配」が「最も安定的」になる[40].また,「責任をもった遂行という強いノルムとボスの公正さへの信頼がある場合」には「非対称的互酬を保証する戦略的合理性」のほうが「はるかに安定的」[41]である.

　ここに見られるように,「行動ノルム」(従順・応責性)と「評価ノルム」(正当性・公正)に応じて,行動上の応諾の関係的基礎が「支配」になるか「非対称的互酬」になるかが決まると考えられている.監視と強制の仕組みによる労働努力の抽出メカニズム(抗争交換モデルのケース)に対応する「行動ノルム」と「評価モデル」を示すだけでなく,「非対称的互酬」(同意)に基づく労働努力の抽出メカニズムとそれに対応する規範原理(応責性と公正)を示すことによって,ビュラヴォイとライトによる以上の類型分けは,労働努力の発揮に対する動機づけの複雑さを明らかにしたと言える.しかし,精緻な類型分けにもかかわらず,行動上の応諾の関係的基礎(支配・非対称的互酬)がそれに対応する「行動ノルム」と「評価ノルム」を形成するメカニズムは依然として不明なままである.たとえば,抗争交換モデルで課題とされた労働者の行動様式の「構成的」性格を理論的に説明するためには,雇い主によって監視と強制の仕組みが採用される結果として,雇い主に対して「従順」で,かつ,雇い主の権威に対して「正当性」を感じる労働者が生み出される理由を説明する必要がある[42].また,監視と強制の仕組みに対するオルタナティブとして「非対称的互酬」が採用される場合に,「行動ノルム」として「応責性」が,「評価ノルム」として「公正」が広く成立する根拠を説明しなければならない.

　ビュラヴォイとライトによる「労働力からの労働努力の抽出」の類型分けを検討することで明らかになるように,政治経済学の「垂直的次元」(支配の次元)を制度的・実証的なレベルで解明するためには,雇い主の戦略(最も単純には賃金と解雇条件の設定)に左右される労働者の行動様式の「構成的」性格だけでなく,行動上の応諾の「関係的基礎」として「支配」に対するオルタナティブ(たとえば「非対称的互酬」)の存在可能性,および,それぞれの「関係的基礎」を構成する「戦略的合理性」と規範原理との相互関係を考察しなければな

らない．こうした方向で政治経済学アプローチの「垂直的次元」を拡充することも，今後の課題である．

5.5 むすび

以上のように，ボウルズ＝ギンタスの「抗争交換モデル」は，資本主義経済における雇い主と労働者との社会関係について，次の重要な側面を明らかにしたと言える．すなわち，雇い入れた労働者から自分の望む働きぶりを引き出そうとする雇い主と，雇い主によって設定された条件の制約下で雇用契約が継続された場合と雇用契約が打ち切られた場合の両方を考慮に入れて労働努力の発揮態度を決める労働者のあいだの関係は，雇い主のほうが労働者による労働努力の発揮態度を自分に有利な方向に誘導することが可能な立場にあり，逆に労働者のほうはそのような立場にないという点である[43]．

労働者の行動様式が以上のような意味で「構成的」な性格を持つのは，いったいなぜであろうか．その根本的な理由は，労働市場に参加する主体の構成（誰が雇われるか，誰が職を失うか）を決定する権限が，「雇い主」という特定の市場参加者に握られているという事実にある．労働者の努力水準の発揮をめぐる雇い主と労働者との利害対立を考察する場合，努力水準の発揮をめぐるゲームへの参加者の構成を決定するのは，当のゲームへの参加者の一人である雇い主であって，雇い主でも労働者でもない第三者ではないという重要な事実が見逃されがちである．ゲームへの参加者の構成を決める権限が雇い主によって排他的に握られている場合には，全く同じ労働能力を持つ人々の中で，雇われる人と雇われない人が存在するのである．

したがって，努力水準の発揮をめぐる労働者の行動様式には，解雇の脅しや強制に限定されない多様性があると主張する場合にも，問題の労働現場への参加資格に関する雇い主の決定権の強さを考慮に入れなければならない．余人をもって代えがたい技能を持った職人を雇い入れる場合には，雇い主が解雇の脅しを用いて自分の望む働きぶりをこの職人から引き出すと考えるのは全く的外れであろう．しかし，余人をもって代えがたい人材の場合と，代わりの人材が容易に見つかる場合とでは，労働現場への参加資格に関する雇い主の決定権の

強さは大きく異なり，それに応じて努力水準の発揮をめぐる労働者の行動様式も変わってくるであろう．

このように，雇い主がどうやって働きぶりを労働者から引き出すのかという問題に答えようとする場合，労働現場への参加資格に関する雇い主の決定権の強さを考慮に入れなければ，特殊な参加者構成を持つ労働現場にのみ当てはまる事実が，あらゆる労働現場における労働者の行動様式へと誤って一般化されるおそれがある．市場への参加資格に関する決定権の所在は，市場の社会的機能をめぐる従来の議論の中で意外にも見逃されてきた重要論点である[44]．労働現場の参加資格に対する強い決定権を握る結果として，雇い主は，解雇の脅しを武器にして自分の望む努力水準を事実上先取りするための手段を獲得するのである．

雇い主が雇用条件の設定を通じて自分の望む努力水準を先取りするという事態は，資本主義経済における生産と分配の関係を如実に物語っている．すでに見たように，剰余価値の生産と実現を基礎とする「$M-C-M'$（money-commodity-more money）循環」によって特徴づけられる資本主義経済では，生産と分配が互いに独立（すなわち，生産技術によって先決された産出量をめぐって，異なる経済主体のあいだでの分配，あるいは異なる用途への配分がおこなわれる）ではなく，生産の決定権を握る特定の経済主体の意思決定が分配上の結果を左右するという意味で生産と分配は相互依存関係にある．ボウルズ＝ギンタスの「抗争交換モデル」で描かれているのは，雇い主が——労働現場への参加資格に関する決定権を握ることを媒介として——雇い入れた労働者の行動様式を自分の有利な方向に誘導する（賃金支払額1ドルあたりの努力水準を最大化するように賃金率を設定する）という関係であるが，これは生産と分配との相互依存関係を資本主義的労働過程の局面で把握したものにほかならない．

マルクスは『資本論』第1部第5編「絶対的および相対的剰余価値の生産」の第16章「剰余価値率を表す種々の定式」において，資本の価値増殖（valorization of capital）の指標としての剰余価値率（剰余価値/可変資本＝剰余価値/労働力価値＝剰余労働/必要労働）と，「剰余価値と労働力価値とを価値生産物の分割部分として表す」（Marx (1962), S. 555, 邦訳，第3分冊，911ページ）通常の分配率概念（剰余労働/労働日＝剰余価値/生産物価値＝剰余生産物/総生産物）

との違いを強調した．現実の資本主義経済でも，生産技術によって先決された付加価値総額を複数の経済主体（たとえば資本家と労働者）が分け合っているのではなく，むしろ，生産の決定権を握る資本家が，剰余価値の生産と実現の過程に対して積極的に介入することを通じて，分配上の結果を自分たちに有利な方向に誘導する傾向にある．たとえば，生産の決定権を握る資本家は，雇用条件の決定を通じて，雇われた労働者の行動様式（たとえば，労働努力の発揮態度）を自分たちの有利になる方向に誘導することができる．ボウルズ＝ギンタスの「抗争交換モデル」は──マルクスの剰余価値論のように労働価値論に従って記述されたものではないが──，資本主義的労働過程の局面における生産と分配の相互依存性を明らかにしたと言えよう．

しかし，労働過程の局面だけでなく資本主義経済の全体においても生産と分配とが互いに独立でないことを説明するためには，剰余価値の生産と実現の両方を統合する分析視角が必要となる．そこで，第 III 部では，貨幣資本の運動を起動させるか否かの機能資本家の意思決定が実現利潤の大きさを左右するという形で，資本主義経済の全体としても生産と分配の相互独立性が破られていることを明らかにする．

補註　マルクス「労働賃金」論の主要論点

「賃金」という経済的カテゴリーを問い直す

マルクスの剰余価値論では，「労働の価格」（時間賃金，出来高賃金など）というカテゴリーは導入されず，もっぱら労働力の価値（労働能力の価値）というカテゴリーに基づいて，資本の価値増殖の仕組みが説明された．だが，剰余価値論による資本の価値増殖の説明だけがマルクスの経済理論の結論なのではない．また，「労働の価格」という現実のカテゴリーを否定することがマルクスの立場なのではない．剰余価値論をふまえて，「労働の価格」あるいは「労働賃金」（時給 h 円，月給 m 円，年収 a 円）という経済的カテゴリーが通用する現実の社会を分析することが，マルクスの経済理論の目的である．『資本論』第 1 部で剰余価値論に続いて「労働賃金」という独立の編が設けられているの

も，資本主義経済の構造を解明するうえで，「労働賃金」という現実的なカテゴリーに基づく分析こそが重要であると考えられているからである．

現実の資本主義経済では，雇い主は労働者に賃金を支払って，その賃金と引き換えに労働者から労働サービスの提供を受けることになっており，「賃金」とは最も一般的には「労働サービスの対価」であると考えられている．「賃金」という日常的な経済的カテゴリーについて考察しなければならないのは，なぜだろうか．それは，様々な賃金形態の中に，雇い主と労働者のあいだの雇用関係や，雇い主が労働者から働きぶりを引き出そうとする方法，雇い主と労働者のあいだの勢力関係，労働者が置かれた社会的状況などが反映されているからである．様々な賃金形態の特質を調べると，雇用関係の質的な違いが見えてくる．剰余価値論を出発点に置くと，労働力の再生産（すなわち，労働力の販売によってのみ生計を立てることのできる人々の生活の再生産）を前提として，「h 時間にわたって機能する労働力の価値」から「h 時間労働の賃金」というカテゴリーが導かれると考えることができる．しかし，「賃金」というカテゴリーのみが支配する現実の雇用関係を見ると，労働力の再生産すら保証しないような賃金形態が堂々とまかり通っていることがわかる．

労働力価値から労働賃金（Arbeitslohn; Wages）への転化

現実の資本主義経済では，マルクスも認めるように，剰余価値論に出てきた「労働力の価値」ではなく，「労働の価格」「賃金」というカテゴリーが通用している[45]．剰余価値論の論理をふまえると，「h 時間にわたって機能する労働力の価値」から「h 時間労働の賃金」というカテゴリーが導かれることを次のように示すことができる．

たとえば，1日あたりの労働者1人の労働時間（1日あたりの労働力の機能時間）が $h = 12$ 時間であり，1時間の労働を通じて形成される付加価値が $\alpha = 0.5$（万円/時間），労働力の価値（労働者1人あたり可変資本）が $V = 3$ 万円であるとしよう．以上の想定のもとでは，「1日に12時間にわたって機能する労働力の価値」は3万円であり，言い換えれば，1人の労働者は「12時間にわたって機能する労働力の価値」として3万円を受け取っている．そして，12時間

5.5 むすび

にわたる労働力の機能（労働）を通じて，$h \times \alpha = 12$（時間）×0.5（万円/時間）$= 6$ 万円の付加価値が形成され，$h \times \alpha - V = 6$ 万円 -3 万円 $= 3$ 万円の剰余価値（surplus value）が資本家によって取得される．「12 時間」にわたる労働力の機能とは，資本の価値増殖に寄与するという機能（すなわち，労働力の機能時間が必要労働時間（$= V \div \alpha = 6$ 時間）を超えて，剰余労働時間（6 時間）も含むこと）にほかならない．以上は，剰余価値論の観点から明らかになる本質的な関係である．

以上の本質的な関係における「12 時間にわたって機能する労働力の価値は 3 万円である」という定式において，「12 時間」にわたる労働力の機能（すなわち「12 時間の労働」）だけが注目されるならば，「12 時間の労働の価値は 3 万円である」（それゆえ，1 時間の労働の価値は 3 万円 $\div$ 12 時間 $= 0.25$（万円/時間）である）という定式が成立する．しかも，労働力が機能する 12 時間のうち 6 時間は必要労働時間（労働力の価値に等しい付加価値を形成する労働時間）で残りの 6 時間は剰余労働時間であることが全く注目されずに，単に「12 時間にわたる労働力の機能（労働）の価格は 3 万円である」としてのみ認識されるようになると，「12 時間の労働の価値は 3 万円である（すなわち，1 時間の労働の価値は 0.25 万円である）」という日常的な「労働賃金」カテゴリーが成立する．現実の経済で雇い主が労働者と雇用契約を結ぶ時，「12 時間の労働の価値は 3 万円である」という「労働賃金」カテゴリーだけが通用しており，労働力の機能時間（12 時間）における必要労働時間と剰余労働時間の区別はいっさい問題にされない．この意味で，「労働賃金」という日常的なカテゴリーでは，「賃金労働者が無償で就労することを貨幣関係が覆い隠している」（Marx (1962), S. 562, 邦訳，第 4 分冊，924 ページ）と言える．

労働力の機能と一定額の貨幣との対応関係だけに注目する「労働賃金」カテゴリーでは，必要労働時間と剰余労働時間の区別が消え去っているが，これは，労働力の再生産（労働力の販売によってのみ生計を立てることのできる人々の生活の再生産）が確保されるか否かもいっさい問題にされないということである．「12 時間の労働の価値は 3 万円（1 時間の労働の価値は 0.25 万円）」という「労働賃金」カテゴリーは，労働力の再生産を決して保証しない．

最も基本的な賃金形態——「時間賃金」と「出来高賃金」

労働力の機能を測る尺度が「時間」ならば「時間賃金 (time wages)」となり，その尺度が生産量ならば「出来高賃金 (piece wages)」となる．「労働賃金」論の最も重要な課題は，「労働賃金」「労働の価格」という範疇の経済的機能である．

「労働賃金」範疇が成立すると，労働力の機能だけが問題になり，資本家は，「労働力」の再生産とは全く無関係に，雇用時間を設定できる．「資本家は，労働者に対して自分じしんの維持に必要な労働時間を与えることなしに，労働者から一定分量の剰余労働を搾り取ることができる」(Ibid., S. 568, 邦訳934ページ)．その結果，「過度労働」による苦しみではなく，「過少労働」による苦しみが労働者に課せられる．

さらに，「出来高賃金」という範疇自体が，資本家たちに労働強度 (labor intensity) の尺度を与える．その結果，資本家が「労働強度の標準水準」を高めることは容易になる．つまり，「出来高賃金」という範疇自体が，労働者のあいだの競争を激しくし，同じ雇用労働時間あたりの労働努力の量（労働強度）を高めざるをえない状況へと労働者を追い込む働きを持つ．

註

[1] 「1 労働時間あたり付加価値」とは，1 労働時間によって新たに形成される価値のことであり，これは（正の剰余価値が得られるかぎりは）1 時間あたり賃金よりも大きい．「1 労働時間を通じて形成される価値」という考え方は，「商品を生産する労働の二重性格」（使用価値をつくる側面と，価値をつくる側面）に基づく．

[2] 現代のグローバル経済における労働価値と搾取に関する実証分析として，Hagiwara(2017) が重要である．

[3] 「資本家が人間の労働力のこの独自な質と潜在力を当てにしているとするならば，この質こそまた，その不確定性 (indeterminacy) ゆえに，資本家が直面する最大の挑戦と問題とをなすものとなる．労働というコインの表裏は相対応している．すなわち，資本家は，大いに役立つ労働を買うとき，同時に不確定の質と量を買っているのであ

る．彼が買い入れるものは，潜在力（*potential*）においては，無限であるが，その実現（*realization*）にさいしては，労働者の主体的状態，彼らのこれまでの歴史，企業の特定の状態とそのもとで労働がなされる一般的社会状態，および，労働の技術的背景によって，限定される．実際に遂行される労働は，これらの要因や他の多くの要因，たとえば労働過程の編成や必要な場合には労働に対する監督の諸形態によって影響されるであろう」(Braverman (1974), pp. 56–57，邦訳 62 ページ)．

[4] 山垣真浩は，雇用関係を「指揮命令関係」の観点から考察し，解雇規制が「労働者の『生産性』『仕事能力』の不足とか人事評価を基準とする解雇を規制するという内容でなければならない」理由について，次のように指摘する．「指揮命令関係の下では，労働者の『生産性』『仕事能力』は技能水準と服従性という 2 つの異質な要素から成っているので，労働者の過度な従属（労働者の厚生の悪化）を防止するためには，使用者が評価するところの『生産性』基準による解雇を制限する必要がある」(山垣 (2010)，247 ページ)．

[5] 失業者の存在が就業労働者による労働努力の発揮態度を左右するという論点は，産業予備軍（相対的過剰人口）の存在が就業労働者の過度労働を強制するというマルクスの観点——「労働者階級の就業部分の過度労働は，彼らの予備軍隊列を膨張させるが，その逆に，この予備軍隊列がその競争によって就業者に加える圧力の増加は，就業者に過度労働と資本の命令への服従を強制する」(Marx (1962), S. 665, 邦訳，第 4 分冊，1093 ページ）——と共通している．マルクスの相対的過剰人口論の理論的性格を検討した最近の研究に，石井（2012）（特に，第 III 部）がある．また，資本主義経済における完全雇用の持続性に関しては，カレツキーの論文「完全雇用の政治的側面」(1943 年) で提起された論点が重要である．カレツキーは，ケインズ的有効需要政策（たとえば，政府支出による有効需要の注入）によって雇用水準を完全雇用にまで引き上げることが理論上は可能であっても，資本家が生産・雇用の決定権を握る資本主義経済の制度的条件のもとでは，完全雇用の持続は現実には不可能であると指摘する．「資本主義経済では，もし政府がそのやり方さえ知っていれば完全雇用を維持しようとするはずだ，という仮定は誤っている」(Kalecki (1971), p. 138, 邦訳 141 ページ）とカレツキーは主張するが，その根拠として挙げられるのは，就業労働者に雇い主（資本家）の命令への服従を強制するものは産業予備軍・相対的過剰人口の存在にほかならないという点である．ケインズ的有効需要政策を通じた完全雇用の維持は，実は，産業予備軍・相対的過剰人口を人為的に消滅させることにほかならず，これは次のような副作用をもたらす．「完全雇用の維持が原因となって社会的・政治的な変化が生じ，その変化は実業の主導者の反対に新たな弾みをつけることになるであろう．実際『首切り〔解雇〕』は永続的な完全雇用体制下にあっては，懲戒手段としての役割を果たさなくなってしまうであろう．経営者の社会的地位は損傷を受け，労働者階級の自信と階級意識は高まるであろう．賃上げと労働条件の改善を求めるストライキは政治的緊張を生み出すであろう．

なるほど，たしかに完全雇用体制下にあっては，利潤は自由放任下の平均よりは大きいし，労働者の交渉力が強くなって賃金率が上昇したとしても，それが利潤を減少させる可能性はそれが物価を上昇させる可能性よりも小さく，したがってそれはひとり金利生活者の利益に悪影響を及ぼすにすぎない．しかしながら，実業の主導者がいっそう重くみるのは利潤よりはむしろ『工場内の規律』であり，『政治的安定性』である．永続する完全雇用というものは彼らから見ると不健全であり，失業こそ正常な資本主義システムのかなめである，とこのように彼らの階級本能が語るのである」(Ibid., pp.140–41, 邦訳 143～144 ページ)．完全雇用が持続すれば，(不完全雇用の状態に比べて生産・雇用水準がより高いのであるから) より大きい利潤が実現するが，「実業の主導者」は高利潤よりも「工場内の規律」(雇い入れた労働者から自分の望む働きぶりを引き出せるための条件) のほうを重視するというのである．カレツキーの「完全雇用の政治的側面」論文の意義については，鍋島 (2001b) の第 10 章が詳しい．完全雇用の持続可能性は，現代の経済政策論においても論争対象の一つである．イギリスのブレア労働党の「完全雇用構想」について詳しく検討した文献に，深井 (2011) がある．

[6] Bowles, Roosevelt, Edwards and Larudee (2017), ch. 11.

[7] マルクスの「労働賃金」論の主要論点については，補註を参照のこと．

[8] Ibid., p. 283.

[9] 「抗争交換モデル」を検討した文献として，佐藤 (1996)，石倉 (1999)，野口 (1999)，鍋島 (2001a)，野口 (2003)，佐藤 (2003)，金子 (2005a)，金子 (2005b)，山垣 (2005) がある．

[10] Shapiro and Stiglitz (1984).

[11] 吉原 (2008) の第 6 章「搾取・富・労働規律の対応理論」では，「抗争的交換による労資の権力関係の存在を強調する立場」(同，223 ページ)(ボウルズ＝ギンタス) と「不均等な富の私的所有の条件下で階級と搾取を説明する」(同) 立場 (ローマー (J. E. Roemer)) との対立点をふまえて，「労働市場に抗争的交換の性質を持たせたとしても，依然として，富の不均等私的所有の存在は，資本主義経済の基本的性質を構成する上での重要な要因であると言える」(同，253 ページ) ことが独自に証明されている．

[12] 労働過程論争の展開については，Thompson (1989) と鈴木 (2001) が詳しい．

[13] Spencer (2000), Spencer (2002).

[14] Spencer (2002), p. 326.

[15] Burawoy and Wright (1990), p. 252.

[16] Bowles and Gintis (1990a), p. 167.

[17] Ibid., p.177.

[18] Ibid., p. 173.

[19] Ibid., p. 176.

[20]「外生的執行の仮定だけを落とす経済学者は道具的な抗争交換 (*instrumental contested exchange*) と呼べるものをモデル化する．というのは諸主体の行動が前もって形成された目的に向けた道具として説明されるからである」(Ibid., p. 175)．

[21] 本章では抗争交換モデルの「構成的」性格として，雇い主によって設定される報酬・制裁・監視の仕組みが労働者の行動様式を左右することに焦点を置くが，ボウルズ＝ギンタスは労働者の働きぶりの決定要因をより広く捉えている．すでに 1985 年の論文で「仕事に対する〔労働者の〕態度は……，単なる人間性の現れではなく，一部には，生産過程がおこなわれる社会制度の結果である」(Bowles (1985), p. 33，〔 〕内は引用者による) と指摘されている．さらに最近では，資産からの所得に対する「残余請求権」と資産に対する「コントロール権」の企業から労働者への移転，すなわち「資産ベースの平等主義」(Bowles and Gintis (1998), p. 11，邦訳 27 ページ) を通じて生産性を向上させる新しい経済政策が提言される．資産ベースの再分配に基づく平等主義経済政策の基礎となる論理については，Bowles (2012) の第 1 章も参照する必要がある．

[22] 資本主義的雇用関係における労働者からの労働努力の抽出をめぐる「抗争交換 (contested exchange)」の議論は，Bowles (2004) に収録された「雇用，失業，そして賃金 (Employment, Unemployment, and Wages)」と題する章 (Ibid., pp. 267–98，邦訳 260～290 ページ) において，「労働市場と雇用関係のモデル」として (Ibid., p. 269，邦訳 262 ページ) 詳しく展開されている．同書の「訳者あとがき」(邦訳 563～572 ページ) では，ボウルズによって提起された「進化社会科学」の意義と評価について，丁寧に解説されている．

[23] 以下の数式については，Bowles and Gintis (1990a), p. 213, note. 36–38 を参照．

[24] Ibid., p. 178. 雇用されている状態の経済的価値 v は，労働者の効用関数 u だけでなく，雇用契約が更新された場合の経済的価値と失職したときの経済的価値も考慮に入れることにより，$v = \bigl(u(w,e) + (1-f(e)) \cdot v + f(e) \cdot z\bigr)/(1+\rho)$ と表される．この式を v について解くと，本文中の定式が得られる．

[25] 制約条件 ($w = w_c$) のもとで v を最大化する問題の 1 階の条件は，$u_e = f_e \cdot (v(w)-z)$ である．

[26] 抗争交換モデルでは，雇用レントがゼロ ($v(w) = z$) となる賃金率と労働強度をそれぞれ w_{min}, e_{min} として，$(w, e) > (w_{min}, e_{min})$ であり，非自発的失業が存在しない場合の「留保賃金」w_{min} のもとで発揮される努力水準 e_{min} は，解雇の制裁が有効で

雇用レントが正（$v(w) > z$）の場合の努力水準よりも低いと想定される．この点については，Bowles and Gintis (1990a), pp. 179–80 を参照．

[27] 「構成的（constitutive）」の意味を考えるうえで参考になるのは，言語学者サール（J.R. Searle）による「統制的規則（regulative rules）」と「構成的規則（constitutive rules）」への「規則（rules）」の分類である．それによると，「統制的規則は，あらかじめ存在する活動，すなわち，その規則とは論理的に独立に存在する活動を統制する」のに対して，「構成的規則が活動を構成（し，また統制）する場合には，その活動の存在はその規則に論理的に左右される」という（Searle (1969), p. 34，邦訳 58 ページ．訳文は邦訳に従っていない）．「統制的規則」は（エチケットに関する規則のように）その規制とは独立に存在する既存の行動形態を統制する．これに対して，「フットボールやチェスの競技に関する規則」に見られるように，「構成的規則」が統制の対象とするのは，その規則に従っておこなわれる「活動」である．競技参加者どうしの関係と雇い主対労働者の関係との質的な違いには注意しなければならないが，ボウルズ＝ギンタスの「構成的抗争交換」モデルでも，労働者の行動様式はもちろん取引主体の構成（労働者全体についての雇用率や失業率）も，雇い主によって設定される労働者の採用条件および報酬・制裁・監視の仕組みに左右される．なお，ボウルズ＝ギンタスの『民主主義と資本主義』（1987 年）には「社会的行為の構成的性格」について次の記述がある．「社会的行為は，何よりもまず，一般的に逆転不可能である．なぜなら，行為の結果として，ゲームのルールが変化し，それゆえ社会選択の条件自体が変化するからである．しかし，おそらくはより重要なことだが，社会的行為の構成的な（constitutive）性格——社会的行為者たちが当の彼ら自身の行動によって変化させられるという事実——ゆえに，社会選択がゲームのルールだけでなく，社会生活の主体そのものも変えることにならざるをえないからである」（Bowles and Gintis (1987), p. 118）．

[28] Akerlof and Yellen (1986), p. 4.

[29] Spencer (2002), p. 320.

[30] Ibid., p. 319.

[31] Ibid., p. 321.

[32] 角田修一は，ボウルズ＝ギンタスの「抗争交換（contested exchange）理論」の理論的意義を早くから検討し，「抗争交換理論は，その内容のすべてにおいてではないが，可変資本の運動における節約の法則（論理）を資本と労働のあいだの競争の次元において展開したという意味合いを含んでいる」（角田 (1994)，14 ページ）と的確に指摘する．個々の資本家が「単位労働費用を最小化する」という形で「可変資本の節約」を図り（同，16 ページ），それに伴って「労働者は高い賃金率と低い労働強度を求めるのに対して，資本家は低賃金率と高い労働強度を求める」（同）という形で利害対立が生じるこ

とを，具体的な「競争」の次元で考察しなければならない．その際に，「抗争交換理論」が重要な分析視角を提供する．さらに，角田は，「労働者からの労働の抽出」について，「労働者からの労働の抽出 (extraction of work) とは，雇用者が買った労働時間を実際になされる労働に転換することである」（角田 (2011), 253 ページ）と説明し，「雇用主が労働時間を生産的な労働に転換するプロセスは，交換というよりも抽出というべきである．市場を支配するものとは違った環境で生じるものであるから，労働の抽出を交換とよぶことは適切でない」（同, 254 ページ）と指摘する．八木紀一郎は，資本家と労働者のあいだでの労働努力をめぐる「対抗的交換 (contested exchange)」の観点から，「資本家は失職コストや監視の実効度を高めることによって，労働者の意思決定を実質的に支配できる」（八木 (2006), 91 ページ）と指摘する．遠山弘徳も「抗争的交換」論の観点から，「資本は，解雇の威嚇を利用することによって，労働者から自己の望む労働努力を引き出すことができる」（宇仁ほか (2010), 33 ページ）と指摘する．

[33] Burawoy (1979) の第 5 章では，「ゲームとしての労働過程の構成がどのようにして剰余労働の隠蔽と確保に寄与するか」（p. 92, 邦訳は引用者による）が論じられる．ビュラヴォイの「同意生産」の仕組みについては，鈴木 (2001) の第 4 章で詳細に検討されている．

[34] 「ゲームをおこなうという活動自体がゲームのルールに関する同意 (consent) をつくりだす」（Burawoy (1979), p. 81, 邦訳は引用者による）．ゲームの設定については，「ゲーム自体の源泉は，運命的に定められた価値観の合意にあるのではなく，仕事に固有な喪失感に順応するための特殊歴史的な闘争や，ルールを定める経営陣との闘争の中にある」（Ibid., p. 82, 邦訳は引用者による）と考えられている．

[35] Spencer (2002), pp. 322–33.

[36] Ibid., p. 322.

[37] Ibid., p. 323.

[38] Burawoy and Wright (1990), p. 252.

[39] Ibid., p. 253.

[40] Ibid., pp. 253–54.

[41] Ibid., p. 254.

[42] 教育制度と経済との関わりをめぐる Bowles and Gintis (1976) の考察は，資本主義経済の構造を理解するうえで，きわめて重要である．「現行の学校制度は，労働者としてふさわしい態度や行動を育成するという点でまさに適切なものとなっている」（Ibid., p. 9, 邦訳 15 ページ）．

[43] 雇い主と労働者のあいだの「抗争交換モデル」の視点は，実証的な分析レベルにも応

用されている．ゴードン（D. Gordon）は，労使関係が対立的（conflictual）か協調的（cooperative）かに応じて失業と生産性上昇率のあいだの関係が異なることに注目し，1980年代以降のアメリカ経済がたどっている軌道は，「賃金圧縮」（大多数の労働者の実質賃金率の低下）と「企業官僚制の重荷」（労働者の監督・管理のための企業組織の肥大化）を特徴とする「ロー・ロード（Low Road）」であり，そこでは，対立的な労使関係の再生産のために多大な社会的資源が浪費されているという（Gordon (1996), p. 144ff，邦訳193ページ以下）．また，ショアー（J. Schor）は，「雇用レント」の概念に基づいて，現代アメリカ経済における長時間労働の背後に「雇い主との取引において労働者を不利な立場におく慢性的な仕事不足の存在」および「長い労働時間を求める雇用主の選好」（Schor (1992), p. xvii，邦訳v～viページ）があることを明らかにした．さらに，「抗争交換モデル」の視点は移行期経済の分析にも応用されている．田中宏は，「被雇用者が『再生産的視点のパワー』をもつ労働市場からボウルズ・ギンタスの示す抗争的交換が行われる労働市場への『回帰』過程」（田中（2005），217ページ）という観点から，1989年以降の「ハンガリーの労働市場の体制転換」（同）を分析している．

[44] 市場参加者自体が市場によって選別されているという事実に関する大庭健の指摘はきわめて重要である．「市場が，参加者の間での合意形成のメカニズムであるときには，市場は，すでにそのつど参加資格を再確定し，参加者と参加できない者を選別していく装置なのである．しかるに，自由市場の擁護論にあっては，市場とはすべての人に開かれつづけているかのように描かれ，まさにそう描かれることによって，参加資格を喪失して外部にたたずむひとびとの存在が消去される」（大庭（2004），90ページ）．ただし，参加資格の再確定措置としての市場の社会的機能を考える場合には，参加資格の決定権が市場内部のどの主体によって握られているかという問題もいっそう重要である．

[45] 「ブルジョア社会の表面では，労働者の賃金は，労働の価格，すなわち一定分量の労働に対して支払われる一定分量の貨幣として現れる」（Marx (1962), S. 557，邦訳，第4分冊，915ページ）．

参考文献

Akerlof, George A. and Janet L. Yellen (1986), *Efficiency Wage Models of the Labor Market*, Cambridge: Cambridge University Press.

Bowles, Samuel (2004), *Microeconomics: Behavior, Institutions, and Evolution*, Princeton and New York: Princeton University Press-Russel Sage Foundation.（塩沢由典・磯谷明徳・植村博恭訳『制度と進化のミクロ経済学』，NTT出版，2013年．）

―――― (2012), *The New Economics of Inequality and Redistribution*, Cambridge, UK: Cambridge University Press.（佐藤良一・芳賀健一訳『不平等と再分配の新しい経済学』，大月書店，2013 年.）

Bowles, Samuel, Frank Roosevelt, Richard Edwards and Mehrene Larudee (2017), *Understanding Capitalism: Competition, Command, and Change*, Fourth Edition, New York: Oxford University Press.

Bowles, Samuel and Herbert Gintis (1976), *Schooling in Capitalist America: Educational Reform and the Contradictions of Economic Life*, New York: Basic Books, 1976.（宇沢弘文訳『アメリカ資本主義と学校教育——教育改革と経済制度の矛盾』，岩波書店，1986～87 年.）

—— (1985), "The Production Process in a Competitive Economy: Walrasian, Neo-Hobbesian, and Marxian Models," *American Economic Review*, Vol. 75, No. 1, pp. 16–36.

—— (1987), *Democracy and Capitalism: Property, Community, and the Contradictions of Modern Social Thought*, London: Routledge and Kegan Paul.

—— (1990a), "Contested Exchange: New Microfoundations for the Political Economy of Capitalism," *Politics and Society*, Vol. 18, No. 2, pp. 165–222.

—— (1990b), "Reply to Our Critics," *Politics and Society*, Vol. 18, No. 2, pp. 293–315.

—— (1998), *Recasting Egalitarianism: New Rules for Communities, States and Markets*, edited by Erik Olin Wright, London: Verso.（遠山弘徳訳『平等主義の政治経済学——市場・国家・コミュニティのための新たなルール』，大村書店，2002 年.）

—— (1999),「資本主義経済における富と力」（野口真訳），横川信治・野口真・伊藤誠『進化する資本主義』，日本評論社，1999 年，53～77 ページ．

Braverman, Harry (1974), *Labor and Monopoly Capital: The Degradation of Work in the Twentieth Century*, New York: Monthly Review Press.（富沢賢治訳『労働と独占資本』岩波書店，1978 年.）

Burawoy, Michael (1979), *Manufacturing Consent: Changes in the Labor Process under Monopoly Capitalism*, Chicago: University of Chicago Press.

Burawoy, Michael and Erik Olin Wright (1990), "Coercion and Consent in Contested Exchange," *Politics and Society*, Vol. 18, No. 2, pp. 251–66.

深井英喜（2011),「ブレア新労働党の社会経済思想——公平と公立の調和と社会的排除概念」（小峯編著（2011），231～263 ページ，所収.）

Gordon, David (1996), *Fat and Mean: The Corporate Squeeze of Working*

Americans and the Myth of Managerial "Downsizing", New York: Free Press.（佐藤良一・芳賀健一訳『分断されたアメリカ』，シュプリンガー・フェアラーク東京，1998年.）

Hagiwara, Taiji (2017), "Labor Value and Exploitation in the Global Economy," in Masao Ishikura, Seongjin Jeong and Minqi Li (eds.), *Return of Marxian Macro-Dynamics in East Asia* (*Reserch in Political Economy*, volume 32), Bingley, UK: Emerald Publishing, pp. 15–37.

石井穣（2012），『古典派経済学における資本蓄積と貧困——リカードウ・バートン・マルクス』，青木書店.

石倉雅男（1999），「市場と経済的権力——ボウルズとギンタスの「抗争交換」モデルを中心として」『一橋論叢』第121巻第6号，40〜61ページ.

角田修一（1994），「抗争的交換と可変資本節約の論理——ラディカル派エコノミストの労働過程＝労働市場論」『立命館経済学』第43巻第1号，1〜22ページ.

―――（2011），『概説 社会経済学』，文理閣.

Kalecki, Michal (1971), *Selected Essays on the Dynamics of the Capitalist Economy 1933–1970*, Cambridge University Press.（浅田統一郎・間宮陽介訳『資本主義経済の動態理論』，日本評論社，1984年.）

金子裕一郎（2005a），「権力の源泉と関心の対立——経済的権力再考」『季刊・経済理論』第42巻第3号，53〜62ページ.

―――（2005b），「抗争交換論における契約について——不完備性と古典性」『一橋論叢』第132巻第6号，70〜86ページ.

小峯敦編著（2011），『経済思想のなかの貧困・福祉——近現代の日英における「経世済民」論』，ミネルヴァ書房.

Marx, Karl (1962), *Das Kapital*, Bd.1, Berlin: Dietz Verlag.（社会科学研究所監修・資本論翻訳委員会訳『資本論』，第1〜4分冊，新日本出版社，1983年.）

鍋島直樹（2001a），「国家・市場・権力へのエージェンシー理論的接近——アメリカ・ラディカル派経済学の転回」『経済理論学会年報』第38集，167〜182ページ.

―――（2001b），『ケインズとカレツキ——ポスト・ケインズ派経済学の源泉』，名古屋大学出版会.

野口真（1999），「資本主義経済の原理と資本主義制度の進化（1）」『専修経済学論集』第34巻第2号，171〜227ページ.

―――（2003），「資本・技術・労働——その結合様式の多型性」（佐藤良一編『市場経済の神話とその変革』，法政大学出版局，所収，229〜266ページ.）

大庭健（2004），『所有という神話——市場経済の倫理学』，岩波書店.

佐藤良一（1996），「USラディカル派と新古典派」（伊藤誠・野口真・横川信治編著『マルクスの逆襲——政治経済学の復活』，日本評論社，1996年，所収，143〜

―――― (2003),「市場と権力――"It doesn't matter who hires whom. Really?"」(佐藤良一編『市場経済の神話とその変革』,法政大学出版局,所収,135~156ページ.)

Searle, John R. (1969), *Speech Acts: an Essay in the Philosophy of Language*, Cambridge: Cambridge University Press.(坂本百大・土屋 俊訳『言語行為――言語哲学への試論』,勁草書房,1986年.)

Shapiro, Carl and Joseph Stiglitz (1984), "Equilibrium Unemployment as a Discipline Device," *American Economic Review*, Vol. 74, No. 3, pp. 433-44.

Schor, Juliet B (1992), *The Overworked American : the Unexpected Decline of Leisure*, New York: Basic Books.(森岡孝二・成瀬龍夫・青木圭介・川人博訳『働きすぎのアメリカ人――予期せぬ余暇の減少』,窓社,1993年.)

Spencer, David A. (2000), "The Demise of Radical Political Economics?: An Essay on the Evolution of a Theory of Capitalist Production," *Cambridge Journal of Economics*, Vol. 24, No. 5, pp. 543-64.

―――― (2002), "Shirking the Issue? Efficiency Wages, Work Discipline and Full Employment," *Review of Political Economy*, Vol. 14, No. 3, pp. 313-27.

鈴木和雄(2001),『労働過程論の展開』,学文社.

Thompson, Paul. (1989), *The Nature of Work: An Introduction to Debates on the Labour Process*, 2nd edition, London: Macmillan.(成瀬龍夫・青木圭介ほか訳『労働と管理――現代労働過程論争』,啓文社,1992年.)

宇仁宏幸・坂口明義・遠山弘徳・鍋島直樹(2010),『入門社会経済学――資本主義を理解する』,ナカニシヤ出版.

八木紀一郎(2006),『社会経済学――資本主義を知る』,名古屋大学出版会.

山垣真浩(2005),「資本主義経済と労働法制の意義――経営組織にかんする一考察」『言語と文化』第2号,247~270ページ.

―――― (2010),「解雇規制の必要性――Authority Relation の見地から」(法政大学大原社会問題研究所・鈴木玲編『新自由主義と労働』,御茶の水書房,223~250ページ.)

吉原直毅(2008),『労働搾取の厚生理論序説』,岩波書店.

第 6 章

非正規雇用の増加と所得格差の拡大

6.1 はじめに

　第 5 章では，雇い入れた労働者から働きぶりを引き出すために，雇い主側が労働者側に行使する経済的権力について検討した．現代経済における資本・賃労働関係を考察する際に，「労働者からの労働の抽出」という観点は依然として重要である．1990 年代以降の日本経済を見ると，資本の価値増殖のために他人の労働を使う立場にある人々は，他人から働きぶりを引き出す権限を，以前にも増して，よりフレキシブルな形で確保している一方で，雇われる側では，賃金を得る機会に恵まれたとしても，日々の生活を維持することも決して容易でない人々が，依然として多い．このような状況の背景にあるのは，実際に仕事をする人々と雇用関係を結ばずに，これらの人々から働きぶりだけをよりフレキシブルな形で抽出することを許す労働者派遣の仕組みである．本章では，非正規雇用の増加を許容する雇い主側のねらいとは何かを考察し，非正規雇用の増加に伴う所得格差の拡大について検証する．

　1990 年代後半以降の労働関連法規の規制緩和によって加速された非正規雇用（パート，アルバイト，派遣社員など，正規の職員・従業員以外の労働者）の増加が経済と社会に及ぼす影響をめぐっては，すでに多くの議論がおこなわれてい

る．2006 年版の『労働経済白書』では，若年層で非正規雇用が増加する結果，収入の低い労働者が増加し，所得格差が今後拡大するのではないかという懸念が指摘された[1]．また，2008 年版の同白書でも，正社員に採用されず不本意ながら非正社員として仕事をしている人々の「仕事への満足度」の低さ[2]が指摘され，「多様な就業希望を実現するものとして期待された柔軟な就業形態」は「コスト削減には有効であっても，労働者の職業能力の向上を通じた労働生産性の向上にはつながりにくい」[3]と指摘された．さらに，世界金融危機を背景とする 2008 年以降の急速な景気悪化の中で，非正規労働者（派遣，契約，請負など）の「雇い止め」（有期雇用社員の雇用契約が契約期間満了時に更新されないこと）の増加が表面化した[4]．2009 年第 2 四半期から 2010 年第 3 四半期の期間に完全失業率が 5％ を超え[5]，2008 年第 2 四半期から有効求人倍率が 1 倍を下回り，2009 年第 2 四半期には 0.42 倍にまで落ち込む[6]など，雇用情勢が急激に悪化した．2013 年 4 月からの日本銀行による量的質的金融緩和政策[7]を背景として，雇用情勢は最悪期を脱したと言われるが，「正規の職員・従業員」として雇われる人々の割合が下がる傾向は，本質的に変わらない．

　ワーキング・プア（就労貧困層）の増加を伴って所得格差が拡大した要因として，労働関連法規の規制緩和に後押しされた非正規雇用の増加を見落とすことはできない．本章では，1990 年代以降の日本経済において，非正規雇用の増加が所得格差に及ぼした影響を検証する．所得格差については多様な観点から分析する必要があり，人口の高齢化の観点からの所得格差の検証も重要であるが，所得格差の拡大の中に非正規雇用の増加に起因する部分の存在が確認されれば，経済のグローバリゼーションと所得格差の拡大との関連が明らかになる．なぜなら，1990 年代半ば以降，グローバル市場におけるコスト削減への圧力の高まりを受けて，労働コストの削減を目的に正規雇用者を非正規雇用者で置き換える企業が増えているからである．1990 年代後半以降の所得格差の拡大の原因として，人口の高齢化と並んで非正規雇用の増加を指摘する見解もある[8]．しかし，雇用者全体における所得格差の拡大と雇用形態の変化との関連を検証した先行研究は少ない[9]．

　本章では，1990 年代以降の日本における所得格差を雇用形態の変化の観点から検証する．第 6.2 節では，非正規雇用の増加を許容した規制緩和の過程を

簡潔にふり返り，正規雇用者を非正規雇用者に置き換えて労働コストを削減しようとする企業側のねらいについて考察する．第 6.3 節では，総務省統計局『労働力調査』のデータにより，非正規雇用者による正規雇用者の置き換えを検証する．第 6.4 節では，総務省統計局『就業構造基本調査』の雇用形態別・所得階級別雇用者数のデータを，正規雇用者グループと非正規雇用者グループに分割する．第 6.5 節では，『就業構造基本調査』の所得階級別人数のデータに各所得階級の平均所得を追加して，年間所得に関するジニ係数を計算し，それを正規・非正規雇用者の各グループ内での所得格差と，正規・非正規雇用者のグループ間の所得格差に分解する．第 6.6 節では，『就業構造基本調査』の雇用形態別・所得階級別雇用者数のデータを用いて，年間所得に関するジニ係数の要因分解をおこない，1990 年代末からの所得格差の拡大は，正規・非正規雇用者の各グループ内での所得格差の拡大というよりも，むしろ，正規・非正規雇用者のグループ間の所得格差の拡大によって説明されることを示す．最後に，以上の検証から得られる論点と，今後の課題を指摘する．

6.2 労働関連法規の規制緩和と雇用形態の変化

最初に，非正規雇用に関する労働関連法規の規制緩和の過程，および，正規雇用者を非正規雇用者で代替して労働コストを削減する企業側のねらいについて概観する．

金融危機が始まった 1990 年代半ば以降には，非正規雇用に関する規制緩和，すなわち，労働者派遣法の相次ぐ改正によって，企業は，グローバル市場におけるコスト削減の圧力の高まりに応じて，いっそうフレキシブルに，派遣労働者を使うことができるようになった．第二次世界大戦後の日本では，非正規雇用に関連して，以下のような規制緩和がおこなわれてきた．

労働者派遣業は，1947 年に施行された職業安定法によって禁止されていた．労働者派遣法が 1986 年に施行されたことにより，13 業種（ソフトウェア開発，事務機器操作，翻訳など）に対して労働者派遣が解禁された．1987 年の同法改正により，さらに 3 業務（機械設計，放送機器操作など）への労働者派遣が許可された．その後，1996 年の同法改正により，政令で定められた 26 の専門業務

（上記の 16 業務を含む）への労働者派遣ができるようになった．1999 年の同法改正により，建設，港湾輸送，警備，製造，医療関連業務を除くすべての業務への労働者派遣が可能になった．

その後，2004 年の同法改正により，製造業への労働者派遣が解禁された．改正法のもとでは，政令で定められた 26 の専門業務に関しては，企業は，人材派遣会社から派遣された労働者を，期間に対する制限なしに使うことができた．他方で，製造業の業務を含む他の業務に関しては，派遣労働者を 1 年以内で（ただし，従業員の過半数代表者との相談により，3 年まで延長可能）使うことができた．2015 年の労働者派遣法の改正により，すべての業務において企業は，今の派遣労働者を新しい派遣労働者に交替させることによって，また，その企業の従業員の過半数代表者に意見聴取をすることによって，同じ部署で派遣労働者を 3 年よりも長く使えるようになった[10]．

間接雇用の一種である労働者派遣の場合，人材派遣会社（派遣元会社）に雇われている労働者は，派遣先会社の指揮・命令のもとに仕事をする．労働基準法などに定められた雇い主責任の多くの部分が派遣会社に課されるので，派遣先会社は，直接の雇用関係を持たずに，直接雇用の労働者の賃金に比べて割安な料金で，派遣労働者を使うことができる[11]．非正規雇用に関する規制緩和のねらいは，既存の雇用関係を，労働者から働きぶりを引き出す権限と，労働者の厚生・社会保険等に関する雇い主責任[12]に分解して，前者の権限を派遣先企業に委ね，後者の雇い主責任を派遣会社に負わせることにある．それゆえ，正規雇用者を非正規雇用者に置き換えようとする企業側のねらいは，雇い主責任を負わずに，労働者から働きぶりを引き出す権限を確保することにある[13]．

1980 年代半ばからの労働関連法規の規制緩和と並んで，非正規雇用が増加する原因になったのは，1990 年代半ば以降における日本企業の雇用戦略の転換である．1995 年に日本経営者団体連盟（日経連）が発表した文書『新時代の「日本的経営」』は，管理職の中核的な正規雇用者（期間の定めのない雇用契約），企画立案・研究開発に従事する専門職（有期雇用契約），事務・販売・技能職のフレキシブル労働者（有期雇用契約）の 3 つのグループから階層的に構成される雇用構造を提言した[14]．

グローバル市場における競争の激化を受けて日本の企業部門は，中核的な正

規雇用者を最小限に減らし，正規雇用の労働者を，非正規雇用の専門職とフレキシブル労働者に置き換えることで，労働コストを削減するための戦略を立てた[15]．雇用構造を転換しようとする企業部門の戦略が，1990年代半ば以降における労働関連法規の規制緩和の進行と非正規雇用の増加の中に色濃く反映されている[16]．

6.3　非正規雇用者による正規雇用者の置き換え

非正規雇用に関する労働関連法規の規制緩和を背景として，1990年代末以降，日本の労働市場には質的な変化が起こった．日本経済では，1997～98年の金融危機の後に比較的短い景気拡大と景気後退が起こったが，2002年1月を谷として景気回復[17]に転じ，全般的な雇用情勢がいったんは改善した．完全失業率（全国，男女計）は，2002年第2四半期と2003年第1～2四半期に最高値5.5％をつけた後に低下に転じ，2007年第3～4四半期の3.7％へ下がった[18]．また，有効求人倍率（新規学卒者を除き，パートタイムを含む）は2002年第1四半期の0.51倍を底に上昇に転じ，2006年第3四半期に1.07倍になった[19]．その後，日本経済は2007年10月を山として景気後退に転じ，世界金融危機が深刻化した2008年第3四半期以降には，日本の雇用情勢は急速に悪化した．完全失業率（全国，男女計）は2008年第1～3四半期に4.0％，同年第4四半期に3.9％であり，有効求人倍率（新規学卒者を除き，パートタイムを含む）は2008年第1四半期の0.98倍から，同年第3四半期の0.85倍，同年第4四半期の0.76倍へ下がった．

しかし，景気変動に伴う雇用指標の変化を調べるだけでは，十分ではない．雇用者数の推移を雇用形態別に調べると，1990年代末以降の日本の労働市場では，非正規雇用者による正規雇用者の置き換えが進んでいることがわかる．表6.1で，総務省統計局『労働力調査』[20]のデータにより，2008年平均の非農林業（全年齢の男女）の「雇用者（役員を除く）」（5175万人）について雇用形態別の内訳を見ると，「正規の職員・従業員」が3410万人（65.9％），「パート・アルバイト」が1155万人（22.3％），「労働者派遣事業所の派遣社員」が140万人（2.7％），「契約社員・嘱託」が322万人（6.2％），「その他」が148万人

表 6.1 雇用形態別の雇用者数（全年齢の男女）（万人）

暦年	雇用者	役員を除く雇用者	正規の職員・従業員	非正規の職員・従業員	パート・アルバイト
2002	5,337	4,940	3,489	1,451	1,053
2003	5,343	4,948	3,444	1,504	1,089
2004	5,372	4,975	3,410	1,564	1,096
2005	5,408	5,008	3,375	1,634	1,120
2006	5,486	5,092	3,415	1,678	1,126
2007	5,572	5,185	3,449	1,735	1,166
2008	5,556	5,175	3,410	1,765	1,155
2009	5,501	5,124	3,395	1,727	1,156
2010	5,508	5,138	3,374	1,763	1,196
2011	5,535	5,167	3,355	1,812	1,229
2012	5,530	5,161	3,345	1,816	1,243
2013	5,558	5,213	3,302	1,910	1,323
2014	5,603	5,256	3,288	1,967	1,350
2015	5,653	5,303	3,317	1,986	1,370
2016	5,741	5,391	3,367	2,023	1,403
2017	5,810	5,460	3,423	2,036	1,414
2018	5,927	5,596	3,476	2,120	1,490

（資料）総務省統計局『労働力調査』「表 10（年平均結果，全国）」の「(1) 年齢階級（10 歳階級）年 6 月 10 日閲覧.）
（註）2017 年 1 月の結果から，算出の基礎となるベンチマーク人口が，2010 年国勢調査結果を基えられた．これに伴って，2010 年 10 月から 2016 年 12 月までの数値は，新基準のベンチマーク「派遣社員」は労働者派遣事業所の派遣社員．「正規割合」は「役員を除く雇用者」のうち「正規の

(2.9%) である．2008 年平均で，「正規の職員・従業員」以外の雇用者（「パート・アルバイト」「派遣社員」「契約・嘱託」「その他」の合計）と定義される「非正規の職員・従業員」（1765 万人）は，「雇用者（役員を除く）」の 34.1% を占める．

表 6.1 から計算されるように，非正規雇用比率（=「非正規の職員・従業員」の人数÷「役員を除く雇用者」の人数，全年齢の男女）は，2002 年の 29.4% から

6.3　非正規雇用者による正規雇用者の置き換え　　　　　　　　　　181

		派遣社員	契約社員	嘱託	その他	正規割合 (%)
パート	アルバイト					
718	336	43	230		125	70.6
748	342	50	236		129	69.6
763	333	85	255		128	68.5
780	340	106	279		129	67.4
793	333	128	284		141	67.1
824	342	133	299		137	66.5
824	331	140	322		148	65.9
817	339	108	323		140	66.3
853	344	96	333		138	65.7
875	355	96	360		127	64.9
890	353	91	355		128	64.8
930	392	116	274	116	82	63.3
946	404	119	292	120	87	62.6
964	405	127	288	118	84	62.5
988	415	133	287	119	81	62.5
997	417	134	291	120	78	62.7
1,035	455	136	294	120	80	62.1

別就業者数及び年齢階級（10 歳階級），雇用形態別雇用者数」（総務省統計局ウェブサイト，2019

準とする推計人口（旧基準）から 2015 年国勢調査結果を基準とする推計人口（新基準）に切り替
人口に基づいて遡及補正された数値が掲載されている．
職員・従業員」の割合．

2007 年の 33.5%，2008 年の 34.1% へ上昇した．その後も，非正規雇用比率は，2010 年に 34.3%，2012 年に 35.2% へ上昇し，2018 年には 37.9% に達した．

　また，表 6.2 で正規雇用者・非正規雇用者の対前年増減を見ると，2003 年から 2005 年までのあいだには，「役員を除く雇用者」全体は増加したが，正

表 6.2 正規雇用者・非正規雇用者（全年齢の男女）の対前年増減（万人）

暦年	役員を除く雇用者（万人）	正規雇用者（万人）	非正規雇用者（万人）	（参考）実質 GDP の対前年変化率（％）
2003	8	−45	53	1.5
2004	27	−34	60	2.2
2005	33	−35	70	1.7
2006	84	40	44	1.4
2007	93	34	57	1.7
2008	−10	−39	30	−1.1
2009	−51	−15	−38	−5.4
2010	14	−21	36	4.2
2011	29	−19	49	−0.1
2012	−6	−10	4	1.5
2013	52	−43	94	2.0
2014	43	−14	57	0.4
2015	47	29	19	1.2
2016	88	50	37	0.6
2017	69	56	13	1.9
2018	136	53	84	0.8

（註）「正規雇用者」は「正規の職員・従業員」，「非正規雇用者」は「非正規の職員・従業員」を指す．
（資料）総務省統計局『労働力調査』（表 6.1 と同じ）．
内閣府経済社会総合研究所「国民経済計算（2011 年基準，2008SNA）統計表一覧（2019 年 1-3 月期 2 次速報値）」（2019 年 6 月 10 日公表，同研究所ウェブサイト）の「実質暦年（前年比）」のデータ．

規雇用者が減少しつつ非正規雇用者が増加し，非正規雇用者による正規雇用者の置き換えが起こった．2006 年と 2007 年には，景気拡大を反映して，正規雇用者と非正規雇用者がともに増加した．しかし，世界同時不況を反映して実質 GDP がマイナス成長（− 1.1％）となった 2008 年には，正規雇用者が 39 万人の減少に転じ，非正規雇用者の増加幅が 30 万人に縮小した結果，「役員を除く雇用者」全体は減少した．実質 GDP がさらに減少した（− 5.4％）2009 年には，正規雇用者の 15 万人減少に，非正規雇用者の 38 万人減少が重なり，「役員を除く雇用者」全体が 51 万人減少した．2013 年 4 月から量的質的金融緩和政策がおこなわれて 6 年経過した 2018 年を見ると，「役員を除く雇用者」全体

が前年に比べて136万人も増えたが，その大半が非正規雇用の増加（84万人）に起因するものだった．雇われる人を増やすためには，「正規の職員・従業員」を増やす必要はなく，「非正規」の仕事をする人々を増やせばよい——このように言ってよいかどうかは，慎重に考えなければならない．

6.4　雇用形態別の所得分布に関する統計データ

　非正規雇用の増加に伴う雇用者全体の所得格差の変化を検証するためには，雇用形態別の所得分布に関するデータが必要である．本章では，総務省統計局『就業構造基本調査』における雇用形態別の所得階級別雇用者数のデータを利用する[21]．同調査では，雇用者の税込み年間所得に関する所得階級別人数のデータが雇用形態別・年齢別に提供されている．

　表6.3には，『就業構造基本調査』の過去6回の調査年次（1992年，1997年，2002年，2007年，2012年，2017年）における雇用形態別の雇用者数（全年齢の男女）が示されている．「役員を除く雇用者（在学者を含む，全年齢の男女）」に占める「正規の職員・従業員」の割合は，1992年の78.3%から一貫して低下し，1997年に75.4%，2002年に68.0%，2007年に64.4%，2012年に61.8%，2017年に61.8%である．

　最新の調査年次（2018年）では，「役員を除く雇用者（在学者を含む，全年齢の男女）」（5583万9400人）は，「正規の職員・従業員」（3451万3700人，61.8%），「パート」（1032万4000人，18.5%），「アルバイト」（439万人3300人，7.9%），「労働者派遣事業所の派遣社員」（141万8900人，2.5%），「契約社員」（303万2200人，5.4%），「嘱託」（119万3200人，2.1%），「その他」（96万4100人，1.7%）の7つの雇用形態から成る[22]．「役員を除く雇用者」（在学者を含む，全年齢の男女）のうち「正規の職員・従業員」以外の雇用形態の雇用者の割合は，1992年の21.7%から1997年の24.6%，2002年の32.0%，2007年の35.6%，2012年の38.2%，2017年の38.2%へ上昇した．

　表6.4から表6.8までの5つの表には，それぞれ，1997年から2017年までの5年ごとの調査年次における所得階級別雇用者数（全年齢の男女，千人）が，雇用形態別に示されている．各年次において，「役員を除く雇用者」の人数か

表 6.3 雇用形態別の雇用者数（全年齢の男女）（千人，％）

（調査年次）	1992 年		1997 年		2002 年	
雇用者	52,575.0		54,996.7		54,732.5	
会社などの役員	3,970.0	(％)	3,849.7	(％)	3,895.0	(％)
役員を除く雇用者	48,605.0	100.0	51,147.1	100.0	50,837.5	100.0
	正規の職員・従業員	38,062.0	78.3	38,541.9	75.4	34,557.0	68.0
	パート	5,967.0	12.3	6,998.0	13.7	7,824.3	15.4
	アルバイト	2,514.0	5.2	3,344.2	6.5	4,237.4	8.3
	派遣社員	163.0	0.3	256.6	0.5	720.9	1.4
	契約社員	—	—	—	—	2,477.3	4.9
	嘱　託	880.0	1.8	965.9	1.9	—	
	その他	1,008.0	2.1	1,024.6	2.0	946.3	1.9

（註）「嘱託」の数値は，1992 年調査と 1997 年調査では「嘱託など」として公表された．「契約
調査では派遣社員（労働者派遣事業所の派遣社員）のカテゴリーが「人材派遣企業の派遣社員」と
（資料）総務省統計局 (2017)，第 30-1 表．総務省統計局 (2012)，第 29 表．総務省統計局
ント）．総務庁統計局 (1992)，第 4 表．

表 6.4 雇用形態別の所得階級別雇用者数（1997 年，全年齢の男女）（千人，％）

所得階級 （万円）	雇用者全体	(％)	会社などの役員	(％)	役員を除く雇用者	(％)	正規雇用者	(％)
50 未満	1,755.0	4.0	76.0	2.7	1,679.0	4.1	122.0	0.4
50—99	5,443.0	11.1	120.0	4.4	5,324.0	11.7	349.0	1.0
100—149	4,084.0	9.1	133.0	5.3	3,950.0	9.4	1,293.0	3.2
150—199	3,730.0	7.3	114.0	3.6	3,616.0	7.6	2,326.0	5.9
200—249	5,150.0	9.7	187.0	6.4	4,963.0	10.0	4,056.0	10.9
250—299	4,470.0	7.9	131.0	3.8	4,339.0	8.2	3,901.0	10.5
300—399	8,193.0	13.9	412.0	12.0	7,781.0	14.1	7,360.0	19.6
400—499	6,390.0	10.6	420.0	11.1	5,969.0	10.6	5,802.0	15.4
500—699	7,769.0	7.4	671.0	8.1	7,098.0	7.4	6,999.0	11.0
700—999	5,392.0	5.6	723.0	9.5	4,669.0	5.3	4,632.0	7.9
1,000 以上	2,427.0	0.7	844.0	6.8	1,584.0	0.3	1,569.0	0.4
合　計	54,197.0	100.0	397.1	100.0	50,347.9	100.0	33,090.4	100.0

（註）本表では，「正規の職員・従業員」の人数が正規雇用者の人数と定義され，「パート」「アルバ
義される．「その他」の人数は，「役員を除く雇用者」から「正規の職員・従業員」と「パート」・
数に併記された割合（％）は，各所得階級の人員比率を表す．各雇用形態の「合計」欄の値は全所
（資料）『就業構造基本調査』（総務庁統計局 (1997)，第 24 表（結果プリント））．

6.4 雇用形態別の所得分布に関する統計データ

	2007 年		2012 年		2017 年	
	57,274.2		57,008.8		59,208.1	
	4,011.7	(%)	3,471.4	(%)	3,368.7	(%)
	53,262.5	100.0	53,537.5	100.0	55,839.4	100.0
	34,324.2	64.4	33,110.4	61.8	34,513.7	61.8
	8,855.0	16.6	9,560.8	17.9	10,324.0	18.5
	4,080.0	7.7	4,391.9	8.2	4,393.3	7.9
	1,607.5	3.0	1,187.3	2.2	1,418.9	2.5
	2,254.7	4.2	2,909.2	5.4	3,032.2	5.4
	1,058.5	2.0	1,192.6	2.2	1,193.2	2.1
	1,042.9	2.0	1,185.4	2.2	964.1	1.7

社員」の数値は，2002 年調査では「契約社員・嘱託」として公表された．1992 年調査と 1997 年呼ばれていた．
(2007)，第 9 表．総務省統計局 (2002)，第 30 表．総務庁統計局 (1997)，第 24 表（結果プリ

非正規雇用者		パート	アルバイト	派遣社員	嘱託など	その他
	(%)					
1,557.0	11.2	607.0	798.0	9.0	36.0	107.0
4,975.0	32.1	3,601.0	1,120.0	37.0	73.0	144.0
2,657.0	21.1	1,696.0	635.0	29.0	126.0	171.0
1,290.0	10.9	614.0	348.0	37.0	153.0	138.0
907.0	8.2	288.0	234.0	65.0	178.0	142.0
438.0	3.9	101.0	91.0	35.0	114.0	97.0
421.0	3.5	55.0	77.0	29.0	139.0	121.0
167.0	1.4	12.0	16.0	8.0	72.0	59.0
99.0	0.5	6.0	4.0	6.0	49.0	34.0
37.0	0.3	3.0	2.0	0.0	18.0	14.0
15.0	0.0	1.0	0.0	1.0	6.0	7.0
17,257.5	100.0	7,766.4	4,181.1	711.3	2,449.7	2,149.0

イト」「人材派遣企業の派遣社員」「嘱託など」「その他」の人数の合計が非正規雇用者の人数と定
「アルバイト」・「人材派遣企業の派遣社員」・「嘱託など」を引いた残差として算出されている．人
得階級の人数の合計であり，表 6.3 の雇用形態別雇用者数とは一致しない．

表 6.5 雇用形態別の所得階級別雇用者数（2002 年，全年齢の男女）（千人，％）

所得階級 （万円）	雇用者全体	(%)	会社などの役員	(%)	役員を除く雇用者	(%)	正規雇用者	(%)
50 未満	2,172.5	4.0	102.5	2.7	2,070.0	4.1	134.9	0.4
50–99	6,042.2	11.1	171.0	4.4	5,871.2	11.7	338.9	1.0
100–149	4,920.5	9.1	204.2	5.3	4,716.4	9.4	1,072.4	3.1
150–199	3,958.4	7.3	139.4	3.6	3,819.0	7.6	1,945.3	5.7
200–249	5,276.9	9.7	245.3	6.4	5,031.6	10.0	3,618.3	10.6
250–299	4,299.7	7.9	146.2	3.8	4,153.5	8.2	3,487.4	10.2
300–399	7,555.7	13.9	463.1	12.0	7,092.6	14.1	6,484.3	18.9
400–499	5,765.7	10.6	427.9	11.1	5,337.8	10.6	5,102.3	14.9
500–599	4,033.0	7.4	311.8	8.1	3,721.2	7.4	3,633.5	10.6
600–699	3,034.9	5.6	363.8	9.5	2,671.1	5.3	2,617.9	7.6
700–799	2,345.7	4.3	241.4	6.3	2,104.3	4.2	2,074.9	6.1
800–899	1,715.8	3.2	196.5	5.1	1,519.3	3.0	1,502.0	4.4
900–999	1,098.9	2.0	176.7	4.6	922.2	1.8	910.3	2.7
1,000–1,499	1,584.1	2.9	397.1	10.3	1,187.0	2.4	1,171.9	3.4
1,500 以上	393.0	0.7	262.2	6.8	130.7	0.3	128.8	0.4
合 計	54,197.0	100.0	397.1	100.0	50,347.9	100.0	34,222.6	100.0

（註）本表では，「正規の職員・従業員」の人数が正規雇用者の人数と定義され，「パート」「アルバ
る．「その他」の人数は，「役員を除く雇用者」から「正規の職員・従業員」と「パート」・「アルバ
割合（％）は，各所得階級の人員比率を表す．各雇用形態の「合計」欄の値は全所得階級の人数の
（資料）『就業構造基本調査』（総務省統計局（2002），第 30 表）．

ら「正規の職員・従業員」（正規雇用者）の人数を引いたものが，「非正規雇用者」の人数に等しい．調査年次によって，所得階級と雇用形態の数が異なる．

表 6.4 の 1997 年調査では，所得階級が 11，雇用形態は，正規雇用者のほか，「パート」・「アルバイト」・「人材派遣企業の派遣社員」・「嘱託など」・「その他」の 6 つである．「その他」の雇用形態の人数は，「役員を除く雇用者」の人数から，正規雇用者の人数，「パート」・「アルバイト」・「人材派遣企業の派遣社員」・「嘱託など」の人数を引いた残差に等しい．

表 6.5 の 2002 年調査では，所得階級が 15，雇用形態は，正規雇用者のほか，「パート」・「アルバイト」・「派遣社員」・「契約社員・嘱託」・「その他」の 6 つである．「その他」の雇用形態の人数は，「役員を除く雇用者」の人数から，正規雇用者の人数，「パート」・「アルバイト」・「派遣社員」・「契約社員・嘱託」の人数を引いた残差に等しい．

6.4 雇用形態別の所得分布に関する統計データ

非正規雇用者	(%)	パート	アルバイト	派遣社員	契約社員・嘱託	その他
1,935.1	12.0	682.6	1,008.8	26.8	81.1	135.8
5,532.3	34.3	3,714.3	1,388.6	93.0	163.7	172.7
3,644.0	22.6	2,171.4	846.7	95.8	366.1	164.0
1,873.7	11.6	723.0	453.1	117.7	439.6	140.3
1,413.3	8.8	315.2	292.4	174.3	504.2	127.2
666.1	4.1	90.4	103.6	93.3	295.7	83.1
608.3	3.8	46.0	64.9	81.6	325.8	90.0
235.5	1.5	13.6	15.7	21.0	140.8	44.4
88.2	0.5	2.2	2.7	4.5	61.8	17.0
53.2	0.3	2.8	2.6	2.0	34.8	11.0
29.4	0.2	2.4	0.7	0.3	18.2	7.8
17.3	0.1	1.0	0.7	0.3	10.5	4.8
11.9	0.1	1.3	0.6	0.7	6.0	3.3
15.1	0.1	0.2	0.0	0.0	0.4	14.5
1.9	0.0	0.0	0.0	0.0	1.0	0.9
16,125.3	100.0	7,766.4	4,181.1	711.3	2,449.7	2,149.0

イト」「派遣社員」「契約社員」「嘱託」「その他」の人数の合計が非正規雇用者の人数と定義され
イト」・「派遣社員」・「契約社員・嘱託」を引いた残差として算出されている．人数に併記された
合計であり，表 6.3 の雇用形態別雇用者数とは一致しない．

表 6.6 の 2007 年調査では，所得階級が 15，雇用形態は，正規雇用者のほか，「パート」・「アルバイト」・「派遣社員」・「契約社員」・「嘱託」・「その他」の 7 つである[23]．「その他」の雇用形態の人数は，「役員を除く雇用者」の人数から，正規雇用者の人数，「パート」・「アルバイト」・「派遣社員」・「契約社員」・「嘱託」の人数を引いた残差に等しい．

表 6.7 の 2012 年調査，および，表 6.8 の 2017 年調査では，所得階級が 16，雇用形態は，正規雇用者のほか，「パート」・「アルバイト」・「派遣社員」・「契約社員」・「嘱託」・「その他」の 7 つである．「その他」の雇用形態の人数は，「役員を除く雇用者」の人数から，正規雇用者の人数，「パート」・「アルバイト」・「派遣社員」・「契約社員」・「嘱託」の人数を引いた残差に等しい．

最も多い人数を持つ所得階級は，雇用形態によって異なる．表 6.6 の 2007 年調査では，最も多い人数を持つ所得階級は「正規の職員・従業員」で 300〜

表 6.6　雇用形態別の所得階級別雇用者数（2007 年，全年齢の男女）（千人，％）

所得階級 (万円)	雇用者全体	(%)	会社などの役員	(%)	役員を除く雇用者	(%)	正規雇用者	(%)
50 未満	2,367.8	4.2	137.2	3.5	2,230.7	4.2	173.9	0.5
50−99	6,318.5	11.2	178.6	4.5	6,139.8	11.6	442.6	1.3
100−149	5,714.9	10.1	238.3	6.0	5,476.5	10.4	1,064.4	3.1
150−199	4,415.1	7.8	169.2	4.3	4,245.9	8.1	1,885.5	5.6
200−249	5,961.8	10.5	265.9	6.7	5,695.9	10.8	3,718.9	11.0
250−299	4,640.8	8.2	172.0	4.4	4,468.8	8.5	3,548.0	10.4
300−399	7,798.9	13.8	484.6	12.3	7,314.3	13.9	6,495.1	19.1
400−499	5,774.9	10.2	424.5	10.8	5,350.4	10.2	5,080.2	15.0
500−599	4,018.3	7.1	331.7	8.4	3,686.7	7.0	3,575.9	10.5
600−699	2,926.6	5.2	301.2	7.6	2,625.3	5.0	2,572.0	7.6
700−799	2,286.7	4.0	244.6	6.2	2,042.1	3.9	2,014.0	5.9
800−899	1,531.2	2.7	178.6	4.5	1,352.5	2.6	1,335.7	3.9
900−999	976.5	1.7	152.5	3.9	824.1	1.6	812.0	2.4
1,000−1,499	1,491.6	2.6	396.0	10.0	1,095.7	2.1	1,082.9	3.2
1,500 以上	427.5	0.8	270.0	6.8	157.5	0.3	152.8	0.5
合　計	56,651.1	100.0	3,944.9	100.0	52,706.2	100.0	33,953.9	100.0

（註）本表では，「正規の職員・従業員」の人数が正規雇用者の人数と定義され，「パート」「アルバイト」．「その他」の人数は，「役員を除く雇用者」から「正規の職員・従業員」ほかの 6 雇用形態の人表す．各雇用形態の「合計」欄の値は全所得階級の人数の合計であり，表 6.3 の雇用形態別雇用者（資料）『就業構造基本調査』（総務省統計局（2007），第 27 表）．

399 万円，「パート」・「アルバイト」で 50〜99 万円，「派遣社員」で 200〜249 万円である[24]．これら 3 つの雇用形態で最も人数の多い所得階級は，どの調査年次でもほぼ同じである．「契約社員」と「嘱託」は，「パート」・「アルバイト」・「派遣社員」に比べて所得のばらつきが大きい傾向にある．「会社などの役員」では，高所得層の割合が他の雇用形態に比べて高い（総人数のうち年収 1000 万円以上の人々の割合は「雇用者全体」で 3.4％，「会社などの役員」で 16.8％）．総人数のうち年収 600 万円以上の人々が占める割合は，正規雇用者で 23.5％，非正規雇用者で 0.7％ であり，所得階級別人数の分布は両グループで異なる．

非正規雇用者	(%)	パート	アルバイト	派遣社員	契約社員	嘱託	その他
2,056.8	11.0	788.1	956.5	62.4	45.4	40.9	163.5
5,697.2	30.4	3,734.4	1,396.4	157.2	132.3	72.6	204.3
4,412.1	23.5	2,744.5	804.7	222.9	305.2	139.8	195.0
2,360.4	12.6	896.5	421.7	292.0	419.0	194.4	136.8
1,977.0	10.5	424.5	281.6	401.5	537.5	209.3	122.6
920.8	4.9	112.9	91.0	228.5	292.5	123.1	72.8
819.2	4.4	60.3	60.1	177.5	305.6	128.8	86.9
270.2	1.4	13.6	12.5	33.4	108.3	67.6	34.8
110.8	0.6	6.3	3.3	9.3	43.7	30.9	17.3
53.3	0.3	0.7	1.4	3.6	17.6	20.7	9.3
28.1	0.1	1.1	0.5	1.6	10.6	10.6	3.7
16.8	0.1	1.6	0.9	0.8	4.2	5.1	4.2
12.1	0.1	1.7	0.4	0.5	2.8	2.6	4.1
12.8	0.1	0.2	0.9	0.0	3.1	5.3	3.3
4.7	0.0	0.8	0.0	0.0	1.8	0.6	1.5
18,752.3	100.0	8,787.2	4,031.9	1,591.2	2,229.6	1,052.3	1,060.1

イト」「派遣社員」「契約社員」「嘱託」「その他」の人数の合計が非正規雇用者の人数と定義され
数を引いた残差として算出されている．人数に併記された割合（％）は，各所得階級の人員比率を
数とは一致しない．

6.5　雇用者の年間所得に関するジニ係数と要因分解

　本節では，『就業構造基本調査』で与えられる「雇用形態別の所得階級別雇用者数」のデータを用いて，「役員を除く雇用者」を「正規雇用者」グループと「非正規雇用者」グループに分割し，これらの雇用者の年間所得に関するジニ係数を，グループ内格差要因，グループ間格差要因と交差要因へ分解することを試みる．表 6.4 から表 6.8 までの 5 つの表は，年間所得のジニ係数を計算するための基礎資料となる．

　『就業構造基本調査』の「雇用形態別の所得階級別雇用者数」では，各所得階級の人数のみが与えられ，各所得階級の 1 人あたり平均所得は与えられていない．そこで，本章では，太田（2005）と内閣府（2006）の方法に従って，各所

表 6.7　雇用形態別の所得階級別雇用者数（2012 年，全年齢の男女）（千人，%）

所得階級 （万円）	雇用者全体	(%)	会社などの役員	(%)	役員を除く雇用者	(%)	正規雇用者	(%)
50 未満	2,631.3	4.7	125.6	3.7	2,505.7	4.7	195.8	0.6
50−99	6,501.2	11.5	196.4	5.8	6,304.8	11.9	390.4	1.2
100−149	6,054.0	10.7	219.8	6.4	5,834.2	11.0	966.8	3.0
150−199	4,456.7	7.9	154.3	4.5	4,302.4	8.1	1,727.1	5.3
200−249	6,182.1	11.0	265.0	7.8	5,917.2	11.2	3,742.0	11.4
250−299	4,611.9	8.2	156.8	4.6	4,455.0	8.4	3,506.1	10.7
300−399	7,804.6	13.9	437.4	12.8	7,367.2	13.9	6,516.9	19.9
400−499	5,683.2	10.1	360.0	10.6	5,323.2	10.1	5,039.1	15.4
500−599	3,927.8	7.0	263.4	7.7	3,664.5	6.9	3,559.5	10.9
600−699	2,781.1	4.9	266.6	7.8	2,514.5	4.8	2,455.4	7.5
700−799	1,967.9	3.5	174.4	5.1	1,793.5	3.4	1,761.8	5.4
800−899	1,292.4	2.3	135.2	4.0	1,157.2	2.2	1,139.7	3.5
900−999	756.4	1.3	114.6	3.4	641.8	1.2	628.2	1.9
1,000−1,249	1,015.6	1.8	220.9	6.5	794.7	1.5	780.3	2.4
1,250−1,499	277.8	0.5	91.9	2.7	185.9	0.4	183.0	0.6
1,500 以上	382.7	0.7	229.3	6.7	153.4	0.3	150.9	0.5
合　計	56,326.7	100.0	3,411.6	100.0	52,915.1	100.0	32,743.0	100.0

(註) 本表では，「正規の職員・従業員」の人数が正規雇用者の人数と定義され，「パート」「アルバ
る．「その他」の人数は，「役員を除く雇用者」から「正規の職員・従業員」と「パート」・「アルバ
された割合（%）は，各所得階級の人員比率を表す．各雇用形態の「合計」欄の値は全所得階級の
(資料)『就業構造基本調査』（総務省統計局（2012），第 29 表）.

得階級における中央の値を 1 人あたり平均所得と見なして，雇用者の年間所得に関するジニ係数を計測する[25]（ジニ係数の計算方法は，補註 1 を参照）．

表 6.6 の 2007 年調査による「雇用形態別の所得階級別雇用者数」（全年齢の男女）に各所得階級の平均所得を追加して計算すると，表 6.9 の計算結果（2007 年の行）に示されているように，「役員を除く雇用者」（在学者を含む）に関する年間所得のジニ係数は，$G = 0.4071$ となる．

表 6.6 では，総人口（役員を除く雇用者）が「正規雇用者」と「非正規雇用者」の 2 つのグループに分けられ，各グループは 15 個の所得階級から成る．また，各グループの全所得階級の（人数×平均所得）の和を総人数で割ると，「非正規雇用者」グループの年間平均所得（144 万 9100 円）は「正規雇用者」グループの年間平均所得（459 万 800 円）よりも低いことがわかる．

非正規雇用者	(%)	パート	アルバイト	派遣社員	契約社員	嘱託	その他
2,309.9	11.5	865.3	1,064.2	66.2	54.3	37.9	222.0
5,914.4	29.3	3,818.7	1,506.5	122.3	151.8	74.2	240.8
4,867.3	24.1	3,064.6	840.8	193.3	417.2	151.8	199.6
2,575.3	12.8	994.4	450.5	210.8	563.0	210.7	145.9
2,175.1	10.8	497.6	297.3	288.5	702.8	251.5	137.4
948.9	4.7	129.7	87.5	142.2	382.7	138.1	68.6
850.2	4.2	65.1	53.1	105.0	383.0	168.9	75.2
284.1	1.4	14.7	10.4	26.3	126.5	70.3	35.9
104.9	0.5	5.4	1.9	3.6	48.0	32.3	13.7
59.1	0.3	2.1	1.9	3.0	23.2	19.0	9.9
31.8	0.2	2.3	0.5	1.6	13.1	10.0	4.2
17.5	0.1	0.7	1.5	0.1	5.3	4.9	5.1
13.6	0.1	2.4	0.5	0.2	3.3	4.9	2.3
14.4	0.1	1.7	0.8	0.0	3.1	6.9	2.0
2.9	0.0	0.5	0.0	0.0	0.6	1.1	0.7
2.6	0.0	0.4	0.1	0.0	0.7	1.0	0.4
20,172.0	100.0	9,465.6	4,317.5	1,163.1	2,878.6	1,183.5	1,060.1

イト」「派遣社員」「契約社員」「嘱託」「その他」の人数の合計が非正規雇用者の人数と定義され
イト」・「派遣社員」・「契約社員」・「嘱託」の人数を引いた残差として算出されている．人数に併記
人数の合計であり，表6.3の雇用形態別雇用者数とは一致しない．

　総人口が平均所得の低い順に2個のグループに分割される場合（たとえば，非正規雇用者の平均所得が正規雇用者の平均所得よりも低く，非正規雇用者が「グループ1」，正規雇用者が「グループ2」と配列される場合），総人口の所得に関するジニ係数 G は，各グループ内での成員間の所得格差から生じるグループ内格差要因 G_A，グループ間の平均所得の格差から生じるグループ間格差要因 G_B，および，各グループの所得分布どうしの重なり（たとえば，非正規雇用者グループの高所得層と正規雇用者グループの低所得層との重なり）から生じる交差要因 G_O の3要因に分解される（$G = G_A + G_B + G_O$）ことが知られている（ジニ係数の要因分解の方法については，補註2を参照）．

　表6.6のデータ（2007年）に各所得階級の平均所得を追加して計算すると，表6.9に示されるように，グループ1（非正規雇用者）のジニ係数は $G(1) = 0.3670$,

表 6.8 雇用形態別の所得階級別雇用者数（2017 年，全年齢の男女）（千人，％）

所得階級 (万円)	雇用者全体	(％)	会社などの役員	(％)	役員を除く雇用者	(％)	正規雇用者	(％)
50 未満	2,572.1	4.4	130.2	3.9	2,442.0	4.4	170.8	0.5
50—99	6,606.8	11.3	200.5	6.1	6,406.3	11.6	322.3	0.9
100—149	6,014.0	10.3	222.8	6.7	5,791.2	10.5	769.8	2.3
150—199	4,357.8	7.4	158.7	4.8	4,199.1	7.6	1,544.4	4.5
200—249	6,345.3	10.8	229.5	6.9	6,115.8	11.1	3,750.3	11.0
250—299	4,744.6	8.1	133.8	4.0	4,610.8	8.4	3,566.8	10.4
300—399	8,306.4	14.2	413.0	12.5	7,893.4	14.3	6,900.0	20.2
400—499	6,069.3	10.4	338.5	10.2	5,730.8	10.4	5,397.8	15.8
500—599	4,260.0	7.3	239.7	7.2	4,020.3	7.3	3,886.4	11.4
600—699	2,928.3	5.0	237.5	7.2	2,690.9	4.9	2,628.7	7.7
700—799	2,168.7	3.7	177.0	5.4	1,991.7	3.6	1,946.5	5.7
800—899	1,342.2	2.3	134.2	4.1	1,208.0	2.2	1,192.0	3.5
900—999	828.4	1.4	115.4	3.5	713.0	1.3	704.7	2.1
1,000—1,249	1,174.3	2.0	231.9	7.0	942.3	1.7	928.9	2.7
1,250—1,499	314.5	0.5	94.6	2.9	219.8	0.4	215.9	0.6
1,500 以上	482.5	0.8	250.9	7.6	231.5	0.4	221.1	0.6
合　計	58,515.2	100.0	3,308.2	100.0	55,207.0	100.0	34,146.4	100.0

(註) 本表では，「正規の職員・従業員」の人数が正規雇用者の人数と定義され，「パート」「アルバ
ス．「その他」の人数は，「役員を除く雇用者」から「正規の職員・従業員」と「パート」・「アルバ
された割合 (％) は，各所得階級の人員比率を表す．各雇用形態の「合計」欄の値は全所得階級の
(資料)『就業構造基本調査』(総務省統計局 (2017)，第 30–1 表).

グループ 2（正規雇用者）のジニ係数は $G(2) = 0.3054$ となる．非正規雇用者の人員比率は $p(1) = 0.3558$，正規雇用者の人員比率は $p(2) = 0.6442$ である．また，非正規雇用者の所得比率は $w(1) = 0.1485$，正規雇用者の所得比率は $w(2) = 0.8515$ である．これらの数値から，「役員を除く雇用者」（在学者を含む，男女，全年齢）に関する年間所得（2007 年）のジニ係数 $G = 0.4071$ は，グループ内格差要因 $G_A = 0.1869$ とグループ間格差要因 $G_B = 0.2073$，交差要因 $G_O = 0.0128$ に分解されることがわかる．残差 (G_O) は，非正規雇用者の中の所得の高い部分と，正規雇用者の中の所得の低い部分との重なりを表す．各要因の割合を見ると，グループ内格差要因 (G_A/G) が 45.9％，グループ間格差要因 (G_B/G) が 50.9％，交差要因 (G_O/G) が 3.1％ である．

非正規雇用者		パート	アルバイト	派遣社員	契約社員	嘱　託	その他
	(%)						
2,271.2	10.8	822.3	1,116.4	71.3	41.5	41.1	178.6
6,084.0	28.9	3,947.8	1,599.7	146.8	135.3	66.1	188.2
5,021.5	23.8	3,325.8	799.4	201.7	396.9	142.0	155.7
2,654.6	12.6	1,167.7	388.2	250.6	543.5	187.3	117.5
2,365.5	11.2	634.1	266.3	352.1	736.8	254.2	122.0
1,044.1	5.0	176.0	87.1	177.2	401.6	146.5	55.7
993.4	4.7	97.1	54.6	145.8	452.2	180.1	63.6
333.1	1.6	21.1	7.9	33.5	157.4	81.3	31.8
133.9	0.6	4.5	1.7	11.7	61.9	40.9	13.2
62.2	0.3	3.5	2.0	4.6	26.4	17.5	8.2
45.2	0.2	2.4	0.8	1.7	22.8	14.4	3.0
16.0	0.1	1.0	0.2	1.0	7.1	4.5	2.3
8.2	0.0	1.6	0.5	0.1	3.1	2.3	0.6
13.5	0.1	2.9	0.1	0.4	4.2	3.7	2.2
4.0	0.0	0.1	0.0	0.0	1.1	1.5	1.2
10.4	0.0	0.4	0.2	0.2	6.1	2.4	1.1
21,060.8	100.0	10,208.3	4,325.1	1,398.7	2,997.9	1,185.8	1,060.1

イト」「派遣社員」「契約社員」「嘱託」「その他」の人数の合計が非正規雇用者の人数と定義され
イト」・「派遣社員」・「契約社員」・「嘱託」の人数を引いた残差として算出されている．人数に併記
人数の合計であり，表 6.3 の雇用形態別雇用者数とは一致しない．

6.6　雇用者の年間所得に関するグループ内・グループ間格差要因の分析

　『就業構造基本調査』の雇用形態別・所得階級別雇用者数のデータを用いてジニ係数の要因分解をおこない，雇用者の年間所得に関する正規・非正規雇用者の各グループ内格差と正規・非正規雇用者のグループ間格差を分析すると，1990 年代末以降における所得格差の特徴が明らかになる．

　表 6.9 では，雇用者（会社などの役員を除く，在学者を含む，全年齢の男女）の年間所得に関するジニ係数 G がグループ内格差要因 G_A とグループ間格差要因 G_B，交差要因 G_O に分解され，各要因の割合（G_A/G, G_B/G, G_O/G）の推移

194　第 6 章　非正規雇用の増加と所得格差の拡大

表 6.9　「役員を除く雇用者」（全年齢の男女）の年間所得に関するジニ係数

調査年次	役員を除く雇用者のジニ係数 G				正規雇用者のジニ係数 $G(2)$	非正規雇用者のジニ係数 $G(1)$
		グループ内格差要因 G_A	グループ間格差要因 G_B	交差要因 G_O		
1997	0.3920	0.2205	0.1636	0.0079	0.3079	0.3775
2002	0.4050	0.1961	0.1982	0.0108	0.3039	0.3764
2007	0.4071	0.1869	0.2073	0.0128	0.3054	0.3670
2012	0.4055	0.1755	0.2137	0.0164	0.2955	0.3649
2017	0.4048	0.1744	0.2139	0.0164	0.2931	0.3683

(註)「正規の職員・従業員」の人数が正規雇用者の人数と定義され，「役員を除く雇用者数」から正正規雇用者」の人数と定義される．各所得階級の 1 人あたり平均所得は，各所得階級の中央の値は，450 万円であると仮定される）．2017 年・2012 年・2007 年・2002 年調査では，所得階級所得階級「1,000 万円以上」の 1 人あたり平均所得が 1,350 万円であると仮定される．ジニ係数（資料）ジニ係数の基礎資料（『就業構造基本調査』による雇用形態別の所得階級別雇用者数）は，

(1997 年, 2002 年, 2007 年, 2012 年, 2017 年）が示されている．

「役員を除く雇用者」のジニ係数 G は，1997 年の 0.3920 から 2002 年の 0.4050，2007 年の 0.4071，2012 年の 0.4055，2017 年の 0.4048 へ上昇した．一方，グループ内格差要因 G_A は，1997 年の 0.2205 から 2002 年の 0.1961，2007 年の 0.1869，2012 年の 0.1755，2017 年の 0.1744 へ低下したが，グループ間格差要因 G_B は，1997 年の 0.1636 から 2002 年の 0.1982，2007 年の 0.2073，2012 年の 0.2137，2017 年の 0.2139 へ上昇した．

すべての調査年次で正規雇用者のジニ係数が非正規雇用者のそれよりも低い（$G(2) < G(1)$）．各要因の割合の推移を見ると，グループ内格差要因の割合（G_A/G）が 1997 年の 56.2% から 2002 年の 48.4%，2007 年の 45.9%，2012 年の 43.3%，2017 年の 43.1% へ低下したが，グループ間格差要因の割合（G_B/G）は 1997 年の 41.7% から 2002 年の 48.9%，2007 年の 50.9%，2012 年の 52.7%，2017 年の 52.9% へ上昇した．交差要因の割合（G_O/G）は，1997 年の 2.0% から 2002 年の 2.7%，2007 年の 3.1%，2012 年の 4.0%，2017 年の

6.6 雇用者の年間所得に関するグループ内・グループ間格差要因の分析

グループ内格差要因の割合 (%) $(G_A/G) \times 100$	グループ間格差要因の割合 (%) $(G_B/G) \times 100$	交差要因の割合 (%) $(G_O/G) \times 100$	合計 (%)
56.2	41.7	2.0	100.0
48.4	48.9	2.7	100.0
45.9	50.9	3.1	100.0
43.3	52.7	4.0	100.0
43.1	52.9	4.1	100.0

規雇用者の人数を引いたもの（パート，アルバイト，派遣社員，契約社員，嘱託，その他）が「非に等しいと仮定される（たとえば，400 万円以上 500 万円未満の所得階級の 1 人あたり平均所得「1,500 万円以上」の 1 人あたり平均所得が 2,000 万円であると仮定される．1997 年調査では，の値は，小数第 5 位を四捨五入したものである．
表 6.4，表 6.5，表 6.6，表 6.7，表 6.8 である．

4.1% のように推移した．

　以上の結果から示唆されるように，1990 年代末以降に「役員を除く雇用者」に関する所得格差を拡大させた要因として，グループ内格差要因よりもむしろ，正規雇用者グループと非正規雇用者グループのあいだのグループ間格差要因の比重が増したことに注目しなければならない．

　補註 2 の (6.9) 式に示されるように，グループ 1（非正規雇用者）とグループ 2（正規雇用者）のあいだでの平均所得の格差から生じる「グループ間格差要因 G_B」は，グループ 1 の人員比率 $p(1)$ から同グループの所得比率 $w(1)$ を引いたものに等しい．表 6.10 には，「役員を除く雇用者」（全年齢の男女）の年間所得に関するジニ係数の要因のうち，グループ間格差要因 $G_B = p(1) - w(1)$，グループ 1（非正規雇用者）の人員比率 $p(1)$ と所得比率 $w(1)$ の計算値が，1997 年から 2017 年までの期間の 5 年ごとに示されている．

　すべての調査年度でグループ 1（非正規雇用者）の人員比率 $p(1)$ が所得比率 $w(1)$ を上回っており，どちらの比率も時間の経過につれて上昇している．

表 6.10 「役員を除く雇用者」（全年齢の男女）の年間所得に関するグループ間格差 G_B の決定要因

調査年次	グループ間格差 $G_B = p(1) - w(1)$	非正規雇用者グループの人員比率 $p(1)$	非正規雇用者グループの所得比率 $w(1)$
1997	0.1622	0.2471	0.0849
2002	0.1982	0.3203	0.1221
2007	0.2073	0.3558	0.1485
2012	0.2137	0.3812	0.1676
2017	0.2139	0.3815	0.1675

（資料）ジニ係数の基礎資料は，表 6.4，表 6.5，表 6.6，表 6.7，表 6.8 である．

「役員を除く雇用者」に関する所得格差を拡大させる要因のうち，正規雇用者グループと非正規雇用者グループのあいだの格差要因の高まりは，非正規雇用者グループの人員比率が，同グループの所得比率を上回りつつ，時間の経過とともに上昇してきたことを意味する．

6.7 むすび

雇用者の年間所得に関するジニ係数の要因分解から示唆されるように，1990年代末からの雇用者間の所得格差の拡大は，正規雇用者と非正規雇用者の各グループ内での所得格差というよりも，むしろ，正規雇用者と非正規雇用者のグループ間での所得格差の拡大によって説明される．この事実確認により，1990年代以降の日本における所得格差の拡大の背景には，非正規雇用の増加があったと考えられる．

非正規雇用の増加に伴う所得格差の拡大の検証方法については，残された問題が少なくない．総務省統計局『就業構造基本調査』の公表集計データに基づく考察では，各雇用形態に分類される人々の具体的な属性は不明であり，正規・非正規雇用者のグループ分割に明確な意味づけをすることが難しい．非正規雇用の増加が労働者の生活に及ぼす影響を検証するためには，関連統計の個票データを用いた研究にも取り組まなければならない[26]．

さらに，正規雇用者と非正規雇用者のグループ間での所得格差の拡大が持つ社会経済的意味についても，慎重に検討しなければならない．雇用者間での所

得格差の拡大は，既得権益を持つ正社員と，劣悪な労働条件に置かれた非正規雇用者との対立の問題だと考える向きがあるかもしれない[27]．しかし，コスト削減の名のもとに，労働者の厚生・社会保険等に関する雇い主責任を回避して，他人から働きぶりを引き出す権限のみを確保しようとする企業側の既得権益こそ，根本的に問い直されなければならない．

補註 1　ジニ係数の計算方法

各所得階級の人数と 1 人あたり平均所得が既知である場合，所得に関するジニ係数の計算方法は次のようである．総人口が n 個の所得階級から成る場合，各所得階級の人数を x_i $(i=1,\cdots,n)$ で表すと，総人口に対する各所得階級の人員比率 p_i は $p_i = x_i/\sum_{i=1}^{n} x_i$ と定義される．各所得階級の 1 人あたり平均所得を m_i で表すと，総人口の所得総額に対する各所得階級の所得比率 w_i は，$w_i = x_i m_i / \sum_{i=1}^{n}(x_i m_i) = p_i m_i / \sum_{i=1}^{n}(p_i m_i)$ と表される．各所得階級の累積所得比率を $Q_i = \sum_{k=1}^{i} w_k$ と表すと，所得に関するジニ係数 G は，次のように計算される[28]．

$$G = 1 - \sum_{i=1}^{n} p_i(2Q_i - w_i) \tag{6.1}$$

表 6.4 から表 6.8 までの所得階級別雇用者数のデータに各所得階級の平均所得を追加すると，各所得階級の人員比率 p_i と所得比率 w_i に基づいて，所得に関するジニ係数が計算される．

補註 2　ジニ係数の要因分解の方法

次に，成員間の所得格差の観点から，ジニ係数の定義を見よう[29]．総人口が n 人の成員から成り，各成員の所得が y_i（ただし，$y_1 < y_2 < \cdots < y_n$）である場合，所得に関するジニ係数 G は次のように定義される．

$$G = \sum_{i=1}^{n} \sum_{j=1}^{n} \frac{|y_i - y_j|}{2un^2} \tag{6.2}$$

u は 1 人あたり平均所得，$u = \frac{1}{n}\sum_{i=1}^{n} y_i$ である．(6.2) 式は次のように変

形できる.

$$Gun^2 = \sum_{i=1}^{n}\sum_{j=1}^{n}\frac{|y_i - y_j|}{2} \tag{6.3}$$

ジニ係数 G・1 人あたり平均所得 u・成員数の二乗 n^2 の積（左辺）は，成員間の所得格差の総計（右辺）に等しい．各グループ内の格差要因を調べるときに，(6.3) 式を応用する．

総人口 n がグループ 1（非正規雇用者）の人数 $n(1)$ とグループ 2（正規雇用者）の人数 $n(2)$ に分割され ($n = n(1)+n(2)$)，非正規雇用者の平均所得 $m(1)$ が正規雇用者の平均所得 $m(2)$ よりも低いとしよう（$m(1) < m(2)$）．総人口に対する各グループ（$I = 1, 2$）の人員比率は $p(I) = n(I)/n$ と表される．総人口の所得総額に対する各グループの所得比率は，$w(I) = [n(I)m(I)]/\sum_{I=1}^{2}[n(I)m(I)] = [p(I)m(I)]/\sum_{I=1}^{2}[p(I)m(I)]$ と表される．また，総人口の 1 人あたり平均所得 u は，$u = \sum_{I=1}^{2}(n(I)m(I))/n = \sum_{I=1}^{2}(p(I)m(I))$ と表される．

次に，各グループ内の所得格差の計算方法を見よう．y_{Ii} をグループ I の第 i 成員の所得とすると，(6.3) 式と同様に，グループ I におけるジニ係数 $G(I)$，1 人あたり平均所得 $m(I)$，成員数 $n(I)$，成員間の所得格差の総計に関して，次の関係が成立する．

$$G(I)m(I)[n(I)]^2 = \sum_{i=1}^{n(I)}\sum_{j=1}^{n(I)}\frac{|y_{Ii} - y_{Ij}|}{2} \tag{6.4}$$

したがって，グループ 1（非正規雇用者）とグループ 2（正規雇用者）における成員間の所得格差の総計は，次のように表される．

$$\sum_{i=1}^{n(I)}\sum_{j=1}^{n(I)}\frac{|y_{1i} - y_{1j}|}{2} + \sum_{i=1}^{n(2)}\sum_{j=1}^{n(2)}\frac{|y_{2i} - y_{2j}|}{2}$$
$$= G(1)m(1)[n(1)]^2 + G(2)m(2)[n(2)]^2 \tag{6.5}$$

両グループにおける成員間の所得格差の総計を，総人口の 1 人あたり所得と

6.7 むすび

総人口の二乗の積 (un^2) で割ったものが,グループ内格差要因 G_A である.

$$G_A = \frac{\sum_{i=1}^{n(1)}\sum_{j=1}^{n(1)}\frac{|y_{1i}-y_{1j}|}{2} + \sum_{i=1}^{n(2)}\sum_{j=1}^{n(2)}\frac{|y_{2i}-y_{2j}|}{2}}{un^2}$$
$$= \frac{G(1)m(1)[n(1)]^2 + G(2)m(2)[n(2)]^2}{un^2} \tag{6.6}$$

ここで,各グループの人員比率 $p(I) = n(I)/n$ と所得比率 $w(I) = [p(I)m(I)]/u$ を用いると,(6.6) 式は次のように変形される.

$$G_A = w(1)p(1)G(1) + w(2)p(2)G(2) \tag{6.7}$$

(6.7) 式のように,グループ内格差要因 G_A は,所得比率 $w(I)$・人員比率 $p(I)$・ジニ係数 $G(I)$ の積を両グループについて合計したものに等しい.表 6.4 から表 6.8 までのデータに各所得階級の平均所得を追加して,グループ 1 (非正規雇用者) とグループ 2 (正規雇用者) の所得比率 $w(I)$・人員比率 $p(I)$・ジニ係数 $G(I)$ を計算し,これらの積を合計すると,グループ内格差要因 G_A が計算される.

次に,グループ間の平均所得の格差から生じるグループ間格差要因 G_B の計算方法を見よう.グループ 1 (非正規雇用者) とグループ 2 (正規雇用者) は,平均所得の低い順 $(m(1) < m(2))$ に配列される.各グループの累積所得比率を $Q(I) = \sum_{k=1}^{I} w(k)$ と定義して,(6.1) 式を適用すると,グループ間格差要因 (G_B) は次のように計算される.

$$G_B = 1 - \sum_{I=1}^{2} p(I)[2Q(I) - w(I)] \tag{6.8}$$

ここで,$Q(1) = w(1)$,$Q(2) = w(1) + w(2) = 1$,$p(1) + p(2) = 1$ の関係に注意すると,$G_B = 1 - p(1)w(1) - [1 - p(1)][1 + w(1)]$ と計算される.それゆえ,グループ間格差要因 G_B は,グループ 1 (非正規雇用者) の人員比率から同グループの所得比率を引いたものに等しい.

$$G_B = p(1) - w(1) \tag{6.9}$$

交差要因 G_O は,総人口の所得に関するジニ係数 G からグループ内格差要因 G_A とグループ間格差要因 G_B を引いた残差として計算される.

註

[1] 厚生労働省（2006），173 ページ．

[2] 厚生労働省（2008），155 ページ．

[3] 同，257 ページ．

[4] 厚生労働省職業安定局「非正規労働者の雇止め等の状況について（2 月報告，速報）」（2009 年 2 月 27 日，厚生労働省ウェブサイト）では，2008 年 10 月から 2009 年 3 月までのあいだに「実施済み又は実施予定」の「派遣又は請負契約の期間満了，中途解除による雇用調整及び有期契約の非正規労働者の期間満了，解雇による雇用調整」は，2009 年 2 月 18 日現在で，全国で「2,316 事業所，15 万 7,806 人」であると報告されている．

[5] 完全失業率のデータは，総務省統計局『労働力調査』の「基本集計」における「長期時系列表 8」の「(4) 地域，就業状態別 15 歳以上人口」（四半期平均，男女）の完全失業率（全国）の数値（2019 年 4 月 26 日公表，総務省統計局ウェブサイト）に基づく．

[6] 有効求人倍率のデータは，厚生労働省「職業安定業務統計」（2019 年 5 月調査，総務省統計局ウェブサイト）における「有効求人倍率（新規学卒者を除きパートタイムを含む）」の実数値に基づく．

[7] 2013 年 4 月以降の量的質的金融緩和政策については，日本銀行「『量的・質的金融緩和』の導入について」（2013 年 4 月 3 日発表，同行ウェブサイト）を参照のこと．

[8] OECD（2006）では，「非正規雇用者が増加したことが，日本における市場所得の格差の拡大の主な説明要因である」（Section 4.8，邦訳 117 ページ）と指摘されている．

[9] 太田（2005）では，総務省統計局『就業構造基本調査』のデータを用いて，雇用者全体の所得格差の拡大と雇用形態の変化との関係が詳しく検証されている．

[10] 日本における労働者派遣に対する規制についてより詳しくは，独立行政法人労働政策研究・研修機構編 (2016)，162 ページを参照．

[11] 労働者派遣事業の仕組み，派遣事業と請負事業の違いなどについては，厚生労働省・都道府県労働局（2015），厚生労働省職業安定局（2008）を参照．

[12] 職業安定法施行規則（最終改正 2007 年 8 月 3 日，厚生労働省令第 102 号）の第 4 条における「使用者として法律に規定されたすべての義務」について，厚生労働省は「『使用者として法律に規定されたすべての義務』とは，労働基準法，労働者災害補償保険法，雇用保険法，健康保険法，労働組合法，労働関係調整法，厚生年金保険法，民法等

における使用者，又は雇用主としての義務をいう」(厚生労働省「労働者供給事業業務取扱要領」) と解釈している．

13　伍賀一道は，「労働者派遣法が労働者供給事業を労働者派遣事業として合法化したことの経済的意味」を「1) 労働力商品をリースの対象とすることの容認であるとともに，2) 『雇用主責任代行サービスの商品化』の容認にほかならない．これらの容認によって雇用関係と指揮命令関係とを分離し，雇用主責任を供給先（すなわち派遣先）から免除した」と指摘する（伍賀（2005），14 ページ）．労働者派遣事業における「雇用関係と指揮命令関係」の分離，および，派遣先企業の「雇用主責任」の「免除」に関する伍賀の指摘は，きわめて重要である．また，派遣元に転嫁された「雇い主責任」の遂行に関する次の指摘も重要である．「派遣先が派遣料金引き下げ圧力を強めれば強めるほど，また受注競争のなかで派遣元が派遣料金を引き下げればそれだけ雇用主責任代行サービスを果たす条件が失われ，雇用主責任の空洞化が進行することになる」（伍賀（2007），14 ページ）．伍賀（2014）は，書名が示す通り，「非正規大国」日本で働かされる人々が生活できるかどうかを，詳しく考察している．同書から学ぶところはたいへん多いが，「規制緩和論者の『個人単位の賃金』論」（同，244 ページ）に関する次の指摘は，問題の核心に迫るものがある．「現実には女性や高齢者を含む非正規化の進行によって，『個人単位の賃金』への移行というよりも『自身の労働力の再生産すら困難な賃金レベルでの労働者化』が進み，夫婦や子ども，さらには親の年金を合わせることでようやく生計を維持している世帯が増えている」（同，245 ページ）．

14　日本経営者団体連盟（1995），32 ページ．

15　ただし，伊達浩憲が「非典型雇用への依存は，今に始まったことではない．戦後日本の自動車産業は，1950–60 年代において，臨時工を不可欠の労働力としていた」（伊達（2006），61 ページ）と指摘するように，日本の企業部門における非正規雇用の問題は，1990 年代以降に限定してはならない．詳しくは，伊達（2006）を参照のこと．

16　福田（2010）の第 3 章では，1990 年代以降の所得格差の拡大について，グローバリゼーションの進展と新自由主義的政策との関連で詳しく分析されている．また，「情報資本主義」論の観点から所得格差の拡大を分析した研究に，佐藤（2010）がある．

17　内閣府経済社会総合研究所（2018）によると，「第 13 循環」の日付は 1999 年 1 月（谷）・2000 年 11 月（山），「第 14 循環」は 2002 年 1 月（谷）・2008 年 2 月（山），「第 15 循環」の日付は 2009 年 3 月（谷）・2012 年 3 月（山），「第 16 循環」の日付は 2012 年 11 月（谷）である．その後の景気循環日付は発表されていない（2019 年 6 月 15 日現在）．

18　以下における完全失業率のデータは，総務省統計局『労働力調査』「長期時系列データ（基本集計）」の「参考表 8–(1) 地域，就業状態別 15 歳以上人口」（四半期平均，男女

の完全失業率（全国）の数値（2009年2月27日公表，総務省統計局ウェブサイト）による．

[19] 以下における有効求人倍率のデータは，厚生労働省「職業安定業務統計」（2009年1月調査，総務省統計局ウェブサイト）における「有効求人倍率（新規学卒者を除きパートタイムを含む）」の季節調整値による．

[20] 総務省統計局『労働力調査』では，調査周期は毎月，調査対象数は15歳以上の世帯員約10万人，約4万世帯であり，調査期間中（月末1週間）に少しでも収入になる仕事をした者が「就業者」と把握される（actual方式）．就業者のうち「雇用者」とは，「会社，団体，官公庁又は自営業主や個人家庭に雇われて給料，賃金を得ている者及び会社，団体の役員」（総務省統計局（2008）の用語解説）と定義される．

[21] 総務省統計局『就業構造基本調査』（調査周期は5年，2007年10月1日現在の最新調査の対象は15歳以上の約45万世帯）では，「ふだんの状態」で収入になる仕事をし，調査日以降も仕事を続けることになっている者が「有業者（persons engaged in work）」と把握される（usual方式）．就業状態の把握における『就業構造基本調査』と『労働力調査』の違いについては，総務省統計局『『平成19年就業構造基本調査』の結果を見る際の主な留意点」（2008年7月3日，同ウェブサイト）を参照されたい．『就業構造基本調査』では，「有業者」のうち「雇用者（employees）」が「会社員，団体職員，公務員，個人商店の従業員など，会社，団体，個人，官公庁，個人商店などに雇われている者」と定義され，「会社などの役員」は「会社の社長，取締役，監査役，各種団体の理事，監事などの役職にある者」と定義される．また，「雇用者の所得」は「賃金，給料，手間賃，諸手当，ボーナスなど過去1年間に得た税込みの給与総額（現物収入は除く）」と定義される（総務省統計局（2007）の用語解説）．

[22] 『就業構造基本調査』に記載された派遣社員の人数は，労働者派遣事業所を対象とする調査結果の数値よりも少ない．厚生労働省職業安定局（2008）によると，派遣労働者の総数は2003年度の236万2380人，2006年度の321万468人，2007年度の381万2353人（うち73.3%が登録型派遣労働者）であった．山垣真浩は，日本における労働者派遣業の現状を分析し，労働者派遣が「構造的低賃金圧力」と「雇用の不安定さ」を引き起こす理由，および，労働者派遣に対する現行の規制の問題点を指摘している（山垣（2008），72～76ページ）．

[23] ただし，契約社員と嘱託に関わる分類は時系列的に一貫していない（表6.3のように，1992年調査と1997年調査では「嘱託など」，2002年調査では「契約社員・嘱託」，2007年調査では「契約社員」・「嘱託」）．また，「その他」の雇用形態に分類される人々の属性が公表集計データでは不明である．

[24] 厚生労働省の調査によれば，2005年における派遣労働者の平均年収（現在の派遣期間

を含む1年間の見込み，登録型派遣労働者）は242万円であった（厚生労働省職業安定局（2005），「III　調査結果」の「3　派遣労働者調査」項の「表46」）．

[25] 太田（2005），17ページの「注13」，および，内閣府（2006），273ページの「第3-3-18図（労働所得のジニ係数の推移）」に従って，たとえば「300～399万円」の所得階級では1人あたり平均所得が350万円であると仮定し，「50万円未満」の所得階級では平均所得が25万円，「1500万円以上」の所得階級では平均所得が2000万円であると仮定する．

[26] 小崎（2007）では，『就業構造基本調査』の個票データを用いて家族類型別のロジスティック分析をおこない，妻が非典型労働者として就業する確率を高める家族類型の特徴として，「子供の数が多い」「相対的に低い学歴」「夫の収入が低い」などの属性が検出されている．岩井浩は，総務省統計局『就業構造基本調査』の秘匿処理済ミクロ統計データ（1992年，1997年，2002年）を用いて，「ワーキングプア」の実数と比率を推計している．その推計方法は「第1に，最低生活基準以下の低所得の就労世帯が選定され，第2に，その世帯に属する世帯員個人に関する所得と労働力状態のクロス表から求職失業者（失業貧困者）と就業者（就労貧困者）が推計・算定される」（岩井（2009），35ページ）というもので，「最低生活基準以下の低所得の就労世帯」に属する人々が推計対象とされ，「求職失業者」（失業貧困者）と「就労貧困者」の合計が「ワーキングプア」と把握される．「ワーキングプア」（求職失業者と就労貧困者）の増加（1992年の257万6663人から2002年の583万8147人へ），「ワーキングプア」に占める非正規雇用者の割合の上昇（1992年の21.3％から2002年の33.4％へ）などの推計結果（同，36ページ）により，「ワーキングプア」層の不安定就業の実態が分析されている．また，水野谷武志は，年齢と所得水準による労働時間格差を分析するために，『就業構造基本調査』の秘匿処理済ミクロ統計データを用いて，次の集計表を作成している．第一に，性・雇用形態（正規雇用者と非正規雇用者）・週間就業時間別の就業者構成比（水野谷（2009），69ページ）．第二に，性・職業・年齢・雇用形態別の「短時間」（週間就業42時間以下）・「長時間」（同49時間以上）就業者構成比（同，72～74ページ）．第三に，性・職業・雇用形態・所得水準別の「短時間」・「長時間」就業者構成比（同，76～78ページ）．1992年と2002年の比較により，若年層の長時間労働者が増加する傾向（同，71ページ）のほか，年収100万円未満の非正規雇用者（パート，アルバイト）における長時間労働の増加（同，78ページ）など，公表集計表からは得られない構造変化が検出されている．また，宇仁（2009）の第3章では，『就業構造基本調査』（1997年，2002年）の秘匿処理済ミクロデータを用いて，年齢階級別の男性賃金の不平等度について分析され，「どの年齢階層においても構成変化（非正規化）の効果は小さい」（同，75ページ）と指摘されている．

[27] 非正規雇用の問題について磯谷明徳は，次のように指摘する．「（登録型）派遣労働を

禁止しさえすれば，常用雇用化が進展すると考えるのは短絡的であるし，その一方で，『既得権益化している正社員』と『不当に搾取されている非正社員』という対立の構図を描き，前者の既得権益を弱め，後者との格差を縮めるのが問題解決への途だというのは，巧みなレトリックではあるが，全体としての賃下げ容認論につながるものである．それゆえ，問題の焦点は，有期雇用全体の規制はどうあるべきかにある」(磯谷 (2011)，234 ページ)．「労働市場の流動化」の実態と雇用政策の課題については，磯谷 (2004)の第 9 章が詳しい．

[28] 人員比率を横軸，所得比率を右縦軸にとったグラフにおけるローレンツ曲線（人員比率と所得比率の組み合わせ）の下の領域の面積の 2 倍が，(6.1) 式の右辺第 2 項に相当する．均等分布の場合にジニ係数が 0 となり，1 人が全所得を独占して他の大多数の人々の所得がゼロの場合にはジニ係数が 1 となる．

[29] ジニ係数の要因分解に関する以下の説明は，Yao (1999) の「付録 B」(pp. 1262–63) での説明を 2 グループの場合に簡略化したものである．また，Milanovic (2005) の第 3 章（pp. 20–27）では，世界経済の所得に関するジニ係数を，各国内部の成員間の所得格差から生じる要因 (within-country inequality) と各国間の平均所得の格差から生じる要因 (between-country inequality)，平均所得が低い国の富裕層と平均所得が高い国の貧困層との重なり (overlap) の 3 要因に分解する方法について解説されている．

参考文献

伊達浩憲 (2006),「トヨタ生産方式における非典型雇用の役割——1950–60 年代のトヨタ自動車における臨時工を中心に」(伊達浩憲・佐武弘章・松岡憲司編著 (2006),『自動車産業と生産システム』, 晃洋書房, 第 3 章, 所収).

独立行政法人労働政策研究・研修機構編 (2016), *Labor Situation in Japan and Its Analysis: General Overview 2015/2016*, edited by the Japan Institute for Labour Policy and Training. （同機構ウェブサイト, http://www.jil.go.jp/english/lsj/general/2015-2016.html, 2019 年 6 月 1 日閲覧.）

福田泰雄 (2010),『コーポレート・グローバリゼーションと地域主権』, 桜井書店.

伍賀一道 (2005),「今日の間接雇用をめぐる論点——日本とオーストラリアの現状を踏まえて」『東京経大学会誌』第 241 号, 9〜31 ページ.

―――― (2007),「間接雇用は雇用と働き方をどう変えたか——不安定就業の今日的断面」『季刊・経済理論』第 44 巻第 3 号, 2007 年 10 月, 5〜18 ページ.

―――― (2014),『「非正規大国」日本の雇用と労働』, 新日本出版社.

岩井浩・福島利夫・菊地進・藤江昌嗣編著 (2009)『格差社会の統計分析』北海道大

学出版会.
岩井浩 (2009)「現代の失業・不安定就業・『ワーキングプア』——構造的変化と格差」，岩井浩・福島利夫・菊地進・藤江昌嗣編著 (2009)，第 2 章，所収，27～59 ページ.
磯谷明徳 (2004),『制度経済学のフロンティア——理論・歴史・政策』，ミネルヴァ書房.
——— (2011),「日本的企業システムの変容と進化」(宇仁宏幸・山田鋭夫・磯谷明徳・植村博恭 (2011),『金融危機のレギュラシオン理論——日本経済の課題』, 昭和堂, 第 4 章, 184～243 ページ, 所収.)
厚生労働省 (2006),『労働経済白書 (2006 年版)——就業形態の多様化と勤労者生活』国立印刷局, 2006 年 8 月.
——— (2008),『労働経済白書 (2008 年版)——働く人の意識と雇用管理の動向』日経印刷, 2008 年 7 月.
厚生労働省職業安定局 (2005),『労働力需給制度についてのアンケート調査集計結果 (2005 年)』(厚生労働省ウェブサイト).
——— (2008),「労働者派遣事業の平成 19 年度事業報告の集計結果について」(2008 年 12 月 26 日公表, 厚生労働省ウェブサイト).
厚生労働省・都道府県労働局 (2015),「労働者派遣・請負を適正に行うためのガイド」(厚生労働省ウェブサイト).
小崎敏男 (2007),「家計と非典型労働」(古郡鞆子編著『非典型労働と社会保障』中央大学出版局, 所収, 33～58 ページ).
Milanovic, Branko (2005), *Worlds Apart: Measuring International and Global Inequality*, Princeton, N.J.: Princeton University Press.
水野谷武志 (2009)「雇用労働者における年齢および所得水準による労働時間格差」, 岩井浩・福島利夫・菊地進・藤江昌嗣編著 (2009), 第 3 章, 所収, 61～81 ページ.
内閣府 (2006),『経済財政白書 (平成 18 年版)——成長条件が復元し, 新たな成長を目指す日本経済』国立印刷局, 2006 年 7 月.
内閣府経済社会総合研究所 (2018),「第 18 回景気動向指数研究会について (概要)」(2018 年 12 月 13 日, 同研究所ウェブサイト).
——— (2009b),「四半期別 GDP 速報 (93SNA, 2000 暦年連鎖価格)」(2009 年 3 月 12 日, 同研究所ウェブサイト).
日本経営者団体連盟 (1995),『新時代の「日本的経営」——挑戦すべき方向とその具体策』(新・日本的経営システム等研究プロジェクト報告).
OECD (2006), *OECD Economic Surveys: Japan*, Paris: OECD.（大来洋一監訳『OECD 日本経済白書 2007』中央経済社, 2007 年.）

太田 清 (2005),「フリーターの増加と労働所得格差の拡大」*ESRI Discussion Paper Series*, No. 140, 内閣府経済社会総合研究所.
佐藤洋一 (2010),『情報資本主義と労働——生産と分配の構図』, 青木書店.
総務庁統計局 (1992),『平成4年就業構造基本調査報告』日本統計協会, 1993年刊 (調査期日は1992年10月1日).
――― (1997),『平成9年就業構造基本調査報告』日本統計協会, 1998年刊 (調査期日は1997年10月1日).
総務省統計局 (2002),『平成14年就業構造基本調査報告 (全国編)』日本統計協会, 2005年刊 (調査期日は2002年10月1日).
――― (2007),『平成19年就業構造基本調査報告 (全国編)』(調査期日は2007年10月1日. 統計表は, 総務省統計局のウェブサイトで2008年7月3日に公表).
――― (2008),『労働力調査』(各年の調査結果は, 総務省統計局のウェブサイトで公表).
――― (2012),「平成24年就業構造基本調査」(調査期日は2012年10月1日. 統計表は, 総務省統計局のウェブサイトで2013年7月12日に公表).
――― (2017),「平成29年就業構造基本調査の結果」(調査期日は2017年10月1日. 統計表は, 総務省統計局のウェブサイトで2018年7月13日に公表).
宇仁宏幸 (2009),『制度と調整の経済学』, ナカニシヤ出版.
山垣真浩 (2008),「労働——新自由主義改革の現状と問題点」(櫻谷勝美・野崎哲哉編『新自由主義改革と日本経済』三重大学出版会, 59〜76ページ).
Yao, Shujie (1999), "On the Decomposition of Gini Coefficients by Population Class and Income Source: A Spreadsheet Approach and Application," *Applied Economics*, Vol. 31 Iss. 10, pp. 1249–1264.

第Ⅲ部

資本蓄積・利潤・負債の政治経済学

第7章

資本蓄積と所得分配

7.1 はじめに

　資本蓄積の動態に関する分析枠組みを特徴づける最も基本的な要因の一つは，貯蓄と投資の関係の捉え方にある．

　貯蓄・消費に関する意思決定は，一定期間の所得フローの分配様式に関わっている．国民所得が「労働賃金」と「利潤」の2つのカテゴリーから成ると考え，利潤からの貯蓄率のほうが労働賃金からの貯蓄率よりも高いと仮定すれば，利潤分配率（＝利潤/国民所得）がより高いほど経済全体の貯蓄率（＝貯蓄/国民所得）はより高くなる．一見すると，より高い利潤分配率・より高い貯蓄率が，より高い資本蓄積率（あるいは，GDP（国内総生産）に対する投資の比率がより高いこと）の原因であるように思われるかもしれない．しかし，設備投資のための資金の全額が，毎期の利潤から積み立てられた蓄積基金からまかなわれる場合でさえ，毎期の実現利潤のうち蓄積基金の積立（貯蓄）に向ける割合についての貯蓄主体の意思決定と，蓄積基金の支出・資本財の購入を通じて貨幣資本の運動を起動させるか否かについての投資主体の意思決定とは，本質的に異なる問題領域に属することを見落としてはならない[1]．

　貯蓄主体の意思決定は，毎期の所得フローの処分形態（貯蓄・消費）に関わっている．これに対して，蓄積基金の支出・資本財の購入を通じて貨幣資本の運動を起動させるか否かについての投資主体の意思決定は，貸借対照表上での実

物資産の増加に関わるストック面での意思決定である．蓄積基金の支出が実行されるか否かは，将来の実現利潤に関する現在時点での投資主体の期待に依存する．しかも，中古資本財市場の完備という非現実的な想定を置かないかぎり，いったん購入された資本財の売却は困難であるから，投資は本質的に非可逆的な過程である．さらに，発達した信用制度のもとでは，実物資産（資本財）の購入に伴う資金調達方法（たとえば，銀行借入，社債発行，新株発行，現・預金の取り崩し）の選択が，投資主体の意思決定に影響を及ぼす．

したがって，投資主体の意思決定は，貸借対照表上での資産・負債構造の選択に関わっており，このようなストック面での意思決定は，一定期間の所得フローの貯蓄と消費への分配様式とは独立におこなわれる．後に見るように，発達した信用制度のもとで投資主体（資本家）は，与えられた利潤額の範囲内で自分たちの消費を切りつめて追加的投資をおこなうのではなく，将来の実現利潤を先取りする形で追加的投資のための資金を自らつくりだすのである．貯蓄に対する投資の独立性の根拠となるのが，銀行組織による信用創造である．

所得フローの分配様式に関わる貯蓄主体の意思決定と，貸借対照表上の資産・負債構造の選択に関わる投資主体の意思決定との相互独立性は，資本蓄積論の分析枠組みにとってきわめて重要である．ある国民経済についての時系列データについても，様々な国民経済にわたるクロスセクション・データについても，所得フローに占める利潤の分け前（利潤分配率）の高さを無条件に資本蓄積の速度（たとえば，GDPに対する投資の比率，あるいは，資本ストックに対する投資の比率）の決定要因と見なすことはできない．後ほど見るように，利潤分配率の外生的変化に伴う資本蓄積率の変化方向は，利潤分配率の変化に対する投資の感応性と貯蓄の感応性の大小関係に左右される．投資決意と貯蓄決意の関係次第では，利潤分配率の外生的上昇に伴って，資本蓄積率が上がる場合も下がる場合もある．利潤分配率・稼働率などの諸要因の変化に対する投資・貯蓄の感応性を検討することなく，より高い利潤分配率をより高い資本蓄積率，ひいては，より大きな総需要と無条件に結びつける考え方は，現実の資本主義経済から大きく隔たっている[2]．

本章では，所得フローの分配様式に関わる意思決定と，貸借対照表上の資産・負債構造の選択に関わる投資の意思決定との区別に留意しながら，資本蓄

積と所得分配に関する基本的な分析枠組みについて考察する．第7.2節では，貨幣経済のもとでの資本蓄積に関する最も基本的な論点として，貯蓄決定と投資決定との相互独立性について考察する．第7.3節では，所得フローの分配様式に対する投資主体の意思決定の先行性の現実的な根拠を示すために，投資主体・貯蓄主体・銀行のあいだの関連を媒介とする投資から実現利潤への決定関係，および，資本蓄積率と利潤率のあいだの二重の関連を明らかにする．第7.4節では，所得フローの分配様式と資本蓄積の相互独立性を考察するための基礎作業として，利潤分配率の外生的変化（実質賃金率の外生的変化）に伴う稼働率の変化方向に関する基本的な分析枠組みを検討し，利潤分配率の外生的上昇と資本蓄積の加速，ひいては，総需要の増加が両立するか否かは，利潤分配率の変化に対する投資の感応性と貯蓄の感応性のどちらが大きいかに左右されることを明らかにする．

7.2 貯蓄決定と投資決定の相互独立性

資本蓄積論の分析枠組みの基本性格は，貯蓄と投資の関係の捉え方にかかっている．かつてミード（J. Meade）は，貯蓄と投資の関係に関するケインズ以前の経済学者とケインズとの見解の相違を，次のように要約した．

> 「ケインズの知的革新は，貯蓄という名の犬が投資という名の尻尾を振りまわすという現実についてのモデルによって通常考えることから，投資という名の犬が貯蓄という名の尻尾を振るというモデルによって考えることへと，経済学者を動かすことだった．」（Meade (1975), p. 82, 邦訳125～126ページ．）

ミードの要約にならって，「貯蓄が投資を決定する」という考え方を「貯蓄先行説」，「投資が貯蓄を決定する」という考え方を「投資先行説」と呼ぶことにする．

貯蓄先行説に従えば，与えられた大きさの所得フローの貯蓄と消費への分配の観点から，資本蓄積の推移を説明することになるであろう．たとえば，一定期間の国民所得が労働賃金と利潤のカテゴリーから成り，賃金からの貯蓄はゼ

ロであると仮定されるならば，より高い利潤分配率（＝利潤/GDP）には，より高い資本蓄積率（あるいは，より高い投資/GDP比率）が対応すると推論されるであろう．貯蓄先行説においては，投資主体の意思決定について考察されないままに，与えられた大きさの所得フローのもとでの消費の節約が，資本蓄積を加速する要因であると主張される[3]．

しかし，後ほど見るように，投資主体の意思決定は，企業の貸借対照表における資産・負債構造の選択に関わり，所得フローの分配様式とは独立におこなわれる[4]．投資主体の意思決定は，実物資産（資本財）の非流動性に起因する投資過程の非可逆性，および，将来の実現利潤の不可知性と関わっているが，これらは所得フローの分配様式とは異なる問題領域に属する．投資過程の非可逆性や将来利潤の不可知性を論理的に排除する枠組みでは，実際の貨幣経済における資本蓄積過程を考察することはできない．資本蓄積と所得分配の内的関連への基本的なアプローチとして，貯蓄先行説ではなく投資先行説に立つ枠組みが必要であるというのが，本書の立場である[5]．本節では，資本蓄積と所得分配に関する基本モデルを組み立てるための準備作業として，貨幣経済の特質をふまえて，貯蓄決定と投資決定との相互独立性について考察する．

蓄積基金の積立と支出

信用関係が捨象された抽象的な次元で貯蓄と投資の関係を論じているのが，マルクスの拡大再生産表式における蓄積基金の積立と支出に関する分析である．周知のように，再生産表式では，信用関係は捨象され，設備投資（追加資本財の購入）のための資金はすべて内部資金（毎期の剰余価値の中から積み立てられる蓄積基金）からまかなわれると想定される．設備投資のための資金を非金融企業に貸し付ける機関（銀行）は，まだ導入されていない．各生産部門の資本家は，最低必要額に達するまで蓄積基金を積み立てている段階のグループ（貯蓄主体）と，蓄積基金の積立を完了して投資（蓄積基金の支出）の決定をおこなう段階のグループ（投資主体）とから成る．

以上の想定のもとでは，貯蓄主体による蓄積基金の積立は，投資主体による蓄積基金の支出を条件とする．第1部門（生産手段生産部門）の商品資本の剰余

7.2 貯蓄決定と投資決定の相互独立性

価値成分（「I_m」）のうち蓄積部分については，「I_m のうち蓄蔵貨幣を形成する部分 A，A′，A″〔貯蓄主体〕の単なる販売が，I_m のうち自分の蓄蔵貨幣を追加的生産資本の諸要素に転化する部分 B，B′，B″〔投資主体〕の単なる購買と均衡を保っていることが前提におかれなければならない」（Marx (1963), S. 490, 邦訳，第 7 分冊，800 ページ．〔 〕内は引用者による）と説明されている．言い換えれば，当該部門での貨幣的貯蓄の形成の条件とは，貯蓄主体（資本家グループ A，A′，A″）による一方的販売（蓄積基金の積立）と投資主体（資本家グループ B，B′，B″）による一方的購買（蓄積基金の支出による追加資本財の購入）との「均衡」である．蓄積基金の積立と支出との均衡は，期首に与えられた商品資本のすべての価値成分の実現と，貨幣的貯蓄の形成（貯蓄主体のもとでの一方的販売・蓄積基金の積立）とが両立するための条件である．市場における全商品の実現が維持されるためには，一方の主体のもとでの一方的販売には，他方の主体のもとでの一方的購買が対応しなければならないからである[6]．

しかし，投資主体による蓄積基金の支出を貯蓄主体による一方的販売のための条件として把握するだけでは，貨幣を媒介とした貯蓄主体から投資主体への商品の持ち手変換の必要性が確認されるにすぎず，投資主体の意思決定について何も説明されないままである．投資主体が蓄積基金（貨幣形態）を支出して資本財（商品形態）を購入する目的は，貯蓄主体の商品の販売にあるのではなく，将来の実現利潤に関する期待に基づいて貨幣資本の運動を起動させることにある．したがって，投資主体による蓄積基金の支出・資本財の購入には，流通手段としての貨幣の媒介的な役割だけでなく，貨幣資本としての貨幣の能動的な役割も密接に関わっている．

もし，貯蓄主体の商品が残りなく販売されることを目的として，投資主体による蓄積基金の支出（追加資本財の購入）がおこなわれると想定するならば，貯蓄主体による蓄積基金の計画積立額に合わせて，投資主体による蓄積基金の支出額（投資額）が受動的に決まると推論されるであろう．しかし，現実の経済において，民間企業部門（投資主体）の設備投資の目的が家計部門（貯蓄主体）の貯蓄意図の実現にあるとは考えにくい．貨幣資本の運動を起動させるか否かの投資主体の意思決定は，蓄積基金の積立に関する貯蓄主体の意思決定とは独立におこなわれるものと考えなければならない．たとえば，貯蓄主体のもとで

の蓄積基金の計画積立額が増加したからといって，将来の実現利潤に関する投資主体の期待がより楽観的になるという保証は全くない．蓄積基金の支出に関する投資主体の意思決定と，蓄積基金の積立に関する貯蓄主体の意思決定とが互いに独立におこなわれるからこそ，蓄積基金の積立と支出との「均衡」は偶然的にしか成立しないのである．言い換えれば，貨幣資本の運動を起動させるか否かの投資主体の意思決定は，貯蓄主体による蓄積基金の計画積立額から何の制約も受けないので，両者が一致する保証はない．

マルクスは，拡大再生産表式において商品の実現と蓄積基金の積立が両立するための条件として，貯蓄主体の一方的販売（蓄積基金の積立）と投資主体の一方的購買（蓄積基金の支出）との一致を指摘したうえで，「商品生産が資本主義的生産の一般的形態だという事実は，すでに貨幣が資本主義的生産において単に流通手段としてだけでなく貨幣資本としても演じる役割を含む」(Ibid., S.490-491，邦訳 801 ページ) と述べ，投資主体による蓄積基金の支出（追加資本財の購入）に関わる「貨幣資本としての貨幣の役割」の重要性を指摘する．さらにマルクスは，「再生産の正常な進行」のための「諸条件」は「それと同じだけ多くの異常な進行の条件，恐慌の可能性に急転する．というのは，均衡は――この生産の自然発生的な姿態のもとでは――それ自身ひとつの偶然だからである」(Ibid., S.490-491，邦訳 801 ページ) と指摘している．「再生産の正常な進行」の条件である蓄積基金の積立と支出との「均衡」もまた「偶然」にすぎない．その根本的な理由は，投資主体の意思決定に関わる「貨幣資本としての貨幣の役割」にある．投資主体の意思決定に関わるのは，貯蓄主体の商品の販売を可能にする貨幣（流通手段としての貨幣）ではなく，将来の実現利潤の取得を目的に支出される貨幣（貨幣資本としての貨幣）である．しかも，すでに見たように，貨幣資本の運動を起動させるか否かの投資主体の意思決定は，貯蓄主体の意思決定とは独立におこなわれる．

信用関係が捨象された以上の枠組みにおける貯蓄と投資の関係は，蓄積基金の積立を完了して投資決定をおこなう段階にある投資主体，および，蓄積基金の積立をおこなっている段階の貯蓄主体の貸借対照表（左は資産側，右は負債側，数値の単位は億円）の変化として，表 7.1 のように表される．

投資主体の貸借対照表においては，蓄積基金の支出と資本財の購入により，

7.2 貯蓄決定と投資決定の相互独立性

表 7.1 投資主体・貯蓄主体の貸借対照表

投資主体の貸借対照表の変化

現　金	−10
有形固定資産	+10

貯蓄主体の貸借対照表の変化

現　金	+10
商　品	−10

(註)「貯蓄主体」とは，毎期の利潤から蓄積基金を積み立てている段階にある資本家グループである．「投資主体」とは，蓄積基金の積立を終了し，投資（追加資本財の購入）の決定をおこなう段階にある資本家グループである．

現金の取り崩し（マイナス10億円）と有形固定資産の積み増し（プラス10億円）が生じる．貯蓄主体の貸借対照表においては，商品（資本財）の一方的販売により，商品在庫の取り崩し（マイナス10億円）と現金残高の増加（プラス10億円）が生じる．すでに見た貯蓄と投資の関係により，投資主体の貸借対照表の変化に応じて貯蓄主体の貸借対照表の変化が生じるのであって，その逆ではない．信用関係が捨象された分析枠組みでは，流動性資産（蓄積基金としての現金）を手放して非流動性資産（資本財）を取得するか否かに関する決定権は，投資主体に握られているからである．投資主体が非流動性資産の保有を先送りし，資本価値を貨幣形態で保有しつづけることを選択した場合，貯蓄主体は蓄積基金の積立計画を実行することができなくなる．

　以上のように，マルクスの拡大再生産表式では，蓄積基金を貨幣形態で積み立てる貯蓄主体と，貨幣形態の蓄積基金を支出して追加生産財・追加労働力を購入する投資主体とが明確に区別され，貯蓄主体による蓄積基金の積立は，ちょうどそれに等しい蓄積基金の支出を条件とすることが示された．しかも，マルクスは，蓄積基金の実際の支出額が蓄積基金の計画積立額と等しいのは偶然でしかありえないことを指摘した．したがって，マルクスは，貨幣経済における販売と購買の分離を指摘しただけでなく，「貨幣資本としての貨幣の役割」という抽象的な表現ではあるが，生産された商品の実現が資本家の投資態度に依存することを明らかにしている．しかし，マルクスは，貯蓄主体の意思決定とは独立におこなわれる投資主体の意思決定，すなわち，投資誘因について

は，明示的に説明していない．マルクスの拡大再生産表式では，投資主体による蓄積基金の支出額は，貯蓄主体による蓄積基金の計画積立額と等しいものと想定されているからである．マルクスの枠組みでは，せっかく投資主体と貯蓄主体とが明確に区別されているのに，貯蓄主体の意思決定に忠実に従う投資主体しか登場しない．言い換えれば，マルクスの分析枠組みでは，貯蓄主体の意思決定から独立した投資関数が存在しないのである．マルクスは，セー法則の破れた世界を描く分析枠組みの一歩手前まで到達したが，拡大再生産表式もまたセー法則の世界を抜け出してはいない[7]．投資主体による蓄積基金の支出額が貯蓄主体による蓄積基金の計画積立額と等しいならば，定義上，生産された商品が売れないという事態は起こらないからである．

　もちろん本書では，セー法則が前提に置かれた世界に安住しようとは思わない．投資主体として，資本家の投資態度次第で，生産された商品が売れ残ったり，設備稼働率が正常水準を下回ったり，また，労働能力がありながら，雇い主側の都合で雇われない労働者が存在するという現実を説明する必要がある．そのためには，(1) 投資主体と貯蓄主体の区別，に加えて，(2) 発達した信用制度のもとでの銀行組織による信用創造，および，(3) 過剰生産能力・失業労働者の存在を考慮に入れて，分析枠組みを拡張する必要がある[8]．この課題に取り組むときに重要な示唆を与えるのが，次節以降で検討するカレツキー（M. Kalecki）とロビンソン（J. Robinson），および，ポストケインズ派（Post-Keynesian）の分析視角である．

投資主体の意思決定と貨幣資本

　次に，蓄積基金の支出による資本財の購入を実行するか否かに関する投資主体の意思決定を，貨幣資本の運動の観点から考察しよう．貨幣資本としての貨幣の役割についてマルクスは具体的に説明していないが，「均衡」の「偶然」性を主張するためには，投資主体の意思決定を考察しなければならない．

　蓄積基金の支出・資本財の購入によって貨幣資本の運動, $M-C(P_m, L_p)...P...C'-M'\,(=M+\Delta M)$（$M$ は貨幣，C は商品，P_m は生産手段，L_p は労働力，$...P...$ は生産過程，C' は（剰余価値または利潤を含む）商品），を起動させるか否かにつ

7.2 貯蓄決定と投資決定の相互独立性

いての投資主体の意思決定は，将来の状態に関する次の2つの判断から成ると考えられる．第一に，現在時点で貨幣形態（蓄積基金）を手放して商品形態（資本財）を保有する（M–C）か否かについての判断．第二に，将来時点に得られる（C'–M'）と期待される貨幣形態（実現利潤）についての現在時点での判断．言い換えれば，貨幣資本の運動を起動させるか否かに関する意思決定は，貸借対照表における流動性資産（蓄積基金）の取り崩しと非流動性資産（有形固定資産）の積み増しに関わっている．資本財の購入による非流動性資産の積み増しを不確定な将来時点に先送りし，資本価値を貨幣形態で保有することも，投資主体の選択肢の一つである．なぜなら，いったん購入された中古資本財の売却は決して容易ではなく，非流動性資産の積み増しを伴う実物投資は本質的に非可逆的な過程だからである．資本価値を貨幣形態で保有すれば，資本財の購入についての意思決定を不特定な将来時点へ延期することができる．

資本価値を貨幣形態で保有することを投資主体の選択肢の一つとして把握するためには，貨幣の機能から生じる貨幣の効用を考慮に入れなければならない．貨幣の効用を排除した理論的枠組みでは，投資主体の意思決定に関わる「貨幣資本としての貨幣の役割」を認識することはできない．第3章で見たように，マルクスの貨幣理論は，貨幣の機能（一般的等価物の機能）から生じる貨幣の効用を組み込んだ体系である．価値形態論において一般的等価物（すべての商品の価値の現象形態）としての貨幣の「社会的機能」（Marx, 1962, S. 84, 邦訳, 第1分冊, 119ページ）が導き出され，そのうえで，使用価値に対する商品所有者の欲望にのみ左右される交換過程の分析では，一般的等価物としての貨幣の機能が「貨幣の形式的使用価値」（Ibid., S. 104, 邦訳 153ページ）と把握されている．貨幣の機能から生じる貨幣の効用が認識されている点でマルクスの貨幣観は，マルクス以前の古典派経済学の貨幣観とは根本的に異なる[9]．

一般的等価物としての貨幣の機能から生じる貨幣の効用を考慮に入れて経済を分析する場合，不特定の種類の諸商品に対する購買力を不特定な時点に行使する権限が一つの欲望対象となり，この権限は貨幣所有者が持っていると考えなければならない．したがって，商品の購買（M–C）に関する決定権は貨幣所有者によって握られているのに対して，自分の商品の販売（C–M）に関する決定権を持つ商品所有者はいない．どの商品の販売の成否も，他の貨幣所有者の

意思決定にかかっている．商品の購買と販売がおこなわれた結果についてマルクスは次のように説明する．

> 「買い手は商品を持っており，売り手は貨幣を，すなわち再び市場に現れるのが遅かろうが早かろうが流通可能な形態を保持する一商品を，持っている．誰も，別の人が買わなければ，売ることができない．しかし，誰も自分自身がすでに売ったからといって，ただちに買う必要はない．」
> (Ibid., S. 127, 邦訳 192〜193 ページ．)

「売り手」の保有する貨幣は「市場に現れるのが遅かろうが早かろうが流通可能な形態を保持する一商品」であり，不特定な時点に不特定な種類の商品に対する購買力を行使する権限が貨幣所有者に握られている．貨幣所有者は自分の判断で購買力の行使を不特定な将来時点に延期することができる．しかし，商品所有者にとって，自分の商品の販売（C–M）の成否は貨幣所有者の意思決定に左右される．自分の商品の販売の成否を自分で決定することのできる商品所有者はいない．

投資主体による貸借対照表上の意思決定

すでに見たように，蓄積基金の支出・資本財の購入によって貨幣資本の運動を起動させるか否かについての投資主体の意思決定は，貸借対照表における流動性資産（蓄積基金）の取り崩しと非流動性資産（有形固定資産）の積み増しをおこなうか否かについての意思決定である．したがって，投資決意に関わる「貨幣資本としての貨幣の役割」を考察するためには，貸借対照表における流動性資産の機能に着目しなければならない．貨幣の効用，および，それに起因する購買と販売の非対称性を考慮に入れると，投資主体による貸借対照表上の意思決定は次の 2 つの側面を持つことがわかる．

第一に，貸借対照表における流動性資産の取り崩し・非流動性資産の積み増しは，投資決意を不特定な将来へ留保する権限を放棄すること，すなわち，投資決意に関わる選択の幅を狭めることを意味する[10]．しかも，各種の金融市場に比べると，中古資本財市場における流動性はきわめて低く，いったん購入さ

7.2 貯蓄決定と投資決定の相互独立性

れた資本財の売却は難しい[11]．設備投資，すなわち，資本財の購入による非流動性資産の積み増しは，流動性資産への復帰が困難であるという意味で，非可逆的な（irreversible）過程である[12]．

第二に，貸借対照表における流動性資産の取り崩し・非流動性資産の積み増しをおこなうか否かについての投資主体の意思決定は，将来の利潤実現（$C'-M'$）の可能性についての判断，すなわち，将来の買い手の意思決定についての現在時点での期待に依存する．投資主体が直面する将来の利潤実現に関する不確実性は，将来の買い手の意思決定が現在時点で未知であることから生じるだけでなく，資本財の種類や生産過程の管理方法に関する当の投資主体の意思決定にも左右される．現在時点での投資主体の意思決定によって，当の投資主体が現在から将来にわたって制約を受けるのである．さらに，投資資金の調達方法の問題を考慮に入れると，現在の投資主体による意思決定は，不確実な見込利潤を伴う非流動性資産の購入についての判断であると同時に，将来にわたって確実な利子支払い義務を伴う負債構造の選択でもある．負債による資金調達に依存する企業は，たとえ予想に反して実現利潤率が急落しても，元利合計の支払い義務を負う．現在の投資主体の意思決定が，当の投資主体に対して不確実な将来収益と確実な元利合計の支払い義務とを強制するのである[13]．

このように，貸借対照表上での投資主体の意思決定を考察することにより，投資決定における「貨幣資本としての貨幣の役割」について次の2点を指摘することができる．

(1) 流動性資産の保有，あるいは，貨幣形態での資本価値の保有によって，資本財の購入についての投資決定を不特定な将来へと留保し，投資決定の選択の幅を確保しておくことができる．投資過程の非可逆性（irreversibility of investment process）ゆえに，資本価値を貨幣形態で保有することは，投資決意を留保する手段として意味を持つ．

(2) 投資主体は不確実な将来収益を伴う資産構造，および，確実な元利支払い義務を伴う負債構造を選択しなければならないからこそ，現在時点での蓄積基金の支出から将来時点の利潤実現に至るまでの貨幣資本の運動（$M-C...P...C'-M'$）に関わる予想が，現在時点における投資決意を左右する．将来の不可知性（unknowability of the future）ゆえに，現在から将来にかけて

の貨幣資本の運動に関する現在時点の予想から，現在の投資決定が影響を受けるのである．

投資決定における貨幣資本の役割に関するこれら2つの側面――(1) 投資過程の非可逆性，(2) 将来の不可知性――は互いに関連しており，どちらか一方を欠いても貨幣経済の特質が見失われる．もし，いったん購入された資本財の売却が容易であり，投資過程が可逆的（reversible）であるならば，将来の不可知性は投資主体に何の影響も与えないであろう．もし将来の状態が予見可能ならば，投資主体は資本財の非流動性に悩まなくてすむ．

また，将来収益の見通しがより悲観的になると，資本価値を貨幣形態で保有して投資決定を不特定な将来へと留保しようとする動機は，ますます高まるであろう[14]．したがって，将来の利潤実現の可能性に対する確信が回復しないかぎり，利子率の引き下げのみによって民間投資の増加を誘発することは困難である[15]．

本節では，貯蓄決意と投資決意の相互独立性に関する次の論点を明らかにした．第一に，投資主体の意思決定は，貸借対照表上の資産・負債構造の選択に関わっており，これは貯蓄と消費への所得フローの分配様式とは独立した問題領域に属する．第二に，投資主体の意思決定は，貨幣経済の特質に起因する2つの論点――(1) 投資過程の非可逆性，(2) 将来の実現利潤の不可知性――に関わっている．これらは所得フローの分配様式とは独立した要因である．所得フローの分配様式を無条件に資本蓄積率の決定要因と考えることはできない．

7.3　投資と実現利潤

前節までに見たように，貨幣資本の運動を起動させるか否かの投資主体の意思決定は，貸借対照表における資産・負債構造の選択に関わっており，貯蓄と消費への所得フローの分配様式とは独立している．投資決意と貯蓄決意の相互独立性の確認は，資本蓄積と所得分配に関する基本モデルの構築のための第1段階の準備である．次に，モデル構築のための第2段階の準備として，所得フローの分配様式に対する投資主体の意思決定の先行性の現実的な根拠を説明しなければならない．国民所得が労働賃金と利潤のカテゴリーから成り，労働賃

金からの貯蓄はおこなわれないと仮定すると，問題の焦点は，投資と実現利潤のあいだの内的関連である．

　発達した信用制度を持つ現代資本主義の制度的条件のもとでは，投資の意思決定をする主体（非金融企業部門）と貯蓄の意思決定をする主体（家計部門）とが分離している．同一の主体が，与えられた受取所得のもとで消費を減らすことによって投資を増やしているのではない．結論を先取りすれば，資本家は，与えられた大きさの「国民所得」の範囲内で，労働賃金の削減，および，資本家消費の削減によって，設備投資の原資となる「利潤」を増やす，という方法に満足しているのではない．個別の資本家（あるいは個別の企業）としてではなく，資本家階級全体（民間法人企業部門の全体）として見ると，資本家は，将来の利潤を先取りする形で，資本蓄積のために必要な追加的資金を自ら創り出す，という特権を握っている．これが，以下で解説する「投資から実現利潤への決定関係」であり，この仕組みの鍵となるのが，銀行の信用創造，および，過剰生産能力と失業労働者の存在である．与えられた所得額からの利潤の分け前が増えるから資本蓄積が加速するのではなくて，資本蓄積の実行額が実現利潤の大きさを決定するのである[16]．

　本節では第一に，カレツキーの有効需要論に基づいて，投資から実現利潤への決定関係の根拠となる投資主体，貯蓄主体，銀行のあいだの関連を明らかにする．投資から実現利潤への決定関係を前提に置くと，資本蓄積と所得分配に関する分析枠組みの骨格が明らかになる．現行の実現利潤を生み出す投資額と，現行の実現利潤のもとで計画される投資額との関連がそれである．そこで第二に，ロビンソンの資本蓄積モデルに基づいて，資本蓄積率（＝投資÷資本ストック）を横軸，実現利潤率（＝利潤÷資本ストック）を縦軸とする平面上で，今期の実現利潤率を生み出す資本蓄積率と，今期の実現利潤率のもとで計画される資本蓄積率との関連を考察する．

投資から実現利潤への決定関係

　資本蓄積から実現利潤の大きさへの決定関係を理解する鍵は，銀行による信用創造と，過剰生産能力と失業労働者の存在である．この点をカレツキーは論

文「景気上昇のメカニズム」において，「賃金の引き下げを伴わない投資の増加はそれ自体で産出水準の上昇を引き起こす」[17] という命題の証明として，投資，実現利潤，資金調達のあいだの内的関連について次のように説明する．

> 「ある重要な発明の結果，その普及に伴って投資が増加すると仮定してみよう．いまや，たとえ利潤が増加したわけでもなく（すなわち，賃金の引き下げが行われたわけでもなく），また資本家が消費支出を特別に切り詰めた（もちろん，そのようなことはまったく起こりそうにない）わけでもないのに，資本家は投資水準を引き上げることが可能になる．追加的投資のための資金は，いわゆる購買力の創出によって調達される．銀行信用に対する需要が増加し，それらの信用は銀行によって供与されるのである．新工場を設立するために企業者が使用する資金は，投資財産業の手にわたる．この追加的な需要のために，遊休設備や失業労働者を生産のために動員することが可能になるのである．増加した雇用は消費財に対する追加的な需要源になり，かくして，それはまた，各産業におけるいっそう高い雇用をもたらすのである．最後に，追加的な投資支出は，直接的に，あるいは間接的に労働者による支出をつうじて，資本家たちのポケットに流れ込むのである（ここでは，労働者は貯蓄しないものと仮定している）．追加的な利潤は預金として銀行に還流する．追加的な投資額だけ銀行信用が増加し，追加的な利潤額だけ預金が増加するのである．追加的な投資に従事する企業者たちは，その投資額と同額の利潤を他の資本家たちのポケットのなかへ『押し込んで』いるのであり，彼らは銀行を経由してこれらの資本家たちに同額だけの債務を負うようになるのである．」(Kalecki (1971), p. 29, 邦訳 29 ページ.)

ここでは，労働賃金からの貯蓄が捨象されたうえで，追加的投資をおこなう投資主体，投資主体への融資をおこなう銀行，預金の形態で実現利潤を獲得する貯蓄主体のあいだの関連が説明されている．投資主体，銀行，貯蓄主体の三者のあいだの関連こそが，投資から実現利潤への決定関係の根拠である．追加的投資のための資金は，利潤の増加でも資本家消費の削減でもなく，銀行信用による「購買力の創出」によって調達される．銀行は借り手企業（「新工場」を

7.3 投資と実現利潤

設立する投資主体）の預金口座に貸出金を入金する．借り手企業はこの貸出金を支出して投資財を購入するので，最初の銀行貸出に伴って設定された預金は借り手企業から投資財産業の企業の手にわたる．投資財産業の企業は「遊休設備」「失業労働者」を動員して投資財を増産する．労働者は貯蓄しないと仮定されているので，投資財の増産に伴う雇用の増加は，労働賃金の支出を通じて，消費財に対する需要を確実に増加させる．これに伴う消費財の増産は各産業での雇用の増加を誘発し，それがさらに消費財に対する需要を増加させる．

カレツキーは以上のような波及過程を必ずしも明確に説明していないが，投資主体，貯蓄主体，銀行のあいだの次の関係は明らかであろう．すなわち，「労働者は貯蓄しない」という仮定のもとで，〈銀行借入に基づく追加的投資→投資財産業の雇用増加→労働賃金の支出増加→消費財産業の雇用増加〉の波及過程を経て，「追加的な投資に従事する企業者」（投資主体）への貸出に伴って設定された預金が，最終的には，投資財・消費財を販売した「他の資本家たち」（貯蓄主体）の手に渡る，という関係である．要するに，投資主体がその追加的投資と同額の利潤を貯蓄主体の「ポケットのなかへ『押し込む』」のである．

その結果，投資主体は，銀行を媒介として，貯蓄主体に対して追加的投資と同額の「債務を負う」ことになる．投資財や消費財の販売を通じて貯蓄主体が得る預金形態の実現利潤は，追加的投資をおこなった投資主体が銀行に対して負う借入債務を前提とする．貯蓄主体が預金の形で実現利潤を獲得したからといって，将来における投資主体（借り手）の返済能力に関するリスクが消滅するわけではない．銀行に対する（間接的には貯蓄主体に対する）投資主体の債務は，借入金返済の完了に至るまで残存するのである．このように，投資から実現利潤への決定関係を支えるものは，投資主体（借り手）の返済能力に関するリスクを負担する主体（銀行）である．

そこで，投資と実現利潤の関係を，各経済主体の貸借対照表の上で表現してみよう．追加的投資をおこなう投資主体，投資主体への融資をおこなう銀行，投資財・消費財の販売を通じて預金の形で実現利潤を得る貯蓄主体の貸借対照表の変化は，表 7.2 のように例示される．

最初に銀行が貸出金（10 億円）を投資主体（借り手）の預金口座に入金すると，投資主体の貸借対照表では負債側で借入の増加（+10 億円），資産側で預金

表 7.2　投資主体・銀行・貯蓄主体の貸借対照表

投資主体の貸借対照表の変化

有形固定資産	+10	銀行借入	+10

銀行の貸借対照表の変化

貸出金	+10	預　金	+10

貯蓄主体の貸借対照表の変化

預　金	+10		
商　品	−10		

（註）「投資主体」とは，銀行から設備投資資金の融資を受けて，設備投資（追加資本財の購入）の決定をおこなう段階にある資本家グループである．「貯蓄主体」とは，商品の販売を通じて預金の形態で実現利潤を得る資本家グループである．「銀行」は，借り手の預金口座に入金する形で貸出を実行する．投資主体が追加資本財を購入すると，投資主体から貯蓄主体への預金の振替がおこなわれる．

の増加（+10億円）が生じる．次に，投資主体は追加的投資のために他企業から機械設備を購入するので，投資主体の貸借対照表の資産側では預金の引き落としとそれと同額の有形固定資産（機械設備）の増加（+10億円）が生じる．すでに見たように，追加的投資に伴う投資財需要の増加は，投資財産業・消費財産業での雇用増加へと波及する．したがって，投資主体による機械設備の購入を出発点として各産業へと需要拡大効果が波及する結果，銀行の貸借対照表上では，投資主体の名義の預金口座から，投資財・消費財を販売した貯蓄主体の名義の預金口座へと資金が移転する．これに伴って，投資財・消費財を販売した貯蓄主体の貸借対照表では，商品在庫の減少（−10億円）と預金の増加（+10億円）が生じる．

　このように，投資主体による追加的投資と，貯蓄主体による預金形態での実現利潤の獲得とのあいだには，銀行の信用創造機能，すなわち，投資主体（借り手）における将来の貯蓄形成を先取りする形での貸出行動が介在する[18]．一見すると，投資が実現利潤を決定する関係は，"無から有を生む"関係であるかのように思われるかもしれない．しかし，貯蓄主体が預金の形で実現利潤を獲得したからといって，投資主体（借り手）の将来の返済能力に関する不確実

7.3 投資と実現利潤

性が消滅するのではない．貯蓄主体が預金形態の実現利潤を獲得できるのは，投資主体の返済能力に関するリスクを負う制度主体（銀行）が存在するからである[19]．

なお，投資による実現利潤の決定機構は，投資主体に対する銀行貸出に依存するので，民間銀行の貸出態度はもとより，中央銀行の金融政策にも左右される．追加的投資による産出水準の引き上げ効果を阻害する要因の一つは，利子率の上昇である．この点についてカレツキーは次のように言う．

> 「もし中央銀行が，新発明によって引き起こされた追加的な投資の増加と同額だけ総投資が減少する水準まで利子率を引き上げることによって，この事態に対処すれば，経済状態はまったく改善されないであろう．したがって，景気上昇のための前提条件は，現金需要の増加に反応して利子率があまり急速に上昇してはならない，ということである．」
> （Ibid., pp. 29–30，邦訳 29〜30 ページ．）

すなわち，利子率の上昇による総投資の減少が追加的投資の効果を相殺しないかぎりで，追加的投資による「景気上昇」効果が発揮されるのである[20]．

資本蓄積率と実現利潤率との関連

次に，投資から実現利潤への決定関係を応用して，資本蓄積と所得分配に関する基本的な分析枠組みを描くことにしよう．

以下の議論は，ロビンソン『経済成長論』における「資本蓄積モデル」[21]の枠組みにおおむね依拠している．この分析枠組みの柱となるのは，(1) 現行の実現利潤とそれを生み出す投資との関係，および，(2) 現行の実現利潤のもとで計画される投資，の 2 つの論点である．単純化のため，労働者は貯蓄せず（賃金からの貯蓄率はゼロ），利潤からの貯蓄率は一定値 s（ただし $0 < s < 1$ なる定数）をとると仮定すると，現行の実現利潤 Π とそれを生み出す現行の投資 I_a との関係は，

$$I_a = s\Pi \tag{7.1}$$

と表される[22]．(7.1) 式では，現行の投資 I_a が現行の貯蓄 $s\Pi$ を決定するので

あって，その逆ではない．以下では，資本蓄積のテンポを明示するために，現行利潤率 (the current rate of profit) を $r = \Pi/K$, 現行利潤率を生み出す資本蓄積率 (現行蓄積率：the current rate of accumulation) を $g_a = I_a/K$ と定義する．

(7.1) 式の両辺を資本ストック K で割ると，次の関係が得られる．

$$g_a = sr \tag{7.2}$$

「投資が実現利潤を決定するのであって，その逆ではない」（カレツキー）という関係により，現行蓄積率 g_a が現行利潤率 r を決定するのであって，その逆ではない．

資本蓄積率と実現利潤率に関する体系を完結させるためには，資本家の投資決定態度として，資本家によって計画される資本蓄積率（計画蓄積率：the planned rate of accumulation）を表す投資関数が必要である．前節で見たように，投資主体の意思決定は，将来の実現利潤についての現在時点での期待に依存する．ロビンソンは，「企業の居合わせた状態が，将来に対する企業の計画に対してどのように影響するか」という問題を考察する際に，「期待は現行の状態の単純な投影に基づいている」[23] と仮定する．本節では，投資主体の意思決定の基礎となる「現行の状態」の指標が現行の実現利潤率であると考え，資本家によって計画される資本蓄積率すなわち計画蓄積率 g_i を，現行利潤率 r の次のような増加関数で表すことにする．

$$g_i = i(r); \quad \frac{dg_i}{dr} \equiv i_r > 0, \quad \frac{d^2 g_i}{dr^2} < 0 \tag{7.3}$$

(7.3) 式は，現在の資本家による投資決定態度を表す一種の投資関数である．現行利潤率を生み出す現行蓄積率 g_a と現行利潤率のもとでの計画蓄積率 g_i とが一致する保証は全くない．今期から次期にかけての実現利潤率の変化方向は，「現行の状態」に基づく資本家の投資決定態度に左右される．ロビンソンの言うように，「蓄積率によって引き起こされる利潤率と，その利潤率が誘発するであろう蓄積率との関係」[24] が中心論点である．

図 7.1 には，現行利潤率 r とそれを生み出す現行蓄積率 g_a の関係（(7.2) 式）が曲線 A に，現行利潤率 r と計画蓄積率 g_i との関係（(7.3) 式）が曲線 I に表

7.3 投資と実現利潤

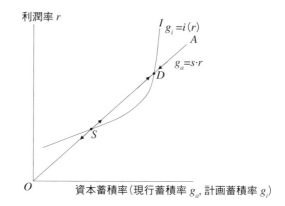

図 7.1 利潤率 r と資本蓄積率（現行蓄積率 g_a，計画蓄積率 g_i）の関係

（註）本図は，Robinson (1962), p. 48, 邦訳 73 ページの図に加筆，修正して作成されている．直線 OA（$g_a = sr$）は，現行の利潤率 r とそれを生み出す蓄積率（現行蓄積率 g_a）の関係を表す．曲線 I（$g_i = i(r)$）は，現行の利潤率 r のもとで計画される蓄積率（計画蓄積率 g_i）を表す．交点 D（$i_r < s$）は安定，交点 S（$i_r > s$）は不安定である．

されている．現行利潤率を生み出す現行蓄積率 g_a よりも計画蓄積率 g_i のほうが低い場合（点 D よりも右側，点 S よりも左側）には，投資主体が資本蓄積率を引き下げようとする誘因を持つので，実現利潤率は低下する．逆に，現行利潤率を生み出す現行蓄積率よりも計画蓄積率のほうが高い場合（点 S と点 D のあいだ）には，投資主体が資本蓄積率を引き上げようとする誘因を持つので，実現利潤率は上昇する．現行蓄積率と計画蓄積率が等しい場合には，投資主体は資本蓄積率を変化させようとする誘因を持たないので，実現利潤率は不変にとどまる．

現行蓄積率と計画蓄積率のあいだの関係は，δ を正の定数として，次のように表される．

$$\frac{dg_a}{dt} = \delta(g_i - g_a) = \delta[i(r) - sr] \tag{7.4}$$

(7.2) 式の両辺を時間 t で微分すると，$dg_a/dt = s \cdot dr/dt$ であり，これを (7.4) 式に代入すると，$s \cdot dr/dt = \delta[i(r) - sr]$ となる．それゆえ，利潤率 r を

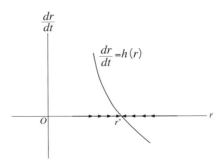

図 7.2 均衡点 ($r = r^*$) の安定性

(註) $h(r) \equiv \frac{\delta}{s}[i(r) - sr]$

時間 t について微分したものは,利潤率の関数 $h(r)$ と表される.

$$\frac{dr}{dt} = \frac{\delta}{s}[i(r) - sr] \equiv h(r) \tag{7.5}$$

現行蓄積率と計画蓄積率との均等 ($g_i = g_a$) をもたらす均衡点 ($r = r^*$) の近傍で (7.5) 式の線形近似をとると,次のようである.

$$\frac{dr}{dt} = \frac{\delta}{s}(i_r - s)(r - r^*) \tag{7.6}$$

均衡点 ($r = r^*$) が安定的であるための条件は,図 7.2 のように,(7.5) 式の関数 $h(r)$ が $r = r^*$ の近傍で r の減少関数であること,$dh(r)/dr = \delta(i_r - s)/s < 0$,すなわち,

$$i_r < s \tag{7.7}$$

である.

均衡点 ($r = r^*$) が安定的であるための条件 (7.7) は,利潤率 r に関する計画蓄積率 g_i の微分係数 ($dg_i/dr = i_r$) が貯蓄率 s よりも小さいことを意味する.

したがって,図 7.1 において曲線 A と曲線 I は 2 つの交点 D,S を持つが,点 D は安定,点 S は不安定である.点 D では,現行利潤率を生み出す現行蓄積率と,現行利潤率のもとで計画される蓄積率とが一致しているので,投資主体は現行水準の資本蓄積率を維持しようとする誘因を持つ.しかも,曲線 I の

7.3 投資と実現利潤

ような投資関数を前提に置くかぎり，交点 D よりも低い（高い）利潤率のもとでは，投資主体は，資本蓄積率を引き上げ（引き下げ）ようとする誘因を持つ．それゆえ，交点 D を成立させる個々の投資主体の動機がある．交点 D に対応する蓄積率をロビンソンは，それが「企業を，自分たちが居合わせた状態に満足させるような蓄積率」であるという理由で，「望ましい蓄積率（the desired rate of accumulation）」[25] と呼ぶ．これに対して，交点 S よりも低い（高い）利潤率のもとでは，投資主体は，資本蓄積率をますます引き下げ（引き上げ）ようとする誘因を持つ．それゆえ，交点 S を成立させる個別主体の動機は存在しない．

このように，(7.3) 式の投資関数に表される投資主体の意思決定を考慮に入れるからこそ，実現可能な利潤率の水準を特定することができる．これに対して，投資関数を欠く枠組みでは，実現利潤率の現行水準の持続可能性が投資主体の意思決定に依存していること，そのことから生じる蓄積経路の不安定性を記述することは不可能である．投資関数を排除した議論では，高利潤率と高蓄積率との結びつきを指摘できるのがせいぜいである．なお，投資主体の企業にとっての「望ましい蓄積率」が，労働力人口の増加率や労働生産性の上昇率と両立する保証は全くない．ここでは詳論できないが，「望ましい蓄積率」と「完全雇用に近い雇用量」とが両立する「黄金時代」[26] 成長経路は，偶然にしか実現しない．

以上のように，現行利潤率とそれを生み出す現行蓄積率との関係（(7.2) 式，曲線 A）と，現行利潤率のもとで計画される蓄積率を表す投資関数（(7.3) 式，曲線 I）の両方を同時に考察すると，資本蓄積と所得分配に関する分析枠組みの核心が浮かび上がる．現行蓄積率と計画蓄積率とが等しく（$g_i = g_a$），かつ，個々の投資主体の動機と両立する安定的な点に着目することがそれである．より具体的には，(7.2)・(7.3)・(7.7) 式から得られる，資本蓄積率＝貯蓄率×利潤率となる均衡点，

$$i(r) = sr, \quad i_r < s \tag{7.8}$$

を考察すればよい．

ただし，(7.8) 式では，資本蓄積率が利潤率 r の関数と見なされ，所得分配の指標としての利潤分配率（＝実現利潤/国民所得）が明示的に組み込まれてい

ない.所得フローの分配様式に対する投資主体の意思決定の先行性を説明するためには,以上の基本モデル(資本蓄積率＝貯蓄率×利潤率)のうえで,利潤分配率の外生的変化に対する投資・貯蓄の感応性をより詳しく考察しなければならない.次節では,本節の基本モデルを拡充して,利潤分配率の外生的変化に伴う稼働率の変化方向を調べる.

7.4　資本蓄積と所得分配の基本モデル——利潤分配率の外生的変化に伴う稼働率の変化

　本節では,前節で見た資本蓄積率と実現利潤率に関する基本モデルを拡充して,所得フローの分配(所得からの消費と貯蓄,所得に占める賃金と利潤の割合)と投資の意思決定との相互独立性を考察する.前節では利潤率にのみ依存する投資関数が前提に置かれていたが,本節では,利潤率(＝利潤/資本ストック)の変動を利潤分配率(＝利潤/現実国民所得),稼働率(＝現実国民所得/潜在的国民所得),資本係数(＝資本ストック/潜在的国民所得)の逆数,の3つの側面に分解したうえで,利潤分配率の外生的変化(実質賃金率の外生的変化)に伴う稼働率・資本蓄積率の変化方向を調べ,所得フローの分配(貯蓄と消費,賃金と利潤)と投資主体の意思決定との相互独立性を,総需要関数・総供給関数から成る体系の中で検証する.本節のモデルを用いると,より高い利潤分配率がより高い資本蓄積テンポと両立するか否かは,利潤分配率の変化に対する投資・貯蓄の感応性に依存することが確かめられる.資本蓄積と所得分配に関する本節の分析枠組みは,基本的にマーグリンとバドゥリ(S. Marglin and A. Bhaduri)によるモデル[27]に依拠している.このモデルでは,利潤分配率の外生的変化に伴う稼働率の変化方向が検討される.

総需要関数(投資と貯蓄の均衡)と総供給関数(生産者の均衡)

　利潤率 r は現行価格表示の資本ストック K に対する名目利潤 Π の比率 $r = \Pi/K$ と定義される.名目国民所得を Y,(生産能力基準の)潜在的国民所得を Y^f とすれば,利潤分配率 π,稼働率 z,資本係数 $\bar{a}$ はそれぞれ,$\pi = \Pi/Y$,

7.4 資本蓄積と所得分配の基本モデル

$z = Y/Y^f$, $\bar{a} = K/Y^f$ と表される.さしあたり,資本係数 $\bar{a}$ は一定であると仮定する.本節では,

$$r = \frac{\Pi}{K} = \pi z \bar{a}^{-1} \tag{7.9}$$

のように,利潤率 r を利潤分配率,稼働率,資本係数の逆数の 3 つの要因に分解する.これは,所得分配の指標としての利潤分配率を明示するためである.

以下では次の仮定を置く.(1) 租税,政府支出,外国貿易を捨象し,支出面での国民所得は投資と消費から成り,分配面での国民所得は賃金と利潤から成る.(2) 労働賃金からの貯蓄はおこなわれない.これらの仮定のもとで,稼働率 z を横軸,利潤分配率 π を縦軸とする平面上に,投資・貯蓄の均衡としての総需要関数と,生産者均衡としての総供給関数を設定する.

以下の議論が依拠するマーグリンとバドゥリのモデルの最大の特色は,利潤分配率に対する投資・貯蓄の感応性を組み込んだ総需要関数にある.仮定 (2) により貯蓄額は貯蓄率 s ($0 < s < 1$ なる定数) と利潤 Π の積に等しいので,資本ストック K で基準化された貯蓄 g_s は,(7.9) 式を用いて,次のように表される.

$$g_s (= \frac{S}{K}) = sr = s\pi z \bar{a}^{-1} \tag{7.10}$$

また,資本ストック K で基準化された投資 I,すなわち資本家によって決定される資本蓄積率 g_I は,期待利潤率 r_e の増加関数であり,さらに r_e は現行の利潤分配率 π と稼働率 z の増加関数であると仮定される.それゆえ,投資関数は,

$$g_I (= \frac{I}{K}) = i[r_e(\pi, z)] \tag{7.11}$$

と表される.ここでは,将来の実現利潤について現在の資本家が抱く「確信の状態 (state of confidence)」が期待利潤率 r_e に反映され,r_e は現行の π,z の増加関数と表されている.なぜなら,「現状を受け取り,それを将来に投影する」ことが「長期期待の形成」における「慣行」であると考えられるからである[28].こうして,投資と貯蓄の均衡をもたらす z と π の組み合わせ,すなわち総需要関数は,(7.10)・(7.11) 式により,

$$i[r_e(\pi, z)] = s\pi z \bar{a}^{-1} \tag{7.12}$$

と表される．(7.12) 式では，期待利潤率に依存する左辺の資本蓄積率が右辺（貯蓄率×利潤率）を決定するのであって，その逆ではない．ただし，前節で見たように，投資から実現利潤への決定関係は，現存の内部資金の大きさを超える追加的投資を可能にする制度的機構，すなわち銀行組織による信用創造を前提とする[29]．

次に，生産者としての資本家が満足する稼働率 z と利潤分配率 π の組み合わせ，すなわち総供給関数が，次のように定義される．

$$\pi = \pi_0 + b(z), \quad b'(z) > 0 \tag{7.13}$$

(7.13) 式の第 2 項 $b(z)$ が稼働率 z の増加関数と表されているように，企業の価格設定行動について，「企業は賃金費用に対するマークアップを使って価格を設定する」こと，および「マークアップは稼働率に関して正の方向に変化する」ことが前提に置かれている[30]．言い換えれば，稼働率と同じ方向に変化する「伸縮的マークアップ」[31] 率が想定されている．他方，(7.13) 式の第 1 項 π_0 に表されているのは，稼働率の変化方向とは独立の利潤分配率の変化要因である．以下では，π_0 を「利潤分配率の独立要因」と呼ぶことにし，π_0 の低下（上昇）の指標として実質賃金率の上昇（低下）を考える[32]．このように，総供給関数 (7.13) は，生産者としての資本家が満足する稼働率と利潤分配率の組み合わせ，すなわち「生産者の均衡（producer's equilibrium）」[33] を表している．

総需要関数（投資・貯蓄の均衡）と総供給関数（生産者均衡）は，z-π 平面上にそれぞれ IS 曲線，PE 曲線として図示できる．(7.13) 式により，

$$\frac{d\pi}{dz} = b'(z) > 0 \tag{7.14}$$

であるから，z-π 平面上の PE 曲線（生産者均衡）は右上がりである．利潤分配率の独立要因 π_0 の低下（実質賃金率の上昇）に伴って PE 曲線は下方に移動する．本節でのモデル分析の目的は，実質賃金率の外生的変化（π_0 の外生的変化）に伴う稼働率の変化方向を調べることにあるので，PE 曲線の傾き $b'(z)$ の符号は以下の議論に影響を与えない．企業によるマークアップ率の設定様式を考察対象としない本節では，さしあたり $b'(z) > 0$ と仮定する．

7.4 資本蓄積と所得分配の基本モデル

IS 曲線（投資・貯蓄の均衡）の傾きは，PE 曲線の場合ほど単純ではない．総需要関数 (7.12) において，利潤分配率 π，稼働率 z に関する全微分は次のようである．

$$(sz\bar{a}^{-1} - i_\pi)d\pi + (s\pi\bar{a}^{-1} - i_z)dz = 0 \tag{7.15}$$

ただし，$i_\pi = (di/dr_e)(\partial r_e/\partial \pi)$, $i_z = (di/dr_e)(\partial r_e/\partial z)$ である．投資関数 (7.11) により，資本蓄積率 g_I は期待利潤率 r_e の増加関数，r_e は π, z の増加関数，すなわち，$di/dr_e > 0$, $\partial r_e/\partial \pi > 0$, $\partial r_e/\partial z > 0$ と仮定されているから，(7.15) 式において，

$$i_\pi > 0, \quad i_z > 0 \tag{7.16}$$

である．(7.15) 式により，z–π 平面上の IS 曲線の傾きは，

$$d\pi/dz = -(s\pi\bar{a}^{-1} - i_z)/(sz\bar{a}^{-1} - i_\pi) \tag{7.17}$$

と表されるが，その符号は不確定である．

経済学的に意味のある比較静学分析をおこなうためには，(7.12)・(7.13) 式の体系の安定条件を調べておかなければならない．貯蓄 g_S が投資 g_I を上回れば稼働率 z が低下し，利潤分配率 π が目標値を下回れば利潤分配率は引き上げられると仮定する．この関係は，(7.10)・(7.11) 式により，α を負の定数，β を正の定数として，次のように表される．

$$\dot{z} = \alpha\big(s\pi z\bar{a}^{-1} - i[r_e(\pi, z)]\big), \quad \alpha < 0 \tag{7.18}$$
$$\dot{\pi} = \beta\big(\pi_0 + b(z) - \pi\big), \quad \beta > 0 \tag{7.19}$$

均衡点 (z^*, π^*) の近傍で (7.18)・(7.19) 式の線形近似をとると，次のようになる．

$$\begin{pmatrix} \dot{z} \\ \dot{\pi} \end{pmatrix} = \begin{pmatrix} \alpha(s\pi\bar{a}^{-1} - i_z) & \alpha(sz\bar{a}^{-1} - i_\pi) \\ \beta b'(z) & -\beta \end{pmatrix} \begin{pmatrix} z - z^* \\ \pi - \pi^* \end{pmatrix} \tag{7.20}$$

体系の安定条件は，(7.20) 式の係数行列 $\mathbf{A}$ の固有値がすべて負となること，すなわち，$\mathbf{A}$ の対角成分の和（$\text{tr}\mathbf{A}$）が負，$\mathbf{A}$ の行列式（$\det\mathbf{A}$）が正となることである[34]．

$$\text{tr}\mathbf{A} = \alpha(s\pi\bar{a}^{-1} - i_z) - \beta < 0 \tag{7.21}$$

$$\det\mathbf{A} = -\alpha\beta\bigl((s\pi\bar{a}^{-1} - i_z) + (sz\bar{a}^{-1} - i_\pi)b'(z)\bigr) > 0 \tag{7.22}$$

$\alpha < 0$, $\beta > 0$ であるから，(7.22) 式は，

$$(s\pi\bar{a}^{-1} - i_z) + (sz\bar{a}^{-1} - i_\pi)b'(z) > 0 \tag{7.23}$$

と同値である．(7.13) 式では $b'(z) > 0$（PE 曲線は右上がり）と仮定されているから，(7.23) 式の成立は，IS 曲線の傾きを表す (7.17) 式の分母 $(sz\bar{a}^{-1} - i_\pi)$，分子 $(s\pi\bar{a}^{-1} - i_z)$ の符号の組み合わせにかかっている．

本節での主要な関心は利潤分配率の外生的変化（π_0 の変化）に伴う稼働率の変化方向であるから，総需要関数 (7.12) 式での問題の焦点は，利潤分配率 π の変化に対する投資と貯蓄の感応性にある．そこで本節では，稼働率 z の変化に対する投資と貯蓄の感応性については，投資と貯蓄の安定的均衡と両立する前提を置く．その前提とは，投資よりも貯蓄のほうが稼働率の変化に対する感応性が高いこと，すなわち，(7.10)・(7.11) 式により，

$$s\pi\bar{a}^{-1} - i_z > 0 \tag{7.24}$$

の条件が満たされることである．この条件のもとでは，投資＝貯蓄の均衡に対応する水準（$g_S(z^*) = g_I(z^*)$ を満たす z^*）から現実の稼働率 z が乖離した場合，投資の変化幅が貯蓄の変化幅よりも小さいので，現実の稼働率の均衡水準 z^* からの乖離は縮小していく[35]．このように，(7.24) 式は，国民所得の変化に関する投資＝貯蓄の均衡の安定条件に相当するので，この条件をマーグリンとバドゥリは「ケインジアン安定条件（Keynesian Stability）」[36] と呼ぶ．

本節では，(7.24) 式あるいは「ケインジアン安定条件」の成立を前提に置くので，$\alpha < 0$，$\beta > 0$ により，(7.21) 式 ($\text{tr}\mathbf{A} < 0$) は成立する．また，(7.14) 式により，PE 曲線の傾きは右上がり ($b'(z) > 0$) である．したがって，(7.23) 式の成立要件に関して残された問題は，(7.17) 式の分母 $sz\bar{a}^{-1} - i_\pi$ の符号，すなわち，利潤分配率 π の変化に対する貯蓄と投資の感応性の大小関係だけである．

第一に，利潤分配率の変化に対する貯蓄の感応性が投資の感応性よりも高い場合，(7.17) 式の分母は正，すなわち，

$$sz\bar{a}^{-1} - i_\pi > 0 \tag{7.25}$$

の条件が成立する．投資と貯蓄を利潤分配率 π のみの関数と見なすと，(7.24) 式の場合と同様に，(7.25) 式は利潤分配率の変化に関する投資＝貯蓄の均衡の安定条件に相当する．マーグリンとバドゥリは (7.25) 式の条件を，ロビンソンにちなんで「ロビンソニアン安定条件（Robinsonian Stability）」[37] と呼ぶ．(7.14)・(7.24)・(7.25) 式の条件が満たされる場合，(7.23) 式（$\det \mathbf{A} > 0$）は，

$$b'(z) > 0 > -(s\pi\bar{a}^{-1} - i_z)/(sz\bar{a}^{-1} - i_\pi) \tag{7.26}$$

と同値であり，z–π 平面上で IS 曲線は右下がり，PE 曲線は右上がりとなる．

第二に，利潤分配率の変化に対する投資の感応性が貯蓄の感応性よりも高く，「ロビンソニアン安定条件」が成立しない場合，すなわち，

$$sz\bar{a}^{-1} - i_\pi < 0 \tag{7.27}$$

の場合には，(7.23) 式（$\det \mathbf{A} > 0$）は，

$$0 < b'(z) < -(s\pi\bar{a}^{-1} - i_z)/(sz\bar{a}^{-1} - i_\pi) \tag{7.28}$$

となる．これは，z–π 平面上で IS 曲線も PE 曲線も右上がりで，IS 曲線の傾きが PE 曲線よりも急になる場合である．

以上のように，稼働率 z の変化に対する貯蓄の感応性が投資の感応性よりも高いという仮定（(16) 式），企業の価格設定における「伸縮的マークアップ」率（(7.13)・(7.14) 式，右上がり PE 曲線），および (7.21)・(7.22) 式の体系の安定条件により，本節で考察されるのは次の 2 つの場合である（図 7.3）．

[A] 利潤分配率の変化に対する貯蓄の感応性のほうが投資の感応性よりも高い場合（$sz\bar{a}^{-1} - i_\pi > 0$），すなわち，$z$–$\pi$ 平面上の IS 曲線が右下がりである場合（(7.26) 式）．

[B] 利潤分配率の変化に対する投資の感応性のほうが貯蓄の感応性よりも高い場合（$sz\bar{a}^{-1} - i_\pi < 0$），すなわち，$z$–$\pi$ 平面上の IS 曲線は右上がりで，かつ，PE 曲線よりも急な傾きを持つ場合（(7.28) 式）．

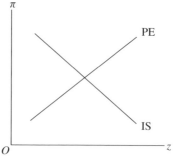

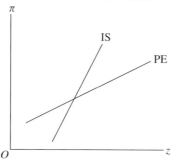

図 7.3　利潤分配率の変化に対する投資・貯蓄の感応性

以下で順に見るように，実質賃金率の外生的変化（π_0 の外生的変化）に伴う稼働率の変化方向は，利潤分配率の変化に対する投資の感応性と貯蓄の感応性との大小関係（すなわち z–π 平面上の IS 曲線の傾き）に依存する．

利潤分配率の外生的変化（実質賃金率の外生的変化）に伴う稼働率と利潤分配率の変化

最初に，総需要関数 (7.12) と総供給関数 (7.13) から成る体系において，利潤分配率の独立要因 π_0 の変化に伴う稼働率 z，利潤分配率 π の変化方向を調べよう．(7.12)・(7.13) 式において z, π, π_0 に関する全微分をとることによ

7.4 資本蓄積と所得分配の基本モデル

り，z, π を内生変数，π_0 を外生変数とする次の連立方程式が得られる．

$$(s\pi\bar{a}^{-1} - i_z)dz + (sz\bar{a}^{-1} - i_\pi)d\pi = 0 \tag{7.29}$$

$$b'(z)dz - d\pi = -d\pi_0 \tag{7.30}$$

行列で表示すると，次のようである．

$$\begin{pmatrix} s\pi\bar{a}^{-1} - i_z & sz\bar{a}^{-1} - i_\pi \\ b'(z) & -1 \end{pmatrix} \begin{pmatrix} dz \\ d\pi \end{pmatrix} = \begin{pmatrix} 0 \\ -d\pi_0 \end{pmatrix} \tag{7.31}$$

(7.31) 式の係数行列の行列式 Δ は，次のようになる．

$$\Delta = -(s\pi\bar{a}^{-1} - i_z) - (sz\bar{a}^{-1} - i_\pi)b'(z) \tag{7.32}$$

すでに見たように，IS 曲線・PE 曲線から成る体系の安定条件の一つである (7.23) 式により，行列式 Δ の符号は負，すなわち，

$$\Delta = -(s\pi\bar{a}^{-1} - i_z) - (sz\bar{a}^{-1} - i_\pi)b'(z) < 0 \tag{7.33}$$

でなければならない．(7.31) 式を解くと，利潤分配率の独立要因 π_0 の上昇に伴う稼働率 z と利潤分配率 π の均衡水準の変化方向は次のように表される．

$$dz/d\pi_0 = (sz\bar{a}^{-1} - i_\pi)/\Delta \tag{7.34}$$

$$d\pi/d\pi_0 = (s\pi\bar{a}^{-1} - i_z)/\Delta \tag{7.35}$$

(7.24) 式のように $s\pi\bar{a}^{-1} - i_z > 0$ が前提に置かれているから，ここでの問題は，利潤分配率 π の変化に対する投資の感応性と貯蓄の感応性の大小関係に依存する $dz/d\pi_0$ の符号である．

[A] 利潤分配率の変化に対する貯蓄の感応性のほうが投資の感応性よりも大きい場合 ($sz\bar{a}^{-1} - i_\pi > 0$)，(7.24)・(7.33) 式により，$dz/d\pi_0$, $d\pi/d\pi_0$ の符号はそれぞれ次のようである．

$$\begin{aligned} dz/d\pi_0 &= (sz\bar{a}^{-1} - i_\pi)/\Delta < 0 \\ d\pi/d\pi_0 &= (s\pi\bar{a}^{-1} - i_z)/\Delta > 0 \end{aligned} \tag{7.36}$$

したがって，利潤分配率の変化に対する貯蓄の感応性のほうが投資の感応性よりも大きい（z-π 平面上の IS 曲線が右下がりである）場合，利潤分配率の独立

[A] 利潤分配率の外生的低下（π_0 の低下）にともなう稼働率 z の上昇
（停滞論的レジーム stagnationist regime）

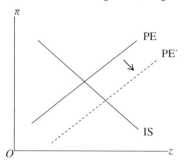

[B] 利潤分配率の外生的上昇（π_0 の上昇）にともなう稼働率 z の上昇
（高揚論的レジーム exhilarationist regime）

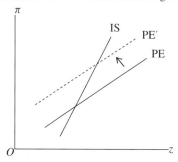

図 7.4　利潤分配率の外生的変化に対する稼働率の変化

要因 π_0 の低下（実質賃金率の引き上げ）に伴って稼働率 z の上昇，利潤分配率 π の低下が生じる．このように，z-π 平面上の IS 曲線が右下がりで，利潤分配率の外生的低下（実質賃金率の外生的上昇）に伴って稼働率 z の上昇が生じる場合を，マーグリンとバドゥリは「停滞論的レジーム（stagnationist regime）」[38] と呼ぶ（図 7.4 の [A]）．

[B] 利潤分配率の変化に対する投資の感応性のほうが貯蓄の感応性よりも高い場合（$sz\bar{a}^{-1} - i_\pi < 0$），(7.24)・(7.33) 式により，$dz/d\pi_0$，$d\pi/d\pi_0$ の符号

7.4 資本蓄積と所得分配の基本モデル

はそれぞれ次のようである.

$$dz/d\pi_0 = (s z \bar{a}^{-1} - i_\pi)/\Delta > 0$$
$$d\pi/d\pi_0 = (s \pi \bar{a}^{-1} - i_z)/\Delta > 0$$
(7.37)

したがって,利潤分配率の変化に対する投資の感応性のほうが貯蓄の感応性よりも高い (z–π 平面上の IS 曲線が右上がりである) 場合, 利潤分配率の独立要因 π_0 の上昇 (実質賃金率の引き下げ) に伴って稼働率 z の上昇, 利潤分配率 π の上昇が生じる. このように,「停滞論的レジーム」とは逆に, z–π 平面上の IS 曲線が右上がりで,利潤分配率の外生的引き上げ (実質賃金率の引き下げ) に伴って稼働率 z の上昇が生じる場合は,「高揚論的レジーム (exhilarationist regime)」[39] と呼ばれる (図 7.4 の [B]).

以上の分析により, 利潤分配率の独立要因 π_0 の低下 (実質賃金率の引き上げ) が稼働率 z の上昇に結びつくか否か (「停滞論的レジーム」か「高揚論的レジーム」か) は, 利潤分配率の変化に対する投資の感応性と貯蓄の感応性のどちらが強いかに左右されることが示された [40]. 言い換えれば, 実質賃金率の引き上げによる賃金分配率の上昇が消費需要の拡大を通じて経済活動水準の上昇 (稼働率の上昇) に結びつくか否かは, 利潤分配率の低下に伴う投資の減退が貯蓄の減退よりも著しいかどうかにかかっている [41].

利潤分配率の変化に対する投資と貯蓄の感応性を検討せずに,「労働賃金からの消費性向が利潤からの消費性向よりも高いかぎり, 賃金分配率の引き上げ (利潤分配率の引き下げ) に伴って総需要は増加する」と主張することはできない. 実質賃金率の外生的引き上げと稼働率の上昇との両立可能性に関する決定権は, 将来の貯蓄形成を先取りして投資の意思決定をおこなう資本家 (投資主体としての企業, および金融機関) によって握られているのである. このように, 所得フローの分配様式の変化 (π_0 の外生的変化) に伴う経済活動水準 (稼働率) の変化方向は, 利潤分配率の変化に対する投資・貯蓄の感応性, とりわけ投資主体の意思決定に左右される [42].

本節では, マーグリンとバドゥリの分析枠組みに依拠して, 利潤分配率の外生的変化 (実質賃金率の外生的変化) に伴う稼働率の変化方向が, 利潤分配率の変化に対する投資と貯蓄の感応性に左右されることを確かめた. 利潤分配率の

外生的変化が将来の実現利潤についての期待，および，設備投資に関する計画に及ぼす影響も考慮に入れると，現代経済の分析に応用できる分析枠組みに仕上げることができるであろう[43]．

7.5 むすび

本章では，所得フローの分配様式（貯蓄と消費，賃金と利潤）と投資の意思決定との相互独立性（第7.2節），銀行組織の信用創造を媒介とする投資から実現利潤への決定関係，および資本蓄積率と利潤率のあいだの二重の関係——現行利潤率を生み出す資本蓄積率と，現行利潤率のもとで計画される資本蓄積率——（第7.3節）を確認したうえで，マーグリンとバドゥリのモデルに依拠して，利潤分配率の外生的変化（実質賃金率の外生的変化）に伴う稼働率の変化方向について考察した．より高い利潤分配率がより高い稼働率と両立するか否かは，利潤分配率の変化に対する投資・貯蓄の感応性にかかっている（第7.4節）[44]．

以上の考察をふまえると，資本主義経済における分配問題へのアプローチについて次の点を指摘できる．投資過程の非可逆性と将来の市場状態の不可知性から逃れられない貨幣経済における分配問題は，与えられた大きさの年間生産物の分配様式の観点からではなく，非可逆的な投資決定をめぐる利害関係の観点から考察されなければならない．発達した信用制度を伴う現実の貨幣経済における分配問題の核心は，将来の貯蓄形成を先取りして非可逆的な投資決定をおこなう権限が企業・金融機関によって握られている点にある[45]．

註

[1] 投資，貯蓄，金融市場のあいだの関連をめぐっては，理論的にも実証的にも論争が続いている．貯蓄に対する投資の先行性を重視する立場からの研究として，Pollin and Justice (1994), Gordon (1995) を参照のこと．

[2] 玉垣良典は，景気循環分析における「資本の投資行動仮説」の検討の必要性を強調して，「マルクス恐慌論の議論では従来『蓄積のための蓄積』という一般的で抽象的な蓄積行動の規定で済ましてしまって」いるが「変動論の本格的な展開のためにはこの抽象

性は埋められなければならない」と指摘する（玉垣（1985），64～65 ページ）．資本蓄積の動態に関わるどの分野についても，「蓄積行動」「投資行動」の重要性に関する玉垣の指摘はきわめて重要である．

3 スミス『国富論』第 2 編第 3 章では，「勤勉ではなく節倹（parsimony）が，資本の増加の直接の原因なのである．たしかに勤労は節倹が蓄積するものを用意する．しかし，勤労が何を獲得しようとも，もし節倹がそれを蓄え，積みかさねないならば，資本が大きくなることはけっしてないだろう」(Smith (1976), p. 337, 邦訳，第 2 分冊，122 ページ）とされる．ここでは，毎期の収入からの「節倹」（消費しないこと）が「資本の増加」の「原因」であると説明され，貯蓄（毎期の収入のうち消費しない部分）に関する意思決定と，投資（資本の増加．スミスの場合には，追加的な労働者の雇用）に関する意思決定が区別されていない．言うまでもなく，貨幣と資本蓄積に関するスミスの見解に言及するだけでは，『国富論』の政治経済学の理論性格を説明することはできない．スミスの政治経済学に関する最近の研究として，田島（2003），星野（2010），和田（2010）を挙げておく．また，スミスの資本蓄積論をめぐる論争点については，屋嘉（2003）（特に，第 3 章），屋嘉（2011）を参照のこと．

4 藤野正三郎は「企業活動と家計活動の市場関連」を総括して，「家計の収支計算書の支出側面」で決定される「消費財購入額」と，「企業の損益計算書と家計の収支計算書以外の場所，すなわち企業の貸借対照表と家計の貸借対照表で決定される投資財純購入額」が「国民所得の支出の側面を構成する」（藤野（1965），95 ページ）と指摘する．また，投資需要の分析におけるストック市場の視点の重要性について内田和男は，「貸借対照表上で決定される投資需要計画は，所得フローの分析対象である損益計算書・収支計算書上での貯蓄（消費）計画とは独立になされ，両計画が事前的に一致する保証は何もないのである」（内田（1988），32 ページ）と指摘する．投資主体による資本財の購入額が「損益計算書」・「収支計算書」上の貯蓄・消費計画とは独立に「貸借対照表」上で決定されるという藤野と内田の論点は，貯蓄と投資の関係を理解するうえできわめて重要である．

5 デヴィッドソン（P. Davidson）は，貯蓄決意を投資決意に結びつける見解について，次のように論評している．「現代の新古典派論者たちと同様に，前ケインズ的な著者たちは，貯蓄行為（つまり，経常所得から消費を差し控える決意）を耐久的で生産可能な資本財での富貯蔵への需要に関連づけた．こうした考え方は，セイ法則の基礎に横たわっている新古典学派の誤謬，すなわち家計が諸資源に対する支配力をばく然とした将来へ移転するための富を保有しようとする願望の増大は，実物資本財を保有しようとする願望の増大と同じ事柄であるという新古典学派の誤謬へと導いたのである」(Davidson (1978), 邦訳 68 ページ）．

6 マルクスの再生産表式の理論性格，学説史的な成立過程については，宮川（1993）が

詳しい．

[7] ロビンソン（J. Robinson）は，マルクスの拡大再生産表式の理論的特徴を検討して，次のように指摘している．「もし，資本家が利潤の見込にかかわりなく，いつでもかれらの剰余を生産財に投資するのであれば，資本財の生産量は消費生産量と最大可能な総生産量との間にできる溝を埋めることができる．2つの産業部門間の均衡は自己調整的なものとなり，消費水準がいかに惨めであろうと恐慌は起こらないであろう．（しかし，資本蓄積と技術的進歩との交互作用のため労働予備軍の変動は排除されないだろう．）それ故，この議論を確実に仕上げるためには，投資が利潤率に依存し，利潤率は究極において消費力に依存することを示さなければならない．要するに，有効需要の原理に基礎をおく利潤率の理論を提供しなければならない」(Robinson (1966), p. 50, 邦訳 69～70 ページ．引用者の判断で，旧字体を新字体に改めた）．資本家の蓄積態度を考慮に入れるべきこと，および，「有効需要の原理に基礎をおく利潤率の理論」を組み立てるべきこと．ロビンソンによって指摘されたこれらの論点は，現代のポストケインズ派経済学に受け継がれた分析視角であるが，マルクス派の恐慌論・景気循環論においてもきわめて重要である．

[8] マルクス派の恐慌論・産業循環論の領域で，投資関数を組み込んだ 2 部門蓄積モデルを展開した先行研究は，置塩（1975），滝田（1981），浅利（1983）をはじめ，多数存在する．長島誠一による最近の研究では，「投資が利潤を決定し，その逆ではない」（長島（2007），100 ページ）こと，利潤の実現に対する投資の先行性は「販売（実現）の可能性を問題にする」場合に欠かせない視点であること（同，101 ページの註 109）が指摘されたうえで，投資関数と賃金調整関数を組み込んだ景気循環モデルが構築され，そのモデルに基づくシミュレーション分析がおこなわれている（同書の第 2 部を参照のこと）．また，恐慌論・産業循環論の最近の展開については，海野（2008）で詳しく検討されている．

[9] 『国富論』第 4 編第 1 章でスミスは，「品物は貨幣を購買する以外にも，他の多くの目的に役だつことができるが，貨幣は品物を購入する以外には，他のどんな目的にも役だたない」と述べて，貨幣を財の購買手段と把握し，「人が貨幣を求めるのは，貨幣そのもののためではなく，貨幣で購買できるもののためなのである」(Smith (1976), p. 439, 邦訳，第 2 分冊，276 ページ）と主張する．

[10] 非流動性資産を購入した企業の行動についてヒックス（Hicks, J.R.）は次のように指摘する．「非市場性の資産（a non-marketable asset）——たとえばそれ自体の特定の目的のために企画され装備された新工場——を取得している企業は，それに伴うその後の選択のかなり狭い帯（band）を備えた，かなり長期間にわたる行動行程にすでに身を委ねてしまっている」(Hicks (1974), pp. 41–42, 邦訳 58 ページ)．

[11] いったん購入された実物資産（資本財）の非流動性に関連して内田和男の次の指摘は

きわめて重要である.「貨幣経済では貸借が貨幣市場でおこなわれ，実物財それ自身による貸付市場は存在しない．しかも既存の実物資産を売買する市場，いわゆる再販市場（ストック市場）は全く不備である」（内田（1988），28ページ）．さらに，投資理論における新古典派とケインズとの差異について内田は，「新古典派投資理論の特質」は「資本に対して再販市場の存在を仮定する点」にあり，「ケインズ理論」では資本資産は「市場性を欠いた流動性の低い資産として取り扱われ」ると指摘する（同，96ページ）．

[12] 現代マルクス学派の投資理論における「投資の非可逆性」の意義についてクロッティ（J. Crotty）は次のように指摘する.「マルクス的な理論にはまた，投資過程の非可逆性（the irreversibility of the investment）が必要である．流動性のある物的資本を持つ企業は将来の不可知性によって脅かされることはない．そのような企業は埋没費用にも異時点間の収益のあいだのトレードオフにも出会わない．最も重要なことだが，投資が可逆的である場合には，負債の蓄積もまた可逆的である．もし，投資決定がうまくいかなくなれば，企業は資本（マイナス減価償却）を再販売して負債を払い戻すことができる．投資が非可逆的である場合には，『過去になされた契約の遺物』（Minsky, 1982, p. 63〔邦訳102ページ〕）によって金融的に『脆弱な』企業の存続可能性が脅かされ，そうすることで，企業の投資意欲は制約される」（Crotty (1993), p. 10.〔 〕内は引用者による．また，邦訳は引用者による）．

[13] 実物資産の保有に伴う負債構造の選択をおこなう企業の意思決定についてミンスキーは次のように言う.「資産を保有するために，ある債務構造（a liability structure）を選択する企業は，将来における経済状況が現金支払いの契約の履行を許すようなものであろうと読んでいるのである．つまり，企業は不確実な将来の賭の目は，自分たちに都合の良いものであろうと推測しているのである」（Minsky, 1975, p. 87，邦訳136～137ページ）．

[14] 不確実な将来の状態に関する投資主体の判断についてケインズは言う.「投資額は，そのいずれもが十分なあるいは確実な根拠に基づいていない将来に関する二組の判断——保蔵性向，および，資本資産の将来収益に関する意見——に依存している．これらの要因のうちの一方の変動が他方の変動を相殺すると想定しなければならない理由は何もない．将来収益についてより悲観的な見解が採られる場合，保蔵性向が減少しなければならない理由は何もない．一方の要因を悪化させる諸条件は，概して，他方の要因を悪化させる傾向にある．というのは，将来収益に関する悲観的な見解をもたらす同じ状況が保蔵性向を上昇させやすいからである」（Keynes (1937), p. 218，邦訳は引用者による）．

[15] 不況過程からの脱出策としての利下げ政策の限界について，ケインズは次のように指摘する.「後になれば，利子率の低下が回復にとって大きな助けになるであろうし，おそらくそのための必要条件であろう．しかし，しばらくの間は，資本の限界効率の崩壊

が致命的であって，利子率をできるかぎりどんなに引き下げてみても十分ではないであろう」(Keynes (1936), p. 316, 邦訳 317 ページ).

[16] ポストケインズ派の「投資に制約される成長モデル」と古典派・新古典派モデルとの根本的な相違については，Foley and Michl (1999), ch. 10 (邦訳，第 10 章) を参照.

[17] Kalecki (1971), p. 28, 邦訳 28 ページ.

[18] 追加的投資に伴う資金調達と資金循環を日本経済における金融構造の変化との関連で考察した研究に，金尾 (2001) がある．また，「投資・利潤・賃金の運動形態」を現代資本主義の分析枠組みとして再構築した研究として，野口 (1990) が重要である．

[19] 民間銀行の貸出による預金通貨の創出（内生的貨幣供給）を支えるのは，民間銀行の預金の振替による取引当事者間の決済を可能にする決済システムの存在である．内生的貨幣供給と決済システムとの密接な関係については，吉田 (2002) が詳しい.

[20] 投資と実現利潤に関わる貨幣面・金融面の調整機構をめぐる論争点については，Asimakopulos (1983), Messori (1991) が詳しい．

[21] Robinson (1962), p. 22, 邦訳 33 ページ.

[22] ロビンソンの資本蓄積モデルの定式化については，以下の文献に多くを負う．荒 (1976), 129～135 ページ, Harris (1978), pp. 186–91 (邦訳 202～208 ページ), Marglin (1984), Ch. 4.

[23] Robinson (1962), p. 47, 邦訳 71 ページ.

[24] Ibid., p. 48, 邦訳 72 ページ.

[25] Ibid,, p. 47, 邦訳 72 ページ.

[26] Ibid., p. 52, 邦訳 69 ページ．なお，各種の成長経路と雇用，労働力人口，技術の関係について考察するためには，『資本蓄積論』(Robinson (1966)) を検討しなければならない．ロビンソンの『資本蓄積論』の構造を詳しく検討した最近の研究として，宅和 (2012) がある．

[27] 本節のモデルは基本的に，Marglin and Bhaduri (1990a) に依拠している．この論文の拡張版が Marglin and Bhaduri (1991) であり，そこでは OECD 諸国における投資と貯蓄に関する若干の実証分析もおこなわれている (Ibid., pp. 129–33)．本節では，以上の論文における記号の一部を変更したほか，比較静学分析の手続き（総需要関数・総供給関数から成る体系の安定性の吟味など）に関する説明を追加した．

[28] Keynes (1936), p. 149, 邦訳 146 ページ.

[29] 投資と貯蓄の均衡 ((7.12) 式) の前提条件についてマーグリンとバドゥリは，「経済が超過需要の状態にあるとき，受動的あるいは内生的な貨幣が，要求される投資と実際の

註

投資需要のあいだのギャップを埋めるものと仮定されている」(Marglin and Bhaduri (1990a), p. 156, 邦訳 171 ページ) と指摘する.

[30] Ibid., p. 156, 邦訳 171 ページ.

[31] Ibid., p. 155, 邦訳 170 ページ.

[32] マーグリンとバドゥリの別稿では,利潤分配率と実質賃金率との逆行関係を明示したうえで,利潤分配率の外生的変化(実質賃金率の外生的変化)に伴う総需要の変化方向が考察されている (Marglin and Bhaduri (1990b)).

[33] Marglin and Bhaduri (1990a), p. 155, 邦訳 170 ページ.

[34] 連立微分方程式の係数行列の固有値がすべて負となるための条件(係数行列の対角成分の和が負,係数行列の行列式が正)は,連立微分方程式の解の安定性に関する「Routh-Hurwitz(ルース・フルヴィッツ)の条件」と呼ばれている.同条件とその応用については,Gandolfo(2010) を参照.また,マクロ動学分析の理論と応用については,浅田 (1997) が詳しい.

[35] 投資 g_I が貯蓄 g_S を上回ると稼働率 z が上昇する,すなわち,$\dot{z} = \lambda(g_S(z) - g_I(z))$, $\lambda < 0$ という関係を仮定すると,均衡点 $(z = z^*)$ の近傍では $\dot{z} = \lambda(s\pi\bar{a}^{-1} - i_z)(z - z^*)$ である.(7.24) 式のもとでは,$d\dot{z}/dz = \lambda(s\pi\bar{a}^{-1} - i_z) < 0$ となり,この均衡点は安定的である.

[36] Marglin and Bhaduri (1990a), p. 164, 邦訳 180 ページ.

[37] Ibid., p. 164, 邦訳 179 ページ.

[38] Ibid., p. 165, 邦訳 181 ページ.

[39] Ibid., p. 164, 邦訳 179 ページ.

[40] Marglin and Bhaduri (1990a) を含む「カレツキアン(Kaleckian)」モデルにおける蓄積と分配の「レジーム(regime)」分析については,池田 (2006) と中谷 (2008) で詳細に検討されている.また,「カレツキアン」のモデルと「ロビンソニアン(Robinsonian)」のモデルの論理構造の比較検討とシミュレーション分析をおこなった最近の研究に,Skott and Zipperer (2010) がある.

[41] 本節の議論が依拠するマーグリンとバドゥリのモデルでは,稼働率と利潤分配率に依存する投資関数が前提に置かれている.これに対して,ローソン(R. Rowthorn)のマクロ経済モデルでは,稼働率と利潤率(=利潤/資本ストック)に依存する投資関数を前提に置いて,「実現曲線」(投資・貯蓄の均衡)と「利潤曲線」(企業の価格設定態度)から成る体系に基づいて資本蓄積と所得分配の連関が考察されている (Rowthorn (1982)).利潤分配率の外生的変化に伴う稼働率・利潤率の変化方向を調べるうえで決

定的に重要なのは，稼働率・利潤率の変化に対する投資の感応性である．ローソンの分析枠組みを応用してマクロ経済の構造変化を分析した研究に，横川（1996）がある．横川は，「稼働率に対する投資の感応性が減少」して稼働率−利潤率の平面上での「実現曲線」が「右下がり」となる場合，「賃金上昇による利潤曲線の下方シフト」が「わずかな稼働率上昇と利潤率の低下をもたらす」ことを示し，この「対立的マクロ経済モデル」を用いてスタグフレーションの発生メカニズムを説明する（同，38〜40ページ）．

[42] 実質的に同じ論点をマーグリンとバドゥリは，利潤分配率の外生的変化に伴う総需要（消費 C ＋投資 I）の変化方向の観点から次のように説明している．「利潤マージン／分配率の変化に対する投資の感応性が相対的に弱いならば……，実質賃金の低下と利潤分配率の上昇……による消費需要の減少の全部が投資需要の増加によって相殺されるわけではない．したがって，実質賃金率が低下する（すなわち利潤分配率が上昇する）につれて総需要（$C+I$）は減少する」（Marglin and Bhaduri (1990b), p. 379）．

[43] マーグリンとバドゥリの分析枠組みを応用して，実質利子率の外生的変化に伴う産業部門・金融部門の稼働率・利潤分配率・利潤率の変化方向を分析する試みとして，エプシュタイン（G. Epstein）の研究がある（Epstein(1994)）．エプシュタインは，稼働率の上昇に伴う産業部門の利潤分配率の上昇／低下に応じて「資本と労働」の関係を "Kaleckian case"／"neo-Marxian case"，実質利子率の上昇に伴う産業部門の利潤分配率の不変／低下に応じて「金融部門と産業部門」の関係を "Enterprise finance"／"Speculative finance" と特徴づける分析枠組み（Ibid., p. 241）に基づいて，OECD諸国における金融政策の政治経済学的特質を「資本と労働」と「金融と産業」の2本の座標軸の上で分析している（Ibid., p. 258ff.）．

[44] 資本蓄積と所得分配に関するポストケインズ派経済学の研究は，理論面でも実証面でも進展している．資本蓄積と所得分配に関するポストケインズ派の理論モデルを拡張した研究として，次の文献が重要である．池田（2006），中谷（2008），中谷（2010），大野（2003），Ohno（2009），佐々木（2009），Sasaki（2010），Sasaki（2014），植村（1991），植村・磯谷・海老塚（2007）（特に，第4章）．また，資本蓄積と所得分配に関するポストケインズ派の観点から日本経済の構造変化を実証的に検証する研究として，畔津・小葉・中谷（2010），西（2011），西（2014）が重要である．

[45] 本書では扱うことができなかったが，ポストケインズ派の成長・分配論の分野では，カルドア（N. Kaldor）の理論を検討する必要がある．「循環的・累積的因果関係論」の観点からカルドアとミュルダール（G. Myrdal）の学説を検討した最近の研究として，槙（2008）がある．

参考文献

荒 憲治郎（1976），『近代経済学（セミナー経済学教室 13）』，日本評論社．
浅田統一郎（1997），『成長と循環のマクロ動学』，日本経済評論社．
浅利一郎（1983），「好況期における市場価格・貨幣賃金率の変動と資本蓄積」『経済研究』第 34 巻第 2 号，130～138 ページ．
Asimakopulos, A. (1983), "Kalecki and Keynes on Finance, Investment and Saving," *Cambridge Journal of Economics*, Vol. 7, No. 3/4, pp. 221–33.
畔津憲司・小葉武史・中谷 武（2010），「カレツキアン蓄積分配モデルの実証分析」『季刊・経済理論』第 47 巻第 1 号，56～65 ページ．
Crotty, James (1993), "Rethinking Marxian Investment Theory: Keynes–Minsky Instability, Competitive Regime Shifts and Coerced Investment," *Review of Radical Political Economics*, Vol. 25, No. 1.
Davidson, Paul (1978), *Money and the Real World*, 2nd edition, London: Macmillan.（原正彦監訳『貨幣的経済理論』，日本経済評論社，1980 年．）
Dymski, Gary and Robert Pollin (1994), *New Perspectives in Monetary Macroeconomics: Explorations in the Tradition of Hyman P. Minsky*, Ann Arbor: University of Michigan Press.（藤井宏史・高屋定美・植田宏文訳『現代マクロ金融論――ポスト・ケインジアンの視角から』，晃洋書房，2004 年．）
Epstein, Gerald (1994), "A Political Economy Model of Comparative Central Banking," in Dymski and Pollin (1994), pp. 231–277.
Foley, Duncan K. and Thomas R. Michl (1999), *Growth and Distribution*, Cambridge, Massachusetts: Harvard University Press.（佐藤良一・笠松学監訳『成長と分配』，日本経済評論社，2003 年．）
藤野正三郎（1965），『日本の景気循環』，勁草書房．
Gandolfo, Giancarlo (2010), *Economic Dynamics*, 4th edition, Berlin: Springer Verlag.
Gordon, David M. (1995), "Putting the Horse (back) before the Cart: Disentangling the Macro Relationship between Investment and Saving," Gerald A. Epstein and Herbert M. Gintis (eds.), *Macroeconomic Policy after the Conservative Era*, Cambridge: Cambridge University Press, pp. 57–108.
Harris, Donald J. (1978), *Capital Accumulation and Income Distribution*, Stanford, California: Stanford University Press.（森義隆・馬場義久訳『資本蓄積と所得分配』，日本経済評論社，1983 年．）

Hicks, J.R. (1974), *The Crisis in the Keynesian Economics*, Oxford: Basil Blackwell.（早坂忠訳『ケインズ経済学の危機』，ダイヤモンド社，1977年.）

星野彰男（2010），『アダム・スミスの経済理論』，関東学院大学出版会．

池田 毅（2006），『経済成長と所得分配』，日本経済評論社．

Kalecki, Michal (1971). *Selected Essays on the Dynamics of the Capitalist Economy 1933-1970*, Cambridge: Cambridge University Press.（浅田統一郎・間宮陽介訳『資本主義経済の動態理論』，日本評論社，1984年.）

金尾敏寛（2001），『価格・資金調達と分配の理論――代替モデルと日本経済』，日本経済評論社．

Keynes, J.M. (1936), *The General Theory of Employment, Interest and Money*, London: Macmillan, in *The Collected Writings of John Maynard Keynes*, Vol. 7, 1973.（塩野谷祐一訳『雇用，利子および貨幣の一般理論』東洋経済新報社，1983年.）

―――― (1937), "The General Theory of Employment," *Quarterly Journal of Economics*, Vol. 51, No. 2, pp. 209–23.

槙 満信（2008），『循環的・累積的因果関係論と経済政策――カルドア，ミュルダールから現代へ』，時潮社．

Marglin, Stephen A. (1984), *Growth, Distribution, and Prices*, Cambridge, Massachusetts: Harvard University Press.

Marglin, Stephen A. and Amit Bhaduri (1990a), "Profit Squeeze and Keynesian Theory," in Stephen A. Marglin and Juliet B. Schor, *The Golden Age of Capitalism*, Oxford: Clarendon Press.（磯谷明徳・植村博恭・海老塚明監訳『資本主義の黄金時代』，東洋経済新報社，1993年.）

―――― (1990b), "Unemployment and the Real Wage: The Economic Basis for Contesting Political Ideologies," *Cambridge Journal of Economics*, Vol. 14, No. 4, pp. 375–93.

―――― (1991), "Profit Squeeze and Keynesian Theory," in Edward J. Nell and Willi Semmler (eds.), *Nicholas Kaldor and Mainstream Economics: Confrontation or Convergence?*, Macmillan Academic and Professional.

Marx, Karl (1962), *Das Kapital*, Bd. 1, Berlin: Dietz Verlag.（社会科学研究所監修・資本論翻訳委員会訳『資本論』，第1～4分冊，新日本出版社，1983～84年.）

―――― (1963), *Das Kapital*, Bd. 2, Berlin: Dietz Verlag.（社会科学研究所監修・資本論翻訳委員会訳『資本論』，第5～7分冊，新日本出版社，1984～85年.）

Meade, James (1975), "The Keynesian Revolution," in Milo Keynes (ed.), *Essays on John Maynard Keynes*, Cambridge: Cambridge University Press, pp. 82–88.（佐伯彰一・早坂忠訳『ケインズ 人・学問・活動』，東洋経済新報社，1978 年，所収.）

Messori, Marcello (1991), "Financing in Kalecki's theory," *Cambridge Journal of Economics*, Vol. 15, No. 3, pp. 301–13.

Minsky, Hyman P. (1975), *John Maynard Keynes*, New York: Columbia University Press.（堀内昭義訳『ケインズ理論とは何か』岩波書店，1988 年.）

――― (1982), *Can "It" Happen Again?: Essays on Instability and Finance*, New York: M.E. Sharpe.（岩佐代市訳『投資と金融――資本主義経済の不安定性』，日本経済評論社，1988 年.）

宮川 彰（1993），『再生産論の基礎構造――理論発展史的接近』，八朔社．

長島誠一（2007），『現代の景気循環論』，桜井書店．

中谷 武（2008），「国際競争とシュタインドル命題」『国民経済雑誌』，第 197 巻第 1 号，51〜64 ページ．

――― (2010)，「ポスト・ケインズ派経済学の現代的意義――賃金主導型経済を中心に」『季刊・経済理論』第 46 巻第 4 号，6〜14 ページ．

西 洋（2011），「構造 VAR モデルによる日本経済の資本蓄積，所得分配，負債の動態分析――ポスト・ケインジアン・パースペクティブ」『季刊・経済理論』第 47 巻第 4 号，53〜64 ページ．

――― (2014)，『所得分配・金融・経済成長――資本主義経済の理論と実証』，日本経済評論社．

野口 真（1990），『現代資本主義と有効需要の理論』，社会評論社．

大野 隆（2003），「賃金主導型から利潤主導型への転換――カレツキーモデルの展開」『経済理論学会年報』第 40 集，122〜135 ページ．

Ohno, Takashi (2009), "Post-Keynesian Effective Demand and Capital-Labour Substitution," *Metroeconomica*, Volume 60, Issue 3, pp. 525–36.

置塩信雄（1975），「順調な拡大再生産経路と均衡蓄積軌道」『国民経済雑誌』第 132 巻第 3 号，17〜33 ページ（置塩（1987），49〜67 ページ，所収）．

――― (1987)，『マルクス経済学 II――資本蓄積の理論』，筑摩書房．

Pollin, Robert and Craig Justice (1994), "Saving, Finance and Interest Rates: An Empirical Consideration of Some Basic Keynesian Propositions," in Dymski and Pollin (1994), pp. 279–308.（邦訳，148〜182 ページ.）

Robinson, Joan (1962), *Essays in the Theory of Economic Growth*, London: Macmillan.（山田克巳訳『経済成長論』，東洋経済新報社，1963 年.）

――― (1966), *An Essay on Marxian Economics*, second edition, London: Macmillan. (First edition: 1942)（戸田武雄・赤谷良雄訳『マルクス経済学』，有斐閣，1952 年［原書の初版（1942 年）からの邦訳］.）

―――― (1969), *The Accumulation of Capital*, third edition, London: Macmillan. (First edition: 1956)（杉山清訳『資本蓄積論』，みすず書房，1957年.）

Rowthorn, Robert (1982), "Demand, Real Wages and Economic Growth," *Studi Economici*, Vol. 18, pp. 3–54.（横川信治・野口真・植村博恭訳『構造変化と資本主義経済の調整』，学文社，1994年，第1章に所収.）

佐々木啓明（2009），「産業予備軍創出効果を考慮したカレツキアン・モデル」『季刊・経済理論』，第46巻第3号，61〜71ページ.

Sasaki, Hiroaki (2010). "Endogenous Technological Change, Income Distribution, and Unemployment with Inter-Class Conflict," *Structural Change and Economic Dynamics*, Vol. 21, pp. 123–34.

―――― (2014), *Growth, Cycles, and Distribution: A Kaleckian Approach*, Kyoto University Press.

Skott, Peter, and Ben Zipperer (2010), "Dynamic Patterns of Accumulation and Income Distribution."（石倉雅男訳「蓄積と所得分配の動態パターン」『季刊・経済理論』第46巻第4号，34〜53ページ.）

Smith, Adam (1976). *An Inquiry into the Nature and Causes of the Wealth of Nations*, edited by R.H. Campbell and A.S. Skinner, volume 1 and 2, New York: Oxford University Press.（水田洋監訳・杉山忠平訳『国富論』，第1〜4分冊，岩波書店，2000年.）

田島慶吾（2003），『アダム・スミスの制度主義経済学』，ミネルヴァ書房.

滝田和夫（1981），「景気循環における不均衡累積と均衡化」『桃山学院大学経済経営論集』第23巻第1号，1〜48ページ.

宅和公志（2012），『資本蓄積論の再構築』，日本評論社.

玉垣良典（1985），『景気循環の機構分析』，岩波書店.

Taylor, Lance (2004), *Reconstructing Macroeconomics: Structuralist Proposals and Critiques of the Mainstream*, Cambridge, Massachusetts: Harvard University Press.

内田和男（1988），『経済不均衡と貨幣』，勁草書房.

植村博恭（1991），「レギュラシオン／SSA理論のマクロ経済動学の解析」『経済理論学会年報』第28集.

植村博恭・磯谷明徳・海老塚明（2007），『（新版）社会経済システムの制度分析――マルクスとケインズを超えて』，名古屋大学出版会.

海野八尋（2008），『資本蓄積と産業循環の理論』（金沢大学経済学部研究叢書16），金沢大学経済学部.

和田重司（2010），『資本主義観の経済思想史』，中央大学出版部.

屋嘉宗彦（2003），『新版 マルクス経済学と近代経済学』，青木書店.

―――(2011),「アダム・スミスの『ものごとの自然的秩序』と『資本の用途』について」『経済志林』,第 79 巻第 1 号,223〜252 ページ.

横川信治(1996),「政治経済学の復活――構造的段階論の視点から」(伊藤誠・野口真・横川信治編著『マルクスの逆襲――政治経済学の復活』,日本評論社,第 1 章,所収,27〜70 ページ.)

吉田 暁(2002),『決済システムと銀行・中央銀行』,日本経済評論社.

第 7 章

補論　資本蓄積と雇用
――移行過程の分析をめぐって

1　はじめに

　第 7 章では，資本蓄積と労働者の雇用との関連について論じていない．しかし，資本蓄積と所得分配との関連を論じる章で，労働者の雇用についての考察を欠いていたのでは，資本主義経済を分析する書物としての資格が疑われる．そこで，資本蓄積と雇用との関連についての小論を，本章に補論として収録する．

　資本蓄積と技術変化が，経済全体で雇われる労働者の人数にどのような影響を及ぼすのか．特に，人間労働を機械に置き換える省力化技術が普及するに伴って，所与の労働力人口の中で雇われる労働者の人数の割合が，どのように推移すると考えられるか．これらは，古典派経済学とマルクス経済学によって提起され，考察されてきたテーマである[1]．所与の労働力人口の中に就業者と失業者が並存する場合に，就業者がいっそうの過度労働を強制されるというマルクスの指摘[2] は，現代経済における労働者階級の状況を考察する際にも重要な意義を持つ[3]．

　最近になって，情報通信技術の急速な発展と，ロボットや人工知能（artificial intelligence）が様々な業種で実用化されつつあることを背景に，新しい形の技

術的失業（technological unemployment）の出現への懸念とともに，資本蓄積と技術革新が雇用労働者数に及ぼす影響をめぐる議論が，現代経済の脈絡の中で再燃している．本田浩邦は，1980 年代以降のアメリカ経済において賃金分配率が低下した背景には，「政府の賃金抑制政策」と並んで，「技術革新の破壊的影響」としての「労働から資本への一方的代替」[4] があると指摘し，現代経済における技術的失業の可能性をめぐる議論を検討している．ただし，本田は，資本と労働を生産要素とする生産関数における「代替の弾力性」（要素価格比率（資本利潤率に対する貨幣賃金率の割合）の変化に対する資本集約度（投入労働量に対する資本ストックの割合）の弾力性）を計測すれば，労働報酬が抑制される原因を説明できるとは考えず，アトキンソン（A. Atkinson）の著書『21 世紀の不平等』[5] に言及しつつ，「彼〔アトキンソン〕」が「σ〔代替の弾力性〕ではとても説明できないほど，機械化の圧力が働いていると考えている」[6] ことに注目する．

アトキンソンは，「代替の弾力性」σ に依拠しない分析視角から「成長による恩恵が利潤増大のほうに蓄積する」という分配上の「ジレンマ」を説明できると主張し，資本財の一部が労働者の代役を務める可能性に関するサマーズ（L. Summers）の議論に注目する．サマーズによると，資本財の一部が「労働者の代役を務める機械」として転用され，既存の労働者とともに生産活動に従事することによって，産出量が増加し，（賃金総額は変わらないので）利潤総額（＝売上高－賃金総額）が増加し，生産性の向上による恩恵が利潤の増加の形で雇い主のものになる[7]．

以上の議論は，個別企業の立場から見た機械採用の資本主義的条件に関する説明としては有益であるが，資本蓄積と技術変化に伴う経済全体の雇用労働者数の変化については，ほとんど何も教えてくれない．

資本蓄積と技術変化に伴って，経済全体の雇用労働者数がどのように推移するか．この問題に取り組むにあたって，マルクス『資本論』第 1 部「資本の生産過程」第 7 編「資本の蓄積過程」で展開される「相対的過剰人口の累進的生産」論の意義と限界について，再検討しなければならない．だいぶ以前のことだが，大学院生だった筆者は，マルクスの相対的過剰人口論における中心的な論点として，「中断のない蓄積・剰余価値生産のためには，資本の有機的構成の高度化をつうじて，労働力人口の少なくとも一定の割合を占める産業予備軍

が形成されざるをえないことを明らかにした」[8]と書いた．その論文では，経済全体の雇用労働者数が，恒等式の分解により，原資本の有機的構成（可変資本に対する不変資本の割合，C/V），蓄積部分の有機的構成（追加可変資本に対する不変資本の割合，S_c/S_v），蓄積率（＝（追加不変資本＋追加可変資本）÷剰余価値）の3つの要因から成ると想定されており，経済全体の雇用労働者数が商品市場の需給均衡（つまり，生産された諸商品の実現条件）に依存する関係は，全く考察されていない．こうした議論をする理由として，「相対的過剰人口論は『直接的生産過程の一契機としての蓄積論』であるから，そこでは，商品の実現問題を考察する必要はない」と述べた．しかし，その後，論文の査読をしてくださった教授から，「君の議論では，雇用労働者数の増加率が，資本の有機的構成の高度化と結びつけられているだけである．雇用労働者数の決定要因について何も説明されていない．そもそも，商品の実現問題を捨象して，資本の有機的構成の高度化だけから雇用労働者数の推移を，恒等式だけを用いて，論じるのは，感心しない．君の議論の中では，職を失うという意味の『失業』が存在しない．」という趣旨のコメントをいただいた．これが契機となって，資本主義経済における「相対的過剰人口」の存在を説明するためには，商品の実現問題を捨象して資本の有機的構成を雇用労働者数に単純に結びつけた議論ではなく，商品の実現問題を考察対象とする（それゆえ，有効需要の不足が起こりうる）分析枠組みを用いるべきではないかと考えるようになった．しかし，「資本の有機的構成の高度化という要因だけでは，失業を説明できない」のはなぜか，という肝心な点を考察しないままに，長い月日が経過してしまった．

　最近になって，ハレヴィ（J. Halevi）の「移行過程（traverse）」論を検討する機会を得て，「資本の有機的構成の高度化という要因だけでは，失業を説明できない」ことを確認した．

　ハレヴィの議論の基礎となるヒックスの移行過程論では，商品の実現問題を根拠とせずに，（均斉成長経路上に限定されたうえでの話だが）資本財部門と消費財部門における資本・労働比率の格差と，所与の労働力増加率を前提に，移行過程における資本ストックの動きが考察される．移行過程論で考察されるのは，与えられた率で増加する労働人口が両方の産業部門に残らず割り当てられるメカニズムであり，そこでは，職を失うという意味の失業は存在しない[9]．

2　ヒックス『資本と成長』における移行過程論

　本補論では，2部門の経済成長モデルに基づいて，一方の均衡成長経路から他方の均衡成長経路への「移行過程」を考察したハレヴィの研究を検討する[10]．

　ハレヴィの研究（Halevi (2016a)；Halevi (2016b)；Halevi (2016c)）は，ヒックスの著書『資本と成長』（Hicks (1965)）の第16章「移行過程」における分析を重要な基礎としている．そのため，本節では，2部門モデルを用いたヒックスの移行過程分析について，ハレヴィの議論に関連する論点を中心に，最初に検討しておきたい．そもそも，移行過程の分析では何が問題とされるのか．ヒックスは次のように言う．

> 「いま一組の条件の下で過去からずっと均衡にある経済を想定しよう．時間0にいたって，新しい一組の条件が課せられたとする．この場合，その経済が新しい条件に適合した新しい均衡に達することができるであろうか（あるいは，どうしたらできるであろうか）．問題をこのように一つの均衡経路から他の均衡経路への移行過程（Traverse）と捉えるとしても，不均衡の研究の一般性はあまり損なわれることにはならないであろう．」（Hicks (1965), p. 184，邦訳320ページ．）

　説明の便宜上，「時間0」より前を第0期，「時間0」より後を第1期と読み替えよう．経済は，第0期には均衡経路上にあったが，第1期において「新しい条件」を課せられる．経済が，従来の均衡経路から，「新しい条件」に適合した新しい均衡経路へ，円滑に移行できるかどうかが，ここでの問題である．

　消費財部門と資本財部門から成る2部門モデルでは，次のように推論される．第0期には，経済が均衡経路上にあり，総資本ストックの成長率と労働力の成長率が等しい．しかし，第1期において経済は，「労働力の新しい成長率が，従来の（第0期の）総資本ストックの成長率を下回る」という条件を課せられる．この場合，消費財部門の資本・労働比率が資本財部門の資本・労働比率よりも高いという特定の技術的条件のもとでのみ，労働力の完全雇用と資本

財の完全利用を維持しつつ，第 0 期の均衡経路から第 1 期の均衡経路（第 1 期の総資本ストックの成長率は，労働力の新しい成長率と等しく，それゆえ，第 0 期の総資本ストックの成長率よりも低い）への移行が達成されるという結論になる．

ヒックスの 2 部門モデルは，消費財（穀物）を生産する部門と，資本財（トラクター）を生産する部門から成る．資本ストックは 1 種類の資本財から成ると仮定される．労働力の増加率は外生的に与えられる．2 部門モデルの基礎にあるのは，以下の 3 本の式である．

$K = \alpha \xi + ax$　(1)（資本財の部門間配分）
$L = \beta \xi + bx$　(2)（労働の部門間配分）
$x = gK$　(3)（資本財の産出量＝成長率×資本ストック．資本減耗は無視される．）

α は消費財部門の資本・産出比率（産出量 1 単位あたりの資本財の量），β は消費財部門の労働・産出比率（産出量 1 単位あたりの労働の量），a は資本財部門の資本・産出比率，b は資本財部門の労働・産出比率である（α, β, a, b は正の定数である）．α/β は消費財部門の，a/b は資本財部門の資本・労働比率（労働 1 単位あたりの資本財の量）である．ξ は消費財（穀物）の産出量，x は資本財（トラクター）の産出量である．K は経済全体の資本ストックの量，L は経済全体の労働の量を表す[11]．

(3) 式のように，資本財部門における今期の生産量は，今期から次期にかけての総資本ストックの増加分に等しい．(1) 式により，総資本ストック K のうち $\alpha\xi$ が消費財部門へ，ax が資本財部門へ配分される．(2) 式により，総労働量 L のうち $\beta\xi$ が消費財部門で，bx が資本財部門で雇用される．労働力の量と増加率は外生的に与えられる．(2) 式は，労働の完全雇用と両立する消費財の産出量と資本財の産出量の組み合わせとして解釈できる．

(1) 式と (2) 式の中の x に (3) 式を代入し，ξ を消去することにより，総資本・労働比率 K/L が次のように表される．

$$K/L = (\alpha/\beta)/(1+cg) \quad \text{ただし}, c = [(\alpha b)/(\beta a) - 1]a \qquad (4)$$

消費財部門の資本・労働比率が資本財部門のそれよりも高い（$\alpha/\beta > a/b$）場合，成長率 g の係数が正（$c > 0$）である．資本財部門の資本・産出比率 a（資

本財部門の資本ストックを K_k で表すと，$a = K_k/x$ と総資本ストックの成長率 g の積は，$ag = (K_k/x)(x/K) = K_k/K$ と表され，資本財部門に設置された資本ストックが総資本ストックに占める割合，すなわち，資本財部門への総資本ストックの配分比率を意味する[12]．$(1 - ag)$ は，消費財部門への総資本ストックの配分比率を意味する．

(4) 式から得られる (5) 式は，各部門の労働・資本比率（消費財部門は β/α，資本財部門は b/a），総資本ストックの総量と部門間配分の観点から，総労働量を表す[13]．

$$L = K[(\beta/\alpha)(1 - ag) + (b/a)ag] \\ = K[(b/a - \beta/\alpha)ag + \beta/\alpha] \qquad (5)$$

以上の 2 部門モデルを用いて，移行過程が考察される．t 期において経済は，均衡経路にあり，総資本ストックの成長率が労働力の成長率と等しい．しかし，$t+1$ 期において経済は，「労働力の新しい成長率 g^* が従来の（t 期の）総資本ストックの成長率 g_t を下回る」（$g_t > g^*$）という条件を課せられる．労働力の完全雇用と資本財の完全利用を維持しつつ，t 期の均衡経路から $t+1$ 期の均衡経路（$t+1$ 期の総資本ストックの成長率は労働力の新しい成長率に等しく，t 期の総資本ストックの成長率よりも低い．すなわち，$g_t > g^* = g_{t+1}$）への移行が達成されるかどうかが，問題の焦点である．t 期から $t+1$ 期にかけての総資本・労働比率 K/L の変化は，(4) 式により，次のように表される．

$$(K_{t+1}/L_{t+1})/(K_t/L_t) = (1 + cg_t)/(1 + cg_{t+1}) \qquad (6)$$

(6) 式の左辺に $K_{t+1}/K_t = 1 + g_t$（総資本の増加倍率）と $L_{t+1}/L_t = 1 + g^*$（労働力の増加倍率）を代入すると，移行過程に関わる (7) 式が得られる[14]．

$$(1 + g^*)(1 + cg_t) = (1 + g_t)(1 + cg_{t+1}) \qquad (7)$$

(7) 式により，消費財部門の資本・労働比率が資本財部門の資本・労働比率よりも高い（$\alpha/\beta > a/b$，それゆえ $c > 0$ である）場合にかぎり，$g_t > g^*$ であるならば，$g_t > g_{t+1}$ であること，すなわち，労働力の新しい成長率 g^* が従来の（t 期の）総資本ストックの成長率 g_t を下回るならば，t 期から $t+1$ 期にかけて総資本ストックの成長率が低下する（$g_t > g_{t+1}$）ことがわかる．

(5) 式からも，同じことを推論できる．(5) 式に基づいて t 期から $t+1$ 期のあいだの総資本・労働比率の変化 $(K_{t+1}/L_{t+1})/(K_t/L_t)$ を導き，それに $K_{t+1}/K_t = 1+g_t$ と $L_{t+1}/L_t = 1+g^*$ を代入すれば，移行過程に関わる式が得られる．

$$(1+g^*)[(b/a - \beta/\alpha)ag_t + \beta/\alpha] = (1+g_t)[(b/a - \beta/\alpha)ag_{t+1} + \beta/\alpha] \quad (8)$$

(8) 式からも，資本財部門の労働・資本比率が消費財部門の労働・資本比率よりも高い（つまり，$b/a > \beta/\alpha$）場合にかぎり，$g_t > g^*$ であるならば，$g_t > g_{t+1}$ であることがわかる．

労働力の成長率の引き下げ（$g_t > g^*$）に反応して，総資本ストックの成長率 g が時間を通じて下がり，労働力の新しい成長率 g^* に収束することが，(7) 式（または (8) 式）から証明されたかのように見えるが，実はそうではない．総資本ストックの成長率 g に関する差分方程式を立てることができないからである[15]．

しかし，ヒックスの『動学的経済学の方法』（1985 年）の第 13 章「構造的不均衡——移行過程 (Structural Disequilibrium: Traverse)」(Hicks (1985), pp. 131–44) で示された方法を用いると，総資本ストックの成長率 g を含む変数 $W = (\beta/\alpha)(K/L) = 1/(1+cg)$ に関する差分方程式を立てて，W の収束値と収束条件を調べることを通じて，総資本ストックの成長率 g が労働力の新しい成長率 g^* に収束するための条件を知ることができる．t 期と $t+1$ 期の変数 W は，(4) 式から構成される．

$$W_t = (\beta/\alpha)(K_t/L_t) = 1/(1+cg_t) \quad (9)$$
$$W_{t+1} = (\beta/\alpha)(K_{t+1}/L_{t+1}) = 1/(1+cg_{t+1}) \quad (10)$$

労働力の成長率の引き下げ（$g_t > g^*$）を契機とする移行過程が検討されるので，総資本ストックと労働力の成長率について次の仮定が置かれる．

$$K_{t+1}/K_t = 1+g_t \quad (11)$$
$$L_{t+1}/L_t = 1+g^* \quad (12)$$

(9) 式を $1/W_t = 1+cg_t = c(1+g_t) + 1 - c$ と変形し，その右辺に $1+g_t = (1+g^*)W_{t+1}/W_t$ を代入して整理すると，W_t に関する非同次 1 階差

分方程式が得られる[16].

$$W_{t+1} = \frac{c-1}{c(1+g^*)}W_t + \frac{1}{c(1+g^*)} \quad (13)$$

差分方程式 (13) の解は，次のようになる．

$$W_t - W^* = \lambda^t(W_0 - W^*), \quad \text{ただし,} \lambda = \frac{c-1}{c(1+g^*)}, W^* = \frac{1}{1+cg^*} \quad (14)$$

ここで，$1 - \lambda = (1+cg^*)/[c(1+g^*)] = 1/[c(1+g^*)W^*]$ である．$c < 0$ の場合（消費財部門の資本・労働比率が資本財部門の資本・労働比率よりも低い場合）には，$\lambda > 1$ となり，$W = 1/(1+cg)$ は $W^* = 1/(1+cg^*)$ に収束せず，総資本ストックの成長率 g が労働力の新しい成長率 g^* に収束しない可能性がある．総資本ストックの成長率 g が労働力の新しい成長率 g^* に収束するのは，$c > 0$ の場合（消費財部門の資本・労働比率が資本財部門の資本・労働比率よりも十分に高い場合）だけである[17].

3 移行過程論から何を学ぶか——ハレヴィの所説をめぐって

次に，2部門モデルに基づくヒックスの移行過程論の骨子をふまえて，移行過程に関するハレヴィの研究を検討しよう．「蓄積と構造的不均衡」（Halevi (2016a)）と題する章では，ヒックスの『資本と成長』と同じ形の2部門モデルに基づいて，労働力の成長率の引き下げを契機とする移行過程について考察される．ヒックスのモデルと同じ記号を用いると，ハレヴィの「単純な移行過程」[18] のモデルは，次のように表される．

$$x = (1/a)(ag)K = gK \quad (15)$$
$$L = K[(b/a - \beta/\alpha)ag + \beta/\alpha] \quad (16)$$
$$\xi = (1/\alpha)(1 - ag)K \quad (17)$$
$$L_{t+1} = (1+g^*)L_t \quad (18)$$

(15) 式では，総資本ストックの成長率 g は，資本財部門の産出・資本比率 $(1/a)$ と資本財部門への総資本ストックの配分比率 ag の積に等しい[19]．それ

ゆえ，資本財の産出量 x は，$1/a$ と同部門の資本ストック $(ag)K$ の積に等しい．(16) 式は，(5) 式と同じく，各部門の労働・資本比率，および，総資本ストックの総量と部門間配分の観点から，総労働量を表す．(17) 式では，消費財の産出量 ξ は，消費財部門の産出・資本比率 $(1/\alpha)$ と資本ストック $(1-ag)K$ の積に等しい．(18) 式は，(12) 式と同様に，労働力の新しい成長率 g^* を表す．

以上の枠組みを用いて，$t+1$ 期に経済が「労働力の新しい成長率 g^* が t 期の総資本ストックの成長率 g_t を下回る」$(g_t > g^*)$ という条件を課せられたとき，労働力の完全雇用を維持しつつ，t 期の均衡経路から $t+1$ 期の均衡経路 $(g_t > g^* = g_{t+1})$ への移行が達成されるかどうかが検討され．前掲 (8) 式と同様の関係に基づいて，次のように説明される．

> 「$G > g$〔$g_t > g^*$〕に対して $v^* < v$〔$g_{t+1} > g_t$〕[20] となる場合にはいつでも，蓄積が減速し，定数 g〔g^*〕に向かって収束する」．「移動期間を通じて完全雇用と完全稼働が維持される．このことはすべて，$m > n$〔資本財部門の労働・資本比率が消費財部門の労働・資本比率よりも高く，$b/a > \beta/\alpha$ であること〕に起因する．」（Halevi (2016a), p. 341. 邦訳と〔　〕内は引用者による．）

以上に見られるように，労働力の完全雇用を維持しつつ，t 期の均衡経路から $t+1$ 期の均衡経路 $(g_t > g^* = g_{t+1})$ への移行が達成されるための条件は，「資本財部門の労働・資本比率が消費財部門の労働・資本比率よりも高い $(m > n)$」ことである[21]．ただし，(8) 式との関連で見たように，「〔資本財部門のほうが消費財部門よりも労働・資本比率が高い場合に〕$G > g$〔$g_t > g^*$〕に対して $v^* < v$〔$g_{t+1} > g_t$〕となる」ことが示されても，総資本ストックの成長率が「定数 g〔労働力の新しい成長率 g^*〕に向かって収束する」ことが証明されたことにはならない．総資本ストックの成長率 g が労働力の新しい成長率へ収束することを証明するためには，g を含む変数 $W = (\beta/\alpha)(K/L) = 1/(1+cg)$ の収束値と収束条件を調べる必要がある．ハレヴィの議論は，この作業をおこなっていないので，理論的な正確さを欠くと言わざるをえない．

しかし，ハレヴィは，移行過程の分析が持つ経済学的な意義について，以下の引用文に見られるように，重要な指摘をしている．

「表面上は一連の数量的な関係と見えるにもかかわらず，移行過程の分析は，生産の社会的関係のうち，完全雇用という目標を持続できる種類についての重大な問題を提起する．さらに，移行過程という方法が強調するように，資本蓄積の安定性を，時間を通じて完全雇用を維持することの可能性と関連づけることは，分析上重要である．十分な資本ストックに恵まれているのに完全雇用を確保することのできない経済は，資本主義的な生産的投資（capitalist *productive* investment）の過程が危機に陥っている経済でもある．」（Ibid., p.334. 邦訳は引用者による．）

ヒックスとロウ（A. Lowe）[22]を中心とする移行過程に関する諸学説の検討を通じて，様々な種類の「生産の社会的関係」のうち「完全雇用という目標を持続できる」ものは何かという問題を再発見したことは，ハレヴィの功績である．やや敷衍して言えば，十分な量の資本ストックに恵まれているにもかかわらず，価格の伸縮性をどんなに高めても，労働力の完全雇用を維持することができない[23]．このような状況に陥った経済システムが存在しうる経済的・社会的な理由を研究することは，依然として重要な課題である．

もちろん，完全雇用の持続を可能にする「生産の社会的関係」の種類は何かという問題に取り組む際に，移行過程の分析で示された構造的要因（ヒックスの2部門モデルの場合には，資本・労働比率の（特定のタイプの）部門間格差）を，財の投入と産出に関する素材的な関係としてのみ理解するのでは，実りある研究成果は期待できないであろう．ハレヴィは，「マルクス主義とポストケインズ派経済学」（Halevi (2016d)）と題する章において，「資本・賃労働関係」に代表される資本主義経済の制度的条件の重要性を指摘している．ツガン・バラノフスキー（Tugan–Baranowsky, M.）が「労働力を視野に入れないようにすることによって，循環と恐慌に関する理論から消費需要を取り除くことに成功した」（Ibid., p. 466）のとは異なって，「賃金労働を基礎とする社会の枠組みの内部」で起こりうる「所得分配と蓄積率を決める動態過程の転換」（Ibid.）に注目しなければならない．その際，移行過程の分析で明らかにされる構造的要因を，「資本・賃労働関係」の質的な変化として解釈するための理論的工夫が必要とされるであろう[24]．

註

[1] 資本蓄積と雇用をめぐる経済学説史の研究として，石井（2012）を挙げておく．

[2] 「労働者階級の就業部分の過度労働は，彼らの予備軍隊列を膨張させるが，その逆に，この予備軍隊列がその競争によって就業者に加える圧力の増加は，就業者に過度労働と資本の命令への服従を強制する」（Marx (1964), S. 665, 邦訳，第4分冊，1093ページ）．

[3] 伍賀（2014）では，第1章の標題「雇用と働き方・働かせ方」（37ページ）からもうかがえるように，非正規雇用の拡大を特徴とする雇用形態の変化が，労働者の働き方と働かせ方に及ぼす影響に注目して，日本の労働者階級が置かれた状況について，詳しく考察されている．

[4] 本田（2016），49ページ．

[5] Atkinson (2015), p. 79, 邦訳113ページ．

[6] 本田（2016），47ページ．〔　〕内は引用者による．

[7] サマーズは，$Y=$産出量，$K=$資本ストック（機械），$L=$労働投入量として，次のように論じる．「資本は，労働の代わりとして使うことができる．つまり，機械のストックの一部を取ってきて，それらの機械を適切に設計することによって，労働が以前におこなったこととちょうど同じことを，それらの機械におこなわせることができる．生産関数 $Y=F(K,L)$ を，$Y=F[\beta K, L+\lambda(1-\beta)K]$ に置き換えてはどうだろうか」（Summers (2013), p. 4. 邦訳は引用者による）．「労働の代替として資本を使うことができるならば，生産の機会が増える．……したがって，産出量が増加しなければならない」（Ibid.）と記されていることに注意して，数字例を挙げておく．$\beta=0.9$，$K=10$ であり，1台の機械が λ 人の労働者の代役を務めると仮定すると，10台の機械（K）のうち，90％の9台（βK）は従来通りの機械として使用され，10％の1台（$(1-\beta)K$）が $\lambda(1-\beta)K$ 人の労働者の代役を務める機械として転用され，既存の労働者 L 人とともに生産過程で使用される．生産物1単位の価格 p と貨幣賃金率 w は一定であると仮定する．生産量の増加に伴って，売上高が pY から $p(Y+\Delta Y)$ へ増加するが，賃金総額 wL は変わらず，利潤総額が $pY-wL$ から $p(Y+\Delta Y)-wL$ へ増加し，売上高に対する利潤総額の割合も上昇する．（この箇所の記述は，石倉（2017）による．）

[8] 石倉（1988），122ページ．

[9] 小畑二郎は，ヒックスの著書『資本と成長』で展開された移行過程論の基本性格について，次のように指摘する．「ヒックスは『資本と成長』の中で扱っていた均斉成長（steady state growth）経路の軌道修正の問題，すなわち，いわゆる "traverse" の問

題を,『資本と時間』の中で再論していた」(小畑 (2011), 209 ページ). 「均斉成長経路の軌道修正問題を扱うときのヒックスの議論は, オーストリア理論の主要な特徴についてあまり考慮していないものと私も考える. そのことは,『資本と成長』の中では無視していたオーストリア理論について改めて検討することが,『資本と時間』の主題だったにもかかわらず, 均斉成長経路に関する軌道修正問題については, 以前とほとんど変わらない議論をしていることから見ても, 明らかである. リカード効果の現代的な再解釈をめざしたこの議論は, オーストリア理論とは独立に成り立ちうる. それゆえ, その議論はオーストリア的な議論ではなかった. それは, またケインズ的でもなかった. なぜならば, 完全雇用を前提とし, 動学的に拡張された一般均衡を論じるこの議論は, ケインズ以前の議論の枠組みを少しも出るものではなかったからである」(同, 210 ページ).

[10] 本節の記述は, 石倉 (2018) に加筆, 修正したものである.

[11] (1)～(3) の 3 本の式は「単一資本財モデルの単純な数量方程式」(Hicks (1965), p. 186, 邦訳 323 ページ) に相当する. ヒックスは, 数量方程式と同じ各部門の資本・産出比率, 労働・産出比率を前提とし, w を貨幣賃金率, r を利潤率, π を消費財 1 単位の価格, p を資本財 1 単位の価格として, $\pi = rp\alpha + w\beta$ と $p = rpa + wb$ から成る「価格方程式」(Ibid., p. 140, 邦訳 245 ページ) を設定する. この方程式から導かれる価格は, 両部門で均等な利潤率と両立するスラッファ型の生産価格 (prices of production) である.

[12] 総資本ストックの成長率と, 資本財部門への総資本ストックの配分比率との関係については, Halevi (2016b), pp. 117–19 で説明されている.

[13] (5) 式と同じ関係は, ハレヴィの分析 (Halevi (2016a), p. 340 の (25.2) 式) にも見られる.

[14] (6)・(7) に相当する式については, Hicks (1965), p. 186, 邦訳 325 ページを参照.

[15] (7)・(8) 式には t 期の変数と $t+1$ 期の変数の積 ($g_t g_{t+1}$) が含まれている.

[16] 差分方程式に関する以下の記述は, Hicks (1985), pp. 131–36 における説明を『資本と成長』(Hicks (1965)) における 2 部門モデルに当てはめたものである.

[17] 収束条件についての記述は, Hicks (1985), p. 135 での説明に依拠している.

[18] Halevi (2016a), p. 340 の (25.1)～(25.4) の 4 本の式を指す.

[19] 資本財部門の産出・資本比率 ($1/a$) が一定のとき, 総資本ストックの成長率 g の引き上げは, 資本財部門への総資本ストックの配分比率 ag の引き上げを意味する.

[20] ハレヴィの記号「v」は, 資本財部門への総資本ストックの配分比率 ag に相当する.

[21] ハレヴィのモデルで前提に置かれる価格は，ヒックスのモデルと同様に，各部門の生産条件（産出・資本比率，労働・資本比率）を所与とする価格方程式から導かれるスラッファ型の生産価格である．労働力の完全雇用を維持しつつ，t 期の均衡経路から $t+1$ 期の均衡経路への移行が達成されない原因は，「資本財部門の労働・資本比率が消費財部門の労働・資本比率よりも高い」という技術的条件が満たされないことであり，各財の需給関係に対して価格が伸縮性を持たないことではない．この点についてハレヴィは，「〔移行過程を通じて〕円滑な調整がおこなわれない原因は，価格の伸縮性が不在であることではない」（Halevi (2016c), p. 156. 邦訳と〔 〕内は引用者による）と指摘する．

[22] ハレヴィは，複数の資本財部門が存在する場合の移行過程へのアプローチとして，ロウの学説を検討している（Halevi (2016a), pp. 346–48 を参照）．ロウの学説の検討については，別の機会におこないたい．

[23] ハレヴィは，労働力の増加率が前期の総資本ストック増加率を上回った場合，労働力の完全雇用を維持しつつ，最初の均衡成長経路から，労働力のより高い増加率に対応する均衡成長経路への円滑な移行が達成されるためには，資本財部門への総資本ストックの配分比率の引き上げだけでなく，資本財部門と消費財部門の両方で正常稼働率での操業を可能にする十分な大きさの有効需要が必要とされると主張する．「λ〔資本財部門への総資本ストックの配分比率〕を λ_1〔労働力のより高い増加率に対応する配分比率〕の水準に引き上げることは，t_2〔第 2 期〕に均衡成長が起こるための必要条件であるが，十分条件ではない．追加的な要件は，t_1〔第 1 期〕に〔資本財部門と消費財部門の〕両方の部門が正常な設備稼働率で操業しつづけているということである」（Halevi (2016c), p. 158. 邦訳と〔 〕内は引用者による）．

[24] 移行過程の理論とその応用に関する専門的研究として，谷口 (1997) が必読文献である．

参考文献

 Atkinson, Anthony B. (2015), *Inequality: What Can Be Done?* Cambridge, Massachusetts: Harvard University Press.（山形浩生・森本正史訳『21 世紀の不平等』，東洋経済新報社，2015 年．）
 伍賀一道 (2014),『「非正規大国」日本の雇用と労働』，新日本出版社．
 Halevi, Joseph (2016a), "Accumulation and Structural Disequilibrium," in Joseph Halevi, G.C. Harcourt, Peter Kriesler, J.W. Nevile, *Post-Keynesian Essays from Down Under Volume I: Essays on Keynes, Harrod and Kalecki: Theory and Policy in an Historical Context*,

chapter 25 (pp. 331–51).

―――― (2016b), "Accumulation, Breakdown Crises, Disproportionality, and Effective Demand," in Joseph Halevi, G.C. Harcourt, Peter Kriesler, J.W. Nevile, *Post-Keynesian Essays from Down Under Volume IV: Essays on Theory: Theory and Policy in an Historical Context*, chapter 10 (pp. 115–25).

―――― (2016c), "Capital and Growth: Its Relevance as a Critique of Neoclassical and Classical Economic Theories," in ibid., chapter 12 (pp. 147–64).

―――― (2016d), "Marxism and Post-Keynesian Economics," in ibid., chapter 34 (pp. 461–75).

Hicks, John Richard (1965), *Capital and Growth*, Oxford: Clarendon Press.（安井琢磨・福岡正夫訳『資本と成長 I, II』, 岩波書店, 1970年.）

―――― (1985), *Methods of Dynamic Economics*, Oxford: Clarendon Press.

本田浩邦（2016），『アメリカの資本蓄積と社会保障』，日本評論社．

石井穣（2012），『古典派経済学における資本蓄積と貧困――リカードウ・バートン・マルクス』，青木書店．

石倉雅男（1988），「相対的過剰人口の累進的生産の論証――労働力需要の増加率の逓減と賃金率変動」，『一橋論叢』第100巻第6号，815～833ページ．

―――― (2017)，「（書評）本田浩邦著『アメリカの資本蓄積と社会保障』」，『政経研究』，第109号，2017年12月，96～103ページ．

―――― (2018)，「移行過程の分析をめぐって」（内藤敦之，池田毅，野崎道哉，石倉雅男「（研究動向）*Post-Keynesian Essays from Down Under: Theory and Policy in an Historical Context*, Volume 1 – Volume 4, edited by J. Halevi, G.C. Harcourt, P. Kriesler, and J.W. Nevile, Palgrave Macmillan, 2015」，『経済学史研究』第60巻第1号，2018年7月，第4節，156～163ページ．

Marx, Karl (1964), *Das Kapital*, Bd.1, Berlin: Dietz Verlag.（社会科学研究所監修・資本論翻訳委員会訳『資本論』，第1～4分冊，新日本出版社，1983年.）

小畑二郎（2011），『ヒックスと時間――貨幣・資本理論と歴史理論の総合』，慶應義塾大学出版会．

Summers, Lawrence H. (2013), "Economic Possibilities for Our Children," *NBER Reporter*, No. 4, pp.4–6.

谷口和久（1997），『移行過程の理論と数値実験』，啓文社．

第 8 章

投資，利潤と負債の動学的関係

8.1 はじめに

　第 7 章で見たように，銀行組織の信用創造を可能にする発達した信用制度，および，追加生産財の生産を可能にする生産能力と労働力人口が存在する経済では，現在の実現利潤の大きさは，非金融企業部門が決定権を握る現在の投資（蓄積需要）の大きさに左右される．非金融企業の貸借対照表（資産＝負債＋資本）を思い浮かべればわかるように，設備投資（蓄積需要）は，追加生産設備（実物資産）を購入するか否かに関する意思決定であると同時に，投資のための資金の調達方法に関する意思決定（内部資金で調達するか，借入に頼るか，それとも新株を発行するか，等々の問題）でもある．したがって，投資と実現利潤の関係を考察する場合には，非金融企業の貸借対照表に関わる 2 つの問題，すなわち，追加生産設備（実物資産）を購入するか否かの意思決定，および，投資資金の調達方法について検討しなければならない．

　設備投資のための資金の一部が負債（たとえば，銀行からの借入）によって調達される場合，負債（銀行借入）と設備投資（追加資本財の購入），実現利潤（商品の販売を通じて獲得される利潤）の三者のあいだには，歴史的な時間軸（取り消しのきかない過去，現在，不確実な将来）[1]におけるマクロ経済の次元での動学的関係が存在する．図 8.1 には，歴史的時間軸における投資と利潤，負債の動学的関係が例示されている．

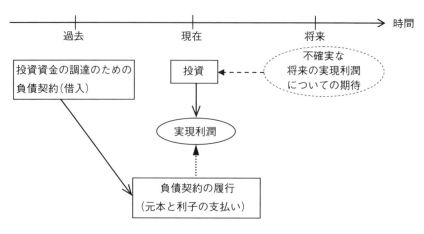

図 8.1　投資，利潤と負債の動学的関係

　「非金融企業部門」と「銀行部門」から成る経済において，非金融企業が過去に負債（銀行部門からの借入）によって資金を調達して設備投資を実行し，その負債に対する「元本＋利子」を現在の実現利潤の中から支払う場合について考察しよう．多くの非金融企業から成る「非金融企業部門」には，調達された資金を支出して設備投資をおこなう「投資主体」の企業群と，資本財の販売を通じて預金残高の増加という形で利潤を受け取る「貯蓄主体」の企業群が同時に存在する．この経済では，銀行の信用創造を可能にする発達した信用制度，および，追加資本財の生産を可能にする生産能力と労働力人口が存在すると想定しよう．現在の時点においては，投資主体の企業群による設備投資の実行額に応じて，貯蓄主体の企業群によって獲得される利潤額が決まる．そして，現在の設備投資の実行額は，単純に言えば，将来の実現利潤に関する現在の投資主体の企業群の期待に左右される．もちろん，将来の実現利潤がどうなるかは，現在の時点では不確実である．

　負債による資金調達を伴う資本蓄積が円滑に進むためには，現在の実現利潤が，過去に結ばれた負債契約を履行するために十分な大きさでなければならない．だが，現在の実現利潤は，将来の実現利潤に関する現在の企業群の期待に左右される．将来の実現利潤に関する期待に左右される現在の設備投資の実行

8.1 はじめに

額が，現在の実現利潤を介して，過去に結ばれた負債契約が正常に履行されるか否かの鍵を握るのである．

たとえば，過去（好況期）に負債によって資金を調達して設備投資がおこなわれ，その負債に対する「元本＋利子」を現在（不況期）の実現利潤の中から支払わなければならない場合を考えてみよう．将来の実現利潤に関する現在の投資主体の企業群の期待が悲観的になると，現在の設備投資の実行額が減少するので，現在の実現利潤も縮小し，最悪の場合には，現在の実現利潤が，現在支払うべき「元本＋利子」額を下回り，過去に結ばれた負債契約が履行されないことも起こりうる．投資の減退による利潤の実現条件の悪化と負債構造の脆弱化に伴って，現実資本の蓄積と貨幣資本の蓄積との不調和が顕在化し[2]，さらには，産業・金融・労働のあいだの権力関係の再編[3]も起こりうる．これらの論点は，現代政治経済学の研究課題でもある[4]．

投資と利潤，負債の動学的関係を考察する際に欠かせないのは，投資が実現利潤を決定する関係についてのカレツキーの視点[5]，および，投資と実現利潤，負債契約の履行のあいだの関係についてのミンスキーの視点[6]である．投資が実現利潤を決定する関係（カレツキー）については，第7章で扱った．本章では，ミンスキーの視点から，投資と資金調達の関係，および，投資と利潤，負債のあいだの動学的関係について考察する．第8.2節では，非金融の代表的企業の観点から，設備投資と資金調達の関係について考察する．第8.3節では，「安全性のゆとり幅」の概念に基づく非金融企業の財務状況の分類（ヘッジ金融，投機的金融，ポンツィ金融）について検討する．第8.4節では，ミンスキー理論を国際的な債権・債務関係に応用する試みとして，クレーゲル（J. Kregel）の最近の研究を検討する．第8.5節では，特定の経済的基準に基づく政策提案が「ポンツィ金融」の方式と同じ仕組みを持つ事例として，対外債務と国際収支の関係をめぐるドーマー（E.D. Domar）の議論を検討する．第8.6節では，暫定的な結論と今後の課題を示す．

8.2 投資と資金調達

投資と実現利潤，負債構造のあいだの関係を考察するためには，投資のための資金の調達方法と投資の実行額に関する，資金の貸し手と借り手の意思決定を考慮に入れなければならない．最初に，代表的企業（個別企業）の観点から，投資（追加資本財の購入）と利潤（企業の内部資金），投資資金の調達方法について考察しよう．

図 8.2 は，代表的企業による投資水準と資金調達の決定についてのミンスキーの図式である．

横軸は投資水準 I（代表的企業によって購入される資本財の数量，たとえば，「大型コンピュータ」の台数）を表す．縦軸は資本財 1 単位の供給価格と需要価格を表す．資本財の供給価格（P_I）とは，資本財の生産者が提示する「新規に生産される資本財 1 単位」の価格（たとえば，コンピュータ製造企業によって提示される「大型コンピュータ」1 台の価格）である．資本財の需要価格（P_K）とは，資本財 1 単位からの将来の見込み収益の割引現在価値である．代表的企業の期待正味利潤（税・利子支払控除後）を Q_0 で表す[7]．投資水準の決定において，期待正味利潤 Q_0 は内部資金（負債でない自己資金）と認識される．

代表的企業が内部資金 Q_0 で購入できる資本財の数量を I_0 で表すと，資本財 1 単位の供給価格は P_I であるから，$Q_0 = P_I \times I_0$ の関係が成り立つ（たとえば，内部資金が $Q_0 = 5$ 億円で，大型コンピュータ 1 台の価格が $P_I = 1$ 億円の場合，内部資金の範囲内では $I_0 = 5$ 台の大型コンピュータを買うことができる）．図 8.2 では，投資資金の全額が内部資金 Q_0 で調達される場合，投資水準は I_0 単位の資本財であり，投資総額は $P_I \times I_0$ である．

代表的企業が，内部資金 Q_0 で買うことのできる数量 I_0 よりも高い水準の投資 I をおこなうためには，投資総額（$P_I \times I$）のうち内部資金を超える部分，すなわち，$P_I \times (I - I_0)$ を負債（銀行借入，社債発行など）によって調達しなければならない．代表的企業が投資のための資金の一部を負債によって調達する場合，資本財の生産者によって提示される資本財価格のほかに，投資水準（たとえば，I 単位の資本財）のもとでの借り手（債務者としてのこの代表的企業）の見

8.2 投資と資金調達

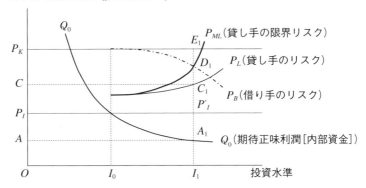

図 8.2 代表的企業による投資水準と資金調達の決定

(註) Minsky (1975), p. 108, 邦訳 170 ページの「代表的企業の資金調達行動 (the financing behavior of a representative firm)」に基づいて作成した.Q_0 = 期待正味利潤 (税・利子支払控除後),P_I = 資本財の供給価格 (資本財の生産者によって提示される資本財価格),P_K = 資本財の需要価格 (資本財 1 単位からの将来の見込み収益の割引現在価値),P_L = 貸し手のリスク曲線 (細い実線の曲線;資本財の生産者によって提示される資本財価格だけでなく,負債比率の上昇に伴って貸し手から要求されるより高い金利・より多くの担保・より厳しい財務制限条項を反映する資本財 1 単位あたりの平均的な供給価格),P_{ML} = 貸し手の限界リスク曲線 (太い実線の曲線;借り換えの際の限界的な貸付条件を考慮に入れた資本財 1 単位あたりの限界的な供給価格),P_B = 借り手のリスクを考慮に入れた資本財の需要価格 (二重点線の曲線;特定の実物資産への投資,負債比率の上昇に伴って借り手企業の資本財 1 単位あたり見込み収益が低減する). 投資水準と資本財価格がともにゼロである原点を O で表す.I_0 の水準の投資は内部資金のみで実行可能である ($Q_0 = I_0 \times P_I$).

込み収益の割引現在価値,および,貸し手 (債権者) から要求される金利,担保などの財務上の諸条件を考慮に入れなければならない.

もし,代表的企業 (借り手企業) にとって,貸し手 (銀行,社債保有者などの債権者) からいくらでも多くの資金を借り入れることができ,投資水準がいくら拡大しても資本財 1 単位あたり見込み収益が低下しないならば,見込み収益の割引現在価値が負債に伴う現金支払額 (元本と利子) の割引現在価値よりも大きいという条件さえ満たされれば,この代表的企業は投資水準を際限なく拡大させるであろう[8]. しかし,現実の経済では,借り手が貸し手から際限なく資金を借り入れることができるとは考えられないし,生産規模がいくら拡大しても見込み収益が低減しない企業が存在するとは考えにくい. 代表的企業にとって

は，見込み収益の割引現在価値が負債に伴う現金支払額（元本と利子）の割引現在価値を上回る場合であっても，投資水準の拡大に伴って資本財 1 単位あたり見込み収益が低下する可能性があり，また，借り手企業の負債比率の上昇に伴って，貸し手が借り手に対してより高い金利とより多額の担保などを要求する可能性もある．

そこでミンスキーは，ケインズの投資理論における「借り手のリスク（borrower's risk）」と「貸し手のリスク（lender's risk）」の概念[9]を応用して，代表的企業による投資水準と資金調達について考察する．

「借り手のリスク」とは，内部資金 Q_0 で実行可能な水準 I_0 を超えて投資水準 I が増加するに伴って，資本財の需要価格（資本財 1 単位あたり見込み収益の割引現在価値，図 8.2 における二重点線の曲線 P_B）が低下することであり，その理由は次の 2 つである．第一に，特定の実物資産への投資が増えると，リスクの分散が難しくなる．第二に，負債に伴う現金返済額は確実であるが，将来の見込み収益は不確実であるから，投資の負債依存度が上昇すると，見込み収益が現金返済額を下回る危険性が高まる[10]．投資水準の増加に伴う資本財の需要価格の低下（図 8.2 の二重点線の曲線 P_B）として表現される「借り手のリスク」は，借り手企業と貸し手の債権者のあいだの契約として現れるものではなく，代表的企業（負債によって投資資金を調達する借り手企業）による主観的な判断であり，直接に観察することはできない．

これに対して「貸し手のリスク」とは，投資の負債依存度の上昇に伴って，代表的企業による投資決定に関わる「実効的な（effective）」資本財の供給曲線[11]（図 8.2 における細い実線の曲線 P_L，および，太い実線の曲線 P_{ML}）が上昇することである．代表的企業にとっての「実効的な資本財の供給曲線」は，資本財の生産者によって提示される資本財価格 P_I だけでなく，投資水準の上昇・投資の負債依存度の上昇に伴って貸し手（債権者）から要求される，より高い金利，より多額の担保，より厳しい財務制限条項などの財務上の条件も反映している[12]．また，貸し手（債権者）が借り手企業に課す金利や担保，財務制限条項などの財務上の条件は，明示的な契約として現れる．したがって，「実効的な資本財の供給曲線」（図 8.2 における細い実線の曲線 P_L，および，太い実線の曲線 P_{ML}）の上昇として表示される「貸し手のリスク」は，借り手企業と貸し手

（債権者）のあいだで結ばれる契約（金利，担保，財務制限条項など）として観察可能なものである．なお，投資の負債依存度の上昇に伴って，借り手企業の債務借り換えは限界的な貸付条件（たとえば，より高い金利，より多額の担保，より厳しい財務制限条項など）に従うと考えられる[13]．それゆえ，図 8.2 では，「P_B（借り手のリスク）」曲線と「P_{ML}（貸し手の限界リスク）」曲線との交点に対応する水準 I_1 に投資が決定される[14]．

図 8.2 に見られるように，投資資金の全額が内部資金で調達される場合，投資総額は $P_I \times I_0$ である．投資資金の一部が負債（借入金）で調達される場合，四角形 OAA_1I_1 が内部資金であり，四角形 $AP_IP_I'A_1$ が負債総額である．投資水準 I_1 において，資本財 1 単位あたりの見込収益は P_K（距離 I_1E_1）であり，資本財 1 単位あたりの現金返済額（元本＋利子）は距離 A_1C_1 に等しく，資本財 1 単位あたりの株式所有者の期待受取額は距離 I_1A_1 と距離 C_1E_1 の和に等しい．投資水準 I_1 のもとでの生産物が販売されると，売上総額は四角形 $OP_KE_1I_1$ である．売上総額のうち，四角形 $AP_IP_I'A_1$ が債権者に返済される元本，四角形 $P_ICC_1P_I'$ が債権者に支払われる利子であり，四角形 OAA_1I_1（内部資金 Q_0 と等しい）と四角形 $CP_KE_1C_1$ の合計が株主に帰属する．

代表的企業による投資水準と資金調達の決定に関するミンスキーの分析枠組みでは，資本財の需要価格（資本財 1 単位あたり見込み収益の割引現在価値，図 8.2 の二重点線 P_B）に関する「借り手のリスク」，および，限界的な貸付条件（図 8.2 における太い実線の「貸し手の限界リスク」曲線 P_{ML}）に関する「貸し手の限界リスク」が変化すると，投資水準，および，投資資金の負債依存度も変化する．好況過程では，将来の見込み収益に関する借り手企業の期待が楽観的になり（図 8.2 では，内部資金によって実行可能な水準 I_0 を超えた投資水準の増加に伴う「借り手のリスク」曲線 P_B の低下が緩やかになり），借り手の債務不履行リスクに関する貸し手の懸念が小さくなる（図 8.2 では，太い実線の「貸し手の限界リスク」曲線 P_{ML} の上昇が緩やかになる）場合には，投資水準は I_1 より高い水準に決まり，投資資金に占める負債の割合がより高くなると考えられる．逆に，不況過程では，将来の見込み収益に関する借り手企業の期待が悲観的になり（図 8.2 では，内部資金によって実行可能な水準 I_0 を超えた投資水準の増加に伴って「借り手のリスク」曲線 P_B が急激に低下し），借り手の債務不履行リスクに関する貸

し手の懸念が高まる（図8.2では，「貸し手の限界リスク」曲線 P_{ML} が急激に上昇する）ので，投資水準は I_1 より低い水準に決まり，投資資金に占める負債の割合もより低くなると考えられる[15]．

代表的企業による投資水準と資金調達の決定に関する以上の議論（図8.2）で示されたのは，与えられた内部資金 Q_0，「借り手のリスク」（資本財1単位あたりの見込み収益の割引現在価値），「貸し手の限界リスク」（借り換えに伴う限界的な貸付条件を考慮に入れた資本財1単位あたりの供給価格）のもとで計画される投資水準 I_1（ただし，I_1 は，内部資金 Q_0 のみでまかなわれる水準 I_0 より高い）である．投資 I_1 が実行されると，投資から実現利潤への決定関係を通じて（第7章第7.3節を参照），その投資が計画された時点の内部資金 Q_0 よりも高い水準の内部資金 Q_1（ただし，$Q_1 > Q_0$）がもたらされる．ただし，より高い水準の投資が実行される結果として，より高い水準の実現利潤が得られることを説明するためには，代表的企業（個別企業，個別資本）の観点からの分析ではなく，経済全体（社会的総資本）の観点からの分析をおこなわなければならない[16]．

図8.3には，総投資と資金調達に関するミンスキーの図式が示されている．横軸は総投資額，縦軸は資本財の需要価格と供給価格を表す．

図8.3では，総投資の各水準のもとで予想される内部資金（期待正味利潤）が表示されている．$Q(I_0)$ は，投資水準 I_0 のもとで予想される内部資金であり，$Q(I_1)$ は，投資水準 I_1 のもとで予想される内部資金である．図8.3では，貸し手のリスクを表す資本財1単位あたりの平均的な供給価格は，総投資額の水準 I の増加関数として，すなわち，$P_I = f(I)$ と表示されている（「貸し手のリスク」，細い実線の点線）．投資水準の上昇に伴って，借り換えの際の限界的な貸付条件を考慮に入れた資本財1単位あたりの限界的な供給価格は上昇すると仮定されるので，「貸し手の限界リスク」 P_{ML} は，「貸し手のリスク」 $P_I = f(I)$ よりも高い水準にある右上がり曲線（太い実線の曲線）として表示されている．また，実物資産への投資の増加，負債比率の上昇に伴う資本財の需要価格（資本財1単位あたり見込み収益の割引現在価値）の低減は，「借り手のリスク」 P_B の右下がり曲線（二重点線の曲線）として表示されている．

図8.3に見られるように，内部資金 $Q(I_0)$ のもとで計画される投資水準は，「借り手のリスク」 P_B の右下がり曲線と「貸し手の限界リスク」 P_{ML} の右上

8.2 投資と資金調達

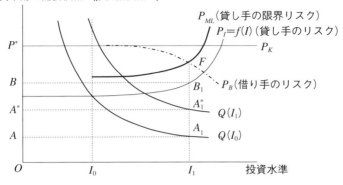

図 8.3 総投資と資金調達

(註) Minsky (1975), p. 113，邦訳 179 ページの「総投資と資金調達 (aggregate investment and finance)」に関する図に基づいて作成した（一部の記号は変更されている）．なお，同書では，以上のグラフの左側に，横軸を貨幣供給量 M，縦軸を資本財の需要価格 P_K とするグラフ $P_K = P_K(M, Q)$（ただし，$\partial P_K / \partial M > 0$，$\partial^2 P_K / \partial M^2 < 0$）が描かれているが，本図ではそのグラフは省かれている．$Q(I_0)$ ＝投資水準 I_0 のもとで予想される内部資金（税・利子支払控除後の期待正味利潤），$Q(I_1)$ ＝投資水準 I_1 のもとで予想される内部資金（税・利子支払控除後の期待正味利潤），P_K ＝資本財の需要価格（資本財1単位からの将来の見込み収益の割引現在価値），$P_I = f(I)$ ＝貸し手のリスク曲線（細い実線の曲線；資本財の生産者によって提示される資本財価格だけでなく，負債比率の上昇に伴って貸し手から要求されるより高い金利・より多くの担保・より厳しい財務制限条項を反映する資本財1単位あたり供給価格），P_{ML} ＝貸し手の限界リスク曲線（太い実線の曲線；借り換えの際の限界的な貸付条件を考慮に入れた資本財1単位あたりの限界的な供給価格），P_B ＝借り手のリスクを考慮に入れた資本財の需要価格（二重点線の曲線；特定の実物資産への投資，負債比率の上昇に伴って借り手企業の資本財1単位あたり見込収益が低減する）．投資水準と資本財価格がともにゼロである原点を O で表す．I_0 の水準の投資は内部資金のみで実行可能である（$Q_0 = I_0 \times P_I = I_0 \times f(I_0)$）．

がり曲線の交点 F に対応する I_1（ただし，$I_1 > I_0$）である．この水準の総投資 I_1 が実行されると，投資から実現利潤への決定関係を通じて，その投資が計画された時点の内部資金 $Q(I_0)$ よりも高い水準の内部資金 $Q(I_1)$（ただし，$Q(I_1) > Q(I_0)$）がもたらされる[17]．

総投資水準が I_1 である場合，投資支出総額は四角形 OBB_1I_1（すなわち，$I_1 \times P_I = I_1 \times f(I_1)$）である．総投資水準 I_1 が計画された時点では，予想される内部資金は四角形 OAA_1I_1（すなわち，$Q(I_0)$）であり，予想される借入金総額は四角形 ABB_1A_1 であった．しかし，総投資水準 I_1 が実行され，

より高い水準の内部資金 $Q(I_1)$ がもたらされる結果として，投資支出総額（四角形 OBB_1I_1）のうち，四角形 $OA^*A_1^*I_1$ ($Q(I_1)$) が内部資金によって調達され，四角形 $A^*BB_1A_1^*$ が借入金によって調達される．したがって，同じ投資支出総額（四角形 OBB_1I_1，すなわち，$I_1 \times P_I = I_1 \times f(I_1)$）のうち借入金によって調達される部分は，総投資水準 I_1 が計画された時点の四角形 ABB_1A_1 ($I_1 \times f(I_1) - Q(I_0)$) から，総投資水準 I_1 が実行された時点の四角形 $A^*BB_1A_1^*$ ($I_1 \times f(I_1) - Q(I_1)$) へ減少した（$Q(I_1) > Q(I_0)$ であるから，$I_1 \times f(I_1) - Q(I_1) < I_1 \times f(I_1) - Q(I_0)$ である）．

以上のように，総投資水準 I_1 が実行され，その投資が計画された時点の内部資金よりも多い内部資金 $Q(I_1)$（ただし，$Q(I_1) > Q(I_0)$）が実現される結果として，投資支出総額のうち負債（借入）によって調達される金額は，当初の計画よりも少なくなる．内部資金が予想よりも多く，設備投資のための所要借入額が予想よりも少ないことが判明した場合，借り手の非金融企業と貸し手の銀行はどのように反応するであろうか．この点についてミンスキーは，借り手の非金融企業による設備投資のための資金需要が高まり，貸し手の銀行の貸出意欲も高まると推論している[18]．

しかし，非金融企業による銀行からの借入額が増加するにつれて，負債契約に伴う現金返済契約額 CC[19] が増加する．この場合，非金融企業の見込み収益の割引現在価値 Q に対する現金返済契約額 CC の比率が上昇する可能性だけでなく，現金返済契約額 CC が見込み収益の割引現在価値 Q を上回る可能性もある．将来の見込み収益が現金返済契約額を下回る状況が続くと，借り手の非金融企業は，負債契約を履行するために，流動性のある保有資産を売却しなければならない[20]．

負債契約を履行するために保有資産を売却する非金融企業が増えると，資本財の需要価格の低下を伴う「経済危機（crisis）」[21] が誘発され，最悪の場合には，それに続いて「フィッシャー [I. Fisher] によって描かれたような負債デフレ過程」[22] が生じる可能性があるとミンスキーは指摘する．非金融企業の見込み収益の割引現在価値（内部資金）Q と資本財の供給価格 P_I が与えられている場合，「借り手のリスク」を反映した資本財の需要価格 P_K が急激に低下すると，内部資金によって実行可能な投資水準よりも実際の投資水準が低いという

8.2 投資と資金調達

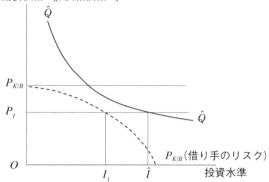

図 8.4 借り手リスクと負債デフレ

(註) Minsky (1975), p. 127, 邦訳 200 ページの「借り手リスクと負債デフレ (borrower's risk and debt deflation)」に関する図に基づいて作成した．本図は，代表的企業による投資水準と資金調達の決定を表している．

事態，あるいは，すべての投資水準において資本財の需要価格が資本財の供給価格を下回っているので投資が計画されないという事態も起こりうる [23]．

図 8.4 では，「借り手のリスク」を反映した資本財の需要価格（$P_{K/B}$ 曲線）と資本財の供給価格 P_I の交点に対応する投資の計画額 I_1 が，内部資金によって実行可能な投資水準 $\hat{I}$ よりも低い．

内部資金 $\hat{Q}$ のみでまかなわれる投資水準は $\hat{I}$ である．しかし，「借り手のリスク」曲線 $P_{K/B}$ と「貸し手のリスク曲線」（本図では，資本財の供給価格 P_I に等しいと想定されている）の交点に対応する投資の計画額は I_1 であり，その水準は $\hat{I}$ よりも低い．したがって，内部資金 $\hat{Q}$ と「借り手のリスク」，「貸し手のリスク」を前提に I_1 の投資が計画される場合，投資支出総額 $I_1 \times P_I$ は内部資金 $\hat{Q}$ よりも少なく，内部資金のうち投資支出に向けられない残りの部分（$(\hat{I} - I_1) \times P_I$）は，負債の返済に向けられる [24]．

図 8.5 では，すべての投資水準において，資本財の需要価格 P_K（資本財 1 単位の見込み収益の割引現在価値）が資本財の供給価格 P_I を下回っている（$P_K < P_I$）．

この場合，内部資金の全額 $\hat{Q} = \hat{I} \times P_K$ は，負債の返済に用いられる．本図の「$\hat{I}$」は，その水準の投資が計画されることを意味しない [25]．

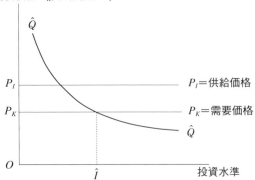

図 8.5　需要価格を上回る供給価格

(註) Minsky (1975), p. 127. 邦訳 200 ページの「需要価格を上回る供給価格 (supply price greater than price)」に関する図に基づいて作成した.

以上の図 8.4 と図 8.5 は，借り手の非金融企業が実物投資を削減あるいは先送りして既存債務の返済を優先し，貸し手の金融機関も新規貸出よりも既存の貸出債権の回収を優先している状況に対応すると考えられる．このような状況では，総投資の減退が，有効需要の縮小と利潤の実現条件の悪化を通じて，経済活動水準の低下を引き起こす可能性も否定できない[26]．ミンスキーの投資決定論によって示唆される不況のメカニズム（総投資が削減・先送りされ，債務の返済と貸出債権の回収が加速する結果として，経済活動水準が低下する可能性）について考察するためには，借り手（非金融企業）の貸借対照表と貸し手（金融機関）の貸借対照表の関係を考慮に入れて，資本蓄積率と利潤率の関係だけでなく，資本蓄積率と負債比率（＝負債/総資産）の関係も考慮に入れて，マクロ経済の動態を分析しなければならない[27]．

8.3　資金調達構造と「安全性のゆとり幅」

発達した信用制度を備えた資本主義経済の動態に関するミンスキーの分析視角として，負債によって資金を調達して設備投資をおこなう非金融企業の財務状況の分類——「ヘッジ金融 (hedge finance)」・「投機的金融 (speculative

8.3 資金調達構造と「安全性のゆとり幅」　　　　　　　　　　　　**279**

finance）」・「ポンツィ金融（Ponzi finance）」——が知られている．これらの財務状況を分類する基準となるのが「安全性のゆとり幅（margin of safety）」の概念であり，それは，「準地代（quasi rent）」（非金融企業の資産側の資本財から得られる収益）の期待値が「負債に対する現金支払契約額」（contractual cash payment commitments：負債契約に伴う元利払い）を上回る度合いによって規定される．

「安全性のゆとり幅」の概念を基準とする財務状況の分類（ヘッジ金融，投機的金融，ポンツィ金融）に関するミンスキーの視点は，閉鎖経済における債権・債務関係（非金融企業による国内銀行からの資金の借入，国内資本市場での債券発行など）を分析する場合だけでなく，開放経済における債権・債務関係（各国の金融機関・非金融企業による国際金融市場での資金の調達と運用，先進国から途上国への開発資金の融資など）を分析する場合にも応用することができる[28]．

現代経済分析へのミンスキー理論の応用について検討する前に，非金融企業の財務状況と「安全性のゆとり幅」に関するミンスキー自身の説明を見ておこう[29]．以下では，時点 i における非金融企業の「負債に対する現金支払契約額」（既存債務に対する元利払い）を CC_i，この企業と銀行が期待する「準地代」（非金融企業の資産側の資本設備から得られる収益）の期待値を $\bar{Q}_i$，準地代の分散を $\sigma^2_{Q_i}$ で表し，λ を正の定数とする．

非金融企業の財務状況が「ヘッジ金融（hedge financing）」であるのは，すべての時点において，「準地代」の期待値が「負債に対する現金支払契約額」を十分に（「準地代の分散 $\sigma^2_{Q_i}$ と正の定数 λ の積」よりも大きい幅で）上回る場合，すなわち，「すべての時点 i について，$CC_i < \bar{Q}_i - \lambda \sigma^2_{Q_i}$」となる場合である[30]．

以下では，変数 x の割引現在価値を関数 $K(x)$ で表す．現在から将来にわたる「準地代」の期待値に関する「資本化された価値（capitalized value）」（割引現在価値）が「資産の市場価値」と呼ばれ，$P_{K,i} = K(\bar{Q}_i - \lambda \sigma^2_{Q_i})$ と表される[31]．また，現在から将来にわたる「負債に対する現金支払契約額」の割引現在価値が「負債の市場価値」と呼ばれ，$K(CC_i)$ と表される．そのうえで，「負債の市場価値」に対する「資産の市場価値」の比率が「安全性のゆとり幅」μ と定義され，$\mu = \dfrac{K(\bar{Q}_i - \lambda \sigma^2_{Q_i})}{K(CC_i)}$ と表される．非金融企業が「ヘッジ金融」の財務状況にある場合，すべての時点 i において「資産の市場価値」が「負債の市

場価値」を上回り，「安全性のゆとり幅」が 1 より大きい（$\mu > 1$）[32].

　非金融企業が「投機的金融」の財務状況にあると判定されるのは，次のような場合である．時点 i からその後の「ある時点」$\hat{t}$ までの期間には，「準地代」の期待値が「負債に対する現金支払契約額」を十分に（$\lambda \sigma_{Q_i}^2$ よりも大きい幅で）下回る時点が存在する．しかし，「ある時点」$\hat{t}$ 以降の期間では，「準地代」の期待値が「負債に対する現金支払契約額」を十分に（$\lambda \sigma_{Q_i}^2$ より大きいか，または，それと等しい幅で）上回る．「投機的金融」の財務状況における「準地代」の期待値 $\bar{Q}_i$ と「負債に対する現金支払契約額」CC_i の関係は，次のように要約される．「時点 i からその後のある時点 $\hat{t}$ までの期間，$CC_i > \bar{Q}_i + \lambda \sigma_{Q_i}^2$ となる時点が存在する．時点 $\hat{t}$ 以降のどの期間でも，$CC_i \leq \bar{Q}_i - \lambda \sigma_{Q_i}^2$ である」．「投機的金融」の場合，比較的早い期間（「時点 i」から「ある時点」$\hat{t}$ までの期間）には，既存債務に対する元利払いが，資本設備から得られる収益の期待値を上回るが，その後の期間（「ある時点」$\hat{t}$ 以降の期間）には，元利払いが期待収益を下回る．元利払いの返済計画と期待収益の時間的推移との対応関係を厳密に定めることは容易でないが，元本の返済が比較的早い期間に集中しておこなわれるならば，その後の期間では「負債に対する現金支払契約額」に元本の返済が占める割合が低くなるので，「資産の市場価値」が「負債の市場価値」を上回り，「安全性のゆとり幅」が 1 を超える（$\mu > 1$）可能性はより高い [33].

　これに対して，「ポンツィ金融」の財務状況では，（いつ来るかわからないが）例外的に運のいい将来の「ある時点」n を除くすべての時点 i において，「準地代」の期待値が「負債に対する現金支払契約額」を十分に（「準地代の分散 $\sigma_{Q_i}^2$ と正の定数 λ の積」よりも大きい幅で）下回る．「ポンツィ金融」の財務状況は，次のように要約される．「将来の例外的な時点 [「$i = n$（?）」[34]] を除くすべての時点 i において，$CC_i > \bar{Q}_i + \lambda \sigma_{Q_i}^2$（つまり，正味資産が負となる）」．言い換えれば，「ポンツィ金融」では，将来の例外的に運のいい時点を除くすべての時点で，「準地代」の期待値 $\bar{Q}_i$ が「負債に対する現金支払契約額」CC_i を十分に（$\lambda \sigma_{Q_i}^2$ よりも大きい幅で）下回る．それゆえ，「ポンツィ金融」では，将来の例外的な時点を除くすべての時点において，「資産の市場価値」が「負債の市場価値」を十分に下回り，「安全性のゆとり幅」は 1 を下回る（$\mu < 1$）．「ポンツィ金融」の財務状況を持つ経済主体が存続するためには，既存債務に対す

る元利払い額と等しい金額，あるいは，それを上回る金額の新規の貸出が，毎期おこなわれなければならない．

8.4 ミンスキー理論の現代経済分析への応用

　クレーゲルは，「安全性のゆとり幅」の概念と財務状況の3分類（ヘッジ，投機的，ポンツィ）を応用して，1997～98年のアジア金融危機の分析，1990年代以降の国際資本移動と（経常収支と資本収支の両面での）国際不均衡の拡大に関する分析，および，途上国の開発資金の海外からの調達と国際的な金融不安定性に関する分析をおこなっている[35]．

　クレーゲルによると，アジア金融危機の本質は，「企業と銀行が外貨建て負債のストックを清算するために，財と資産のストックを換金しようと努めたことから生じたストック面の問題」（Kregel (2000), p. 205，邦訳38ページ）である．多額の外貨建て負債を抱えた非金融企業の財務状況の立て直しを図る方法について，次のように説明されている．

> 「危機を避けるために行う必要があったと思われるのは，債務返済の猶予と，その後の返済のキャッシュフローが持続可能な形で延期される債務の『整理』（debt 'workout'）である．しかし，そのような『整理』が可能なのは，安全性のゆとり幅（cushion of safety）がヘッジ金融から投機的金融へ悪化する場合だけである．すべてのポジションがポンツィ金融の状態になっている場合には，すべての企業において正味現在価値が厳密に負であり，問題を解決することのできる債務の延期はまったく不可能である．支払不能が長期化する事態を防ぐためには，企業がまだ投機的主体の段階にあるうちに，縮小均衡が起こるのを阻止するように政策を立てなければならない．このようにするための，直接的でわかりやすい方法は，国内需要の下支えや，元利払いの停止か利下げをつうじた金融費用の削減によって，企業へのキャッシュフローを補強することである．」（Ibid., p. 204，邦訳37ページ．）

　以上の説明に見られるように，財務状況が「ヘッジ金融」から「投機的金融」

へ悪化したが,「ポンツィ金融」の状態にまでは至っていない債務者企業に対しては,「債務返済の猶予」と「債務の『整理』」によって財務状況の立て直しを図ることができる.「投機的金融」の状態に陥った非金融企業の財務状況を立て直し,「ヘッジ金融」の状態へ復帰させるための方法として,「縮小均衡が起こるのを阻止するような政策」(国内需要の下支え,金融費用の削減)が挙げられている.他方,すべての企業で正味現在価値が負になっている「ポンツィ金融」の状態では,「債務の延期」によって財務状況を修復することは不可能であると指摘されている.しかし,企業部門の財務状況を回復させるための「縮小均衡が起こるのを阻止するような政策」の重要性は,当時の政策立案者によっては理解されなかった.クレーゲルによると,IMF (International Monetary Fund:国際通貨基金)はアジア金融危機を,「負債デフレーション」の過程としてではなく,「輸入が輸出よりも大きいというフロー面の問題」(国際収支危機)と把握し,「高金利で引き寄せられる資本流入と経常収支の黒字が,為替レートを安定化させるであろうという期待のもとに,輸入を減速させ輸出を加速させるように努めた」[36] という.

「投機的金融」の財務状況がさらに悪化し,既存債務に対する元利払いをおこなうために新規の借入を受けなければならないという「ポンツィ金融」の状態に陥った債務主体の例として,海外からの資金調達に基づいて開発を進めてきた1980年代のラテン・アメリカ諸国を挙げることができる[37].ラテン・アメリカ諸国が債務危機に陥った背景には,外貨建て対外債務の元利払いのための資金を海外からの民間資金の借入によって調達するという「ポンツィ金融」の債権・債務関係がある[38].これは,債務国の立場から見ると,海外からの資金の流入(対外借入の増加)と海外への資金の流出(対外債務に対する元本の返済と利子の支払い)であり,債権国の立場から見ると,海外への資金の流出(対外貸出の増加)と海外からの資金の流入(対外債権に対する元本の回収と利子の受け取り)を意味する.

しかし,国際的な債権・債務関係に注目しなければならないのは,途上国の債務危機について研究する場合だけではない.クレーゲルによると,2000年代初め以降のアジア諸国における対外債権の増加(アジア諸国によるアメリカの長期証券(国債,政府機関債,社債,株式など)の純取得額の増加.特に,中国による

8.4 ミンスキー理論の現代経済分析への応用

アメリカの長期債券の取得額の増加）と貿易黒字の拡大（アメリカの財貿易収支における「中国と香港」に対する赤字幅の拡大）は，これらのアジア諸国の「国内資源の動員（domestic resource mobilization）」[39] のための需要を下支えする方法としての意義を持つ．国内資源の動員のための需要を下支えする方法に関連して，クレーゲルは次のように言う．

> 「現在の国際体制の特徴は，民間の資本移動が増加していることだけでなく，国内資源の動員のための需要を外需を通じて下支えするという経路を選んできた途上国が多数存在することである．国内資源の動員を達成するために利用できる標準的な方法は2つある．どの国でも国内外からの借入で賄われる赤字支出を使うことができる．あるいは，対外経常黒字の運用先として対外貸出を使うこともできる．」（Kregel (2008), p. 163, 邦訳109ページ．）[40]

「国内資源の動員」（国内での労働力の雇用，生産設備の稼働）のための需要を下支えする2つの方法が指摘される．第一に，国内での借入（国内での債券発行，または，国内の金融機関からの借入），あるいは，海外からの借入（対外借入）によって資金を調達して，「国内資源の動員」を伴う支出をおこなう方法．第二に，「国内資源の動員」を伴って生産される自国の商品に対する輸出需要を下支えするために，貿易相手国への対外貸出をおこなう方法．たとえば，A国で生産された商品をB国が輸入する際に必要な資金が，A国からB国への貸出（あるいは，B国で発行された債券をA国が購入すること）によって調達される場合である[41]．「国内資源の動員」の方法のうち第二のものが，2000年代初め以降のアジア諸国における対外債権の増加と貿易黒字の増加の基礎にあるとクレーゲルは見ている．

国内経済における債権・債務関係（たとえば，非金融企業が設備投資資金を銀行借入によって調達する関係）の場合と同様に，国際経済における債権・債務関係（たとえば，途上国が海外からの外貨建ての借入によって開発資金を調達する関係）においても，債権者によって定められた元利払いの返済計画のもとで，債務者の資本資産から得られる収益，および，その期待値に予想外の変動が起こることによって，債務者の財務状況が「ヘッジ金融」の状態から「投機的金融」の状

態へ悪化する可能性もある．さらに事態が悪化して，債務者の財務状況が「ポンツィ金融」（例外的に幸運な時点を除くすべての時点において，「資産の市場価値」が「負債の市場価値」を大幅に下回っている状況）に陥るかもしれない[42]．「ポンツィ金融」の経済主体が存続するためには，既存債務の元利払いをおこなうために必要な金額と等しいか，あるいは，それを上回る金額の新規貸出がおこなわれなければならない．債権者が融資の更新を拒否すれば，「ポンツィ金融」の仕組みは破綻する．

8.5　「ドーマー条件」と「ポンツィ金融」

　「ポンツィ金融」に関わる問題は，その仕組みが行き詰まる運命にあることだけではない．特定の経済的基準から選ばれる政策が「ポンツィ金融」と同じ仕組みを持つこともある．クレーゲルは，GDP（国内総生産）に対する経常収支黒字の割合を一定に維持できるか否かをめぐる1946年のアメリカ経済学会での論争に関連して，海外への資金流出（対外貸出）と海外からの資金流入（対外債権に対する元本返済と受取利子）の関係を扱ったドーマー（E.D. Domar）の論文「対外投資の国際収支に及ぼす影響」[43]の議論に言及している．やや長くなるが，クレーゲルの説明を見よう．

　　「対外貸出がやがて利子と利益送金の還流を生みだし，その還流が経常収支の要素サービス収支の黒字をもたらし，この要素サービスの黒字がほどなく貿易黒字に食い込むであろうということが，すぐに注目された．エブセイ・ドーマーは，公債発行による公共投資の持続可能性を判定するためにすでに用いた議論を応用して，持続可能性の問題への解答を与えた（Domar 1950）．海外への貸出残高から受け取る利子率に等しい率で，資本流出が増加するかぎり，要素サービス勘定で利子と利潤の支払によってもたらされる資本流入は，資本流出によってちょうど相殺されるので，GDPに対する黒字の割合は，利子率に左右される水準で安定化するであろう．他方で，もし利子率が対外貸出の増加率よりも高い場合には，政策が自滅的なものになり，資本サービスの純流入の増加

8.5 「ドーマー条件」と「ポンツィ金融」

を相殺するために貿易収支が最終的には負になるであろう．対外借入をしている国々にとっては，その逆のことが言えるであろう．つまり，借入の利子率が新規借入の増加率よりも低い場合には，債務元利払いは経常収支の一定の割合へ収束するであろう．もし利子率がより高い場合には，債務元利払いは，最終的に経常収支を超えてしまい，持続不可能になるであろう．

　ドーマーの解答は，累積的な不均衡の規模には何の限度もないこと，および，利子率の格差に関する適切な条件が与えられれば，経常黒字・赤字はGDPに対する割合では安定化するはずであることを示唆しているように見える．しかし，そうはいかない．なぜなら，対外不均衡が持続するためのドーマーの条件は，ポンツィ金融の方式がうまくいくために必要とされる条件と同じものだからである．」（Kregel (2008), pp. 161-62，邦訳107～108ページ．訳文を一部修正した．）

　以上の引用文については若干の補足説明が必要である．対外貸出から生じる利払いと利益送金，その結果としての要素サービス収支の黒字を考慮に入れたときに，GDPに対する経常収支（＝貿易収支＋要素サービス収支）の割合はどうなるかが，当時の論争点であった．この論争点に関係するのがドーマーの1950年論文であるとクレーゲルは見ている．ドーマーの論文で扱われているのは，後ほど検討するように，対外貸出の増加率と利子率の大小関係に応じて，資金流出（対外貸出）に対する資金流入（元本回収と受取利子）の比率の時間的推移がどのように異なるかという問題である．詳しくは後ほど見るが，ドーマーは上記の論文で次の点を明らかにした．

(1) 対外貸出の増加率が利子率よりも高い場合には，資金流出（対外貸出）に対する資金流入（元本回収と受取利子）の比率が時間の経過とともに上昇するが，1より低いプラスの値に収束し，「資金流入＜資金流出」の状態に行き着く．

(2) 対外貸出の増加率と利子率が等しい場合には，資金流出（対外貸出）に対する資金流入（元本回収と受取利子）の比率が時間の経過とともに上昇して1に収束し，「資金流入＝資金流出」の状態に行き着く．

(3) 利子率が対外貸出の増加率よりも高い場合には，資金流出（対外貸出）に対

する資金流入（元本回収と受取利子）の比率が時間の経過とともに上昇して1を超える値に収束し，「資金流入＞資金流出」の状態に行き着く．

以上の3つのドーマーの論点は，前掲引用文におけるクレーゲルの指摘と次のように対応する．

ドーマーの論点（1）「対外貸出の増加率が利子率よりも高い場合」は，クレーゲルが（債務国にとって借入利子率が新規借入の増加率よりも低いので）「債務元利払いは経常収支の一定の割合へ収束する」と言う場合に対応する．

ドーマーの論点（2）「対外貸出の増加率と利子率が等しい場合」は，クレーゲルが「要素サービス勘定で利子と利潤の支払によってもたらされる資本流入は，資本流出によってちょうど相殺される」と言う場合に対応する．

ドーマーの論点（3）「利子率が対外貸出の増加率よりも高い場合」は，クレーゲルが「資本サービスの純流入の増加を相殺するために貿易収支が最終的には負になる」と言う場合，および，クレーゲルが（債務国にとって借入利子率が新規借入の増加率よりも高いので）「債務元利払いは，最終的には経常収支を超えてしまい，持続不可能になるであろう」と言う場合に対応する．

結局，対外貸出の増加率が利子率以上となる場合（ドーマーの論点（1）と論点（2））が，クレーゲルの言う「対外不均衡が持続するためのドーマーの条件」が成立する場合に対応する．「対外貸出の増加率 $\geq$ 利子率」の場合には，債権国から見れば「（元本回収＋受取利子）$\leq$ 対外貸出」（債務国から見れば，「（元本返済＋支払利子）$\leq$ 対外借入）」）の関係が成立するが，これは，「ポンツィ金融」の仕組み（元本の返済と利子の支払いを新規の借入によってまかなうという方式）と同じである．

以上のように，「対外不均衡が持続するためのドーマーの条件」（すなわち，「対外貸出の増加率 $\geq$ 利子率」の場合）は「ポンツィ金融」の仕組みに帰着するのであるが，この点を厳密に確認するためには，ドーマーの論文「対外投資の国際収支に及ぼす影響」を精査する必要がある．ドーマーの論文の冒頭では，問題の所在が端的に語られている．

> 「マーシャル・プランの終末がみえてくれば，援助とは区別されたものとしての対外投資がその重要性を増大するかもしれない．アメリカの政

8.5 「ドーマー条件」と「ポンツィ金融」　　　　　　　　　　　　　　287

府ならびに民間資金の海外への流出は，依然としてなかなか消えないでいるドル・ギャップを解消し，国内では雇用をうみだし，そして……後進諸国の開発を援助できるであろう．そのようにみてくると，このような政策を継続的におこなうことは，もう1つの基礎的な欠陥になやまされることにならなければ，すべての当事国から快くけいれられたかもしれない．その欠陥というのは次のようなものである．すなわち，貸付と投資には年賦償還と利子（あるいは配当金）の支払をつねに必要とするから，貸付とか投資による資金の流入が，比較的短期間の後に，その流出を超過するようになると予想されることである――これは借入国，貸付国双方を困らせそうな現象である．」（Domar (1950), p.806.（Domar (1957), p. 129，邦訳 155 ページ．））[44]

　引用文に見られるように，アメリカの対外投資の「基礎的な欠陥」とは，対外債権（貸付と投資）に対する「年賦償還と利子」の「支払」（債権国から見れば，元本の回収と利子の受け取り）に関わる「資金の流入」が，資金の「流出」（対外貸出の金額）を「超過する」と予想されることである．さらに，資金流入（元本回収と受取利子）が資金流出（対外貸出）を超過するという「欠陥」は，債権国と債務国の双方を困惑させると指摘されている．

　したがって，ドーマーの議論に従えば，対外貸出と（既存債務に対する）元本の回収と利子の受取が毎期おこなわれる結果として，「資金流入（元本回収と受取利子）が資金流出（対外貸出）を超過するという『欠陥』」がない状態，すなわち，（債権国から見て）「資金流入（元本回収と受取利子）が資金流出（対外貸出）以下である」（あるいは，「（元本回収＋受取利子）÷対外貸出」の比率が 1 以下である）という状態に至れば，（ドーマーの意味での）「持続可能な対外投資」がおこなわれたと判定される．そこで，ドーマーは，対外投資の継続に伴う資金流入（対外債権に対する元本の回収と利子の受け取り）と資金流出（毎期の対外投資）の時間的推移について，単純なモデルと数字例を用いて検証した．対外投資（対外貸出）と資金流入・流出比率に関するドーマーのモデルの概略を見ておこう[45]．

　ドーマーの議論では，時間の経過に伴う負債残高（債務国から見れば未払純債務残高，債権国から見れば未回収純債権残高）の変動経路が最初に設定される．未

払純債務残高（net debt outstanding）D は，対外貸出 G の分だけ増加し，元本返済（年賦償還費：amortization charge）A の分だけ減少するので，時間を t として，未払純債務残高 D に関する微分方程式を $dD/dt = G - A$ と書くことができる．元本返済額は未払純債務残高の a（$0 < a < 1$ となる正の定数）の割合であり（$A = aD$），対外貸出 G は毎期 r（正の定数）の率で増加する（$G = e^{rt}$，e は自然対数の底）と仮定すると，未払債務残高 D に関する微分方程式は，$(dD/dt) + aD = e^{rt}$ となる．未払債務残高の初期値を $D(0) = 0$ と仮定すると，微分方程式の一般解は，$D(t) = \frac{1}{a+r}(e^{rt} - e^{-at})$ となる[46]．

次に，資金流出（対外貸出 G）に対する資金流入（＝元本回収額（年賦償還費）A ＋受取利子 I）の割合，すなわち，（債権国にとっての）資金流入・流出比率 R の動き方が検討される．対外貸出は毎期一定の率 r（> 0）で増加する（$G = e^{rt}$）と仮定される．年賦償還率が一定値 a（$0 < a < 1$）をとると仮定されるので，毎期の元本返済は $A = aD$ と表される．毎期の利払額は利子率と未払債務残高の積に等しい（$I = iD$）．それゆえ，資金流入・流出比率 R は，$R = \frac{A+I}{G} = \frac{(a+i)D}{e^{rt}} = \frac{a+i}{a+r}(1 - e^{-(a+r)t})$ と表される[47]．$\lim_{t\to\infty} e^{-(a+r)t} = 0$ であるから，資金流入・流出比率の収束値は，$R_L = \lim_{t\to 0} R = \frac{a+i}{a+r}$ である[48]．

以上を前提とすると，対外貸出の増加率 r と利子率 i の大小関係に応じて，資金流入・流出比率の収束値，および，十分な時間が経過した後の対外貸出額と（元本回収額＋受取利子）との大小関係について，次の3点が明らかになる[49]．

(D1) 対外貸出の増加率が利子率よりも高い（$r > i$）場合，資金流入・流出比率の収束値は1より低く（$R_L < 1$），十分な時間が経過した後に，対外貸出額が（元本回収額＋受取利子）を上回る（$G > A + I$）．

(D2) 対外貸出の増加率と利子率が等しい（$r = i$）場合，資金流入・流出比率の収束値は1に等しく（$R_L = 1$），十分な時間が経過した後に，対外貸出額は（元本回収額＋受取利子）に等しい（$G = A + I$）．

(D3) 利子率が対外貸出の増加率よりも高い（$r < i$）場合，資金流入・流出比率の収束値は1より高く（$R_L > 1$），十分な時間が経過した後に，（元本回収額＋受取利子）が対外貸出額を上回る（$G < A + I$）．

8.5 「ドーマー条件」と「ポンツィ金融」

したがって，ドーマーの言う「資金流入（元本回収と受取利子）が資金流出（対外貸出）を超過するという『欠陥』」がない状態，すなわち，（債権国から見て）「資金流入（元本回収と受取利子）が資金流出（対外貸出）以下である」（言い換えれば，「（元本回収＋受取利子）÷対外貸出」の比率が1以下である）という状態（ドーマーの意味で「持続可能な対外投資」）に至るのは，以上の3つの場合のうち，「（D1）対外貸出の増加率が利子率よりも高い（$r > i$）場合」と「（D2）対外貸出の増加率と利子率が等しい（$r = i$）場合」である．しかし，すでに見たように，「対外貸出の増加率 ≥ 利子率」の場合には，債権国から見れば「（元本回収＋受取利子）≤ 対外貸出」（債務国から見れば，「（元本返済＋支払利子）≤ 対外借入）」）の状態であり，これは，クレーゲルによると，「ポンツィ金融」の仕組み（元本の返済と利子の支払いを新規の借入によってまかなうという方式）と同じである．それゆえ，ドーマーが「資金流入（元本回収と受取利子）が資金流出（対外貸出）を超過するという『欠陥』」がないという観点から選んだ「持続可能な対外投資」は，実は，クレーゲル（およびミンスキー）の言う「ポンツィ金融」（債務国の立場では，元本の返済と利子の支払いの全額が新規の対外借入によってまかなわれている状態）と同じ仕組みである．もちろん，このような「ポンツィ金融」が持続可能な仕組みであると言えるのは，債権国が対外貸出を続けることによって，資金繰りがつくかぎりでのことである．もし，債権国が対外貸出の更新を拒絶すれば，あるいは，国際資本市場からの資金調達が不可能になれば，債務国からの資本の逃避が起こり，「ポンツィ金融」の仕組みは破綻する．

なお，年賦償還率 a に関する資金流入・流出比率の収束値（$R_L = \lim_{t \to 0} R = (a+i)/(a+r)$）の微分係数は，$\partial R_L/\partial a = (r-i)/(a+r)^2$ である．それゆえ，対外貸出の増加率が利子率よりも高い（$r > i$）場合，年賦償還率 a がより高いほど，債権国にとっての資金流入・流出比率 R（対外貸出 G に対する（元本回収額 A ＋受取利子 I）の割合）の収束値 R_L がより高くなる．対外貸出の増加率と利子率が等しい（$r = i$）場合，R_L は a と無関係である．利子率が対外貸出の増加率よりも高い（$r < i$）場合，年賦償還率 a がより高いほど，債権国にとっての資金流入・流出比率 R の収束値 R_L がより低くなる．ただし，利子率が対外貸出の増加率よりも高い（$r < i$），比較的早い期間（時点 0 から，転換点 $\hat{t}$ まで）には，年賦償還率 a がより高いほど，資金流入・流出比率 R がより高い

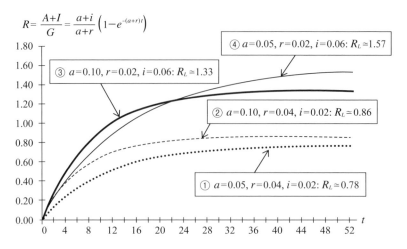

図 8.6 対外貸出の増加率 r,利子率 i,年賦償還率 a の組み合わせに応じた資金流入・流出比率 R(対外貸出 G に対する「元本回収額 A +受取利子 I」の割合)の動き

(註)$R_L = \lim_{t \to 0} R = \frac{a+i}{a+r}$ は,資金流入・流出比率 R の収束値.

が,その後の期間には(転換点 $\hat{t}$ 以降のどの期間でも),年賦償還率 a がより高いほど,資金流入・流出比率 R がより低い[50].

図 8.6 には,年賦償還率 a,対外貸出の増加率 r,利子率 i の 4 つの組み合わせに応じた資金流入・流出比率 R ($= \frac{A+I}{G} = \frac{a+i}{a+r}(1-e^{-(a+r)t})$)([元本回収額 A +受取利子 I] ÷対外貸出 G,あるいは,[元本返済額 A +支払利子 I] ÷対外借入 G)の動き,および,資金流入・流出比率の収束値 R_L ($= \lim_{t \to 0} R = \frac{a+i}{a+r}$) が例示されている[51].

ケース①　$a = 0.05$,$r = 0.04$,$i = 0.02$:$R_L \simeq 0.78$.
ケース②　$a = 0.10$,$r = 0.04$,$i = 0.02$:$R_L \simeq 0.86$.
ケース③　$a = 0.10$,$r = 0.02$,$i = 0.06$:$R_L \simeq 1.33$.
ケース④　$a = 0.05$,$r = 0.02$,$i = 0.06$:$R_L \simeq 1.57$.

ケース①とケース②では,対外貸出の増加率($r=0.04$)が利子率($i=0.02$)よりも高く,資金流入・流出比率 R ($= \frac{A+I}{G}$) は 1 より低い値に収束する.ケー

ス①では年賦償還率がより低く（$a=0.05$），ケース②では年賦償還率がより高い（$a=0.10$）．低い年賦償還率（$a=0.05$）を伴うケース①における資金流入・流出比率の収束値（$R_L \simeq 0.78$）のほうが，高い年賦償還率（$a=0.10$）を伴うケース②における資金流入・流出比率の収束値（$R_L \simeq 0.86$）よりも低い．

ケース③とケース④では，利子率（$i=0.06$）が対外貸出の増加率（$r=0.02$）よりも高く，資金流入・流出比率 R（$=\frac{A+I}{G}$）は1より高い値に収束する．ケース④では年賦償還率がより低く（$a=0.05$），ケース③では年賦償還率がより高い（$a=0.10$）．転換点（$\hat{t} \simeq 23$）よりも前の時点では，高い年賦償還率（$a=0.10$）を伴うケース③の資金流入・流出比率 R のほうが，低い年賦償還率（$a=0.05$）を伴うケース④の資金流入・流出比率 R よりも高い．転換点（$\hat{t} \simeq 23$）よりも後の時点では，高い年賦償還率（$a=0.10$）を伴うケース③の資金流入・流出比率 R のほうが，低い年賦償還率（$a=0.05$）を伴うケース④の資金流入・流出比率 R よりも低い．また，低い年賦償還率（$a=0.05$）を伴うケース④における資金流入・流出比率の収束値（$R_L \simeq 1.57$）のほうが，高い年賦償還率（$a=0.10$）を伴うケース③における資金流入・流出比率の収束値（$R_L \simeq 1.33$）よりも高い．

対外貸出の増加率（$r=0.04$）が利子率（$i=0.02$）よりも高いケース①とケース②が，ドーマーの言う「資金流入（元本回収と受取利子）が資金流出（対外貸出）を超過するという『欠陥』がない状態」（言い換えれば，「（元本回収＋受取利子）÷対外貸出」の比率が1以下である状態）であり，ドーマーの意味で「持続可能な対外投資」であるが，これは，すでに見たように，クレーゲル（およびミンスキー）の言う「ポンツィ金融」（債務国から見れば，元本の返済と利子の支払いの全額が新規の対外借入によってまかなわれている状態）と同じ仕組みである．

8.6 むすび

現代の世界経済では，債務の元利払いを新規の借入でまかなう「ポンツィ金融」の仕組みによって資金繰りがつけられていると考えられる局面にしばしば出くわす．民間の国際資本移動に支えられて拡大した国際不均衡は，「為替レートの調整を通じた内需の減少と支出の転換」という伝統的なタイプの経路

によって調整されるのではなく,「金融恐慌」という調整を受けるようになり,「経常収支の黒字の規模と限界は,資本市場がそれ以上経常収支赤字増加への融資をしようとしなくなり,資本の逆流と危機が起こることによって画される」とクレーゲルは指摘する[52]. 1990年代末以降に急速に拡大した国際不均衡も,「ポンツィ金融」と本質的に同じ構造を持ち,資本の逆流と金融恐慌が起こる可能性にさらされていると言わざるをえない.

　第8.3節で見たように,経常黒字国のアジア諸国は,民間資本による金融資産の購入を通じて貿易相手国のアメリカの経常赤字の資金繰りをつけることによって,「国内資源の動員」のための需要の下支えを図っている.この場合,基軸通貨国であるアメリカが債務国になっている.基軸通貨国が債務国になれば,金融危機による暴力的調整が起こることなく,今後も国際不均衡の資金繰りがつくのではないかと期待する向きがあるかもしれない[53].だが,基軸通貨国が債務者の立場にありつづける仕組みの持続可能性については,慎重な検討が必要とされる[54].

　ミンスキー理論をふまえた研究の方向性として,国際的な債権・債務関係がたどるべき持続可能な経路の特性について理論的な観点から考察するだけでなく,債権国と債務国のそれぞれを取り巻く社会・経済的な状況を考慮に入れた民主的な調整様式を提案しなければならないと思われる.

註

[1] このような「歴史的な時間軸」の捉え方は,ロビンソンの見解に依拠している.「歴史的モデルにおいては,因果関係が詳細に説明されなければならない.今日というものは,未知の将来と,取返しのつかない過去との時間的な分岐点である」(Robinson (1962), p. 26, 邦訳39ページ).

[2] 現代経済の金融脆弱性について,野口真は次のように指摘する.「金融脆弱性の問題の根源は,ユーフォリアそれ自体にあるのではなく,負債累積のリスクを甘く見る投資のユーフォリアを支えると同時にやがてはそれを萎縮させてしまう資本蓄積と金融の構造のなかにある」(野口(2002), 25ページ).

[3] 「権力の装置としての負債」の観点から新自由主義的政策の思想的背景を考察した最

近の文献として，Lazzarato (2011) が注目に値する．同書のねらいについては，石倉 (2012) を参照．

[4] マルクス派の恐慌論・産業循環論における最近の研究では，金融面を考慮に入れた資本主義経済の安定性・不安定性の分析がおこなわれている．高橋勉は，「信用を考慮した場合，資本の自己増殖を示す基準は，総資本利潤率ではなく，自己資本利潤率である」（高橋（2009），207 ページ）という観点から，資本主義経済の「安定性」と「不安定性」のメカニズムを分析している（同上，第 3 編）．

[5] 「利潤を決定するのは資本家の消費決意と投資決意であって，その逆ではない」(Kalecki (1971), pp. 78–79, 邦訳 80 ページ).

[6] 「資本主義経済が首尾よく機能するためには，現在の粗資本所得および将来の期待粗資本所得が十分に大であって，過去の投資決定とその金融のための意思決定を有効なものとするのに十分でなければならない」(Minsky (1982), p. 81, 邦訳 128 ページ).

[7] 「企業は来るべき期間において，租税額，負債に対する所要の返済額，株主に対する配当額を控除した後の総利潤が $\hat{Q}_i$ になると予想している．$\hat{Q}_i$ は企業自身の投資水準から独立している」(Minsky (1975), p. 107, 邦訳 169 ページ). 期待正味利潤 $\hat{Q}_i$ が「企業自身の投資水準から独立している」のは，代表的企業（個別企業）の観点では，実現利潤が投資によって決定される関係を考察することができないからである．なお，表記を簡単にするため，本章では，代表的企業の期待正味利潤を Q_0 と表す．

[8] 「企業に対する資金供給が無限に弾力的であり，すべての価格と見込収益が企業自身の生産規模から独立しており，さらに危険および不確実性という現実的側面が無視されるような抽象的な理論の世界では，1 単位の資本の取得をまかなうのに必要とされる負債に対する現金返済額 CC が見込収益よりも小さいとすると，そのような見込の下で企業が望む実物資本の購入量には限界がなくなる——というよりも無限大になる」(Ibid., p. 109, 邦訳 172 ページ).

[9] 投資量に影響を及ぼす「2 つの型の危険」について，ケインズは次のように説明している．「第 1 のものは企業者または借手の危険（borrower's risk）であって，彼が希望する予想収益を現実に獲得する確率についての彼自身の心中の疑念から生ずる．人々が自分の貨幣を危険を冒して投下する場合に，関係してくる唯一の危険はこれである．

しかし，貸借の組織——物的担保あるいは個人的保証に対して貸出しが行われることを意味する——が存在する場合には，貸手の危険（lender's risk）と呼ぶことのできる第 2 の型の危険が関係してくる．この危険には道徳的危険，すなわち自発的な債務不履行あるいはその他のおそらく合法的な方法による債務履行の回避によるものと，担保能力の不足，すなわち期待外れのための非自発的な債務不履行によるものとがある」(Keynes (1936), p. 144, 邦訳 142 ページ).

[10] 「借手のリスク」の2つの側面についてミンスキーは次のように説明している．「第1に，不確実性が存在し，様々な実物資本および企業の命運が一様でない世界においては，危険回避者は危険の分散を図るであろう．つまり，特定の営業活動に用いられる実物資本に適用される割引現在価値率は，その実物資本残高がある点を超えて増加すると，低下する．この点がどのような水準かは，個々の資産保有者または企業の資産の大きさに依存するであろう．第2に，借手は負債に伴う現金返済額（CC）を確実とみなし，見込み収益（Q）を不確実とみなすから，負債によってまかなわれる投資の比率が上昇するにつれて安全性の余裕が低減し，それとともに，借手が Q に適用する割引現在価値率も低下する」(Minsky (1975), p. 109，邦訳172～173ページ).

[11] 「実効的な P_I 曲線（effective P_I curve）」(Ibid., p. 110，邦訳174ページ).

[12] 「特定の潜在的な買い手にとって，実物資本の現在の供給価格は，その実物資本を購入する際の単位価格ではない．この点は重要である．つまり，供給価格は実物資本の生産者——または保有者——がその実物資本を売却するときの提示価格に，借入金の返済額が投資の機会費用を上回る分の割引現在価値を加えたものである．ここで投資の機会費用とは，投資が内部資金で調達された場合に放棄されたであろう現金収入額である」(Ibid., p. 111，邦訳174ページ).

[13] 「負債比率が上昇するにつれて，借手の発行するすべての債務は，借換えの際に，限界的な貸付条件を満たさねばならなくなる．つまり，ある遅れをもって，右上がりの供給曲線に対応する限界曲線——これは『売り手独占』の曲線と同じものである——が貸し手リスクにかかわる意思決定関係を規定することになる」(Ibid., p. 110，邦訳174ページ).

[14] 「借手リスクを考慮した需要曲線と貸し手リスクを調整した供給曲線の交点が投資の大きさを決定する」(Ibid., p. 111，邦訳175ページ).

[15] 「投資のペースはこれら借り手リスク，貸し手リスクにきわめて敏感である．それぞれの曲線〔図8.2では「借り手のリスク」P_B 曲線と「貸し手の限界リスク」P_{ML} 曲線〕が，見込収益 Q の割引現在価値から急激に低下し，かつ投資財の価格から急激に上昇するならば，投資は主として内部資金によってまかなわれるであろう．もしこれらの曲線の傾きが緩やかであればあるほど，投資資金調達額は借入金の増加によって引上げられるであろう」(Ibid., p. 111，邦訳176ページ．〔　〕内は引用者による).

[16] 代表的企業による投資水準と資金調達に関する分析（図8.2）についてミンスキーは，「これまでの議論は仮想された個別企業，あるいは個別家計にかんするものであった．この議論を経済全体に拡げるためには集計が必要である」(Ibid., p. 113，邦訳178ページ）と指摘する．岩佐（2002）の第2章（特に，69～72ページ）では，ミンスキーの投資決定論について，ミクロレベルとマクロレベルに分けて，詳しく説明されている．

17 「投資 I_1 について，企業の計画は，もし総所得が総投資 $\hat{I}$ を融資するのに十分であるとすれば，投資資金のすべてを予想される利潤によってまかなうというものだったと仮定しよう．実際の総投資は I_1 であり，この超過投資が予想を上回る総所得をもたらすので，予想よりも高水準の内部資金のフロー $\hat{Q}(I_1)$ がもたらされる」(Minsky (1975), p. 114, 邦訳 180 ページ).

18 「図示されている例〔図 8.3〕では，実現される利潤の上昇（the improvement of realized profits）によって企業が計画していた投資資金の借入調達計画は部分的に不必要となる．それと同時に，投資の一層の増加を借入れによって資金調達しようとする企業と，それに対して資金を供給しようとする銀行の意欲は進められる．借入能力のうち未使用の部分は次期に持ち越され，将来の投資を融資するのに利用できる．加えて，債務費用が予想よりも低くなると，株式の収益は大きくなる．株式価格は，内部資金のそのような増加に対して好意的に反応するであろう」(Ibid., p. 114, 邦訳 180 ページ．〔　〕内は引用者による).

19 「負債，配当等による現金返済契約額 CC (cash-flow commitments, CC, due to debts, dividends, etc.)」(Ibid., p. 108, 邦訳 171 ページ).

20 借り手企業が負債契約を履行するために保有資産を売却する可能性について，ミンスキーは次のように説明している．「多種多様な理由から——たとえば，賃金や生産費用の上昇，利子率の上昇から既存の長期債務の価格へのフィードバック，借り換え費用の上昇など——多くの経済主体が，いくつかの保有資産がもっているものとあてにしてきた流動性を理由にして，つまり『流動的』資産を売却することによって，いちどきに現金を調達することを余儀なくされる可能性がある」(Ibid., p. 115, 邦訳 181 ページ).ただし，借り手企業の見込み収益の現在価値 Q に対する現金返済契約額 CC の比率が上昇する理由については，具体的に説明されていない．

21 「貨幣の投機的需要が，債務構造から見通される危険の増大を反映して増加する場合，企業，家計，金融機関は負債を返済するために保有資産を売却ないし減少させようとする．このために，資産価格は低下する．つまり……$P_K = P_K(M, Q)$〔P_K は資本財の需要価格，M は貨幣供給量，Q は代表的企業の内部資金（税・利子控除後の期待正味利潤）〕が P_{K_1} から P_{K_2} へ下落する．これこそが，経済危機において生じるのである．株価の低下は危機的状況を示すひとつの特色である」(Ibid., pp. 124–25, 邦訳 198 ページ．〔　〕内は引用者による).

22 「負債デフレ過程（the debt-deflation process）」(Ibid., p. 126, 邦訳 198 ページ) に関するフィッシャーの文献として，ミンスキーは Fisher (1933) を挙げている．

23 古川顕は，フィッシャーの「大恐慌のデット・デフレーション論」(Fisher (1933)) の「基本的な考え方」が「物価の下落が債務者の実質債務負担を増大させ，それを通じて

経済活動に抑制的な効果を及ぼす」(古川 (2012), 79 ページ) という論理であると把握したうえで,「負債デフレーション論」では「貨幣数量説」が前提に置かれていることを次のように指摘する.「フィッシャーの負債デフレーション論においては, 債務を返済しようとする過程 (清算の過程) において銀行組織全体の預金が減少し, この預金通貨を含む貨幣量の減少 (と貨幣の流通速度の低下) が物価の下落を引き起こすという因果関係が当然のように想定されている. 彼の負債デフレーション論においては, この因果関係が重要な役割を担っているが, それが貨幣数量説に基づくものであることは自明であろう」(同, 93 ページ). ミンスキーは「負債デフレ過程」に関連してフィッシャーの「負債デフレーション論」に言及している. しかし, ミンスキーの「負債デフレ過程」で注目される資本財の需要価格の急激な低下は,「借り手のリスク」の高まりに起因するものであり, フィッシャーの論理のように「預金通貨を含む貨幣量の減少」に起因するものではない.

[24] 図 8.4 の状況について, ミンスキーは次のように説明している.「図 6-3〔本章の図 8.4〕では, 準地代を市場で資本化することによって導き出される実物資本の需要価格が供給価格よりも高い. しかし, 借り手リスクは非常に大きく, 投資は内部資金でまかなえる額よりも少額である」(Minsky (1975), p. 126, 邦訳 198 ページ.〔 〕内は引用者による. 邦訳では「需要価格が供給価格よりも低い」とされているが, 原文に従って,「需要価格が供給価格よりも高い」と改めた).

[25] 図 8.5 の状況について, ミンスキーは次のように説明している.「図 6-4〔本章の図 8.5〕には, 実物資本の需要価格が供給価格を下回る第 2 の状況を図示してある. この場合には, 投資はゼロになる傾向がある. 内部資金のすべては負債の返済に用いられる. この状況における企業, 銀行・金融機関の主要な目的は, 彼らのバランス・シートを建て直すことにある」(Ibid., p. 126, 邦訳 198 ページ.〔 〕内は引用者による).

[26] 図 8.4 と図 8.5 の状況についてミンスキーは, 次のように指摘する.「図 6-3 と図 6-4〔本章の図 8.4 と図 8.5〕が描いている状況において, われわれは最早ブーム状態にない. われわれは負債デフレ過程にある. 純粋な金融的展開から投資需要への, そして乗数過程を通じて消費需要へのフィードバックが生じる. その結果, 失業状態が生み出され, 不況がもたらされる」(Ibid., p. 126, 邦訳 201 ページ.〔 〕内は引用者による).

[27] 借り手の貸借対照表と貸し手の貸借対照表の関連を考慮に入れた資本蓄積過程の分析の重要性について, ミンスキーは次のように指摘している.「われわれの議論の結論は, 標準的ケインズ派理論に欠けているのは, 資本主義経済における金融メカニズムを景気循環と投機という文脈において明示的に考慮することだったということである. 資本家の金融行動が導入され, 経済の様々な状態における (関連しあっているバランス・シートにおいて表示される) キャッシュ・フローの推移を明示的に検討すれば, ケインズが展開した革命的な洞察と, 彼の新しい分析枠組のもっている大きな力がただちに明

註 **297**

28 ミンスキーの「金融不安定性仮説」のねらい，ミンスキーの「資本主義経済像」，現代経済分析における金融不安定性仮説の意義については，鍋島 (2017) の第 III 部が詳しい．ミンスキーの「金融不安定性仮説」の観点をマクロ経済の動学分析に応用する研究については，多くの先行研究がある．最近の研究として，次の文献を挙げておきたい．Asada(1999), Asada (2000), 黒木 (2011), 二宮 (2006), 二宮 (2018), 野口 (2002), 野崎 (2000), Semmler (1989), 渡辺 (2003)．現代経済における金融不安定性と金融政策の関連については渡辺 (2011) が詳しい．韓国経済の金融不安定性に関する実証分析をおこなった最近の研究に，Ninomiya and Tokuda(2012) がある．1990 年代後半の日本の金融危機を射程に入れた理論・実証分析として，Ninomiya and Tokuda (2017) が重要である．2013 年以降の日本における量的質的金融緩和をめぐる政治経済学的分析については，Nakatani and Abe(2017) が詳しい．また，現代経済における貨幣的経済分析の重要性については，渡辺 (1998) と野下 (2001) が重要である．金融面（利子率，負債など）を考慮に入れたポストケインズ派の資本蓄積・所得分配論（カレツキアン・モデル）の最近の研究として，Hein (2008), 大野 (2011), 佐々木 (2011), Sasaki and Fujita(2012), Sasaki (2014), 西 (2014) を参照のこと．

29 以下の記述は，Minsky (1986) の "Appendix A: Financing structures"（「付録 A：資金調達構造」）(pp. 335–41, 邦訳 415〜424 ページ）における説明を一部簡略化したものである．

30 ミンスキーの例示では，各時点 i で資本資産から得られる収益 Q_i の期待値 $\bar{Q}_i$ から，収益の分散 $\sigma_{Q_i}^2$ と正の定数 λ の積を差し引いたもの $(\bar{Q}_i - \lambda\sigma_{Q_i}^2)$ が，資本還元（割引現在価値の算出）の対象とされている．しかし，各時点で期待される収益の分布を考察する場合，収益の分散ではなく，収益の標準偏差を平均値（期待値）で割ったもの（変動係数）に注目されるのが一般的であると思われる．岩佐代市は，経済主体の財務状況に関するミンスキーの例示を検討する際に，資本還元の対象となる「資産収益のリスク調整済み流列の値」を，各時点における資産収益 Q_t から，収益の標準偏差 σ を収益の期待値 $\bar{Q}$ で割ったもの $(\sigma/\bar{Q})$ の定数倍を差し引いたもの，すなわち $Q_t - \lambda(\sigma/\bar{Q})$ と定義している（岩佐 (2002), 245 ページ）．本書では，収益の分布の捉え方に関する検討は今後の課題とし，ミンスキーの定式に従っておく．

31 ミンスキーは「資本化された価値」を表す関数の形を与えていないが，時点 i から将来の時点 $(i + n)$ までの準地代の期待値の割引現在価値は $K(\bar{Q}_i) = \sum_{j=i}^{i+n} \frac{\bar{Q}_j}{(1+r)^j}$ と表される．以下では，「資産の市場価値」は準地代の期待値の割引現在価値，「負債の市場価値」は現金支払契約額（負債に対する元利払い）の割引現在価値と解釈する．

32 ミンスキーの投資理論では，代表的企業の設備投資のうち負債によってまかなわれる割合が高まるほど，「安全性の余裕」が減少するという主旨の説明がある．「借手は負債に

ともなう現金返済額（CC）を確実とみなし，見込み収益（Q）を不確実とみなすから，負債によってまかなわれる投資の比率が上昇するにつれて安全性の余裕（the margin of security）が低減し，それとともに，借手が Q に適用する割引現在価値率も低下する」（Minsky (1975), p. 109, 邦訳，173 ページ）．「安全性の余裕」という概念も，非金融企業の資産からの不確実な「見込み収益」と，非金融企業が抱える負債からの確実な「現金返済額」（元利払い）との差額あるいは割合を意味すると考えられる．投資と資金調達に関するミンスキーの議論について詳しくは，本章第 8.2 節を参照．

[33]「ある時期，典型的には初期の時期の現金支払契約額 CC_i が期待された $\bar{Q}_i$ ［準地代の期待値］よりも大きいときには，取引主体は投機的金融に従事していることになる．特に，CC_i が元本の返済（repayment of principal）を含むので CC_i が期待された $\bar{Q}_i$ を超えるときに，取引主体は投機を行っているといえる」．「ひとたび初期の CC_i から元本が支払われると，これらの負債に基づく支払契約額がそれ以上 CC_i の資本化に入り込むことはできないので，このようなこと［「資産の市場価値」が「負債の市場価値」を上回ること］が生じる」（Minsky (1986), p. 337, 邦訳，418 ページ．〔 〕内は引用者による）．以上の説明は，元本の返済が比較的早い時期に集中する結果として，「投機的金融」の財務状況が成立する事例と解釈できる．

[34] Minsky (1986), p. 340, 邦訳 422 ページの「(12) 式」を参照．時点 n では準地代が現金支払契約額を上回るが，そのような時点の到来は「当てにならない将来の楽しみ（pie in the sky）」（Ibid.）であるので，記号 n に疑問符が付けられている．

[35] Kregel (2000), Kregel (2004a), Kregel (2004b), Kregel (2008). 2008 年以降の世界金融危機の分析も含めたクレーゲルの金融危機分析の全体像については，クレーゲル (2013) に所収された諸論文と「監訳者あとがき」を参照．ミンスキーの金融脆弱性の概念を途上国の立場からの対外債務の分析に応用した研究として，Tonveronachi (2006) がある．

[36] Kregel (2000), p. 205, 邦訳 38 ページ．

[37]「オイル・ダラーが還流してきたときのラテン・アメリカの発展途上国への貸出の増加に続いて，アメリカの金利の急速な上昇とドル高が起こり，そのことがこれらの国々の投機的金融状態をポンツィ金融状態へと急速に転換させた」（Kregel (2004a), p. 580, 邦訳 82 ページ）．

[38]「1980 年代の債務危機の原因となったのは，民間の資本流入の最初の高まりであり，それは，新興市場経済が債務残高を返済するのに必要な資金を借り入れるために国際資本市場に復帰できる条件を作り出すことによって生じた」（Kregel (2008), pp. 158–59, 邦訳 104 ページ）．

[39] Ibid., p. 163, 邦訳 109 ページ．

[40] 「どの国でも」以下の原文は次の通り．"A country may use domestic or foreign debt financed deficit expenditure, or it may use foreign lending to finance external surpluses." (Ibid., p. 163.)

[41] アジア諸国において生産された商品に対するアメリカの輸出需要のための資金が，アメリカへのアジア諸国の対外貸出によって調達される関係について，クレーゲルは次のように言う．「域外の最終輸出市場が他にないので，もしアジア諸国がアメリカに対する貸出の増加率を下げようと望むならば，国内の雇用を下支えするための政策を放棄しなければならないであろう」(Ibid., p. 166，邦訳113ページ．訳文を一部修正した).

[42] ミンスキーは，「最初はヘッジ金融を行う主体でも，所得が低下するにつれて投機的金融，さらにポンツィ金融を行う主体にもなりうる」(Minsky (1982), p. 33，邦訳62ページ) と述べて，利潤の実現条件の悪化を通じて負債構造が脆弱化する可能性を指摘している．

[43] Domar (1950). (Domar (1957), ch. 6，邦訳，第VI章.)

[44] 「基礎的な欠陥」の部分の原文は次の通り．"since loans and investments are usually subject to the payment of amortization and interest (or dividends), the inflow of funds so produced is expected after a relatively short interval to exceed the outflow—a phenomenon which seems to be embarrassing to both the borrower and the lender." (Ibid., p.806. (Domar (1957), p. 129.))

[45] ドーマーのモデルに関する以下の記述は，Ibid., pp. 820–22 (Domar (1957), pp. 147–49，邦訳175〜177ページ) の「数学付録」に基づいている．

[46] 未払債務残高の一般解は，Ibid., p. 821 (Domar (1957), p. 148，邦訳176ページ) の「(1.5) 式」と同じである．

[47] Ibid., p. 821 (Domar (1957), p. 148，邦訳176ページ) の「(1.6) 式」．

[48] Ibid., p. 821 (Domar (1957), p. 148，邦訳176ページ) の「(1.7) 式」．

[49] ドーマーの命題 (D1)・(D2)・(D3) はそれぞれ，前掲「ドーマーの論点」(1)・(2)・(3) に対応する．

[50] 利子率が対外貸出の増加率よりも高い場合に，年賦償還率 a と資金流入・流出比率 R の対応に関して転換点が生じることについては，Ibid., p. 821 (Domar (1957), p. 148，邦訳176ページ) の「(1.12) 式」に基づく説明を参照のこと．

[51] 図8.6 は，Ibid., p. 814 (Domar (1957), p. 140，邦訳168ページ) の "Chart 1"「第I図」に相当する．

[52] Kregel (2008), p. 162，邦訳108ページ．

[53] 基軸通貨国が債務国となる体制についてクレーゲルは，次のように指摘する．「国際通貨体制の安定性と非対称的な調整の縮小という観点では，発展途上国ではなく基軸通貨国が主要な債務国になることが望ましいように見える．国が外貨建ての元利払いを履行できないときに金融危機が起こるが，基軸通貨国はつねに債務を履行することができるので，金融危機を回避できる．伝統的には過度の不均衡を伴っていた金融危機が，通貨の下落という形をとるようになる」(Ibid., pp. 173–74，邦訳 120 ページ)．

[54] 萩原伸次郎は，ミンスキー理論の観点からアメリカの対外資産ポジションを検証し，「対外的ポンツィ金融の状況にある」(萩原 (2005)，288 ページ) と指摘している．

参考文献

Asada, Toichiro (1999), "Investment and Finance: A Theoretical Approach," *Annals of Operations Resarch*, No. 89, pp. 75–87.

——— (2000), "Dynamics of Debt: A Post Keynesian Approach," in Y. Aruka and JAFEE (eds.), *Evolutionary Controversy in Economics*, Springer-Verlag, Tokyo.

Domar, Evsey D. (1950), "The Effect of Foreign Investment on the Balance of Payments," *American Economic Review*, Vol. 40, No. 5, pp. 805–826. (in Domar (1957), ch. 6, pp. 129–53，邦訳，第 VI 章「対外投資の国際収支におよぼす影響」，155〜181 ページ．)

——— (1957), *Essays in the Theory of Economic Growth*, New York: Oxford University Press. (宇野健吾訳『経済成長の理論』，東洋経済新報社，1959 年．)

Fisher, Irving (1933), "The Debt-Deflation Theory of Great Depressions," *Econometrica*, Vol. 1, No. 4, pp. 337–57.

古川 顕 (2012)，『R. G. ホートレーの経済学』，ナカニシヤ出版．

萩原伸次郎 (2005)，『世界経済と企業行動――現代アメリカ経済分析序説』，大月書店．

Hein, Eckhart (2008), *Money, Distribution Conflict and Capital Accumulation: Contributions to 'Monetary Analysis'*, New York: Palgrave Macmillan.

石倉雅男 (2012)，「『『権力の装置』としての"負債"(本書に寄せて)」(Lazzarato (2011) (杉村昌昭訳，2012 年)，209〜220 ページ，所収．)

岩佐代市 (2002)，『金融システムの動態――構造と機能の変容，および制度と規制の変革』，関西大学出版部．

Kalecki, Michal (1971), *Selected Essays on the Dynamics of the Capitalist Economy 1933–1970*, Cambridge University Press. (浅田統一郎・間宮陽介訳『資本主義経済の動態理論』，日本評論社，1984 年．)

Keynes, J.M. (1936), *The General Theory of Employment, Interest and Money*, London: Macmillan, in *The Collected Writings of John Maynard Keynes*, Vol. 7, 1973.（塩野谷祐一訳『雇用，利子および貨幣の一般理論』東洋経済新報社，1983 年.）

Kregel, Jan (2000), "Yes, 'It' did Happen Again: The Minsky Crisis in Asia," in Riccardo Bellofiore and Piero Ferri (eds.), *Financial Keynesianism and Market Instability*, Cheltenham: Edward Elgar, pp. 194–212.（石倉雅男訳「本当に『それ』はまた起こった——アジアにおけるミンスキー・クライシス」，クレーゲル (2013)，第 2 章所収，23～48 ページ.）

―― (2004a), "Can We Create a Stable International Financial Environment that Ensures Net Resource Transfers to Developing Countries?" *Journal of Post Keynesian Economics*, Vol. 26, No. 4, pp. 573–90.（鍋島直樹訳「われわれは安定的な国際金融環境を創出することができるか——発展途上国への純資源移転を保証するために」，クレーゲル (2013)，第 4 章所収，74～95 ページ.）

―― (2004b), "External Financing for Development and International Financial Instability," United Nations Conference on Trade and Development, G-24 Discussion Paper Series, No.32.

―― (2008), "Financial Flows and International Imbalances: The Role of Catching-up by Late Industrializing Developing Countries", in Eckhart Hein *et al.* (eds.), *Finance-led Capitalism? Macroeconomic Effects of Changes in the Financial Sector*, Marburg: Metropolis-Verlag, pp. 151–81.（石倉雅男訳「資本移動と国際不均衡」，クレーゲル (2013)，第 5 章所収，96～129 ページ.）

―― (2016), "Minsky's Financial Instability Analysis: Financial Flows and International Imbalances," in Nobuharu Yokokawa, Kiichiro Yagi and Hiroyasu Uemura (eds.), *The Rejuvenation of Political Economy*, London: Routledge, 2016, pp. 242–52.

クレーゲル，J.A. (2013)，『金融危機の理論と現実——ミンスキー・クライシスの解明』（横川信治監訳，鍋島直樹・横川太郎・石倉雅男訳），日本経済評論社.

黒木龍三 (2011)，「金融危機とミンスキー・サイクル」（渡辺和則編 (2011)，第 4 章，所収，66～90 ページ.）

Lazzarato, Maurizio (2011), *La fabrique de l'homme endetté: essai sur la condition néolibérale*, Paris: Éditions Amsterdam.（マウリツィオ・ラッツァラート著，杉村昌昭訳『〈借金人間〉製造工場——"負債"の政治経済学』，作品社，2012 年.）

Minsky, Hyman P. (1975), *John Maynard Keynes*, New York: Columbia University Press.（堀内昭義訳『ケインズ理論とは何か』岩波書店, 1988 年.）

―― (1982), *Can "It" Happen Again?: Essays on Instability and Finance*, New York: M.E. Sharpe.（岩佐代市訳『投資と金融――資本主義経済の不安定性』日本経済評論社, 1988 年.）

―― (1986), *Stabilizing an Unstable Economy*, New Haven: Yale University Press.（吉野 紀・浅田統一郎・内田和男訳『金融不安定性の経済学』多賀出版, 1989 年.）

鍋島直樹 (2017),『ポスト・ケインズ派経済学――マクロ経済学の革新を求めて』, 名古屋大学出版会.

西 洋 (2014),『所得分配・金融・経済成長――資本主義経済の理論と実証』, 日本経済評論社.

二宮健史郎 (2006),『金融恐慌のマクロ経済学』, 中央経済社.

―― (2018),『金融不安定性のマクロ動学』, 大月書店.

Ninomiya, Kenshiro and Masaaki Tokuda (2012), "Structural Change and Financial Stability in an Open Economy," *Korea and the World Economy*, Vol. 13, No. 1, pp. 1–37.

―― (2017), "Financial Instability in Japan: Debt, Confidence, and Financial Structure," in Masao Ishikura, Seongjin Jeong and Minqi Li (eds.), *Return of Marxian Macro-Dynamics in East Asia* (*Research in Political Economy*, volume 32), Bingley, UK: Emerald Publishing, pp. 39–61.

Nakatani, Takeshi and Taro Abe(2017), "A Historical Perspective and Evaluation of Abenomics," in Masao Ishikura, Seongjin Jeong and Minqi Li (eds.), *Return of Marxian Macro-Dynamics in East Asia* (*Research in Political Economy*, volume 32), Bingley, UK: Emerald Publishing, pp. 63–79.

野口 真 (2002),「金融脆弱性の理論から金融危機の病因学へ」『専修経済学論集』第 36 巻第 3 号, 133～188 ページ.

野下保利 (2001),『貨幣的経済分析の現代的展開』, 日本経済評論社.

野崎道哉 (2000),『景気循環と経済政策――金融不安定性の数理経済分析』, 信山社.

大野 隆 (2011),「カレツキアン・モデルの不安定性と金融市場」(渡辺和則編 (2011), 第 12 章, 所収, 246～265 ページ.）

Robinson, Joan (1962), *Essays in the Theory of Economic Growth*, London: Macmillan.（山田克巳訳『経済成長論』, 東洋経済新報社, 1963 年.）

佐々木啓明 (2011),「負債を考慮したカレツキアン・モデルにおける長期分析――金融政策が所得分配と雇用に与える影響」(渡辺和則編 (2011), 第 11 章, 所収,

223~245 ページ.）

Sasaki, Hiroaki and Shinya Fujita (2012), "The Importance of the Retention Ratio in a Kaleckian Model with Debt Accumulation," *Metroeconomica*, Vol. 63, Issue 3, pp. 417–28.

Sasaki, Hiroaki (2014), *Growth, Cycles, and Distribution: A Kaleckian Approach*, Kyoto University Press.

Semmler, Willi (1989), *Financial Dynamics and Business Cycles: New Perspectives*, Armonk, New York: M.E. Sharpe.（浅田統一郎訳『金融不安定性と景気循環』，日本経済評論社，2007 年.）

高橋 勉 (2009)，『市場と恐慌——資本主義経済の安定性と不安定性』，法律文化社.

Tonveronachi, Mario (2006), "Foreign Debt and Financial Fragility in the Perspective of the Emerging Countries," *PSL Quarterly Review*, Vol. 59, No. 236, pp. 23–48.

渡辺和則 (2003)，『投資資金調達と経済変動』，多賀出版.

渡辺和則編 (2011)，『金融と所得分配』，日本経済評論社.

渡辺良夫 (1998)，『内生的貨幣供給理論——ポスト・ケインズ派アプローチ』，多賀出版.

——— (2011)，「金融政策のニュー・コンセンサスとポスト・ケインズ派貨幣理論」（渡辺和則編 (2011)，第 10 章，所収，200~219 ページ.）

第 9 章

証券化と金融危機
——2008 年世界金融危機をめぐって

9.1 はじめに

　第 8 章では，資本主義経済における投資・実現利潤・負債のあいだの連関について考察された．しかし，投資・実現利潤・負債のマクロ経済的連関を具体的な次元で考察するためには，最終的な貸し手（金融部門）と最終的な借り手（非金融部門）を仲介する金融システムについて分析しなければならない．金融仲介システムの質的変化を抜きにしては，現代経済における金融不安定性を考察することができない．そこで本章では，金融仲介システムと金融不安定性の関連を考察するための準備作業として，貸出債権の証券化を伴う金融仲介システム，および，そのシステムに内在する不安定性について考察する[1]．

　1980 年代後半のバブル経済期に信用膨張を経験し，その後，銀行部門の不良債権の処理に長い年月を費やした日本の金融システムに見られるように，銀行が貸出債権を満期まで保有する伝統的な「組成保有 (originate-to-hold) 型」の金融仲介システムでは，銀行部門に信用リスクが集中する傾向にある[2]．これに対して，「組成販売 (originate-to-distribute) 型」の金融仲介システムでは，貸出債権の証券化と証券化商品の流動性を通じて，信用リスクが幅広い層の投資家へ分散されるであろうと期待されていた[3]．「組成販売型」の金融仲介システ

ムでは，銀行や住宅ローン会社によって組成された多数の貸出債権は，証券化のために設立された SPV（Special Purpose Vehicle：特別目的事業体）に買い取られて貸出債権のプールが形成され，多数の貸出債権からのキャッシュフローを裏付けに ABS（Asset Backed Securities：資産担保証券）や CDO（Collateralized Debt Obligations：債務担保証券）などの証券化商品が発行され，これらの証券化商品が投資家向けに販売される．貸出債権を組成する機関，買い取った多数の貸出債権をプールする機関，貸出債権のプールを裏付けに証券化商品を発行する機関など，「組成販売型」の金融仲介システムを構成する様々な機関から成るネットワークは，「影の銀行システム」（Shadow Banking System）[4]と呼ばれている．金融システムの変容を考察するうえで，貸出債権の証券化を考慮に入れた資金循環構造の分析はきわめて重要である[5]．

　貸出債権の証券化がおこなわれる理由としてしばしば指摘されるのは，国際決済銀行（Bank for International Settlements）による銀行の自己資本比率に対する規制のもとで，最低所要水準よりも高い自己資本比率を維持するために，リスク・ウェイトの高い融資残高を圧縮する必要があったという銀行側の事情である[6]．銀行の資産管理の点から見ても，銀行の貸出債権の一部が売却されると，銀行の資産側で流動性の低い資産（貸出債権）の一部がより流動性の高い資産へ転換されることにより，資産運用に関する銀行の自由度が高まると考えられる．しかし，金融システム全体から見て，貸出債権の証券化を通じて実際に信用リスクが分散されたかどうかについては，より慎重に判断しなければならない．後ほど見るように，サブプライム住宅ローンの信用リスクの多くが最終投資家へ移転されずに，金融仲介機関の貸借対照表の上に残っていることを検証した最近の調査結果もある．

　貸出債権の証券化が金融システムに及ぼす影響について考える場合，銀行の資産管理や原債権の信用リスクの分散だけでなく，発行された証券化商品の保有と流通から生じる問題にも注目しなければならない．銀行は，原債権を組成する機関であると同時に，原債権からのキャッシュフローを裏付けに発行された証券化商品を保有する投資家でもある．投資銀行のほか年金基金，保険会社，投資信託，ヘッジファンドなどを含む機関投資家が，証券化商品の主な保有者である[7]．

9.1 はじめに

　株式や債券と並んで証券化商品も，投資信託の運用対象になる．金融危機が世界各地に波及するきっかけになったと言われる 2007 年 8 月の「BNP パリバ・ショック」[8] では，証券化商品の流動性（換金性）の急激な低下[9] によって，証券化商品を運用対象とする一部の銘柄の投資信託の解約が一時的に停止され，この事態を契機として，その他の銘柄の投資信託でも解約請求の急増と価格の暴落が起こった[10]．

　また，「影の銀行システム」では，後ほど詳しく見るように，証券化商品を担保とする買い戻し条件付き売却（レポ取引）[11] が，資金調達と資金運用の手段としてしばしば用いられる．たとえば，資金を調達する側（資金の取り手）として，預金を受け入れない「投資銀行」を考え，資金を運用する側（資金の出し手）として，「機関投資家」（MMMF（Money Market Mutual Funds：短期金融資産投資信託），年金基金，保険など）を考えよう．投資銀行は，証券化商品を担保として差し入れて，資金を調達する[12]．機関投資家は，資金を出すのと引き換えに，担保として証券化商品を受け取る．証券化商品を担保とするレポ取引は，大口投資家に対して，預金保険で保護された銀行預金（アメリカの預金保険制度では，預金保護の限度額は 25 万ドル[13]）の代わりとなる短期の資金運用先を提供している．ただし，投資銀行（資金の取り手）の契約履行（所定の期日に，所定の価格で担保の証券化商品を買い戻すこと）に関する疑念が高まると，担保物件（証券化商品）の市場価値に対する貸出上限額の割合（担保掛目）が低下し，いわゆる「ヘアカット率（haircut rate）」（1 マイナス担保掛目）が上昇するかもしれない．さらに，取引相手の投資銀行の契約履行に関する疑念が高まると，機関投資家（資金の出し手）が，資金の借り換えに応じず，担保の証券化商品を取引相手に買い戻させて，資金を回収するかもしれない．

　伝統的な「組成保有型」の金融仲介システムでは，預金者が損失を怖れて預金を引き出すことによって，銀行預金に対する取り付け（a run on bank deposits）が起こる可能性がある．「組成販売型」の金融仲介システムでは，貸出債権の証券化を通じて原債権の信用リスクが分散されると期待されるだけでなく，様々な証券化商品がレポ取引の担保として使われ，大口の短期資金の調達・運用先としてのレポ取引が拡大してきた．だが，証券化商品を投資対象とする投資信託への解約請求の急増，および，証券化商品を担保とするレポ取引における

「ヘアカット率」の上昇（担保掛目の低下）として表面化したように，「影の銀行システムへの取り付け（the run on the Shadow Banking System）」[14] と呼ぶにふさわしい金融危機を引き起こしやすい構造が「組成販売型」の金融システムの中に存在すると考えられる[15]．

証券化と金融危機との関連について考察する場合，様々な証券化商品の特徴，投資銀行やヘッジファンドの財務構造を検証することは，きわめて重要である[16]．しかし，それらの個別的な論点を扱う前に，証券化商品の生成・保有・流通の観点から「組成販売型」の金融仲介システムの構造を把握しておかなければならない．そこで本章では，最初に，「影の銀行システム」における金融仲介の構造を概観する（第9.2節）．次に，証券化を通じた信用リスクの分散が困難であること（第9.3節），金融仲介機関相互間に債権・債務関係が巨額に積み上がる背景にあると考えられる投資家の行動様式（第9.4節）について考察する．さらに，レポ取引を通じた資金調達経路における「取り付け」の可能性についても考察する（第9.5節）．最後に，「影の銀行システム」に対する規制をめぐる議論に言及して，むすびとする（第9.6節）．

9.2 「影の銀行システム」の構造

本節では，「影の銀行システム」と呼ばれる「組成販売型」の金融仲介システムの基本的な構造について，証券化商品の生成・保有・流通の観点から検討する．

伝統的な「組成保有型」の金融仲介システムは，最も単純には，図9.1のように，「借り手」・「銀行」・「預金者」の三者の関係として例示される．たとえば，「借り手」の家計が銀行から住宅ローンを借り入れ（すなわち，銀行が家計に対する貸出債権（住宅ローン債権）を保有し），「預金者」の家計が銀行に預金残高（一定の限度額までは預金保険で保護される）を保有するという関係である．図9.1では，銀行が「借り手」の預金口座に入金する形で貸出を実行すること，および，「預金者」が現金を銀行に預金する（あるいは，他の銀行の預金口座からこの銀行の預金口座へ預け替える）ことが例示されている．「組成保有型」の金融仲介システムでは，最終的な債権者（預金者）と最終的な債務者（借り手）のあいだ

9.2 「影の銀行システム」の構造

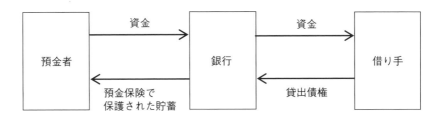

図 9.1 「組成保有」型の金融仲介システム

(註) Gorton and Metrick (2010a), p. 263, Figure 1 に基づいて作成.「①→項目→②」と図示される場合,その項目が経済主体①の負債の増加・資産の減少,経済主体②の資産の増加・負債の減少として記入される.

に存在する金融仲介機関は,「銀行」だけである.

これに対して,図9.2は,貸出債権の証券化を伴う「組成販売型」の金融仲介システム(いわゆる「影の銀行システム」)を単純な図式で例示したものである.図9.2では,最終的な債権者(個人投資家)と最終的な債務者(借り手)のあいだに,原債権(住宅ローン債権など)を組成する「銀行」,貸出債権を買い取って証券化商品を発行する「SPV(特別目的事業体)」,証券化商品を投資対象とする「MMMF(短期金融資産投資信託),および,その他の機関投資家」の3つの金融仲介機関が置かれている.サブプライムローン危機の基礎にある実際の「影の銀行システム」には,原債権を組成する銀行,証券化商品を発行するSPV,証券化商品に投資する機関投資家だけでなく,証券化商品の信用力を評価する格付け機関(rating agencies),CDS(Credit Default Swap:クレジット・デフォルト・スワップ)[17]を扱う機関,金融危機の際に流動性を供与するセーフティーネットとして機能する連邦準備制度(Federal Reserve)も関わっている.図9.2は,証券化商品の生成・保有・流通の観点から,単純化された形で「影の銀行システム」の構造を例示している[18].

最初に,図9.2に従って,「影の銀行システム」の構造を概観しておこう.銀行が「借り手」に対する貸出債権を組成する(図9.2の[1]).次に,銀行は貸出債権をSPVに売却し(それゆえ,SPVは銀行に売却代金を支払い),SPVは貸出債権からのキャッシュフローを裏付けとする証券化商品を発行し,その証券化商品の一部は銀行によって保有される.SPVによって発行された証券化商

310　第9章　証券化と金融危機——2008年世界金融危機をめぐって

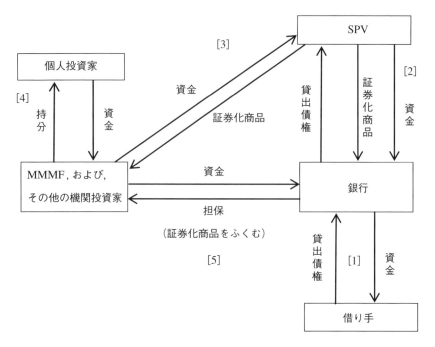

図 9.2　「組成販売型」の金融仲介システム（影の銀行システム）の構造

(註) Gorton and Metrick (2010a), p. 264, Figure 2 に基づいて作成．図中の名称と番号は，加筆，修正してある．本図では，預金を受け入れない投資銀行だけでなく，預金を受け入れる商業銀行も，レポ取引における資金の取り手であると仮定されている．

品は，機関投資家（MMMF，年金基金，保険など）によって保有される（図9.2の［3］）．証券化商品を投資対象とするMMMFは，個人投資家によって保有される（図9.2の［4］）．また，証券化商品は，レポ取引の担保としても使われる．銀行（資金の取り手）は，証券化商品を担保として差し入れ，機関投資家（資金の出し手）から資金を調達する（図9.2の［5］）．

「影の銀行システム」の金融仲介を構成する以上の5つの経路のうち，貸出債権の証券化の仕組み（図9.2の［2］），および，レポ取引を通じた資金の調達と運用（図9.2の［5］）について，より詳しく見よう．

図9.3では，貸出債権の証券化の過程が，貸出債権のプール（集合体）が形成される過程（pooling of assets）と，貸出債権のプールが元利払いの優先順位の

9.2 「影の銀行システム」の構造　　311

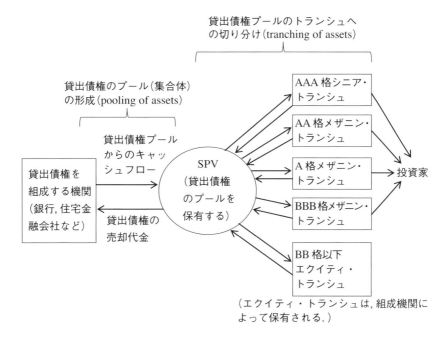

図 9.3　貸出債権の証券化の仕組み

(註) Gorton and Metrick (2010), p. 271, Figure 5 に基づいて作成. 図中の名称と説明の一部は加筆, 修正してある.

高い順に切り分けられる過程 (tranching of assets) の 2 つの段階から成ると把握されている.

　貸出債権を組成する機関は銀行であると仮定しよう. 銀行は様々な借り手に対する貸出債権を組成し, これらの多数の貸出債権のプールから成るポートフォリオを SPV へ売却する. もし, 貸出債権を組成した銀行が倒産し, 破産手続きに入った場合, 銀行の債権者は SPV の資産 (すなわち, SPV が銀行から買い取った貸出債権) を差し押さえることができない. この意味で, 貸出債権の SPV への売却は, 倒産隔離 (bankruptcy remote) の措置である[19].

　SPV は, 貸出債権の買い取りのための資金を調達するために, これらの貸出債権からのキャッシュフローを裏付けとする証券化商品 (資産担保証券, Asset-Backed Securities: ABS) を資本市場で発行する[20]. 原債権のプールを裏

付けに発行された証券化商品は，元利払いの優先順位に応じて，最上位の優先部分の「シニア（senior）」（AAA 格付け），中間部分の「メザニン（mezzanine）」（AA，A，BB の格付け），最下位の劣後部分の「エクイティ（equity）」（BBB 以下，投資不適格の格付け）の各トランシュ（Tranche：部分）に分割される．最下位の「エクイティ」部分は，原資産を組成した機関によって保有される[21]．

次に，ゴートンとメトリック（G. Gorton and A. Metrick）の説明に従って[22]，銀行（資金の取り手）と，機関投資家（資金の出し手）のあいだのレポ取引（図 9.2 の [5]）の仕組みを見よう．機関投資家は，取引相手の銀行に対して一定の金額（X ドル）を貸し出し，銀行から証券化商品を担保として受け入れる．他方で，銀行は，機関投資家に対して証券化商品を担保として差し出し，機関投資家から X ドルを借り入れる．銀行は，この証券化商品を将来のある時点（たとえば，翌日）に Y ドルで買い戻すことを約束する．銀行（資金の取り手）から見て，（買戻額－借入額）÷借入額＝$(Y-X)/X$ がレポ・レートである．

担保として使われる証券化商品の市場価値が P ドル，この担保物件（証券化商品）に対する貸出上限額が X ドルであると仮定すると，貸出上限額÷（担保物件の市場価値）＝X/P が「担保掛目（assessment rate of collateral）」である．そして，「1 マイナス担保掛目」が担保価値の削減率（ヘアカット率，$h=1-X/P$）である．

以上の数字例は，次のようにまとめられる．担保として使われる証券化商品の市場価値が $P=100$ ドル，借入額（貸出額）が $X=80$（借入額（貸出額）X は貸出上限額に等しいと仮定する），担保として差し出された証券化商品の買い戻し（売り戻し）額が $Y=88$ ドルであると仮定する．この場合，レポ・レートは，$(Y-X)/X=(88-80)/80=0.10$ により 10% である．担保掛目＝貸出上限額÷「担保物件の市場価値」は，$X/P=80/100$ により，80% である．担保価値の「ヘアカット率」h（=1－担保掛目）は，$h=1-X/P=1-80/100$ により，20% である[23]．

以上に概観した「組成販売型」の金融仲介システム（影の銀行システム）では，貸出債権の証券化を通じて原債権の信用リスクが幅広い層の投資家へ転嫁されるだけでなく，証券化商品を担保として用いるレポ取引が大口の短期資金の調達・運用先として機能すると期待されていた．しかし，今回の世界金融危機の

中で，「影の銀行システム」を通じた原債権の信用リスクの分散が容易でないこと，および，レポ取引を通じた大口の短期資金の調達・運用の経路は，ヘアカット率の上昇に起因する「レポ市場の取り付け (the run on repo)」[24] の危険にさらされていることが次第に明らかになった．これらの点を第 9.3 節と第 9.4 節で検討しよう．

9.3　「影の銀行システム」によって信用リスクは分散されたか？

　「組成販売型」の金融仲介システム（影の銀行システム）では，最終的な債権者（個人投資家）と最終的な債務者（借り手）のあいだに，貸出債権の証券化に関わる多数の金融仲介機関（図 9.2 では，銀行・SPV・機関投資家）相互間の債権・債務関係が存在している．伝統的な「組成保有型」の金融仲介システム（前掲図 9.1）に比べて，「組成販売型」の金融仲介システムでは「金融仲介の長い連鎖 (long intermediation chain)」[25] が形成されている．

　証券化の進展に伴って，金融システム全体に何が起こったのであろうか．この点を考察するためには，1990 年代以降から現在までのあいだに，非金融部門（家計，非金融企業など）に対する金融部門の債務総額（具体的には，非銀行民間部門によって保有される現金・預金，および，それに相当する金融資産から成るマネーストック），および，金融仲介機関相互間の債権・債務関係の規模がどのように推移してきたかを検証しなければならない[26]．シン (H. Shin) は，1994 年 7 月から 2009 年 7 月までのアメリカの金融市場におけるデータに基づいて，「M2 のストック[27] は 1994 年以降に約 2.4 倍まで増加したが，翌日物レポのストックは 2008 年 3 月までに 7 倍近くまで増加した」[28] と指摘する．

　1994 年第 1 四半期から 2011 年第 2 四半期までの期間のアメリカにおける ABS（資産担保証券）の発行残高，レポ市場の取引残高，および，マネーストック (M2) の推移は，次のとおりであった．マネーストック (M2) は，1994 年第 1 四半期から 2011 年第 1 四半期にかけて，ほぼ一様に，約 2.6 倍まで増加した．レポ市場の取引残高は，1994 年第 1 四半期の値を基準として，1999 年第 1 四半期まで 2.0 倍に増加し，さらに 2007 年第 2 四半期には 5.1 倍という

最高値に達したが，その後は急落し，「リーマンショック」後の 2009 年第 1 四半期には約 2.3 倍まで低下した．また，ABS の発行残高は，1994 年第 1 四半期の値を基準として，1998 年第 1 四半期の約 2.1 倍に増加し，さらに 2007 年第 3 四半期には約 9.3 倍という最高値に達したが，その後は急落し，2011 年第 1 四半期に約 4.6 倍まで低下した．2007 年第 3 四半期の実数を示すと，マネーストック (M2) は 7 兆 3595 億ドル，レポ市場の取引残高は 2 兆 3799 億ドル，ABS 残高は 4 兆 5717 億ドルであった[29]．

このように，レポ市場の取引残高と ABS の発行残高の指数は，1994 年第 1 四半期から 2007 年第 3 四半期までは急速に増加し，その後は急落した．これに対して，マネーストック (M2) の指数は，1994 年第 1 四半期から 2011 年第 1 四半期までの期間に，おおむね一様に増加している．マネーストック (M2) の指数は非金融部門に対する金融部門の債務総額の推移を表し，レポ市場の取引残高と ABS の発行残高の指数は，証券化の過程に関わる金融仲介機関相互間の債権・債務関係の規模の推移を表す．以上のデータから検証されるように，非金融部門に対する金融部門の債務総額はおおむね一様に増加しているが，金融仲介機関相互間の債権・債務関係の規模は，1990 年代末から 2007 年半ばまでのあいだに加速度的に膨張し，その後は急速に縮小している．

証券化が金融システム全体に及ぼす影響を考察するためには，非金融部門への金融部門の与信総額だけでなく，金融仲介機関相互間の債権・債務関係の規模の膨張と収縮にも注目しなければならない．マネーストックが同じ規模であっても，金融仲介システムの違い（たとえば，伝統的な「組成保有型」システムか，証券化を伴う「組成販売型」システムか）に応じて，金融仲介機関相互の債権・債務関係のタイプと規模が異なるかもしれない[30]．

証券化に関わる金融仲介機関相互間の債権・債務関係が拡大した結果として，原債権の信用リスクは最終的な投資家へ転嫁されたのだろうか．この点を検討するうえで重要な手がかりとなるのは，グリーンロウ (D. Greenlaw) とシンほかによる，サブプライム住宅ローンの金融機関別保有残高に関する推計結果（表 9.1）である．これによると，サブプライム住宅ローン債権のうち 66% が「レバレッジのかかった部門 (leveraged sector)」（投資銀行，商業銀行，政府後援企業，ヘッジファンド）によって保有されている．表 9.1 の調査結果について，

9.3 「影の銀行システム」によって信用リスクは分散されたか？

表 9.1　金融機関種類別のサブプライム与信額（報告ベース）

	サブプライムへの与信額（10 億ドル）	総与信額に占める比率（％）
投資銀行	75	5
商業銀行	418	31
政府後援機関（GSE）	112	8
ヘッジファンド	291	21
保険会社	319	23
金融会社	95	7
投資信託および年金基金	57	4
レバレッジのかかった部門（leveraged sector）	896	66
レバレッジなしの部門（unleveraged sector）	472	34
合　計	1,368	100

（出所）Shin (2010), p. 153，邦訳 199 ページ．原資料は Greenlaw et al. (2008), p. 25.
（註）「レバレッジのかかった部門（leveraged sector）」は，投資銀行・商業銀行・政府後援企業，ヘッジファンドの合計，「レバレッジなしの部門（unleveraged sector）」は残りの保険会社，金融会社，投資信託および年金基金の合計である．

シンは，危険資産をたらい回しするホットポテト・ゲームの喩えを使って，次のように説明している．「実際，Greenlaw et al. (2008) は，サブプライム住宅ローンへの総与信額である約 1.4 兆ドルに関して，その潜在的な損失のおおよそ半分を，商業銀行，証券会社，ヘッジファンドといった，米国のレバレッジを掛けた金融仲介機関が被ったと報告している……．連鎖の次にいるもっと愚かな者にやっかいものを渡すというゲームの中で，連鎖の最後にいたのが，最も大きく最も洗練された金融機関だったのである」[31]．貸出債権の証券化を通じて信用リスクが幅広い層の投資家へ転嫁されるであろうという多くの人々の期待に反して，信用リスクが金融仲介機関相互の債権・債務関係の中に残存しているというのが，「組成販売型」の金融仲介システムの現実である．

9.4 投資家の行動様式と「貨幣資本の過剰」の概念

すでに見たように，組成販売型の金融仲介システムでは，最終的な貸し手と最終的な借り手のあいだに，証券化の過程に関わる金融仲介機関相互の債権・債務関係が介在する．組成販売型の金融仲介システムにおいて，金融機関相互間の債権・債務残高が巨額に積み上がる理由を説明するためには，証券化の過程に関わる金融機関，特に金融投資家の行動様式について考察しなければならない．ヘッジファンドや資産運用機関（money managers）などの金融投資家は，レポ市場やABCP市場で短期債務を取り入れて，投資適格債券を買うか否かに関する意思決定をおこなっていると見られる．たとえば，短期債務を追加的に取り入れて，流動性の低い証券化商品を追加的に取得しようとする投資家の行為は，どのような行動原理に基づくと考えられるのか．本節では，このような観点から投資家の行動様式について予備的な考察をおこなう．

組成販売型の金融仲介システムの特徴の中に金融危機をもたらすものがあることを理解するうえで重要なのは，時価評価会計制度（marked to market accounting system）のもとで金融投資家が貸借対照表の上でおこなう意思決定である．エイドリアン（T. Adrian）とシンは，証券の価格と貸借対照表の金額のあいだに，景気増幅的な（procyclical）正のフィードバック関係が存在することを，ポートフォリオを常に時価評価する投資家によるバランスシート管理の観点から説明している．Adrian and Shin (2008) の数字例を検討しよう [32]．

投資家の貸借対照表は，100と評価された証券から成り，負債は90，自己資本は10である（数字は金額を表す）．

(1) 第1段階の貸借対照表

資　産		負　債	
証　券	100	負　債	90
		資　本	10

第1段階のレバレッジ比率は，資産（100）÷資本（10）= 10.0であり，これはレバレッジ比率の目標値に等しい．

9.4 投資家の行動様式と「貨幣資本の過剰」の概念

ここで,資産価格(証券価格)が上昇し,資産側の証券の評価額が 100 から 101 へ増加した結果として,第 2 段階の貸借対照表が得られる.

(2) 第 2 段階の貸借対照表(証券価格の上昇)

資　産		負　債	
証　券	101	負　債	90
		資　本	11

(負債の金額は 90 で変わらないと仮定すれば)資産側の証券の評価額が 100 から 101 へ増加した結果,正味資産(資本)が 10 から 11 へ増加した.貸借対照表の規模は,第 1 段階の 100 から第 2 段階の 101 へ拡大した.第 2 段階でのレバレッジ比率は,資産(101)÷資本(11)= $9.\dot{1}\dot{8}$ であり,これは目標値(10.0)を下回る.

レバレッジ比率の目標値(10.0)を達成するためには,追加的な債務を取り入れ,証券を追加購入しなければならない.証券の追加購入額を x とすれば,資産÷資本 = $(101 + x) \div 11 = 10$ により,$x = 9$ である.したがって,追加的な債務(9)の取り入れにより,資産側で証券が 9 だけ追加購入された結果として,第 3 段階の貸借対照表が得られる.

(3) 第 3 段階の貸借対照表(追加的な負債の取り入れ,証券の追加購入)

資　産		負　債	
証　券	110	負　債	99
		資　本	11

負債側では,追加的な債務(9)の取り入れにより,負債が第 2 段階の 90 から 99 へ増加した.資産側では,証券の追加購入(9)により,証券が第 2 段階の 101 から 110 へ増加した.その結果,第 3 段階のレバレッジ比率は,資産(110)÷資本(11)= 10.0 であり,これはレバレッジ比率の目標値と一致する.しかし,第 3 段階の貸借対照表の規模(110)は,第 1 段階の 100 に比べて 10% 拡大している.

資産側の証券の時価評価,および,レバレッジ比率の目標値(10.0)を維持するための能動的なバランスシート管理を前提とすれば,証券価格の上昇は,

証券の追加購入と追加的な債務の取り入れによって貸借対照表の規模を拡大させ，その結果，証券価格のいっそうの上昇を引き起こす．こうした事態の連鎖が意味するのは，証券価格と投資家の貸借対照表の規模のあいだの正のフィードバックである．これは，縦軸を価格，横軸を数量とする平面で，証券の需要曲線が右上がりであることを意味する[33]．

逆に，証券の価格が低下した場合には，資産側の証券の評価額が 100 から 99 へ減少し，（負債の金額は変わらないと仮定すれば）資本が 9 へ減少する．それゆえ，レバレッジ比率が資産 (99) ÷ 資本 (9) = 11.0 になり，これはレバレッジ比率の目標値 (10.0) を上回る．それゆえ，投資家は，レバレッジ比率を目標値に下げるために，証券の一部を売却して負債の一部を返済し，貸借対照表の規模を縮小させなければならない．その結果，証券価格と投資家の貸借対照表の規模のあいだに負のフィードバックが成立する．これは，証券の供給曲線が右下がりであることを意味する．証券価格が低下した場合の第 2 段階と第 3 段階の貸借対照表を，下記に例示しておく．

(2′) 第 2 段階の貸借対照表（証券価格の低下）

資　産		負　債	
証　券	99	負　債	90
		資　本	9

(3′) 第 3 段階の貸借対照表（負債の一部返済，証券の一部売却）

資　産		負　債	
証　券	90	負　債	81
		資　本	9

証券価格の上昇に伴ってレバレッジ比率が目標値 (10.0) を下回る状況について，Adrian and Shin (2008) では，「金融仲介機関は余剰資本 (surplus capital) を保有し，自分たちの余剰資本を使うことのできる方法を見つけようと試みるであろう」[34]と指摘される．また，「余剰資本」の概念については，「製造業の企業との厳密でない類推で言えば，金融システムが『余剰能力 (surplus capacity)』を持っていると見なしてもよい」[35]と解釈されている．

高田太久吉は，エイドリアンとシンによって提起された「過剰資本」の概念を応用して，時価評価会計のもとでのバランスシート管理に関する投資家の行動様式に基づいて，「貨幣資本の過剰」の経済的意味を，「バランスシートを自己資本に見合う適正規模に拡大するために，投資可能な証券や貸付可能な借り手を積極的に探している状態」として把握する[36].

　時価評価会計のもとでのバランスシート管理に関する投資家の行動様式，および，それに基づく「余剰資本」あるいは「貨幣資本の過剰」の概念は，組成販売型金融システムの構造を研究するうえで，重要な意義を持つ．ただし，Adrian and Shin (2008) の「余剰資本」概念の基礎とされているのは，レバレッジ比率の目標値を維持するために追加的な債務の取り入れ（あるいは，一部返済）を通じて証券の追加購入（あるいは，一部売却）をおこなうという形に定式化された投資家の行動様式である．証券化に関わる金融機関相互の債権・債務残高の累増の背景にある投資家の行動については，別途，考察しなければならない．

9.5　レポ市場を通じた「影の銀行システムへの取り付け」

　証券化商品を担保とするレポ市場は，大口の短期資金の調達・運用先を提供する経路であるが，担保価値のヘアカット率の上昇に起因する「取り付け」の経路にもなりうる．図 9.2 で見たように，たとえば，銀行（資金の取り手）は，市場価値が P ドルの証券化商品を，機関投資家（資金の出し手）に対して担保として差し出し，機関投資家から最大で X ドルを借り入れることができる場合，この証券化商品の担保掛目は X/P であり，ヘアカット率は $h = 1 - X/P$ である．担保として差し出された証券化商品についてのヘアカット率を決める際に，資金の出し手は次の 2 つの事情を考慮に入れるであろう[37]．第一に，資金の取り手が借入金を返済できなくなる可能性．第二に，資金の借り手が債務不履行に陥った場合に，担保として差し出された証券化商品の売却によって回収可能と見込まれる金額．このうち第二の事情は，担保として差し出されたものが，流動性が高い国債（たとえば，アメリカの財務省証券（Treasury Bill））で

表 9.2 レポ市場におけるヘアカット率（担保種類別）

	ヘアカット率（％）			
	2007年春	2008年春	2008年秋	2009年春
財務省証券（短期）	2.0	2.0	2.0	2.0
財務省証券（長期）	5.0	5.0	6.0	6.0
エージェンシー発行MBS	2.5	6.0	8.5	6.5
社債（シングルAマイナス［A3］格以上）	5.0	10.0	20.0	20.0
モーゲージ担保証券（CMO）（AAA格）	10.0	30.0	40.0	40.0
資産担保証券（ABS）（AAA［Aa2］格以上）	10.0	25.0	30.0	35.0

（出所）Krishnamurthy (2010), p. 10, Table 4.
（註）The Depository Trust and Clearing Corporation と投資銀行の報告データによる．エージェンシー発行 MBS とは，政府抵当金庫（Ginnie Mae）・連邦住宅抵当金庫（Fannie Mae）・連邦住宅金融抵当金庫（Freddie Mac）によって発行された住宅ローン担保証券のこと．

あるか，国債に比べて流動性が低い証券化商品（たとえば，各種の資産担保証券（ABS））であるかに左右される．

レポ市場におけるヘアカット率に関する公式の統計は存在しない．表 9.2 には，財務省証券（長期・短期）・エージェンシー発行 MBS（住宅ローン担保証券）・社債・モーゲージ担保証券（Collateralized Mortgage Obligations）・資産担保証券（ABS）の6種類の担保別に，ヘアカット率の推計値が示されている．サブプライムローン危機が表面化する前（2007年春）と比べて，金融危機発生後（2008年春，2008年秋，2009年春）には，ヘアカット率が上昇しているが，担保の種類に応じて，ヘアカット率の上昇の度合いは様々である．モーゲージ担保証券（CMO）と資産担保証券（ABS）のヘアカット率は，他の担保よりも高い水準にあるだけでなく，金融危機の発生に伴って急激に上昇した．2009年春には CMO のヘアカット率が 40％（担保掛目が 60％），ABS のヘアカット率が 35％（担保掛目が 65％）に達した．CMO や ABS などの証券化商品に関するヘアカット率の急激な上昇の背景には，資金の取り手の信用力に対する確信の揺らぎだけでなく，資本市場における証券化商品の流動性（換金性）に対する懸念の高まりがあったと考えられる．

9.5 レポ市場を通じた「影の銀行システムへの取り付け」

レポ市場における資金の取り手にとって，ヘアカット率の上昇は資金調達源の収縮を意味する．預金を受け入れない投資銀行が，資産の保有のための資金の一部をレポ取引の借入金で調達すると仮定して，ゴートンの数字例に従って，ヘアカット率の上昇が投資銀行（資金の取り手）の貸借対照表に及ぼす影響を見よう[38]．

(1) 初期状態における銀行の貸借対照表（左辺は資産，右辺は負債と自己資本であり，数値は金額を表す）は，100（資産）＝ 10（自己資本）＋ 40（長期負債）＋ 50（レポ市場からの借入金）である．資産保有のための資金の 10% を自己資本で調達している．ヘアカット率は 0%（担保掛目は 100%）であり，50 の担保価値に対する借入額は 50 である．

(2) レポ市場のヘアカット率が 0% から 20%（担保掛目は 80%）へ上昇すると，貸借対照表の右辺の「レポ市場からの借入金」は 50 から 40 へ減少する．資産の売却と資産価格の低下が起こる前の段階では，貸借対照表の左辺の「資産」は初期状態と同じ 100 であるから，（「均衡状態でない（not an equilibrium）[39]」）貸借対照表をあえて書くと，100（資産）＞ 10（自己資本）＋ 40（長期負債）＋ 40（レポ市場からの借入金）となる．

(3) ヘアカット率の上昇（0% から 20% へ）に伴う資金調達源（レポ市場からの借入金）の減少（50 から 40 へ）が起こった場合，貸借対照表の両辺のバランスを回復するための方法として考えられるのは，長期負債の増加，自己資本の増加，資産の減少のいずれかである．金融危機の中で長期負債の増加と自己資本の増加が見込めない場合には，レポ市場からの借入金の減少幅 10 に合わせて，資産が売却されなければならない．この段階で，投資銀行の貸借対照表は，90（資産）＝ 10（自己資本）＋ 40（長期負債）＋ 40（レポ市場からの借入金）となる．だが，投資銀行による資産の売却に伴って，証券化商品を含む有価証券の価格が低下することを考慮に入れると，資産の評価額が 90 から 80 へ圧縮され，それに伴って自己資本 10 が食いつぶされるかもしれない．その場合，貸借対照表は，80（資産）＝ 0（自己資本）＋ 40（長期負債）＋ 40（レポ市場からの借入金）となる．

このように，ヘアカット率の上昇に起因する資金調達源の突然の収縮への反応として，資金の取り手が保有資産の一部を売却せざるをえなくなり，さら

に，資産の売却が証券価格の低下を誘発し，レポ市場への参加者の貸借対照表が縮小する結果になる可能性もある．第9.3節で見たように，2007年第2四半期をピークとしてレポ市場の取引残高が減少に転じたが，その背景には，ヘアカット率の上昇に起因する「レポ市場への取り付け」があったと考えられる[40]．

9.6　むすび

すでに見たように，貸出債権の証券化を通じた信用リスクの分散は決して容易でなく，レポ市場を通じた資金調達・運用の経路は担保価値のヘアカット率の上昇に起因する「取り付け」の危険性にさらされている．それでもなお，「影の銀行システム」の維持と機能強化を目的とする制度設計がしばしば提案されている．

ゴートンは，「証券化は担保をつくりだし，レポ市場は企業と機関投資家に対して銀行業のメカニズムを提供する」[41]という認識に基づいて，「影の銀行システムが本物の銀行システムとして認識されるならば，免許価値と情報非感応的な債務（information-insensitive debt）をつくりだすことによって，銀行システムにとっての『静穏の時代（Quiet Period）』を築くことができるであろう」[42]と主張し，次の3つの政策を提言する．「1. 認可された資産クラス（asset classes）の証券化のうちシニア部分（senior tranches）は，政府によって預金保険の対象とされるべきである」．「2. 政府は，格付け機関に頼るのではなく，『銀行』すなわち証券化を監督，検査しなければならない．つまり，資産クラス，ポートフォリオとトランシュへの切り分けの選択は，検査機関によって監視されなければならない」．「3. 証券化への参入は制限されるべきである．また，参入するどの企業も『銀行』と認定され，監督を受ける」[43]．

確かに，ゴートンの政策提言では，大口の短期資金の調達・運用の経路としてのレポ市場の意義が的確に把握されている．しかし，証券化商品の「シニア部分」を預金保険の対象とするための預金保険制度の拡充，格付け機関に頼らない証券化の監督・検査の態勢づくりをおこなうためには，かなり多くの社会的費用がかかると考えられる．「影の銀行システム」によって提供される様々

な金融機能に対して，どこまで公共性が認められるかについては，慎重に検討されなければならない．

　もちろん，筆者が取り組むべき問題は，以上の点だけではない．本章では，金融仲介システムの質的変化を考察すると言いながら，証券化の仕組みについての説明に終始し，証券化が金融機関の業務の中で果たす役割について説明できていない．しかし，本来，金融仲介システムの質的変化を考察するためには，商業銀行と投資銀行の業務がどのように変質してきたか，あるいは，「銀行業と証券業の進化に関する論点」[44]に取り組まなければならない．また，いわゆる「サブプライムローン危機」が現代の経済と社会に対して提起する根本的な問題とは何かについても，考察しなければならない[45]．

註

[1] 青木（2018）は，「ミンスキーの金融不安定性仮説の枠組みと主張——金融規制論も含む——が，現代経済の危機分析とも整合性を持つものとして，サブプライム危機を端緒とした今次の2007〜09年のグローバル金融危機の分析にも適用可能であること」（1ページ）を綿密に解明した最新の本格的研究である．

[2] 1980年代から2000年代後半までの日本の金融システムの質的変化については，Ishikura(2007)と石倉（2011）で若干の考察を試みた．また，2013年以降の量的質的金融緩和政策については，Ishikura (2017)（特にpp. 2–7の部分）に簡単な解説がある．

[3] アメリカにおける組成販売型金融システムの形成過程についての最新の体系的研究として，掛下（2016）がある．

[4] 「『影の銀行システム』——負債の梃子を効かせた銀行以外の投資導管体，事業体，組織に関する略語の全体——……に対する取り付け（a run on... the "shadow banking system" —the whole alphabet soup of levered up non-bank investment conduits, vehicles, and structures.)」（McCulley (2007), p. 2. 邦訳は引用者による）という記述で，「影の銀行システム」の語が初めて使われたと言われている．

[5] 貸出債権の証券化と資金循環構造との関連については，石倉（2010）で予備的な考察をおこなった．

[6] 現行のBIS規制（2007年3月に適用が開始された「バーゼルII」）のもとでの証券化

商品の保有に対する規制については，佐藤（2007）の第6章を参照．

[7] 2007年半ばにおけるアメリカの住宅ローン担保証券（発行残高は6.6兆ドル）の投資家（primary investors, 一次取得者）別の保有比率は，政府系住宅金融公社が17.6%，銀行が18.6%，海外の投資家が18.4%，保険・年金基金が14.5%，投資信託（mutual funds）が9.9%，不動産投資信託（REIT）が1.3%，その他が19.7%であったと報告されている（International Monetary Fund (2008), p. 35）．

[8] 2007年8月にBNPパリバ・インベストメント・パートナーズは，投資対象資産であったアメリカの資産担保証券の流動性が急激に低下したことを理由に，3本のファンドの価格算出，募集，解約・返金の業務を一時停止した（2007年8月9日付けのBNPパリバ・グループのプレスリリース，http://japan.bnpparibas.com/pdf/2007/HP.pdf, 2012年4月28日閲覧）．

[9] 青木達彦は，CDOのように流動性の乏しい証券化商品の価格が下落する過程について，ソロス（G. Solos）の指摘する金融市場における「再帰的な相互作用」の視点から説明している（青木（2008），20〜21ページ）．

[10] 「BNPパリバ・ショック」の約1ヵ月前の2007年7月に，アメリカの住宅ローン（特に，信用力の低い世帯へのサブプライムローン）の延滞率の上昇を受けて，住宅ローン債権を裏付け資産とする住宅ローン担保証券（RMBS）の格付けが引き下げられた．2007年7月10日に，格付け機関ムーディーズは，住宅ローンの延滞率が予想を上回ったことを理由に，399件の住宅ローン担保証券（RMBS）の格付けの引き下げを発表した（ロイター社のウェブサイト，http://jp.reuters.com, 2007年7月11日）．RMBSの格下げに伴って，サブプライムローン関連のRMBSの価格が急落し，RMBSのスプレッド（LIBOR（ロンドン銀行間取引金利）等の基準レートに対する上乗せ金利）も急激に拡大した．アメリカの住宅ローン延滞率と住宅価格については，日本銀行（2008），30ページを参照．サブプライムローン関連のRMBSのスプレッドの推移（2006〜07年）については同31ページを参照．なお，アメリカの住宅価格バブルの危険性については，2005年頃から指摘されていた．ブレナー（R. Brenner）は，2005年9月の時点で，2000年以降のアメリカにおける住宅価格の上昇とその後の見通しについて，「もし住宅価格が低下した場合，あるいは上昇しなくなった場合でも，アメリカ経済は間違いなく大きな打撃を受けるであろう．金融投機によって不動産市場の熱狂が起きているから，問題はきわめて深刻である」（Brenner (2002)の「日本語版への序文」，邦訳11ページ）と指摘していた．

[11] 「レポ取引」は，次のように定義される．「買い戻し条件付き売却（レポ）とは，証券の売却であり，（通常は短い）契約期間の終わりに，同じ証券を，定められた価格で買い戻す契約と結びついている」（Gorton (2010), p. 187, 邦訳は引用者による）．

¹² 植田和男は,「影の銀行システム」における金融仲介について,「金融仲介者にとって資金のファンディングにはレポ市場が中核的な役割を果たした.つまり,証券化商品の保有をそれを担保に差し出すレポでファイナンスしたわけである」(植田 (2010), 23 ページ) と指摘する.また,深浦厚之は,証券化商品を裏付けとして発行される「再証券化商品」について,「再証券化商品を担保とした借入(主にレポ取引)は預金を持たない投資銀行にとって,ごく日常的な資金調達方法」であると指摘する (深浦 (2010), 143 ページ).

¹³ 連邦預金保険公社 (Federal Deposit Insurance Corporation) による預金保護の限度額は,2008 年 10 月から預金者 1 人あたり 10 万ドルから 25 万ドルへ引き上げられた.2010 年 7 月に成立した金融規制改革法 (Dodd-Frank Wall Street Reform and Consumer Protection Act, ドッド・フランク法) により,預金者 1 人あたり 25 万ドルの保護限度額が恒久化され,2008 年 1 月 1 日に遡って適用されることになった.詳しくは,御船 (2011) を参照.

¹⁴ Pozsar (2008), p. 22.

¹⁵ サブプライムローン問題が世界金融危機・同時不況に波及した過程については,金融面を中心に,すでに多くの文献で解説されているが,歴史的・制度的な視点から世界金融危機を考察した研究も現れている.河村 (2009) は,サブプライムローン関連の証券化・再証券化の仕組みの問題点を検証したうえで,「『グローバル資本主義』化を通じて出現したアメリカおよびアメリカを軸とする世界的な新たな資本主義の基軸的連関」の「逆回転」(4 ページ) という視点から世界金融危機を詳細に分析している.伊藤 (2009) は,「労働力の金融化によるバブルとその崩壊」(30 ページ) という独自な観点から,サブプライムローン問題とその後の世界金融危機を分析している.井村喜代子は,2007 年以降の世界金融危機に関連して「実体経済にとっては『過剰』な流動性」という意味で「過剰流動性」の概念がしばしば用いられることに関連して,「金融的取引に向かう資金は,実体経済で投資先がないものだけではない.むしろ重要なことは,……投機的金融収益の見込める大量の各種の金融商品が,金融収益の将来期待・幻想を煽りつつ世界中に供給されていき,資金が投機的金融取引に引き入れられたのである」(井村 (2010), 189 ページ) と指摘する.

¹⁶ アメリカの大手金融機関の投資銀行業務については掛下 (2010),サブプライムローン危機の前後における金融機関の収益構造については掛下 (2011) が詳しく分析している.

¹⁷ CDS (Credit Default Swap:クレジット・デフォルト・スワップ) の契約では,信用事由 (credit events, 債務不履行,倒産,格付けの引き下げなど「プロテクション (protection)」の対象) が発生した場合,一方の当事者 (プロテクションの売り手) が,信用リスクを回避したい他方の当事者 (プロテクションの買い手) に対して,あらかじ

め契約された金額（たとえば，プロテクションの対象となる参照債務の想定元本）を支払う．その代わりに，プロテクションの買い手は，プロテクションの売り手に対して定期的に保険料を支払う．CDS 契約の法的な性質については，大垣（2010）の第 16 章が詳しい．

[18] 「影の銀行システム」の資金循環構造をより詳しく例示したものに，Pozsar（2008）と Pozsar et al.（2012）がある．Pozsar et al.（2012）の「付録（Appendix）」では，(1) 銀行による貸出債権の組成，(2) 貸出債権の買取と在庫保有，(3) 貸出債権を裏付けとする証券化商品の発行・保有・流通，(4) 各種の証券化商品の在庫保有とそれに基づく二次的証券化商品の発行，(5) 各種証券化商品の「仲介（intermediation）」，(6) 銀行による信用枠の発動等に至るまでの証券化の過程に沿って，組成販売型の金融仲介システムにおける関係金融機関相互間の債権・債務関係の展開について，図解されている．ただし，Pozsar et al. による「影の銀行システム」の図解は，独自の工夫が凝らされており，かなり複雑である．柴田・岩田（2016）では，Pozsar et al.（2012）による図解を拡充して，証券化の過程が進むにつれて，関連諸機関（銀行，政府機関，政府支援企業，投資銀行，MMMF 等）の貸借対照表がどのように変化するかが，より明確に例示される．特に，以下の図を参照のこと．「Agency〔政府機関〕と GSEs〔政府支援企業〕による証券化と信用創造」に関する「図 1-1」（柴田・岩田（2016），31 ページ．〔　〕内は引用者による），「FHC〔金融持株会社〕による証券化と信用創造」に関する「図 1-2」（同，34 ページ），「独立系投資銀行による証券化」に関する「図 1-3」（同，37 ページ）．

[19] 「特別目的事業体（SPV）の最も重要な特徴は，それが倒産隔離であるということである．これは，もしスポンサー企業が倒産手続きに入った場合，そのスポンサー企業の債権者は，SPV の資産を差し押さえることができないという意味である」（Gorton and Souleles（2006），p. 557，邦訳は引用者による）．

[20] 各種の貸出債権，自動車ローン債権，クレジットカード債権，企業の売掛債権など，様々な債権が資産担保証券（ABS）の裏付け資産となりうる．住宅ローン債権を裏付け資産とする資産担保証券は，住宅ローン担保証券（Residential Mortgage Backed Securities: RMBS）と呼ばれる．また，各種の ABS を裏付けに発行される債務担保証券（Collateralized Debt Obligations: CDO；住宅ローン担保証券を裏付けに発行される「RMBS CDO」，資産担保証券を裏付けに発行される「ABS CDO」など），CDO を裏付けに発行される CDO2（CDO squared）などは，「再証券化商品（re-securitized products）」と呼ばれる．SPV によって買い取られた貸出債権からのキャッシュフローを裏付けに CP（コマーシャル・ペーパー）が発行される場合，その CP は ABCP（Asset-Backed Commercial Paper）と呼ばれる．ABCP の発行により資金を調達し，貸出債権のプールを保有している SPV は，ABCP 導管体（ABCP conduit）と呼ば

れる.

[21] 2007年7月以降のサブプライムローン関連の証券化商品の価格急落の影響を受けて，「ABCP〔資産担保コマーシャルペーパー〕コンデュイット〔conduit〕」などの機関が資金調達難に陥って「銀行との間で設定した流動性補完ファシリティ〔融資制度〕を発動する」事例もあり，SIV（Structured Investment Vehicle：仕組投資事業体）などへの緊急融資をおこなった銀行で「バランスシートの意図せざる拡大」（日本銀行（2008），39ページ．〔 〕内は引用者による）が引き起こされたと報告されている．さらに，「夏場以降〔2007年7月以降〕に発生した証券化市場を中心とする調整は，組成販売型システムのもとで金融機関のバランスシートからいったん切り離したリスク資産を，再び銀行のバランスシート上に組み戻すプロセス——いわゆる，リスクの再仲介（reintermediation）——を伴うこととなった」（同）とも指摘されている．「リスクの再仲介」がおこなわれるとすれば，銀行（原債権者）が「SIVなど」の証券発行機関へ売却した貸出債権を，銀行が買い戻すことになる．「リスクの再仲介」に関連して，建部正義は，「銀行は，RMBS・CDOのエクイティ・クラスについても，下位メザニン・クラスについても，上位メザニン・クラスについても，シニア・クラスについても，何らかのかたちで，事実上，自らがそれらの引き受け手となっていた」と指摘する（建部（2009），25ページ）．

[22] 機関投資家（資金の出し手）と銀行（資金の取り手）のあいだのレポ取引に関する以下の説明は，Gorton and Metrick (2010a), pp. 263–64 に依拠している．

[23] レポ・レート，担保掛目，ヘアカット率に関する以上の数字例は，Ibid. に依拠している．

[24] Gorton (2010), p. 47.

[25] Shin (2010), p. 101, 邦訳133ページ．さらに，同書では，証券化に関わる金融仲介機関の債権・債務関係を分析する枠組みとして「銀行間の債権・債務関係のマトリックス (the matrix of claims and obligations between banks)」(Ibid., pp. 110–11, 邦訳145ページ) が作成されている．ここで「銀行」の概念には，貸出債権を組成する商業銀行・住宅金融会社だけでなく，証券化の過程に関わる様々な機関（SPV，ABCP導管体，証券会社，投資信託など）も含まれる．

[26] 現代経済の「金融化 (financialization)」の視点からサブプライムローン関連の証券化・再証券化の仕組みを検証した文献として，小倉 (2016) がある．

[27] アメリカのマネーストック統計では，M1（通貨，要求払預金，トラベラーズチェック，その他の小切手振出可能預金）に一般保有のMMMF，貯蓄性預金（MMMD: Money Market Deposit Account：市場金利連動型普通預金），小口定期預金を加えたものが「M2」と定義される（Council of Economic Advisers (U.S.) (2011), p. 271, 邦訳

254 ページ).

[28] Shin (2010), p. 157, 邦訳 203 ページ.

[29] データの出所は次の通り．Board of Governors of the Federal Reserve System, Flow of Funds Accounts of the United States, Z.1, Level Tables, for the total liabilities of ABS issuers (Line 11, Table L126) and the total liabilities of federal funds and security repurchase agreements (Line 1, Table L207). (http://www.federalreserve.gov/releases/z1/Current/). Board of Governors of the Federal Reserve System, H.6: Money Stock Measures," for the levels of M2, seasonally adjusted (http://www.federalreserve.gov/releases/h6/hist/).

[30] 貸出債権の証券化が拡大するにつれて，銀行による貸出債権の組成自体が変質したことが思い起こされなければならない．この点について，高田太久吉の次の指摘は重要である．「この構造〔「現実資本の価値増殖過程から遊離した金融的価値増殖の構造」〕の内部では，住宅ローン専門銀行や商業銀行が提供する住宅ローンその他は，それ自体が利益を生む金融取引としてではなく，むしろ，仕組み証券を組成・販売するための手段あるいは材料として位置づけられている」(高田 (2009), 90〜91 ページ．〔 〕内は引用者による)．また，鳥畑与一は，サブプライムローン危機で露呈された「組成販売型」金融仲介システムの根本的な問題点について，「住宅市場を舞台に展開した originate to distribute model そのものが，短期的利益の享受者と長期的損失の負担者を時間的人格的に分離することで，市場の正確なリスク評価に基づく価格付け機能と金融機関の適切なリスク管理に対するインセンティブを崩壊させた」と指摘する (鳥畑 (2009), 34 ページ).

[31] Shin (2010), p. 153, 邦訳 198〜199 ページ.

[32] Adrian and Shin (2008), pp. 6–8. なお，投資家のバランスシート管理に関する以下の説明は，石倉 (2018), 60〜64 ページに基づいている.

[33] 「このように，証券の価格が 1 だけ上昇する結果として，保有額が 9 だけ増加する．需要曲線は右上がりである」(Adrian and Shin (2008), p. 7. 邦訳は引用者による).

[34] Ibid., p. 2, 邦訳は引用者による.

[35] Ibid.

[36] 高田 (2015), 91 ページ．ここでの「過剰な貨幣資本」の概念は，Pozsar (2011) によって定義される「制度的なキャッシュ・プール (institutional cash pools)」にも対応する．「制度的なキャッシュ・プールという用語は，世界の非金融企業，ならびに，資産運用機関，証券の貸し手，年金基金のような機関投資家が保有する巨額で，集中的に運用される短期の現金残高を意味する」(Ibid., p. 4. 邦訳は引用者による).

[37] ヘアカット率の決定要因に関する以下の記述は，Krishnamurthy (2010), p. 10 に依拠している．

[38] レポ市場におけるヘアカット率の上昇が銀行（資金の取り手）の貸借対照表に及ぼす影響に関する以下の数字例と説明は，Gorton (2010), pp. 48–49 に負う．

[39] Ibid., p. 49.

[40] 北原徹は，投資銀行ベア・スターンズの「流動性枯渇」の原因について，「レポ資金の提供者がベア・スターンズのデフォルトを恐れて一斉に資金を回収した」（北原（2012），115 ページ）と指摘する．

[41] Gorton (2010), p. 55.

[42] Ibid., p. 55．「静穏の時代」とは，アメリカで預金保険の適用が開始された1934年から，サブプライムローン危機が表面化した2007年までの期間を指す（Ibid., p. 11）．「情報非感応性（information insensitivity）」とは，「その証券が，取引されるときに，逆選択（adverse selection）の影響を受けない」（Gorton and Metrick (2010b), p. 508）こと（取引対象の証券の質をめぐって，一方の取引主体が他方の取引主体にだまされることはないということ）を意味する．

[43] Gorton (2010), p. 55.

[44] 神野（2019），xxi ページ．同書は，商業銀行と投資銀行の変質に注目して，アメリカの金融仲介システムの変化を考察した重要な研究である．

[45] 姉歯（2013）の第1章では，「アメリカにおける『過消費』構造と家計債務」の観点から，サブプライムローン危機が提起する本質的な問題について考察され，同書第2章では，サブプライムローン危機がアメリカの消費構造に対して投げかける問題について考察されている．

参考文献

Adrian, Tobias and Hyun Song Shin (2008), "Liquidity and Financial Cycles," *BIS Working Papers*, No. 256, pp. 1–22.

青木達彦（2008），「金融市場の不安定性とソロスの reflexivity——サブプライム危機に寄せて」『立教経済学研究』第62巻第2号，1〜23ページ．

――――（2018），『金融危機は避けられないのか——不安定性仮説の現代的展開』，日本経済評論社．

姉歯 曉（2013），『豊かさという幻想——「消費社会」批判』，桜井書店．

Brenner, Robert (2002), *The Boom and the Bubble: the US in the World Econ-*

omy, New York: Verso.（石倉雅男・渡辺雅男訳『ブームとバブル――世界経済のなかのアメリカ』，こぶし書房，2005年.）

Council of Economic Advisers (U.S.) (2011), *Economic Report of the President: Transmitted to the Congress: Together with the Annual Report of the Council of Economic Advisers*, United States Government Printing Office.（萩原伸次郎監訳『米国経済白書2011』，週刊エコノミスト臨時増刊，毎日新聞社，2011年5月23日.）

深浦厚之（2010），「再証券化商品の構造と金融危機――倒産隔離措置の効果と希薄化について」『SFJ金融・資本市場研究』第2号，139～155ページ．

Gorton, Gary (2010), *Slapped by the Invisible Hand: The Panic of 2007*, New York: Oxford University Press.

Gorton, Gary and Andrew Metrick (2010a), "Regulating the Shadow Banking System," *Brookings Papers on Economic Activity*, Volume 41, Issue 2, pp. 261–312.

―― (2010b), "Haircuts," *Federal Reserve Bank of St. Louis Review*, November/December, Vol. 92, No. 6, pp. 507–20.

Gorton, Gary and Nicholas Souleles (2006), "Special Purpose Vehicles and Securitization," in Mark Carey and René M. Stulz (eds.), *The Risks of Financial Institutions*, Chicago: University of Chicago Press, pp. 549–602.

Greenlaw, David, Jan Hatzius, Anil K. Kashyap and Hyun Song Shin (2008), "Leveraged Losses: Lessons from the Mortgage Market Meltdown," US Monetary Policy Forum Conference（http://www.chicagobooth.edu/usmpf/docs/usmpf2008confdraft.pdf: 2012年4月28日閲覧）

井村喜代子（2010），『世界的金融危機の構図』，勁草書房．

Ishikura, Masao (2007), "Reassessing the Japanese Response to Globalization: Causes and Consequences of Japanese Financial Crisis," in Jang-Sup Shin (ed.), *Global Challenges and Local Responses: the East Asian Experience*, London: Routledge, pp. 116–39.

―― (2017), "Introduction" (with Seongjin Jeong and Minqi Li), in Masao Ishikura, Seongjin Jeong and Minqi Li (eds.), *Return of Marxian Macro-Dynamics in East Asia* (*Research in Political Economy*, volume 32), Emerald Publishing, pp. 1–12.

石倉雅男（2010），「貸出債権の証券化とマクロ経済」『季刊・経済理論』第47巻第2号，38～48ページ．

―― (2011),「日本の金融システムの構造変化と金融政策」（渡辺和則編『金融と

所得分配』，日本経済評論社，2011 年，第 8 章，所収，155〜175 ページ．）
―――（2016），「(書評) 高田太久吉著『マルクス経済学と金融化論――金融資本主義をどう分析するか』」『政経研究』，第 106 号，97〜103 ページ．
―――（2018），「金融システムの質的変化とマクロ経済――証券化を中心として」『信用理論研究』第 36 号，51〜68 ページ．
International Monetary Fund (2008), *Global Financial Stability Report*, October.
伊藤 誠（2009），『サブプライムから世界恐慌へ――新自由主義の終焉とこれからの世界』，青土社．
掛下達郎（2010），「アメリカ大手金融機関の引受業務とトレーディング業務」（証券経営研究会編『金融規制の動向と証券業』日本証券経済研究所，所収，174〜203 ページ．）
―――（2011），「サブプライム危機前夜における大手金融機関――その業務展開と収益構造」（渋谷博史編『アメリカ・モデルの企業と金融――グローバル化と IT とウォール街』，昭和堂，所収，181〜230 ページ．）
―――（2016），『アメリカ大手銀行グループの業務展開――OTD モデルの形成過程を中心に』，日本経済評論社．
神野光指郎（2019），『アメリカ金融仲介システムの動態』，文眞堂．
河村哲二（2009），「アメリカ発のグローバル金融危機――グローバル資本主義の不安定性とアメリカ」，『季刊・経済理論』第 46 巻第 1 号，4〜21 ページ．
北原 徹（2012），「シャドーバンキングと満期変換」『立教経済学研究』第 65 巻第 3 号，99〜141 ページ．
Krishnamurthy, Arvind (2010), "How Debt Markets Have Malfunctioned in the Crisis," *Journal of Economic Perspectives*, Vol. 24, No. 1, pp. 3–28.
McCulley, Paul (2007), "Teton Reflections," *Global Central Bank Focus*, September, PIMCO.(http://media.pimco.com/Documents/GCB%20Focus%20Sept%2007%20WEB.pdf: 2012 年 4 月 28 日閲覧)．
御船 純（2011），「金融規制改革法（ドッド＝フランク法）成立後の米国連邦預金保険公社」『預金保険研究』第 13 号，15〜45 ページ．
日本銀行(2008),「金融市場レポート (2007 年後半の動き)」(http://www.boj.or.jp/research/brp/fmr/mkr0801a.htm/, 2012 年 6 月 10 日閲覧)．
大垣尚司（2010），『金融と法――企業ファイナンス入門』，有斐閣．
小倉将志郎（2016），『ファイナンシャリゼーション――金融化と金融機関行動』，桜井書店．
Pozsar, Zoltan (2008), "The Rise and Fall of the Shadow Banking System," *Regional Financial Review*, Moody's Economy.com, July, pp. 13–25.

(https://www.economy.com/sbs; most recently accessed on 20 August 2017.)

——— (2011), "Institutional Cash Pools and the Triffin Dilemma of the U.S. Banking System," *IMF Working Paper*, No. 11/190, pp. 1–35.

Pozsar, Zoltan, Tobias Adrian, Adam Ashcraft and Hayley Boesky (2012), "Shadow Banking," *Federal Reserve Bank of New York Staff Reports*, No. 458 (first issued in 2010, then revised in 2012).

Shin, Hyun Song (2010), *Risk and Liquidity*, Oxford: Oxford University Press. （大橋和彦・服部正純訳『リスクと流動性——金融安定性の新しい経済学』，東洋経済新報社，2015年.）

佐藤隆文編著（2007），『バーゼルIIと銀行監督——新しい自己資本比率規制』，東洋経済新報社.

柴田徳太郎・岩田佳久（2016），「住宅金融の証券化と信用創造」(柴田徳太郎編著『世界経済危機とその後の世界』，日本経済評論社，第1章所収，25～70ページ.）

高田太久吉（2009），『金融恐慌を読み解く——過剰な貨幣資本はどこから生まれるのか』，新日本出版社.

——— (2015)，『マルクス経済学と金融化論——金融資本主義をどう分析するか』，新日本出版社.

——— (2017)，『引き裂かれたアメリカ——富の集中，経済危機と金権政治』，大月書店.

建部正義（2009），「金融サイドから見たサブプライムローン・ショック」，『季刊・経済理論』第46巻第1号，22～31ページ.

鳥畑与一（2009），「サブプライム金融危機に見る投機的市場と規制の相克」『季刊・経済理論』第46巻第2号，30～39ページ.

植田和男編著（2010），『世界金融・経済危機の全貌——原因・波及・政策対応』，慶應義塾大学出版会.

あとがき

　第2版の刊行にあたって，第I部「貨幣経済の政治経済学」・第II部「資本・賃労働関係の政治経済学」・第III部「資本蓄積・利潤・負債の政治経済学」を構成する各章で，修正と拡充をおこなったが，初版から持ち越している課題も含めて，次のような課題が残されている．

　第I部に関連して，商品所有者の交換行為の観点からの価格形態の研究として，「商品価値から生産価格への転化」について考察したが，本書で扱ったのは，いわゆる「価値から生産価格への転形問題」をめぐる議論の入口にすぎない．社会的分業の構造と実質賃金率から生産価格体系を導き出す手続きに注目するだけでなく，個別資本による価格設定行動と技術選択との関連でも，生産価格体系の理論的意味を考察する必要がある．

　第II部に関連して，「労働者からの労働の抽出」という分析視角を，孤立的に扱うのではなく，雇用形態や賃金形態に関する分析と関連づけることにより，資本・賃労働関係の考察を拡充しなければならない．また，非正規雇用の増加に代表される雇用形態の変化については，各調査時点における所得分布を調べるだけでなく，雇われる人々の生涯にわたる生活に及ぼす深刻な影響を，詳しく分析しなければならない．

　第III部に関連して，資本蓄積と所得分配の相互関係については，実質賃金率の外生的変化に対する稼働率の変化方向に注目する比較静学の方法だけでなく，投資から実現利潤への決定関係の中で所得分配が内生的に決定される経緯を分析する方法を，早急に確立しなければならない．ミンスキー理論の応用に関しては，債務の元利払いが新規の借入に依存する関係の持続性をめぐる考察を，現代経済の様々な問題領域に応用できるかどうかを，検証しなければなら

ない．さらに，証券化と金融危機に関しては，証券化の背景にある銀行業務の質的変化を考察しなければならない．

以上のほかにも，取り組むべき課題は多いが，残された時間の中で，研究を重ねていかなければならない．

第2版の各章の原型になった既発表論文は下記の通りである．

第1章・第2章

「マルクス貨幣論と貨幣的生産経済——ケインズの経済システム類型論との関連で」，『経済学研究』第45号，2003年9月．

"Marx's Theory of Money and Monetary Production Economy," *Hitotsubashi Journal of Economics*, Vol. 45, No. 2, December 2004.

第3章

「『相対的価値形態の内実』とは何か」，『経済と経済学』第71号，1992年3月．

「市場経済と価値論」，『一橋論叢』第111巻第4号，1994年4月．

「交換過程における貨幣の必然性」，『経済学研究』第35号，1994年5月．

「価値形態論の一基本問題——『相対的価値形態の内実』の論理」，『一橋論叢』第112巻第6号，1994年12月．

「価値形態の移行について」，『経済学研究』第37号，1996年3月．

第5章

「市場と経済的権力——ボウルズとギンタスの『抗争交換』モデルを中心として」，『一橋論叢』第121巻第6号，1999年6月．

「市場と経済的権力再考——政治経済学アプローチの『構成的』性格をめぐって」，『経済理論学会年報』第40集，2003年9月．

第6章

「非正規雇用の増加と所得格差の拡大——雇用者の年間所得に関するジニ係数の要因分解から」，『経済』（新日本出版社）第159号，2008年12月．

「日本における非正規雇用の増加と所得格差の拡大」，渡辺雅男編『中国の格差，日本の格差——格差社会をめぐる日中共同シンポジウム』，彩流社，2009年．

第7章

「資本蓄積と所得分配——利潤分配率と貯蓄・投資の関係」，『経済学研究』第39号，1998年3月．

第 7 章補論

「移行過程の分析をめぐって」，内藤敦之・池田毅・野崎道哉・石倉雅男「（研究動向）*Post-Keynesian Essays from Down Under: Theory and Policy in an Historical Context*, Volume 1 –Volume 4, edited by J. Halevi, G.C. Harcourt, P. Kriesler, and J.W. Nevile, Palgrave Macmillan, 2015」，『経済学史研究』第 60 巻第 1 号，2018 年 7 月，第 4 節．

第 8 章

「負債とマクロ経済の不安定性」，『経済理論学会年報』第 39 集，2002 年 9 月．

「金融不安定性と有効需要――『負債の逆説』の理論と実証」，『経済学研究』第 44 号，2002 年 11 月．

「ミンスキー理論の国際経済への拡張」，『季刊・経済理論』第 52 巻第 3 号，2015 年 10 月．

第 9 章

「貸出債権の証券化とマクロ経済」，『季刊・経済理論』第 47 巻第 2 号，2010 年 7 月．

「金融システムの質的変化とマクロ経済――証券化を中心として」，『信用理論研究』第 36 号，2018 年 5 月．

　本書を作成する過程で，以上の既発表論文は，加筆，修正，再構成されている．第 4 章は書き下ろしである．

　本書の初版について書評を寄せてくださった角田修一氏（『日本の科学者』第 48 巻第 1 号，2013 年 1 月），松本朗氏（『政経研究』第 100 号，2013 年 6 月），および，横川信治氏（『季刊・経済理論』第 51 巻第 1 号，2014 年 4 月）に，心より御礼を申し上げる．また，初版刊行後に報告の機会を与えてくださったアメリカ経済研究会（2012 年 12 月 22 日，駒澤大学），ポスト・ケインズ派経済学研究会（同 12 月 23 日，早稲田大学），および，経済理論学会・関西部会（2013 年 1 月 13 日，立命館大学）でも，皆様から有益なコメントとご教示をいただいた．厚く御礼を申し上げたい．初版に対してお寄せいただいたご教示とご批判は，第 2 版の作成においても，たいへん有益であった．記して御礼を申し上げる．

　最後になるが，今日に至るまで，お世話になった方々に，心より御礼を申し上げたい．特に，一橋大学経済学研究科の大学院ゼミでご指導いただいた松

石勝彦氏，種瀬茂氏，関恒義氏，論文指導をしてくださった高須賀義博氏に，心より感謝申し上げる．福田泰雄氏，寺西俊一氏，美濃口武雄氏，都留康氏にも，大学院在籍中からご指導とご助言をいただいた．一橋大学に着任した後にも，多くの先生方からご指導とご鞭撻をいただいた．皆様に厚く御礼を申し上げる．そして，東京都立大学経済学部助手に在職中にご指導をいただいた金子ハルオ氏（東京都立大学名誉教授，大妻女子大学名誉教授）と宮川彰氏（首都大学東京名誉教授）に，心より御礼を申し上げる．

ここで，少しばかり，思い出話をさせていただきたい．1981年春のことだが，学部3年生のゼミでマルクス『資本論』第1部を勉強する機会を与えてくださったのは，松石勝彦先生であった．拡大再生産表式における「貨幣資本の機動力」に相当することをケンブリッジ学派のロビンソンが「投資誘因」という形で指摘したことを教わったのも，松石先生の「経済変動論」の講義であった．この種のテーマへの尽きせぬ興味を引き出してくださったのは，松石先生である．その後，大学院でもお世話になったが，いつもご心配をおかけしていた．先生は，拙い原稿を何度も見てくださった．原稿の書き方の手ほどきもしてくださった．2017年10月に他界される少し前にも，「君，論文書いてるか．」ときいてくださった．心より御礼を申し上げたい．

本書第2版を準備する過程では，経済理論学会，進化経済学会，ケインズ学会，信用理論研究学会のほか，独占研究会，アメリカ経済研究会，ポスト・ケインズ派経済学研究会，制度的経済動学セミナーなどの研究会で，多くの方々にご指導とご助言をいただいた．ご芳名を挙げるのを差し控えさせていただくが，この場を借りて，厚く御礼を申し上げる．

1998年度に在外研究に従事する機会を与えてくださった一橋大学後援会に，心より感謝申し上げる．また，本書第2版の基礎となった研究は，日本学術振興会の科学研究費（基盤研究（C），課題番号25380248）の助成を受けている．記して感謝申し上げる．

本書第2版の出版にあたり，大月書店の木村亮氏には，企画段階からたいへんお世話になった．心より御礼を申し上げる．

2019年7月25日

石倉雅男

索引

Arthur, C.J., 94
Aoki, M., 20
青木達彦, 323, 324
Akerlof, G., 168
浅田統一郎, 245, 297
浅利一郎, 242
アジア金融危機, 281
Asimakopulos, A., 244
畔津憲司, 246
Atkinson, A., 254
姉歯曉, 329
阿部太郎, 297
荒憲治郎, 244
安全性のゆとり幅, 278, 279, 281

飯田和人, 95
Yellen, J., 168
池田毅, 245, 246
移行過程, 255, 256
石井穰, 165, 263
石井雅男, 39, 166, 263, 264, 293, 323, 328
磯谷明徳, 203, 246
一般的価値形態, 66–68
一般的等価物, 7, 38, 55, 67, 70, 72, 76, 87, 105, 217
一般的利潤率, 107
一方的購買, 213, 214
一方的販売, 213, 214
伊藤誠, 325
井村喜代子, 325
岩井浩, 203
岩佐代市, 294, 297
岩田佳久, 326

Williamson, O., 151
植田和男, 325
植村博恭, 246
内田和男, 241, 242
宇仁宏幸, 203

宇野弘蔵, 98
海野八尋, 242

Adrian, T., 316
エージェンシー問題, 150
ABS（資産担保証券）, 306, 311, 313, 326
SPV（特別目的事業体）, 306, 309, 311
Edwards, R., 18, 19, 166
海老塚明, 246
Epstein, G., 246
MMMF（短期金融資産投資信託）, 309
M–C–M' 循環, 6, 16, 86, 145, 147

大石雄爾, 95
大垣尚司, 326
太田清, 189, 200, 203
大野隆, 246, 297
大庭健, 170
置き換え可能性, 26, 45, 46, 48–50, 105
置塩信雄, 140, 141, 242
小倉将志郎, 327
小崎敏男, 203
小畑二郎, 263

価格形態, 18, 21, 28, 38, 55, 56, 81, 82, 84, 86, 105, 109
拡大された価値形態, 65, 66, 68
角田修一, 18, 168
格付け機関, 309
掛下達郎, 323, 325
影の銀行システム, 306–309, 323, 325, 326
貸し手のリスク, 272, 293
過剰資本, 319
過剰な貨幣資本, 319, 328
価値, 51–54, 105, 108, 109
価値価格, 52, 106–108
価値関係, 53, 55, 95
価値形態, 54–56
価値尺度, 82, 84, 85

索引

価値としての実現, 76, 86, 87
価値表現, 38, 55, 56, 61, 70, 95
稼働率, 230, 231
金尾敏寛, 244
金子裕一郎, 166
貨幣経済, 9, 21, 32
貨幣形態, 69
貨幣資本としての貨幣の役割, 214, 218, 219
貨幣の効用, 81, 217
『貨幣論』（ケインズ）, 28, 29, 37, 38
可変資本, 106, 116
借り手のリスク, 272, 293, 294
Kaldor, N., 246
Kalecki, M., 7, 165, 216, 221, 225, 269
河村哲二, 325
間接交換, 6, 8, 26
Gandolfo, G., 245
管理貨幣, 35

機関投資家, 306
企業者経済, 8, 10, 12, 15–17
技術的失業, 254
規制緩和, 175, 177
基礎財, 112
期待利潤率, 231
北原徹, 329
協同経済, 8, 10, 12, 15–17
銀行貨幣, 32, 33, 35
Gintis, H., 148, 149, 166
均等利潤率, 119, 124, 125
金融仲介システム, 305
金融不安定性仮説, 297

具体的有用労働, 26, 50, 51
Knapp, G.F., 32, 40
Krause, U., 97
Greenlaw, D., 314, 315
Krishnamurthy, A., 320, 329
Kregel, J., 281, 298
黒木龍三, 297
Crotty, J., 101, 243

計画蓄積率, 226
計算貨幣, 28, 29, 31, 32, 85
形式的使用価値, 7, 76, 80, 81, 87, 105, 217
ケインジアン安定条件, 234
Keynes, J.M., 5, 7, 8, 10, 28, 29, 211, 243, 272, 293
決済システム, 28, 32, 86, 89
現行蓄積率, 226

現行利潤率, 226
原材料投入係数行列, 112
権力, 147, 148, 151, 175

交換価値, 38, 44, 45, 54, 105
交換過程, 38, 71, 74
交換の媒介物, 26
構成的, 149, 151, 153, 156, 159, 168
抗争交換, 148–151
高揚論的レジーム, 239
効率賃金, 148, 149, 153
Coase, R., 151
Gordon, D., 170, 240
Gorton, G., 312, 321, 322, 324, 326, 327
伍賀一道, 201, 263
国家貨幣, 34, 35
小葉武史, 246
固有値問題, 120
『雇用の一般理論』草稿（ケインズ）, 8, 10, 17
雇用レント, 152, 167

Searle, J.R., 168
最終需要ベクトル, 112
再生産表式, 212, 242
佐々木啓明, 246, 297
佐藤隆文, 324
佐藤洋一, 201
佐藤良一, 166
真田哲也, 99
Summers, L., 254, 263
Sardoni, C., 20
産業資本の運動, 6, 17
産業予備軍, 165, 263
3次元経済学, 4
産出量ベクトル, 112

CDS（クレジット・デフォルト・スワップ）, 309, 325
CDO（債務担保証券）, 306
資金流入・流出比率, 287, 288
自己資本比率, 306
市場価格, 84
実質賃金率, 105, 109, 117, 124, 230
質的同等性, 26, 48–50, 105
実物的交換経済, 9, 10
Zipperer, B., 245
私的生産者, 71, 73
ジニ係数, 189, 197
柴田徳太郎, 326

支払完了性, 28, 32–34, 37
資本係数, 230, 231
資本財の供給価格, 270
資本財の需要価格, 270
資本蓄積率, 209
資本としての貨幣の流通, 5, 15, 16, 86, 145
資本の一般的定式, 6
資本の有機的構成, 108, 255
『資本論』（マルクス）, 43, 44, 105, 106, 148, 160, 254
下平尾勲, 98
社会的分業の構造, 105, 109, 111, 113, 124
Justice, C., 240
Shapiro, C., 153, 166
『就業構造基本調査』, 183
純粋交換モデル, 3, 4
Schor, J., 170
使用価値, 44, 105
使用価値としての実現, 76, 86, 87
証券化, 305, 308, 309
条件つき更新, 150
商品, 25, 43, 44
商品貨幣, 7, 35, 70
商品所有者, 71, 74, 82, 100, 105
商品の実現問題, 255
商品の2要因, 44, 53
剰余価値, 106, 109, 116, 146, 148, 161, 163
剰余価値率, 107, 160
剰余生産物, 109, 122, 124, 125, 137
将来の不可知性, 219
所得格差, 175
Shin, H., 313–316, 327
神野光指郎, 329
信用貨幣, 7, 85, 89, 101
信用創造, 7, 89, 221, 224

Sweezy, P., 137
数量体系, 112, 115
頭川博, 96
Skott, P., 245
鈴木和雄, 166, 169
Stiglitz, J., 148, 153, 166
Spencer, D., 149, 153, 154, 166
Smith, A., 10, 19, 91, 101, 241, 242
Sraffa, P., 3, 18

生産価格, 52, 84, 105, 106, 108, 109, 119, 122, 124, 125
生産過程, 145, 147

「生産の貨幣理論」（ケインズ）, 8
生産の理論, 3
生産要素行列, 120
政治経済学, 3, 148, 149
セー法則, 17, 20, 216
Semmler, W., 297

総供給関数, 231, 232
総計一致の2命題, 108, 109, 128, 136, 137
総需要関数, 231
想像的な価格形態, 84
相対的過剰人口, 165, 254
相対的価値形態, 55, 62
Souleles, N., 326
組成販売型, 305, 307–309, 323
組成保有型, 305, 307, 308
Solos, G., 324

代表貨幣, 33
高田太久吉, 319, 328
高橋勉, 293
滝田和夫, 109, 242
宅和公志, 244
武田信照, 95, 99
竹永進, 93, 99
田島慶吾, 241
伊達浩憲, 201
建部正義, 327
田中宏, 170
谷口和久, 265
種瀬茂, 92
玉垣良典, 240
単純な価値形態, 56, 63
単純な商品流通, 5, 15, 16
担保掛目, 307, 308, 312, 319

蓄積基金, 212
中間投入行列, 112
抽象的人間労働, 26, 50–52, 54, 105
中立の貨幣, 8, 9
直接交換（物々交換）, 6, 8, 26
貯蓄決定, 209, 213, 221
貯蓄先行説, 211

Tugan–Baranowsky, M., 262

停滞論的レジーム, 238
転化価値, 109, 129, 131
転形問題, 137

同意, 149, 155, 169
等価形態, 55, 62
投機的金融, 279–281
投資から実現利潤への決定関係, 221
投資決定, 210, 213, 216, 218, 219, 221
投資資金調達, 267, 270
投資先行説, 211
投資の非可逆性, 219, 243
Domar, E.D., 284
ドーマー条件, 284–286
遠山弘徳, 169
特殊的等価物, 65
得田雅章, 297
富塚良三, 98
Thompson, P., 166
トランシュ, 312
取りちがえ, 61, 64, 95
取り付け, 307, 308, 313, 319, 322
鳥畑与一, 328
Tonveronachi, M., 298

内生的な要求執行, 150
長島誠一, 101, 242
中谷武, 245, 246, 297
鍋島直樹, 166, 297

二階堂副包, 140
西洋, 246, 297
二宮健史郎, 297

野口真, 166, 244, 292, 297
野崎道哉, 297
野下保利, 297
望ましい蓄積率, 229

Barbon, N., 48
Hein, E., 297
萩原伸次郎, 300
萩原泰治, 164
Pasinetti, L.L., 3, 18
Patinkin, D., 39
Bhaduri, A., 230, 231, 244
花田功一, 99
バランスシート管理, 316, 319
Harris, D., 244
Halevi, J., 255, 256

非基礎財, 113
非正規雇用, 175
Hicks, J.R., 242, 255, 256, 263

Burawoy, M., 149, 155, 156, 169
費用価格, 106–108
費用価格の生産価格化, 109, 137
表券主義, 32, 33, 40
平井俊顕, 19
Binswanger, M., 101

Fisher, I., 276, 295
Foley, D., 244
深井英喜, 166
深浦厚之, 325
福田泰雄, 99, 201
負債デフレ過程, 276, 277, 282, 295, 296
藤田真哉, 297
藤野正三郎, 241
不変資本, 106, 116
Fleetwood, S., 97
古川顕, 295
Braverman, H., 165
Brenner, R., 324

ヘアカット率, 307, 308, 312, 319–321, 329
Baily, S., 92
ヘッジ金融, 279, 281

法定不換紙幣, 35
Bowles, S., 3, 18, 19, 148, 149, 166
Pollin, R., 240
星野彰男, 241
Pozsar, Z., 325, 326, 328
ポストケインズ派, 7, 216, 242, 244, 246, 297
本田浩邦, 90, 254
ポンツィ金融, 279–281, 284
本来の貨幣, 32, 33

Marglin, S., 230, 231, 244
Michl, T., 244
槙満信, 246
McCracken, H.L., 20
松石勝彦, 99
McCulley, P., 323
Marx, K., 5, 15, 18, 19, 21, 43, 44, 106, 145, 148, 160, 161, 165, 212, 217, 218, 253, 254

Meade, J., 211
水岡不二雄, 18
水野谷武志, 203
美濃口武雄, 19

御船純, 325
宮川彰, 241
宮沢俊郎, 99
Myrdal, G., 246
Milanovic, B., 204
Minsky, H., 4, 5, 21, 101, 243, 269, 270

Moore, G.E., 21

Messori, M., 244
Metrick, A., 312, 327

Moggridge, D., 19
Moseley, F., 96
森田成也, 95

Yao, S., 204
屋嘉宗彦, 241
八木紀一郎, 169
八木尚志, 18
雇い主責任, 178, 201
山垣真浩, 165, 166

余因子展開, 138
横川信治, 246
吉田暁, 244
吉田紘, 99
吉原直毅, 166

Wright, E., 149, 156
Lazzarato, M., 293
ラテン・アメリカの債務危機, 282, 298
Larudee, M., 18, 19, 166

利潤, 106, 107, 109, 124, 125
利潤分配率, 209, 229–231

Roosevelt, F., 18, 19, 166
Rubin, I.I., 92, 99

Leontief, W., 3
レオンチェフ逆行列, 94
歴史的時間, 3, 21, 267, 292
レポ取引, 307, 310, 313, 319, 320, 324, 325
レポ・レート, 312
連邦準備制度, 309

Lowe, A., 262, 265
労働価値, 93, 109, 113, 116, 138

労働価値ベクトル, 114
労働係数ベクトル, 113
労働者派遣法, 177, 201
労働抽出関数, 152
労働賃金, 148, 161–164
労働投入量ベクトル, 112
労働努力, 146
労働の価格, 161, 162, 164, 170
労働の価値, 84
労働の抽出, 146–148, 175
『労働力調査』, 179, 200–202
労働力の価値, 161, 162
Rowthorn, R., 245
Roemer, J.E., 166
Rogers, C., 20
ロビンソニアン安定条件, 235
Robinson, J., 216, 225, 242, 244, 292

和田重司, 21, 241
渡辺和則, 297
渡辺良夫, 297

著者　石倉雅男（いしくら　まさお）

1959年生まれ．一橋大学経済学研究科教授，博士（経済学）．専門は，政治経済学，景気循環論．1989年一橋大学経済学研究科博士課程単位修得．東京都立大学経済学部助手，一橋大学経済学部専任講師，経済学部助教授，経済学研究科助教授を経て現職．
主な著書に，本書初版のほか，*Return of Marxian Macrodynamics in East Asia*（共編著，Emerald Publishing，2017年）など．
主な訳書に，J.A. クレーゲル『金融危機の理論と現実――ミンスキー・クライシスの解明』（共訳，日本経済評論社，2013年），ロバート・ブレナー『ブームとバブル――世界経済のなかのアメリカ』（共訳，こぶし書房，2005年）など．

装丁　鈴木衛（東京図鑑）

貨幣経済と資本蓄積の理論　第2版
（かへいけいざい　しほんちくせき　りろん　だいはん）

2019年8月28日　第1刷発行　　　　定価はカバーに
　　　　　　　　　　　　　　　　　　表示してあります

　　　　　　　　著　者　　石　倉　雅　男

　　　　　　　　発行者　　中　川　　　進

　　　〒113-0033　東京都文京区本郷2-27-16
　発行所　株式会社　大月書店　　印刷・製本
　　　　　　　　　　　　　　　　大日本印刷株式会社
　　　電話（代表）03-3813-4651　FAX 03-3813-4656　　振替00130-7-16387
　　　http://www.otsukishoten.co.jp/

　　　　　　　　　©Ishikura Masao 2019

本書の内容の一部あるいは全部を無断で複写複製（コピー）することは，法律で認められた場合を除き，著作者および出版社の権利の侵害となりますので，その場合にはあらかじめ小社あて許諾を求めてください

ISBN978-4-272-11126-8　C0033　Printed in Japan